KB269153

진인진

지은이 (집필순)

신범식 · 서울대학교 아시아연구소 중앙아시아센터장, 정치외교학부 교수

양승조 · 서울대학교 아시아연구소 중앙아시아센터 연구원
박병인 · 경남대학교 정치외교학과 교수
박상남 · 한신대학교 국제관계학부 교수

예브게니 홍 · 카자흐스탄국립국가전략연구소 연구원
성동기 · 인하대학교 교양교육원 교수
윤익중 · 한림국제대학원대학교 국제학과 교수
현승수 · 통일연구원 국제전략연구실장
김영식 · 강릉원주대학교 국제통상학과 교수

김태연 · 서울대학교 아시아연구소 중앙아시아센터 연구원
조영관 · 한국수출입은행 해외경제연구소 연구원
고가영 · 서울대학교 아시아연구소 중앙아시아센터 연구원
정재원 · 국민대학교 국제학부 교수
최소영 · 우즈베키스탄동방대학교 한국어문학과 교수

중국의 부상과 중앙아시아

초판 1쇄 발행 ┃ 2015년 10월 31일

저   자 ┃ 신범식 외 13인
발 행 인 ┃ 김영진
발 행 처 ┃ 진인진
등   록 ┃ 제25100-2005-000003호
주   소 ┃ 경기도 과천시 별양동 1-14 과천오피스텔 614호
전   화 ┃ 02-507-3077~8
팩   스 ┃ 02-504-3079
홈페이지 ┃ http://www.zininzin.co.kr
이 메 일 ┃ pub@zininzin.co.kr

ⓒ 서울대학교 아시아연구소 중앙아시아센터

ISBN 978-89-6347-236-2 93300

책을 펴내며

본 연구는 2014년도 서울대학교 아시아연구소의 아시아 연구기반 구축사업의 지원(#SNUAC-2014-010)을 받아 수행되었으며, 중앙아시아센터가 세상에 내놓는 유라시아·중앙아시아연구 시리즈의 첫 번째 연구성과물이다.

서울대학교 아시아연구소 산하 중앙아시아센터(CECAS: Center for Eurasian and Central Asian Studies)는 유라시아 및 중앙아시아 지역에 관한 다양한 시사적 정보를 제공하고 중앙아시아 지역의 주요 문제에 대한 깊이 있는 연구를 진행하려는 목적으로 설립되었다. 이러한 목적 하에 중앙아시아센터는 향후 연구의 지평을 유라시아와 중앙아시아 지역과 관련된 다양한 문제들로 확대해 나가려고 한다. 아울러 유라시아 및 중앙아시아 지역 연구와 관련된 연구자, 활동가, 일반 및 업계 전문가들의 소통과 교류의 네트워크를 구축해 가고 있다. 그 첫 걸음으로 본 센터는 국내의 유라시아 및 중앙아시아 전문가들과 함께 공동연구를 통해 중국의 부상에 대한 중앙아시아 지역 국가들의 대응을 다양한 시각으로 고찰했으며, 그 연구 성과를 모아 한 권의 책으로 내놓게 되었다.

이 책이 나오기까지 아낌없는 후원을 보내준 아시아연구소 강명구 소장님 그리고 아시아연구소 출판위원회의 공석기 박사와 남은영 박사께 감사드린다. 무엇보다 국내에 축적되어 있는 성과가 척박한 가운데서도 결코 쉽지 않은 작업을 기꺼이 맡아 성심껏 연구하고 옥고를 써 주신 필진 여러분들의 노력에 대해 깊은 감사의 말을 드리는 바이다. 공동연구의 과정에서 애써 준 이준석 조교, 이금강 조교의 노고도 잊을 수 없다. 연구 성과의 출간을 위해 여러모로 애써 주신 중앙아시아센터의 고가영 박사, 김태연 박사, 양승조 박사께 대한 감사는 다 표현하기 어렵다. 그리고 14명이나 되는 저자들과 일일이 연락하며 여러 차례의 교정과 편집으로 수고해주신 진인진의 김지인 팀장과 촉박한 일정 가운데 출판을 기꺼이 맡아주신 김영진 사장께도 진심으로 감사드린다.

신 범 식
서울대학교 아시아연구소 중앙아시아센터장

목 차

신범식

중국의 부상과 중앙아시아

탈냉전 이후 급변해 온 국제관계에서 가장 괄목한 분분은 역시 중국의 부상일 것이다. 21세기 첫 10여 년간 실력을 키우는데 주력했던 도광양회韜光養晦의 시기와 점진적으로 활동범위를 넓혀오던 유소작위有所作爲의 시기를 지나서 2010년대에는 화평굴기和平屈起와 조화세계調和世界를 향한 "중국의 꿈中國夢"을 펼치게 되는 일련의 드라마틱한 '중국의 부상'은, 단순한 한 국가의 대외정책노선 변화를 넘어선 국제적으로 가장 뜨거운 이슈로 주목받아 왔다. 중국은 1980년대에 시작한 개혁개방을 끈기 있게 지속하며 놀라운 속도의 경제발전을 20여 년간 이어왔고, 그 결과 2008년 세계경제위기를 계기로 세계 제2위의 경제대국이 되었다. 이러한 경제적인 발전을 바탕으로 초강대국 미국과 어깨를 겨루는 G2의 반열에 올라서게 된 것이다.

2015년 9월초 2차 세계대전 종전 및 항일전쟁 승리 70주년을 기념하는 행사에서는 중국이 경제적 강국을 넘어 지구적 차원의 군사강국이라는 면모를 대내외에 과시하는 열병행사가 진행되어 세계의 이목을 집중시켰다. 이제 중국은 경제 초강대국을 넘어 군사 초강대국을 향한 행보를 거침없이 진행하고 있는 것이다. 중국의 지구적 강대국 지위로의 복귀는 실로 근대 서구 열강의 침탈을 받은 이래 한 세기 이상의 시간이 걸린 회복이라 할 수 있다. 물론 급속한 경제발전의 그늘에 가려진 중국 사회의 어두운 과제들도 산적해 있고, 지속적 경제성장을 위한 동력을 유지하고 미국과의 경쟁에서 치러야 할 대가도 만만치 않은 것도 사실이다. 하지만 분명한 것은 강대국 중국이 세계무대에 끼칠 영향은 상당 기간 지속될 것이고, 심지어 현재 이상의 수준에 도달하게 될 가능성도 충분히 있다. 따라서 중국의 부상이 가져온 여러 가지 변화를 파악하고 평가하는 작업은 매우 중요한 일이라 할 수 있다.

개혁개방 이후 축적된 국력을 바탕으로 국제사회에서 강대국이자 지역적 패권의 한 축으로 인정받고자 하는 중국의 이 같은 열망은, 지구적 차원 못지않게 아시아 지역정치의 다양한 차원에 걸쳐 큰 변화를 가져오고 있다. 그런데 한국이 동북아에 위치해 있고 또한 동북아가 지구적 강대국들이 첨예한 이익경쟁으로 조우하는 곳이어서 그런지, 중국의 부상과 관련된 국내의 연구들은 대부분 동북아 정세와의 관련 속에서 이 문제를 이해하려는 입장이 주종을 이루고 있다. 그 결과 미국과 중국의 경쟁도 동북아시아라는 제한된 맥락과 상황에서만 이해하려는 경향이 적지 않다. 하지만 중국이 지구적 강대국의 지위에 올라서게 되었다는 것은 동북아에 한정된 존재로서가 아니라 지구상의 다양한 지역에서 존재presence의 근거를 확보하고 그 실재를 확장해 가려는 노력과 더불어 진행되고 있음을 이해할 필요가 있다.

중국의 부상과 그에 뒤이은 아시아 및 유라시아 전역으로 영향력을 확대하기 위한 중국의 노력에 대한 중국의 인접 지역, 특히 동북아시아와 동남아시아 국가들의 반향은 매우 컸다. 그리고 이에 못지않게 양적·질적으로 큰 반응이 중앙아시아 지역에서도 나타났다. 그런데 국내에서는 중국의 영향력 확대와 관련해 주로 동북아시아 또는 동남아시아 지역에 초점을 맞추어 논의들이 진행되고 있으며, 똑같이 중국에 인접해 있는 지역인 중앙아시아로의 중국 진출 현황 및 영향에 대한 연구는 상대적으로 적다.

그런데 최근 들어 중국은 동아시아와 태평양에서의 일본과 미국의 견제를 받는 상황을 관리하면서 자신의 뒷마당에 해당하는 중앙아시아에 대한 영향력을 강화하고, 나아가 유라시아 전역에 대한 지배적 영향력을 확보하기 위한 야심찬 일련의 계획들을 발표하고 있다. 일부 학자들은 이것을 중국 외교의 대전환이라고 부를 수도 있다고 보는데, 이 같은 중국의 "서진西進 정책"[1]이 최근 들어 더욱 커다란 주목을 받고 있

1 중국의 서진(西進)에 대한 논의는 왕지시로부터 시작되어 이후 널리 받아들여지고 있다. 王缉思. 2012. "西进", 中国地缘战略的再平衡," 环球时报 (2012-10-17); Sun, Yun. 2013. "Westward HO!: As America pivots East, China marches in the other direction," *Foreign Policy* (February 7); Chen, Yo-Jung. 2014. "China's Westward Strategy," *The Diplomat* (January 15); 주장환, 2014. "중국의 대 중앙아시아 정책: 서진(西進) 전략의 배경·내용·전망,"『한중사회과학연구』12권 3호.

는 것이다. 시진핑 주석의 취임 이후 가시화되어 본격적 정책으로 추진되고 있는 "일대일로 一帶一路" 정책은 유라시아 대륙에서의 신新 실크로드 경제벨트 구축과 유라시아 해양실크로드 네트워크의 구축을 아우르는 광범위한 정책적 범위를 상정하는 새로운 중국 대외정책의 화두로 부상하고 있다. 유라시아를 하나로 엮기 위해 중국이 지닌 지리적 위치성을 최대로 살리면서 관련 지역들을 연결하는 인프라를 확립함으로써 중국 중심의 유라시아 질서를 구축하려는 이 노력에 세계가 주목하고 있다. 일부에서 경제성과 관련된 부정적 예측에 기반을 둔 비판을 제기하는데 대해 중국 정부는 유라시아 진출의 실제적 정책수단으로서 아시아인프라투자은행AIIB을 설립하는 것으로 이에 대응하고 있다. 이런 일련의 정책은 동아시아에도 지대한 영향을 미치겠지만, 중앙아시아야말로 이러한 중국의 정책에서 가장 핵심적인 대상이 되는 지역으로 떠오르고 있는 것이 사실이다. 따라서 중국의 부상으로 인한 영향을 크게 받게 될 지역으로서 새롭게 조명 받게 된 중앙아시아는 중국의 부상과 관련된 지구정치 변동을 이해함에 있어서 매우 중요한 연구대상으로 이해될 수 있다.

중국의 부상을 다루는 기존의 논의들이 주로 전 지구적 차원 또는 동북아시아나 동남아시아 지역 차원에서 중국과 미국 양자 간 패권 다툼에, 그리고 중국의 부상에 대한 지역 국가들의 대응에 초점을 맞추었다면, 이제는 중앙아시아라는 지역에서 중국과 러시아 그리고 미국과 서방이 각축하는 다른 구도에서 조망해 보려는 시도가 필요한 시점이 된 것이다. 따라서 본서에서 시도하고 있는 중국의 부상과 중앙아시아 국가들의 대응에 대한 연구는 범지구적 현상이자 아시아 지역 정치 지형도에 있어 중요한 상수가 된 중국의 부상을 이전과는 다른 관점에서 관찰할 수 있는 기회를 제공한다는 점에서 큰 의의를 가진다고 할 수 있을 것이다.

또한 본 연구는 중국의 부상에 대한 연구에만 제한되지 않고, 소련 붕괴 이후 중앙아시아 지역의 정치적 변화와 함께 이 지역 국가들의 대외정책의 변화를 관찰하는 데에도 관심을 가진다. 대영제국과 제정 러시아의 각축전 속에서 정복의 대상으로 철저히 소외되었던 19세기 중앙아시아와 달리, 현재 이 지역의 국가들은 주권국가로서 각자의 국가적 이익과 정치적, 경제적 역량에 따라 외부의 자극이나 환경 변화에 보다 독립적이고 능동적으로 대처하고 있다. 이는 소비에트연방의 와해 이후 중앙아시아 지역 정치에서 그 지역 국가들이 더 이상 변화에 대한 종속 변수가 아닌 독립 변수이며, 이에 따라서 중국의 부상이라는 외부 요인에 반응하는 각 국가들의 태도와 전략이 상이할 수 있음을 의미한다.

중앙아시아Central Asia 지역은 일반적으로 오늘날 카자흐스탄, 우즈베키스탄, 키르기스스탄, 타지키스탄, 그리고 투르크메니스탄의 5개국이 위치한 지역을 가리킨다.[2] 하지만 학자들에 따라서는 카프카즈 지역으로부터 상술한 5개국에 걸쳐 몽골에 이르는 넓은 범위의 지역을 일컫는 용어로 사용되기도 한다. 그래서 중앙아시아는 중앙유라시아 지역이라는 이름으로 불리기도 한다. 이러한 의미에서 이 지역에 대한 연구는 크게 다음과 같은 역사적, 지정학적, 그리고 지경학적인 중요성을 가진다.

우선, 중앙아시아 지역은 유라시아 역사의 전개에서 중요한 역할을 담당해 왔다. 이 지역은 아시아의 내륙 가장 깊숙이 위치하면서도 그 개방적인 지리적 위치로 인해 고대로부터 아시아의 동과 서, 그리고 남과 북을 연결하는 통로, 즉 '문명의 십자로' 역할을 수행했다. 강들과 호수들을 따라 들어선 오아시스 도시들을 통해 아시아 각 지역의 사람과 문물이 서로 교류했다. 중앙아시아를 무대로 이루어졌던 동서간의 교류는 비단, 종이, 화약과 같은 물질적인 것에 그치지 않고 불교, 기독교, 이슬람교 등 정신적인 유산에 이르기까지 방대한 분야에 걸쳐 있다.

다음으로, 중앙아시아 지역의 지정학적 가치는 역설적이게도 '거대게임Great Game'[3] 이라는 강대국의 각축과 그 경쟁 속에서 희생된 지역민들의 비참한 역사에 의해 이미 증명된 바 있다. 유럽의 제국주의적 팽창 시기 중앙아시아 지역은 러시아의 남쪽으로의 영토 팽창과 영국의 인도로 대변되는 식민지의 방어라는 각자의 제국주의적 전략의 충돌과 그 타협으로 인해 분할 점령되었다. 18세기 말~19세기 말에 걸친 양자 간 지역 패권 다툼은 제정 러시아의 승리로 귀결되었으며, 그 대가로 이 지역은 러시아의 배타적인 지배 아래 놓이게 되었다. 비록 1991년 이후 중앙아시아 지역은 러시아의 지배로부터 공식적으로 독립했지만, 현재 이 지역에 대한 영향력을 두고 미국과 중국, 그리고 과거의 강자였던 러시아가 각축하는 '신 거대게임'이 벌어지고 있는 현재의 상황은 국제정치 차원에서 이 지역의 높은 지정학적 가치가 아직 유효함을 단적

2 　최근 각 국이 공표한 공식적인 명칭은 카자흐스탄 공화국, 우즈베키스탄 공화국, 타지키스탄 공화국, 키르기즈 공화국, 투르크메니스탄이다. 키르기즈는 국명에서 '스탄'이라는 표현을 삭제했고, 투르크메니스탄은 '공화국'이라는 명칭을 삭제했다.

3 　'거대게임'(Great Game)이란 용어는 20세기 초 키플링(R. Kipling)의 소설을 통해 관심을 끌었으며, 19세기~20세기 초에 아프가니스탄과 중앙아시아에서 벌어진 러시아와 영국 간의 세력경쟁을 묘사하는 용어로 사용되었다. 탈냉전 이후에는 유라시아(중앙아시아 및 카프카스 지역)에서 벌어지는 강대국 간의 세력 각축을 신 거대게임이라 부르게 되었다.

으로 보여 준다.

마지막으로, 그 지경학적 중요성은 특히 소비에트 연방의 붕괴로 중앙아시아 지역에 독립된 공화국들이 들어서면서 주목받고 있다. 중앙아시아 지역은 석탄, 석유 등의 주요한 화석연료와 함께 여러 광물자원들의 보고로 주목받고 있다. 중요한 것은 소비에트 연방만이 이와 같은 천연자원들을 독점적이고 배타적으로 개발, 사용할 수 있었던 과거와 달리, 현재 중앙아시아는 여러 외국 자본들이 가장 활발히 진출하고 있는 시장 중 하나라는 사실이다. 여러 국가들이 이 지역의 경제적 가치에 주목하고 있으며, 중앙아시아 국가들 또한 그들이 가진 자원을 무기로 국제사회에서 자신들의 발언권을 높이려 노력하는 모습을 보인다. 즉, 현대 중앙아시아는 다양한 국가 행위자들과 초국가적 자본이 에너지를 매개로 교류하거나 각축하는 가장 뜨거운 세계 시장 중 하나이다.

상술한 바와 같이 최근 동서연결의 주요 거점으로서, 새로운 지하자원의 보고로서, 그리고 안보적 상충성과 협력 가능성이 증대되는 요충지로서 주목받고 있는 중앙아시아가 중국의 부상이라는 조건과 더불어, 이제, 국제정세의 중요한 열점으로 부상하고 있다. 하지만 이 지역 국가들에 대한 관찰은 강대국 정치의 관점에서 뿐만 아니라 강대국들의 각축이 벌어지는 열점 가운데 역내 국가들이 취할 수 있는 다양한 대안들을 지역 국가들이 실험하고 있다는 점에서도 매우 흥미롭다. 이 같은 연계 국가들의 노력은 한편으로는 다양한 대외 정책적 대안에 대한 사고를 발전시키는데 유용한 현실적 자산을 제공할 뿐만 아니라, 이러한 다양한 노력들이 어우러져 지역적 균형화의 특징을 형성해 가는 과정에 대한 고찰을 위해서도 유용하다.

따라서 "중국의 부상과 중앙아시아 국가들의 대응"에 대한 관찰은, 중국의 부상이라는 범지구적, 그리고 아시아 지역적 차원에서 중요한 국제정치 환경 변화에 대한 다층적인 관찰을 가능케 할 것이며, 다른 한편으로는 독립 이후 중앙아시아 지역 정치의 변화와 이와 맞물리는 지역 국가들의 대외전략을 학술적으로 탐구하고 예상하는 기회를 제공할 것이다. 나아가 이들 국가들이 중국의 부상을 활용하면서 자국의 발전을 추구해 나가는 과정에서 국내외적으로 맞닥뜨리게 되는 다양한 현실적 이슈들에 대한 검토는 급격한 발전의 동학 속에서도 지역정치의 고유한 특징과 다층적 측면들을 드러내 줌으로써 이 지역에 대한 이해를 고양시켜 줄 것이다.

이 책에서는 앞에서 제시한 이 지역 연구의 중요성에 대한 인식 하에 중국의 부상에 따른 중앙아시아의 대응을 세 개의 부분으로 나누어 서술하고 있다. 제1부에서는 먼저 중국과 중앙아시아 지역 사이의 역사적 관계를 살펴보고, 역사적인 맥락 속에서 오늘날 국제관계의 큰 틀과 국제기구들 속에서 나타나는 중국과 중앙아시아 지역 국가들 사이의 역학관계를 고찰해 보았다. 제2부에서는 중국의 부상에 대한 중앙아시아 지역 각국의 대응에서 보이는 특성을 살펴보았다. 마지막으로, 제3부에서는 중앙아시아 지역에서 발생하고 있는 구체적인 사안들을 통해 중국에 대한 중앙아시아 인들의 인식, 이주, 에너지, 민족 문제, 중국 문화의 확산에 대한 반응을 다루었다.

1부의 첫 글에서는 역사적 과거 속에서 형성되었던 중앙아시아 지역과 중국 사이의 관계를 재조명하고 있다. 이 글을 통해 필자는 중원 대륙을 제패한 만주족의 청 제국, 서몽골·동투르키스탄·서투르키스탄 일부지역을 장악한 오이라트의 준가르 제국, 시베리아 지역을 빠른 시간 내에 병합하는데 성공한 슬라브의 러시아 제국이 외교적·군사적 대립과 연합을 통해 경쟁하는 모습을 보여주고 있다. 이러한 합종연횡 속에서 네르친스크조약을 통해 러시아를 중립화시키는데 성공한 청은 군사 원정을 통해 준가르를 붕괴시켰으며, 그 결과 동투르키스탄 지역은 청의 새로운 변경지역인 신장新疆이 되었다. 이러한 역사적 과정에 대한 설명을 통해 이 글에서는 중국과 중앙아시아의 관계를 역사적 시간흐름 속에서 드러냄으로써 중앙아시아 지역이 중앙유라시아 지역의 중심에서 주변으로 추락하는 시점을 드러내고, 이를 통해 부상하는 중국과 이에 대응하는 중앙아시아 지역 세력이라는 현상이 오늘날 새롭게 발현된 것이 아니라는 사실을 보여주고 있다.

2장에서는 중국의 대對중앙아시아 정책이 안보와 경제라는 두 축으로 전개되어 나가는 모습을 그렸다. 이 두 축의 엔진은 바로 상하이협력기구SCO: Shanghai Cooperation Organization와 '신 실크로드'구상이다. 이때 SCO는 주로 중국의 안보적 과제를 실현하는 매개체가 될 것으로 전망된다. 그러나 중국이 주도하는 SCO의 안보기능 강화는 집단안보조약기구CSTO를 통해 역내 영향력 유지 및 제고를 노리는 러시아의 이해와 충돌할 개연성이 크다. 또한 아시아와 유럽을 아우르는 경제 통합전략으로서의 신 실크로드 구상도 유라시아경제연합EEU과의 경합 속에 러시아의 견제가 예상된다. 중앙아시아 국가들 사이에는 중국의 접근정책에 대한 기대와 경계감이 엄존하고 있다. 따라서

SCO와 신 실크로드 구상을 핵심으로 하는 중국의 병진전략은 관련국들의 장기적이고 근본적 이해를 직시하면서 추진되어야 그 실현 가능성을 높일 수 있을 것이다.

3장에서는 유라시아국제질서의 주요 변수로 주목받고 있는 SCO를 다자주의이론적 관점에서 평가하고 미래를 전망하고 있다. 다자주의이론적 관점에서 보았을 때 SCO는 통합의 정도, 기능, 제도화, 발전 방향등에 대한 회원국들의 합의라는 측면에서 매우 빈약하다. 그러나 이러한 한계에도 불구하고 SCO는 다자주의협력의 경험이 미천한 중앙아시아 지역에서 나름의 성과와 발전을 거듭해 왔다. 특히 비전통 안보분야에 대한 공동대응과 경제 분야 협력에서 긍정적인 역할을 했다. SCO에 대한 향후 전망을 가늠 할 주요 변수는, 첫째 러, 중 밀월관계의 변화 추이, 둘째 미국의 대 중앙아시아정책 변화가 미칠 영향, 셋째 중앙아시아 신생국들의 내부모순은 물론 경쟁과 갈등 요소의 전개방향 등이다. 그러나 이러한 변수들에도 불구하고 SCO가 유라시아의 국제질서에서 영향력 있는 행위자로 발전할 것이라는 전망이 현재로서는 보다 우세하다. 그러나 위의 변수들이 어떠한 조합을 이루느냐에 따라 SCO가 유명무실한 기구로 전락할 가능성도 배제하기 어렵다.

1부 마지막인 4장에서는 지역 강국으로 빠르게 부상하고 있는 중국이 중앙아시아 지역에서 영향력을 확장하기 위해 진행하고 있는 최근의 시도들을 개괄하고, 이러한 중국의 노력이 중앙아시아 지역 전반에 끼치는 영향과 결과를 평가하고 있다. 나아가 중앙아시아 국가들이 이러한 변화와 도전에 어떻게 대응하고 있는가를 검토하고 있으며, 이에 더해 양 지역 사이의 미래 관계에 대한 조심스런 전망을 제시하고 있다. 이 글에서 제시하고 있는 전망에 따르면, 중앙아시아에 대한 중국의 경제력을 앞세운 공세는 앞으로 더욱 거세질 것이고, 이에 대해 이 지역에서의 세력균형을 지향하는 러시아의 대응도 만만치 않을 것이다. 이 사이에서 중앙아시아 국가들은 지역 내 세력균형 유지를 위해 때로는 중국의 경제적 팽창에 편승하려 하고, 때로는 러시아와 유럽 등 서방과의 경제관계를 유지, 발전시키려 할 것으로 보인다. 우크라이나 사태 이후 "강대국 중심의 지정학이 다시 복귀"함으로써 지역 정치가 실종되는 것을 우려하는 목소리가 있는 것도 사실이지만, 신 거대게임의 중심지인 중앙아시아 지역에서는 역내 국가들의 편승과 헤징hedging을 시도하는 끊임없는 균형 잡기를 통해 지역 국가들이 만들어낼 동학은 계속될 것이다.

이러한 역사적 배경과 현황, 미래의 전망을 포함한 전반적인 개관에 이어 2부에서는 중앙아시아 각 나라들의 대중국 전략을 분석해 보았다.

우선 5장에서는 카자흐스탄과 중국 간의 관계를 구체적으로 고찰하고 있다. 중국에서 진행된 5세대 지도부로의 교체에도 불구하고, 중앙아시아가 지닌 전략적 이익으로 인해 중국은 중앙아시아 지역과 협력 관계를 강화하려는 전반적인 대외정책 상의 기조를 바꾸지 않을 것으로 보인다. 오히려 상하이협력기구SCO 등의 다자협력 기제를 적극적으로 활용하고 "소프트 파워"를 통한 '주변외교'를 강화하려는 추세를 보이고 있다. 이러한 상황에서 카자흐스탄은 중국 서부의 접경국으로서 에너지와 수송·물류 부문에서 중국의 주요한 협력 파트너로 꼽히고 있다. 물론 이르티슈 강의 수자원을 둘러싼 잠재적인 분쟁과 신장-위구르 자치구의 성장에 따른 양국 간의 경쟁 가능성이 경제협력에 어떠한 영향을 미칠 수 있을 것인지가 상당히 논쟁적이다. 그럼에도 불구하고 내정 간섭을 배제하는 중국의 방침과 상호 공유할 수 있는 경제적 이익이 있다는 점은 향후 카자흐스탄-중국 간의 협력 관계가 심화될 것이라는 전망을 가능하게 한다.

6장에서는 중국과 우즈베키스탄 양국의 적극적인 교류 원인을 분석하고 있다. 양국의 외교 관계는 초기부터 활발하게 진행되지 못했다. 중국은 경제 개방을 통해서 자본주의 경제체제를 시험하는 단계였으며, 우즈베키스탄은 신생 독립국으로서 자국의 경제모델을 구축하는 과정이었기 때문이었다. 그러나 2008년부터 중국이 G2로 격상되면서 양국의 교류는 급속도로 변화되기 시작했다. 정치적 측면에서 보면, 우즈베키스탄과 중국은 전략적 동반자 관계를 구축했으며, 상하이협력기구SCO를 통해서 다자간 협력관계도 강화시키고 있다. 경제적인 측면에서도 양국은 다른 어떤 국가들보다도 경제교류를 활발히 하고 있다. 이처럼 양국 교류가 최근에 급속도로 진척되고 있는 이유는 정치적, 경제적 측면을 고려할 때 우즈베키스탄이 현재 중국을 필요로 하고 있기 때문이라고 판단된다. 이 글에서는 중국 역시도 우즈베키스탄을 상대로 적극적인 경제교류를 시도하고 있는데, 이것은 단순히 경제적인 이유 외에도 다른 목적이 있기 때문이라는 점을 다루고 있다.

7장에서는 키르기스스탄의 대외관계 발전을 러시아와 미국 사이에서 부상하고 있는 중국에 초점을 맞추어 각 정권별로 고찰하고 분석하고 있다. 키르기스스탄의 대외정책에 있어 중국의 중요성은 최근 급격히 증가하고 있다. 이것은 중앙아시아 지역에서 중국이 러시아와 미국 사이에서 키르기스스탄 외교정책 다변화의 핵심국가로 급부상되어지고 있음을 의미한다. 중앙아시아 지역에서 이러한 중국의 급부상은 키르기스스탄에게 분명히 새로운 '도전challenge'이 되고 있다. 키르기스스탄은 이러한 중앙아시아 역내 국제관계의 동학을 '기회opportunity'로 만들 수 있을까? 중앙아시아 지역에서 중국의 부상이 러시아와 미국 사이에서 국익을 추구하는 키르기스스탄에게 심각한 도전이 되고 있지만, 당분간 키르기스스탄의 기존 친러시아적인 대외정책이 급격히 변하지는 않을 것이다. 본 연구는 러시아와 미국 그리고 중국 등 세계 강대국들의 경쟁 사이에서 지정학적인 측면에서 전략적 가치를 지닌 국가가 어떻게 국익을 증진하는가를 연구하는데 있어 유용한 사례 제시가 될 것이다.

8장에서는 타지키스탄과 중국과의 관계를 자원 개발의 측면에서 분석하고 있다. 타지키스탄은 중앙아시아는 물론 옛 소연방 안에서도 경제적으로 가장 낙후한 국가로, 지리적 여건은 대단히 척박하고 주변국들과 같은 자원의 보고도 아니다. 그럼에도 불구하고 중국의 대 타지키스탄 외교 공세는 이미 10년 이상 지속적으로 증가하는 추세에 있으며 2013년 5월, 양국이 전략적 동반자 관계를 구축함으로써 질적으로 새로운 관계에 진입했다는 평가를 받고 있다. 다만 타지키스탄 국내뿐 아니라 국제사회 일각에서도 타지키스탄이 중국에 '매각'되었다고 평할 정도로 두 나라 관계는 긴밀하면서도 또한 적지 않은 문제들을 내포하고 있다. 이 글은 중국과 타지키스탄의 관계를 시계열순으로 되짚어 보고, 2000년대 들어 급증하기 시작한 양국 협력 관계를 단계별 분야별로 고찰하였으며, 양국 관계 발전 과정에서 향후 노정될 가능성이 있는 문제들을 검토한 글이다.

마지막으로 9장은 투르크메니스탄과 대 중국 관계를 에너지 프로젝트를 중심으로 살펴보았다. 1991년 독립이후 투르크메니스탄은 개방원칙을 견지하면서 외국인 투자유치를 통한 안정적인 가스수출노선 확보와 대외무역활성화를 위한 개방정책을 추진했으며, 급격한 개방정책 추진에 따른 불안을 최소화하기 위해 제한된 국제교류와 경제협력을 추진했다. 개방이후 투르크메니스탄의 경제는 급성장했으며, 성장의 원동력은 연료에너지산업의 활성화에 있었다. 따라서 투르크메니스탄은 에너지 관련 산업을 중심으로 견고한 성장세를 이루어 나갈 것으로 보이며, 에너지, 건설, 인프라 등의 분야에 대한 투자를 확대해 나갈 것으로 예상된다. 그리고 시장경제로의 이행을 위해 민간부문의 육성, 금융체제 개편, 투자환경 개선 등을 추진해 나갈 것이다. 한편, 중국은 철도뿐만 아니라 파이프라인 연결을 통해 중앙아시아의 천연가스와 석유 등의 에너지자원을 확보하는 정책을 진행하고 있다. 투르크메니스탄은 가스수출의 다변화를 그리고, 중국은 가스수입의 안정화를 기할 수 있어 투르크메니스탄과 중국을 연결하는 제4파이프라인 건설은 양국의 경제발전과 경제성장에 많은 도움이 될 것이다.

이처럼 중앙아시아 5개국은 각 나라가 처한 정치적 경제적 상황을 고려하여 중국과 적극적인 협력 관계를 구축하고 있으며, 향후 이러한 협력관계는 지속적으로 확대될 것으로 보인다.

3부에서는 정치, 경제, 사회, 문화 등 여러 분야에서 구체적인 주제들로 접근하여 중국과 중앙아시아 관계를 보다 조밀하고 세밀하게 조망해 보고자했다.

10장에서는 카자흐스탄과 긴 국경을 마주하고 있는 중국이 카자흐스탄으로 진출하거나 카자흐스탄에서 영향력을 확대하고 있는 현실을 목도·경험하고 있는 카자흐스탄 사람들이 이 현상을 어떻게 이해하고 평가하는지의 문제를 엘리트와 대중 차원으로 나누어 살펴보고 있다. 카자흐스탄 엘리트나 대중 사이에서 중국의 부상을 우려 섞인 시선으로 바라보는 견해가 존재하는 것은 사실이지만, 이러한 태도의 비중이나 영향력이 압도적인 것은 아니다. 중국을 대하는 카자흐스탄 엘리트 및 대중의 인식에서는 부정적인 견해뿐만이 아니라 우호적인 의견도, 중립적인 혹은 유보적인 태도도 나타나고 있다. 이처럼 카자흐스탄 엘리트나 대중 차원에서 대중국 인식이 일정한 다양성을 나타내는 데 영향을 미친 요인으로는 정치적·경제적 이해관계의 추구, 국가안보·이익 개념에 입각한 판단 및 이에 대한 고려, 이러한 과정에 개입되는 국가 중심적 사고 등을 들 수 있다.

11장에서는 중앙아시아와 중국의 에너지 협력의 특징을 보다 세밀하게 분석해 보았다. 중앙아시아라는 새로운 에너지 공급 지역의 등장은 주요 에너지 수입국들에게 큰 관심의 대상이 되었다. 중앙아시아와 이웃해 있는 중국은 급속한 경제 성장에 따라 에너지 수요가 빠른 속도로 늘어나고 있다. 에너지 소비 규모가 확대된 중국은 중앙아시아로부터의 에너지 수입으로 인해 에너지 수급 불균형 문제를 해결할 수 있는 가능성을 가질 수 있게 되었다. 이러한 중앙아시아 에너지 자원은 러시아 에너지

도입에 대한 협상 카드로 기능할 수 있게 되었다. 이처럼 중앙아시아와 중국의 에너지 협력을 통해 중앙아시아 국가들은 수출에서 안정적인 소비지역을 확보했으며, 중국은 안정적인 공급처를 확보했다. 이것은 유라시아 지역의 정치적, 경제적 역학구도에 큰 영향을 주고 있다. 이 글에서 언급하는 세 국가가 정도의 차이는 있으나 기존에 정치, 사회, 경제적으로 영향력을 가지고 있던 러시아로부터 일정부분 독립성을 가질 수 있는 계기가 될 수 있을 것이다.

12장에서는 중국인들의 카자흐스탄 이주가 중국의 부상에 따라 시기별로 변화된 특성과 그것이 카자흐스탄에 미친 영향과 의미를 살펴보았다. 오늘날의 일반적인 경제적 이주의 형태가 빈국에서 부국인 선진국으로의 이동이라는 사실을 감안할 때 중국인의 카자흐스탄 이주는 이와는 다른 독특한 현상이라 할 수 있다. 중국인들의 이주는 1992년 독립국가 건설에 따른 카자흐 디아스포라의 귀환이주와 독립 초기 접경 지역에서의 보따리 무역을 중심으로 한 지역적 협력 성격의 상업이주에서 점차 석유, 가스 등의 원료 시장인 카자흐스탄으로 중국의 막대한 투자 확대에 부수적으로 수반된 노동이주 등으로 확산되며 다양한 형태로 나타나고 있다. 여기에는 카자흐스탄을 유럽으로 가는 경유국으로 활용하는 이주의 형태까지 포함되어 있다. 이처럼 중국인의 카자흐스탄 이주는 점차 그 규모가 확대되고 있고, 매우 다양하고 복잡한 특성을 지니고 있다.

13장에서는 중앙아시아와 중국 신장 간의 교류, 그리고 이 지역의 주역인 위구르인들의 이주와 통합, 그리고 갈등의 역사와 현재를 고찰하고 있다. 중국 경제의 도약과 활로를 모색할 수 있는 중요한 공간이자 통로이자 에너지원이라는 측면에서 중앙아시아와의 통합성 확대는 피할 수 없는 발전의 경로인데, 이 두 지역을 연결해 주는 핵심 고리의 역할을 하고 있는 곳이 신장 지역이다. 그러나 이와 동시에 중앙아시아 제 민족들과 이슬람-투르크라는 공통의 요소를 갖고 있는 신장의 주요 민족인 위구르 문제는 중국에게 있어서 기회이자 위기의 시발이 될 수 있는 약한 고리이기도 하다.

마지막으로 14장에서는 독립 이후 벌어진 중앙아시아의 복잡한 패권 다툼 속에서 중국이 대두하는 과정과 문화외교 정책이 요구되었던 상황을 설명하고, 자국의 소프트파워를 향상시키기 위해 시행하고 있는 중국의 문화외교정책의 사례들과 중앙아시아 국가들의 대응 정책을 검토하고 있다. '한 사회의 행동 양식이나 상징체계'를 의미하던 문화는 20세기 말에 들어서면서 국가 이익의 창출 대상이자 외교 정책의 주요 목표 중 하나로 부상하게 되었다. 중국 또한 21세기에 접어들면서 그 동안 경제, 정치에 치중되었던 對중앙아시아 외교 정책에서 자국의 소프트파워를 향상시키기 위한 일련의 정책을 시행하고 있다. 중국의 對중앙아시아 문화정책은 국가 주도로 이루어지고 있는 것이 특징인데, 현재까지 '공자학원 설립'과 '유학기회 제공'과 같은 교육 분야, '문화의 날' 행사와 같은 문화 분야, '방송, 신문, 잡지, 인터넷 매체'등 언론 분야 등에서 적극적인 활동을 보여주고 있다.

이와 같이 총 14개장으로 구성된 본서는 서울대 아시아연구소 중앙아시아센터가 2014년 출범한 이후 세상에 내어놓는 연구의 첫 결실이다. 이 책은 다양한 차원에서 이루어진 배려와 지원, 그리고 연구의 결과물이다. 이 책이 중앙아시아 지역을 전공하고 있는 학생들은 물론, 이 지역 연구자들의 연구에 조금이라도 보탬이 되기를 간절히 기원한다. 물론 이 책은 크고 작은 오류들을 내포하고 있을 것임에 분명하다. 각 장에 저자로 참여한 필자들의 의견을 모으는 과정에서 충분한 토론이 이루어지지 못한 점 등도 아쉽다. 하지만 이 모든 것은 이 책을 기획하고 편집하는 책임을 지고 있는 본인의 허물이라는 점을 밝히고 싶다. 독자들의 질책과 동학제현들의 충고를 기쁘게 기다린다. 중앙아시아센터의 향후 작업에서는 더욱 만전을 기하여 그 같은 질책과 우리의 반성을 바탕으로 더욱 높은 수준의 연구 성과물들을 세상에 내놓기 위한 노력을 기울일 것을 약속드린다.

중앙아시아 지역정치와 중국

: 역사적 유산과 개황

간지 디자인 : 맑은샘

1장

러시아, 중국 그리고
근대 중앙아시아: 역사적 회고

양승조

I. 서론

1. 문제 제기

소련 해체라는 정치적 지각변동 이후 30년의 시간이 지났지만 중앙아시아 지역을 둘러싼 국제 정치 상황은 아직도 매우 복잡하다. 러시아는 소련 해체의 혼란 속에서 이 지역에 대한 영향력을 일시적으로 상실하기도 했으나, 점차 정치적·경제적 안정을 확립하게 되면서 다시금 중앙아시아 국가들과 협력관계를 강화해 가고 있다. 중국은 1990년대 이래로 힘의 공백 상태에 빠진 중앙아시아지역에 적극적으로 진출하기 시작했으며, 현재는 경제적 협력을 바탕으로 이 지역 신흥국들을 자국 영향권 안으로 빠르게 편입시키고 있다. 터키는 튀르크계 민족들과 국가들의 맹주를 자임하며 인종적·종교적 근친성을 바탕으로 중앙아시아 지역 국가들과 유대관계를 강화하고 있다.

* 이 글은 『역사문화연구』 54 (2015)에 게재된 논문을 본서의 편집 취지에 맞도록 수정·보완한 것입니다.

미국을 비롯한 서방은 서아시아에서 중앙아시아에 이르는 자원벨트에 대한 영향력을 유지하고 강화하는 것과 중앙아시아 지역이 가지고 있는 군사적 중요성을 활용하려는 목적에서 이 지역으로의 침투를 지속적으로 진행하고 있다. 이러한 복잡한 상황 속에서 한편으로 소련 해체 후 독립한 중앙아시아 각국은 주변 강국들과 균형외교를 추구하고 있고, 다른 한편으로 중국의 한 지방으로 편입되어 있는 동투르키스탄 지역은 위구르인들을 중심으로 독립 운동이 진행되면서 분쟁지역화 되어가고 있다. 이러한 이유로 이 지역에 대한 주변 국가들의 관심은 점차 커지고 있다.

이렇듯 중앙아시아 지역이 세계적 관심의 대상이 되고 있는 것은 무엇보다도 이 지역이 아시아 대륙의 중심에 위치해 있다는 지리적 특성으로 인해 가지게 된 지정학적·지경학적 중요성 때문이다. 이 지역은 아시아 대륙의 강대국인 중국 및 러시아와 동쪽과 북쪽에서 경계를 맞대고 있는 것은 물론이고, 남으로는 인도, 서로는 이란을 비롯한 이슬람 권역과 접하고 있다. 이러한 특성으로 인해 중앙아시아는 군사전략적으로 매우 가치가 크며, 이러한 이유로 주변 강대국들은 이 지역의 지정학적 이점을 자신에게 유리한 방향으로 이용하기 위해 정치적·외교적으로 경쟁하고 연합하는 등 활발하게 움직이고 있다. 경제적으로도 아시아 대륙의 중심에 위치해 있다는 중앙아시아의 지리적 위치는 큰 이점이다. 이 지역은 아시아 대륙을 동과 서는 물론이고 남과 북으로 연결할 때 반드시 거쳐야만 하는 곳이기에, 사람의 이동이라는 교통상의 특징에서 뿐만 아니라 자원과 상품의 이동이라는 물류의 측면에서 볼 때에도 매우 중요하다. 이러한 교통 요지라는 점에 더해 이 지역에 풍부하게 매장되어 있는 다양한 광물자원들은 강대국들을 비롯한 주변 국가들이 이 지역에 관심을 가지는 또 하나의 주요 요인이다.

그런데 중앙아시아에 대한 관심과 이 지역이 가지는 중요성이 오늘날에 와서 갑자기 나타난 현상은 아니다. 역사적으로 이 지역은 동서 교류의 중심지로 이른바 실크로드의 핵심 통로였다. 또한 이곳은 동이나 서, 혹은 북에서 발흥한 강대국이 다른 지역으로 군사적 진출을 하기 위해서도 반드시 거쳐야만 하는 지역이었다. 중국의 당이나 유목기마민족이 세운 몽골 제국, 티무르 제국 등이 영토를 팽창하는 과정에서 교두보 확보 차원에서 이 지역을 점령한 것이 그 대표적인 예이다. 즉, 이 지역은 이미 과거부터 경제적·문화적인 면에서 뿐만 아니라 정치적·군사적인 면에서도 주변 지역을 연결해주는 주요 통로 역할을 해왔던 것이다. 이에 따라 이 지역에 건설된 국가들은 그 명운이 주변 강국과의 관계에 따라 크게 변동되곤 했다.

이러한 연관성 속에서 살펴볼 때 오늘날 중앙아시아 지역을 중심으로 전개되고 있는 국제적 경쟁과 갈등은 과거 역사의 연장선상에 있다. 즉, 중앙아시아 지역이 청과 제정 러시아라는 두 강대국에 병합되기 이전까지 이 지역에는 유라시아 초원 지대를 무대로 활동하던 유목기마민족을 비롯한 다양한 종족들이 수립한 다양한 정치 체제들이 존재했다. 그런데 18세기 이래로 이들은 제정 러시아와 청, 영국과 같은 아시아는 물론이고 전 세계적인 차원에서 영향력을 행사하는 강국들에 둘러싸이게 되었다. 이들 주변 강국들이 새로 점령한 지역을 아직 확고히 통합하지 못한 시기에 중앙아시아 지역 국가들은 자신들의 독자성을 유지할 수 있었으나, 강국들이 새로운 영토에 대한 지배권을 확립하고 경제적·군사적 여력을 확보하게 되면 존립을 위협받게 되었다. 물론 주변 강국의 공격적 행위들에 대해 중앙아시아 지역에 수립되었던 국가들이 아무런 저항 없이 물러선 것은 아니었다. 17-18세기에 오이라트를 중심으로 건설된 준가르 칸국은 동쪽과 북쪽에서 팽창해 오고 있던 청과 제정 러시아 사이에서 광대한 영역을 지배하는 제국을 건설했으며, 주변 강대국들의 압력 속에서도 국력을 기르고 외교적 교섭이나 군사적 충돌을 통해 자신들의 정치적 독립을 지키려고 노력했다.

18세기 후반 중앙유라시아 지역에서는 주기적으로 반복되던 유목제국과 정주국가 사이의 권력교체에서 커다란 변화가 나타났다. 바필드에 따르면, 오랜 기간 동안 중앙유라시아 지역에서는 초원의 유목민족들과 정착문명들 간의 상호관계와 권력교체가 반복되었다. 유목제국은 중원의 정착국가에서 강탈한 물자에 기반을 두어 구축되고 유지될 수 있었으며, 이에 따라 중원 국가가 약화되어 붕괴하면 유목제국 또한 소멸되었다. 제국들이 사라진 혼란기에 이 두 지역의 외곽에 위치해 있으며 정착적 특징과 유목적 특징이 혼합되어 있는 투르키스탄과 만주 지역에서 새로운 강국이 출현하여 북중국 지역으로 진출한다. 그러나 이렇게 등장한 북중국의 외래왕조는 다시금 한족에 의해 성립된 국가에 의해 전복되고 대체된다. 그리고 새로이 성립된 중원 국가와 대립하는 과정에서 북쪽의 초원지대에도 다시금 강력한 유목제국이 성립된다(바필드, 2009: 41-54). 그런데 이러한 순환 고리는 18세기 중반에 청이 준가르 제국을 병합하면서 단절되었다. 만주에서 발원한 청은 명이 붕괴한 혼란기를 틈타 중원 전체를 정복할 수 있었다. 결과적으로 새로운 중원 제국이 성립되었기에 이제 유목 제국이 북쪽에 건설될 차례였다. 실제로 준가르 제국이라는 바필드가 제시한 역사적 순환을 반복할 수 있는 강력한 후보자도 있었다. 그러나 유목 대제국은 등장하지 않았으며, 오히려 청에 의해 동몽골의 할하와 서몽골의 준가르가 병합됨으로써 외래왕조가 지배하는 거대한 중원제국이 건설되었다.

이른바 중앙유라시아 동쪽 지역에서 나타났던 제국 성립의 순환에서 이러한 본질적인 변화가 나타나게 된 것은 시베리아 지역을 영토로 병합하며 중앙유라시아 지역의 강자로 급격하게 부상한 러시아 때문이었다. 16세기 후반 이래로 러시아인들은 시베리아 지역으로 적극적으로 진출하기 시작했으며, 빠른 속도로 서시베리아와 동시베리아를 병합했다. 그 결과 오랜 기간 동안 북쪽에 특별히 강력한 세력이 없었기에 남쪽에 위치한 정주국가와 대결하는데 집중할 수 있었던 유목 국가들은 제정 러시아의 시베리아 진출로 인해 북쪽으로부터도 강력한 정주세력의 군사적 압력을 받는 처지에 놓이게 되었다. 청에 의한 동몽골의 할하 부족들과 서몽골의 준가르 제국 병합은 이러한 정세변화 속에서 진행될 수 있었다.

따라서 17-18세기 중앙유라시아 동부의 정황을 이해하기 위해서는 중국과 유목 국가들뿐만 아니라, 이 지역에 새로운 강자로 등장한 제정 러시아에 대해서도 동일한 비중으로 살펴볼 필요가 있다. 그러나 기존의 연구들에서는 이 지역에서 나타난 본질적인 변화에 있어 제정 러시아의 역할에 대해 크게 관심을 두지 않고 있다. 즉, 일부 학자들은 17-18세기 중앙유라시아의 동쪽부분에서 나타난 상황들을 남쪽의 중국과 북쪽의 유목기마민족이라는 틀 속에서 분석하면서 러시아는 이 양자 외부에서 산발적으로 끼어드는 종속적 요소로서 간간히 기술하고 있고(고마츠 외, 2005; 그루쎄, 2007; 스기야마, 2013; 밀워드, 2013; 바필드, 2009; 퍼듀, 2012 등), 러시아 학자들을 중심으로 하는 다른 이들은 제정 러시아의 시베리아 진출에 주로 연구를 집중하면서 투르키스탄 또는 동아시아 지역에서 러시아가 지역 강국과 어떠한 양자 관계를 가지게 되었는지에 관심을 집중하고 있다(Бобровский, 2011; Контев, 2011; Пузанов, 2011; Муратова, 2013 등). 그러나 이러한 양자관계 중심의 분석으로는 당시 이 지역의 복잡한 역학관계를 제대로 드러낼 수 없다. 따라서 이 시기 중앙유라시아 동부지역에서 나타나고 있던 새로운 변화상을 입체적으로 재구성하기 위해서는 거시적 차원에서 중앙아시아 지역을 둘러싼 주요 국가들의 정치적, 외교적, 군사적 활동을 살펴볼 필요가 있다.

이러한 전제들 위에서 본 연구에서는 17세기 후반에서 18세기 전반에 걸친 시기에 중앙유라시아 지역에서 나타나는 정주국가의 확립과 유목세력의 쇠퇴를 청과 준가르, 제정 러시아라는 세 제국 사이의 관계를 통해 드러내 보일 것이다. 이를 위해 먼저 제정 러시아와 만주족이 각각 시베리아와 중원을 제패하게 된 과정을 살펴볼 것이고, 다음으로 오이라트가 주도한 준가르 제국이 시베리아로 영토를 팽창하고 있던 제정 러시아와 중원을 제패한 후 주변 유목민족들의 공간으로 세력을 확장하고 있던 만주족의 청과 어떠한 관계를 맺고 있었는지를 기술할 것이며, 그리고 청의 공격을 받고 패배한 유목 제국이 어떻게 과거와는 달리 자신들의 독자적 정체성을 유지하지 못하고 거대 제국의 주변부로 전락하게 되었는지를 설명할 것이다.

2. 개념정의: 중앙아시아, 투르키스탄, 중앙유라시아

본격적인 연구를 위해 우리는 먼저 유목제국과 제정 러시아, 그리고 만주족의 청이 교류하고 경쟁한 공간적 배경에 대한 명칭, 즉 지리적 개념을 확정할 필요가 있다. 우리 연구의 중심 대상 지역인 투르키스탄과 그 주변지역을 가리키는 가장 널리 사용되는 개념으로는 먼저 '중앙아시아Central Asia'를 들 수 있다. 복잡한 지리적·역사적 배경으로 인해 '중앙아시아'라는 개념의 지리적 내용과 범주는 시간과 지역에 따라 변화해 왔다. 프로이센의 지리학자 훔볼트가 1843년 파리에서 출간한 자신의 책에서 이 개념을 처음 사용했을 때 '중앙아시아'라는 명칭은 다른 지역들과는 다른 자연 조건 상의 특징을 보여주고 있음을 강조하는 지리적 개념이었다(Dani, 1996: 11).

제정 러시아 시기인 19세기 이래로 이 지역을 영토의 일부로 소유하고 있던 소련에서도 '중앙아시아Центральная Азия'라는 명칭이 일반적으로 사용되었다. 그리고 이와 함께 소련에서는 '중(부)아시아Средняя Азия'라는 개념이 사용되었는데, 이것은 제정 러시아 시기 이 지역을 지칭하던 명칭인 서투르키스탄 지역과 대체로 중복되는 범위로, 오늘날 우즈베키스탄, 타지키스탄, 키르기스, 투르크메니스탄 4개국의 영토와 상당부분 중첩된다. 그러나 소련 해체 이후인 1993년에 카자흐스탄을 포함한 이 지역 5개국가 대표들은 소련 시대 명칭이 함의하고 있는 지역적 범주인 '중(부)아시아'에 카자흐스탄을 포함시켜 5개국 모두를 하나의 지역 공동체인 중앙아시아로 설정했다. 이후 오늘날 일반적으로 인식되는 중앙아시아 5개국이라는 정치적 개념이 확정되었다(엄구호, 2012: 125-126).[1]

그러나 이러한 개념으로는 이 지역의 복잡한 양상과 역사적 전개를 제대로 드러내

1 　그러나 문화적, 자연적 조건으로 보면 카자흐스탄, 그리고 투르크메니스탄과 키르기스 중 많은 부분은 중앙아시아 지역에 포함되지 않는다(Beckwith, 2009: 385, note 3).

지 못하기에 학자들을 중심으로 다른 대안들이 제시되고 있다. 서방에서는 '내륙아시아Inner Asia'라는 용어와 '중앙아시아'라는 용어를 병행하여 사용해왔다. 퍼듀에 따르면, '내륙아시아'는 몽골족, 한족, 만주족이 거주하는 내외몽골, 만주, 신장, 티베트 지역을 가리키며, '중앙아시아'는 투르크적 특징이 강하게 나타나는 지역으로 소련에 의해 획정된 지역이다(퍼듀, 2012: 13). 일각에서는 소련식 중앙아시아 개념에 페르시아, 터키, 무슬림 남아시아 지역을 합쳐 '확대 중앙아시아Greater Central Asia'라는 개념을 사용하기도 한다(Canfield, 2002: xii-xiii). 역사학적 용어로는 '투르키스탄'이라는 명칭이 있다. '투르크인의 땅'이라는 의미인 투르키스탄은 9세기에 페르시아 학자들이 투르크화된 중앙아시아와 그 주변지역에 붙인 명칭으로, 제정 러시아가 서투르키스탄 지역을 점령한 후 사용하면서 널리 퍼지게 되었다(밀워드, 2005: 20). 투르키스탄의 지리적 범주는 카자흐스탄을 제외한 중앙아시아 4개국 영토와 대체로 겹치는 지역서투르키스탄에서 현 중국의 신장-위구르와 대체로 겹치는 지역동투르키스탄을 아우른다.

그러나 최근에 와서는 이러한 용어들이 특정한 지역에 한정되어 있기에 아시아에서 유럽에 걸친 광활한 지역에 거주하며 자유롭게 이동하던 유목(기마)민족들이 건설한 다양한 공동체들의 역사적 실체를 제대로 드러내는데 있어 한계로 작용하고 있다는 비판아래, '중앙유라시아Central Eurasia'라는 용어가 대체 개념으로 사용되고 있다. 1960년대에 데니스 사이너Denis Sinor가 사용하면서 확산되기 시작한 이 용어는 유목 문화권 모두를 포괄한다는 의미의 문화적 개념으로, 동서로는 동유럽에서 만주에 이르고 남북으로는 툰드라와의 경계에서 중국 북부, 인도 북부, 이란 동부에 이르는 광대한 지역이다. 오늘날에 와서는 많은 학자들이 '중앙유라시아'라는 용어를 선호하고 있는데, 그 이유는 다른 용어들과는 달리 이 개념은 과거 개별 국가들에서 자신들의 이해관계에 따라 사용한 용어가 아니기에 정치적으로 중립적이고, 유럽과 아시아를 인위적으로 나누지 않고 통칭한다는 점에서 보다 포괄적이라고 보기 때문이다(고마츠 외, 2012: 14).

그러나 본 연구에서는 이러한 다양한 용어들 중 어느 것이 보다 적합한 것이라고 주장하지 않을 것이며, 이 보다는 각 용어가 지칭하는 지리적 범주를 분명하게 확정하고 이렇게 조정된 개념들을 층위 화하여 사용하는 것을 제안하는 바이다. 이에 따라, '중앙아시아'는 구소련에서 독립한 5개 중앙아시아 국가들의 지리적·정치적 경계를 통칭하는 현재적이고 정치적인 개념에 따른 범주로, '투르키스탄'은 카자흐스탄을 제외한 '중앙아시아' 4개국과 중국 신장위구르자치구를 통칭하는 역사적 개념에 따른 범주로, '중앙유라시아'는 "서쪽으로 우크라이나 초원에서 동쪽으로 태평양 연안, 시베리아 삼림의 남쪽 가장자리에서 티베트 고원"(퍼듀, 2012: 47쪽)[2]에 이르는 유목 지역을 지칭하는 문화적 개념에 따른 범주로 정의할 것이다. 특히, 본 연구에서는 '투르키스탄'이라는 개념을 중심으로 근대 중앙아시아와 주변 강국들 사이의 관계를 살펴볼 것인데, 그 이유는 이 용어가 19세기 이전까지 중앙아시아와 그 주변 지역을 가리키는 역사적 명칭일 뿐만 아니라, 지리적으로는 우리의 연구 대상인 제정 러시아령 중앙아시아와 청淸령 중앙아시아를 모두 포괄하는 말이기 때문이다.

II. 중앙유라시아 지역에서 러시아와 청의 영토 팽창

1. 16-17세기 모스크바국의 시베리아 진출

러시아의 역사 진행은 유목민족들과 깊은 연관관계를 가지고 있다. 그 중에서도 몽골의 침입과 지배는 러시아 역사의 주요 전환점들 중 하나이다. 칭기즈칸 사후 몽골 대제국의 서북부 지역인 우랄산맥 인근을 통치하게 된 것은 주치 울루스였다. 주치의 아들 바투는 서방 원정의 일환으로 유럽으로 가는 노상에 있던 키예프 루시의 여러 공국들을 공격했다. 그 결과 키예프 루시 지역의 공국들은 북서아시아 초원지대에 수립된 킵차크 칸국에 예속되었으며, 이후 약 이세기 반(1237/42-1480년)에 걸쳐 '몽골의 멍에Монголо-татарское иго'를 짊어지게 되었다. 러시아인들이 킵차크 칸국에 대한 종속에서 벗어나게 된 것은 이반 3세 때의 일이다. 이반 3세 시기 모스크바 공국은 북서쪽의 노브고로드 공국과 서쪽의 리투아니아 공국을 제외한 대부분의 공국들을 통합했으며, 그 결과 차르가 통치하는 모스크바국Московское государство이 성립되었다. 이러한 영토적, 군사적 성장을 바탕으로 이반 3세는 사라이Сарай에 있는 대칸의 승인을

---

2   사실 중앙유라시아의 지리적 범주에 대한 설명도 연구자나 연구기관에 따라 조금씩 다른데, 예를 들면 인디애나대학교 중앙유라시아학부에서는 이 지역을 "동서로는 중유럽에서 동아시아에 이르고 남북으로는 시베리아에서 히말라야 산맥에 이르는 지역"(http://www.indiana.edu/~ceus/(검색일: 2014.06.24.))으로 설정하고 있다.

받지 않고 대공의 자리에 올랐으며,[3] 킵차크 칸국에 보내던 공물 또한 중단했다. 그리고 마침내 1480년에 킵차크 칸국에 대한 충성을 공식적으로 부정함으로써 오랜 몽골 지배를 최종적으로 종식시켰다.

모스크바국의 성립은 공세적 유목민족과 수세적 슬라브인이라는 관계가 역전되는 기점이었다. 14세기 말 킵차크 칸국은 대칸 톡타미슈Toqtamish가 티무르와의 전쟁에서 패배한 이후 급격하게 약화되었으며, 그 결과 15세기에 카잔 칸국, 아스트라한 칸국, 크림 칸국, 시비르 칸국, 노가이 칸국 등으로 분열되었다. 이반 4세 시기 모스크바국은 과거 자신들을 압박하던 유목국가들의 정치적 분열을 이용하며 이들을 하나씩 복속시켜 나갔다. 이 과정에서 나타난 이반 4세의 카잔 칸국과 아스트라한 칸국 정복은 피지배 슬라브인이 지배 유목기마민족을 굴복시킨 정치적 정변이자, 정교도가 이슬람교도를 복속한 종교적 역전[4]이었다.

그러나 이러한 역전이 정교도에 의한 몽골-타타르 억압을 의미하는 것은 아니었다. 오히려 10세기부터 표트르 1세 이전까지의 시기는 모스크바국 내에서 러시아인과 몽골-타타르가 협조적 관계를 유지하고 있던 일종의 밀월 기였다. 루시의 동북부 지역을 통일한 모스크바국은 과거 킵차크 칸국이 통치했던 지역으로 영토를 확장하는 정책을 추진했으며, 그 과정에서 부족한 인적 자원을 메꾸기 위해 몽골-타타르 지배층을 통치 집단의 일원으로 적극적으로 받아들였다. 러시아 당국은 무슬림 엘리트를 귀족 집단의 일원으로 받아들이면서 슬라브 지배층과 동일한 권리를 부여했을 뿐만 아니라, 그들의 종교적 선택 또한 존중해 주었다. 이에 따라 무슬림을 정교도로 개종하려는 정교회의 시도는 인적 자원의 확보와 활용이라는 정치적 필요에 밀려 제대로 진행되지 못했다(Kappeler, 2010: 29-33).

우랄 서쪽지역을 평정한 러시아아인들은 이에서 멈추지 않고 시베리아 지역으로 진출했다. 사실 러시아인들의 시베리아 진출 시도는 모스크바국 시기보다 이전인 11세기 노브고로드 공국까지 거슬러 올라간다. 키예프 루시를 구성하고 있던 주요 공국들

---

3   몽골 지배기에 루시(Русь) 지역에서 대공이 되기 위해서는 킵차크 칸국의 대칸으로부터 책봉(Ярлык)을 받아야만 했다(Halperin, 1987: 66).

4   러시아와 이슬람 세계 사이의 초기 접촉은 10세기까지 거슬러 올라간다. 7세기 중엽 볼가 강 중류에는 불가르 족의 일파가 볼가 불가르를 건설했는데, 이들은 10세기 초에 이슬람으로 개종했다. 또한 13세기부터 키예프 루시 지역을 실질적으로 지배하고 있었던 몽골 계통의 킵차크 칸국이 14세기에 이슬람으로 개종하면서 러시아 인들은 무슬림의 지배를 받는 처지에 놓이게 되었다.

중 하나로 서북부 지역에 위치하고 있던 노브고로드 공국은 발트 해를 통한 유럽 국가들과의 교역을 국가경제의 주요 기반으로 삼았던 상업 국가였다. 노브고로드인들은 동방으로 영토를 팽창하는 과정에서 서시베리아 지역에 살고 있던 유목민족들과 충돌했으며, 그 결과 이 지역의 원주 유목민들을 우랄 산맥 동북지역으로 밀어냈다(박상철, 2014: 167). 그러나 이것은 아직 시베리아 지역으로의 본격적인 진출은 아니었다. 러시아 인들이 정복을 위해 본격적으로 동방으로 진출하기 시작한 것은 이반 4세 치세 때의 일이다. 16세기 중엽에 모스크바국이 킵차크 칸국의 후계국들을 정복하면서 볼가 강을 넘어 우랄지역까지 진출하게 되자, 이를 기반으로 러시아 모험가 집단들은 모피라는 값비싼 상품을 쫓아 시베리아 지역으로 들어갔다. 모피 산지로서 시베리아 지역에 대한 러시아인의 관심은 슬라브인들이 우랄 서쪽의 북동지역으로 진출하기 시작했던 11세기부터 이미 본격적으로 나타났던 현상이었는데, 이렇듯 슬라브인들이 모피 획득에 관심을 집중한 것은 근대시기 유럽지역에서 점증하고 있던 모피수요 때문이었다. 모피시장의 팽창은 대규모 모피 공급자였던 모스크바국에 커다란 부를 가져다주었으며, 이에 따라 슬라브인들은 더 많은 모피를 확보하기 위해 시베리아 지역 안으로 더 깊숙이 진출했다(포사이스, 2009: 18-19).

이러한 러시아의 시베리아 점령은 모험가 집단들로 이루어진 소규모 원정부대에 의해 주도되었는데, 이들의 주 구성원은 카자크(키)казак(и)였다. 일반적으로 카자키는 모스크바국에서 탈주한 농노들이 유럽러시아 남쪽의 변경지대에서 구성한 슬라브계 자유인 전사 집단으로 알려져 있으나, 사실 그 기원은 몽골-투르크계 유목기마민족이었다. 16세기에 킵차크 칸국의 붕괴로 나타난 권력의 공백 속에서 일부 타타르들이 자유로운 약탈 집단을 형성하면서 시작된 카자키는 러시아 국가가 스텝지역을 병합하고 국가체제를 확립하던 시기에 변경지역으로 흘러들어온 슬라브인들로 인해 점차 슬라브화 되었던 것이다(구자정, 2010: 173-187).[5] 이들 카자키는 모스크바국이 유라시아 제국으로 성장하는데 있어 커다란 역할을 했다. 이들은 군사적으로 기마병으로서 유목기마민족과 맞서 싸울 수 있는 능력을 가지고 있었으며, 경제적으로 농업과 목축업 종사자로서 초기 식민개척자의 역할을 할 수 있었다. 카자키가 가지고 있던, 높은 수준의 전투능력을 소유하고 있으면서 스스로 생존할 수 있는 능력을 갖추었다는 조건

---

5   또한 16-17세기 모스크바국에서 슬라브계 주민들의 스텝 국경지역으로의 탈주에 대해서는, (양승조, 2009: 303)을 참조하라.

은 러시아가 시베리아 지역, 특히 유목기마민족국가와의 접경지역에서 영토를 팽창하고 보존할 수 있도록 해 주는 무력기반의 역할을 했다는 점에서, 이들의 커다란 강점이었다(Павлинская, 2011: 165-166).

모험가이자 시베리아 지역을 무력으로 정복하려고 시도한 최초이자 가장 유명한 러시아인인 예르마크Ермак Тимофеевич 또한 카자크이다. 이반 4세로부터 서시베리아 지역에 대한 식민권을 획득한 스트로가노프Строганов 가문은 1580년에 예르마크를 대장으로 하는 원정부대를 조직하여 시비르 칸국Сибирское ханство[6]을 공격했다. 예르마크가 지휘하는 카자크 부대는 한때 시비르 칸국의 수도 카슐리크Кашлык를 점령하기도 했으나, 퀴춈 칸Küchüm Khan의 반격으로 퇴각했으며, 이 과정에서 예르마크는 이르티슈Иртыш 강에서 익사했다. 그러나 예르마크의 실패에도 불구하고 모스크바국은 시비르 칸국을 복속시키는데 성공함으로써 제정 러시아가 서시베리아를 거쳐 동아시아 북부에 위치한 동시베리아와 태평양 연안까지 진출할 수 있는 토대를 구축했다.[7]

이렇듯 주로 카자키로 구성된 소규모 원정대가 성공적으로 시베리아로 진출할 수 있었던 물적 요인으로는 시베리아 지역의 상황과 러시아 인들의 공략방식을 들 수 있다. 초원지대와는 달리 보다 북쪽에 있던 삼림지대에는 러시아 세력에 대항할만한 강력한 정치세력이 존재하지 않았다. 즉, 거의 유일한 정치세력이었던 시비리 칸국이 16세기 말에 붕괴된 후 시베리아 지역에서 근대식 장비로 무장한 러시아 원정대에 맞설 세력은 거의 없었다. 또한 러시아 원정대는 동쪽으로 영토를 확장해 나가면서 주요 요충지에 목책으로 둘러싸인 요새острог들을 구축하고 이것들을 연결하여 방어선을 구축했으며, 이를 기점으로 다음 지역을 공략했다. 이러한 방식은 거리상의 문제와, 교통 기반 미비로 비교적 소수의 부대만을 투입할 수 있었던 러시아인들이 공간의 크기에 비해 인구가 희박했던 시베리아 삼림지역을 빠른 속도로 제압해 나갈 수 있었던 매우 효과적인 방법이었다.

그러나 이러한 전술로 강력한 정치 조직을 갖추고 있던 초원 유목기마국가들을 상대하기는 쉽지 않았다. 아시아에서 유럽에 이르는 대제국을 건설한 몽골제국에 비할 바는 아니지만, 이 시기 중앙유라시아 지역을 장악하고 있던 유목기마민족들은 여전

---

6 시비르 칸국은 킵차크 칸국의 후계국가들 중 하나로, 여기에서 오늘날 우랄 서쪽의 광활한 지역을 가리키는 '시베리아'라는 명칭이 나왔다.

7 모스크바국의 시비르 칸국 병합에 대한 보다 자세한 내용은, (포사이스, 2009: 44-51)을 참조하라.

히 강력한 군사력을 보유하고 있었다. 1606년에 처음으로 오이라트와 접촉한 이래로 17세기 전반부에 모스크바국은 오이라트를 비롯한 서몽골 지역의 유목 부족들에 대해 외교적 교섭을 통해 지배관계를 수립하려고 시도했다. 그러나 이러한 노력은 대체로 실패했으며, 형식적으로 모스크바의 종주권을 인정한 몇몇 경우에도 교섭 내용은 유목 부족들에 의해 무시되거나 곧바로 파기되었다(퍼듀, 2012: 137-144). 이러한 외교적 굴욕과 16세기 말 분열되어 있던 오이라트의 정치적 상황에도 불구하고 모스크바국은 서몽골 지역에 무력을 투입할 수 없었다. 그것은 먼저 모스크바국 역시 이 시기에 왕통의 단절과 외세의 간섭이 지속되었던 '동란 시대Смутное время(1598-1613)'를 겪으며 혼란에 빠져있었기 때문이었으며, 또한 이후 새로이 성립된 로마노프 왕조는 먼저 내부의 혼란을 수습하고 통치권을 확립하는데 주력해야만 했기 때문이었다. 이에 더해, 시베리아 지역에 주둔하고 있는 모스크바국의 군사력이 유목기마부대를 압도할 수 있을 정도로 충분하지 않았다는 것도 중요한 이유였다. 한 예로 17세기 전반부에 이 지역에 있던 러시아인들이 소금 문제를 둘러싸고 유목부족들과 대립했던 일을 들 수 있다. 바투르 통치기인 1634년에 준가르의 지배 아래 있던 지역에 있는 염호에서 소금을 채취해 가던 러시아군이 오이라트군의 공격을 받는 일이 벌어졌다. 이 때 이에 대한 대응으로 러시아 측은 군사적 보복이 아니라, 교역을 통해 소금과 러시아의 물자를 교환하자는 바투르의 제안을 수용하는 외교적 해결책을 선택해야만 했다(퍼듀, 2012: 137-144).

2. 만주족의 중원 정복

16세기 말 중앙유라시아 초원지대의 유목부족들은 여러 세력으로 나뉘어 대립하고 있었다. 이러한 분열은 중원을 차지하고 있던 명의 대외정책과도 밀접한 관련이 있었다. 유목제국인 원을 무너트리고 성립한 명은 초기에는 북방원정을 통해 만주 남부까지 영토를 팽창하기도 했으나, 후기로 갈수록 유목지역에 대한 군사행동을 자제하면서 외교적 수단을 통해 초원 세계를 통제하는 것으로 정책을 바꾸었다. 이에 따라 명은 분열되어 있는 유목부족들 모두와 개별적으로 조공관계를 맺어 각 부족의 지배집단이 이를 통해 이득을 볼 수 있도록 보장해 줌으로써, 중국과의 조공무역을 독점할 수 있는 하나의 단일 세력이 등장하지 못하도록 각 부족의 지배층이 상호 견제하는 상황을 조성했다. 그러나 이러한 정책은 장성축조와 같은 과도한 지출이 필요한 사업들과 함께 진행되면서 정부 재정을 압박했다. 이로 인해 국가는 증세를 단행했는데, 이는 명 말의 관료 부패와 겹치며 백성들의 경제적 기반을 크게 훼손했다. 이러한 상황 속에서 기근이 겹치자 1620년대 이래로 명에서는 농민반란들이 빈발했다.

이러한 초원 지역과 정주 지역의 혼란과 세력약화 속에서 동쪽에 있던 만주지역에서는 누르하치가 건주여진建州女眞을 중심으로 여진족 세력을 규합[8]하여 강력한 국가를 형성했다. 17세기 초 누르하치는 통합한 여진 부족들을 재편해서 군사조직이자 행정기구인 팔기 체제를 구축[9]하고, 이를 기반으로 만주 전역은 물론이고 요동까지 진출했다. 광대한 영역을 통치하게 된 누르하치는 1616년에 (후)금金의 건국을 선포하고 칸의 위에 올랐다. 명군과의 전투에서 얻은 부상으로 인해 1626년에 누르하치가 사망한 후 홍타이지가 칸의 지위를 계승했다. 홍타이지는 누르하치의 여덟 번째 아들이었으나, 누르하치 사망 당시 팔기 중 자신이 이끌고 있던 양황기와 정백기의 군사력을 이용하여 칸의 자리에 앉을 수 있었다. 홍타이지는 명과의 전쟁을 준비하는 일환으로 서북쪽의 동몽골과 남쪽의 조선을 공격했다. 특히 동몽골에 있던 할하 정벌 과정에서 홍타이지는 대원전국새大元傳國璽를 획득함으로써 몽골제국 대칸의 위를 계승하게 되었다는 명분을 얻게 되었다(고마츠 외, 2005: 310-311; 퍼듀, 2012: 167). 배후 지역을 평정한 홍타이지는 1636년 만주족, 몽골족, 한족이 추대하는 형식을 갖추어 대청大淸 황제로 등극했다. 그러나 홍타이지 또한 누르하치와 마찬가지로 중국 본토로 들어가는 산해관을 넘지 못하고 사망했다.

중국 본토로 진출하기 이전인 이 시기에 만주족 국가는 몇 가지 근본적인 문제들을 안고 있었다. 먼저, 이 신생 국가에는 아직 중앙집권체제가 확립되어 있지 않았다. 초기 청나라는 여러 씨족에 기반을 둔 부족연합체적 성격을 강하게 띠고 있었는데, 이는 팔기 체제 속에서 더욱 강화되었다. 팔기는 부족 질서를 뛰어넘는 조직으로

---

8   17세기 당시 여진족은 크게 건주여진, 해서여진(海西女眞), 야인여진(野人女眞)으로 삼분되어 있었는데, 누르하치가 이들을 통합한 후 만주족으로 통칭했다.

9   '기(旗)' 체제의 구성을 보면, 300명의 군사로 구성되는 니루를 기반으로, 5개의 니루가 1잘란을 구성하고, 다시 5잘란이 1구사, 즉 1기를 구성했다. 이러한 기 체제의 기본 단위인 니루는 1601년부터 만들어지기 시작했으며, 팔기 체제로 확립된 것은 1615년의 일이다(퍼듀, 2012: 156). 각 기의 명칭은 양황기(鑲黃旗), 정황기(正黃旗), 정백기(正白旗), 정홍기(正紅旗), 양백기(鑲白旗), 양홍기(鑲紅旗), 정람기(正藍旗), 양람기(鑲藍旗)이다.

구상된 것으로, 각 기에는 상당히 커다란 자치권이 부여되었기에 기의 최고 지휘관인 기주旗主는 자기 개인에게 충성을 바치는 강력한 군사력을 보유하게 되었다. 기주들은 이러한 무력을 바탕으로 왕위교체기에 강력한 영향력을 행사할 수 있었으며, 때로는 순치제順治帝 초기에 실질적으로 국사를 장악했던 도르곤의 예에서 볼 수 있는 것처럼, 섭정의 자격으로 실질적인 국가 최고 통치자의 역할을 자임하기도 했다. 누르하치에서 순치제에 이르는 청의 초기 황제들은 한족 관료들의 도움을 받아 국가체계를 정비함으로써 만주족 출신 지배층을 황제권 밑에 복속시키려 했으며, 그 결과 강희제 시기에 와서야 청은 황제를 정점으로 하는 중앙집권체제를 확립할 수 있었다. 다음으로, 만주와 그 주변 지역을 장악하고 있던 시기에 청은 경제적으로 매우 커다란 문제를 안고 있었다. 17세기 만주는 아직 많은 인구를 부양할 만한 생산수준에 도달해 있지 않았다. 어로와 사냥은 비교적 용이했으나, 가장 중요한 농업생산은 낮은 수준에 머물러 있었다. 여진족이 서로 분립하여 있을 때에는 이러한 것들이 커다란 문제가 되지 않았으나, 만주는 물론이고 한족이 다수 거주하고 있던 요동지역을 손에 넣게 되자 낮은 생산성은 국가의 존망을 위협하는 문제가 되었다. 식량을 포함한 물자 부족은 청이 독립을 선언함으로써 명과의 무역관계가 극도로 악화되자 더욱 심화되었다. 국가경제 쇠퇴는 군사력의 약화로 이어졌다. 이러한 상황 속에서 한편으로는 조선을 약탈하고 다른 한편으로는 몽골이 명과 무역하는 것을 막음으로써 양자와의 관계도 악화되어 갔다. 또한 국내적으로는 한족과 만주족 사이의 갈등이 격화되고 있었다. 한족에게 가해지는 국가의 경제적 요구는 점점 커져간 반면 한족과 만주족 사이의 차별은 개선되지 않았다. 이로 인해 한족 사이에서 불만이 팽배해 지면서 사회적 불안이 야기되었다. 이렇듯 중원으로 진출하기 직전 청은, 사실, 대내외적인 다양한 위기조건들로 인해 매우 어려운 상황에 처해 있었다. 이러한 이유로, 만일 이자성의 난으로 명이 몰락하고 이로 인해 동북지역을 담당하고 있던 명의 장수 오삼계가 청에 투항하지 않았다면, 청군이 자력으로 중국 본토에 진입하는 것은 쉽지 않았을 것이다(퍼듀, 2012: 162-167).[10]

---

10 퍼듀는 이자성의 난과 오삼계의 투항 직전 청의 상황을 생존이 불가능한 비관적 상황으로 진단하고 있다: "그때 심각한 물자 공급의 제약으로 만주 국가는 거의 무너질 뻔했다." (167쪽).

Ⅲ. 청의 준가르 병합과 동투르키스탄의 주변화

1. 준가르 제국의 성립과 대청 관계

네르친스크 조약 이전까지 중앙유라시아 지역에는 오랫동안 근대적 의미의 국경 선이 획정되어 있지 않았다. 이러한 현상은 원이 중국 대륙에서 밀려나고 명이 수립 된 이후 중국과 그 주변 지역에도 동일하게 적용될 수 있다. 명은 영락제永樂帝 때 몽 골 지역으로 원정을 나가기도 했으나, 이후에는 수세적인 입장에 처하게 되었다. 반 면, 이 시기 만리장성 이북으로 밀려난 몽골계 부족들은 크게 동몽골과 서몽골로 나 뉘어 있었으며, 그 속에서 개별 부족의 이해관계에 따라 분열과 통합을 거듭하고 있 었다. 이들의 활동영역은 초원지대는 물론이고 만주, 북경 이북의 북중국, 동투르키 스탄, 티벳 등지에 이르는 광범위한 지역에 걸쳐 있었다. 유목부족들 사이에서 특정 한 부족이 부상하게 되면 이들은 중국 변경지역을 군사적으로 압박했으며, 이에 대응 하여 중원 군대가 공격해 오면 이를 격파한 후 원하는 바를 획득했다. 에센Esen이 다 스리는 오이라트를 정벌하기 위해 나선 명 정통제正統帝가 1449년 토목보에서 적군 에게 사로잡힌 사건인 토목보의 변土木堡之變은 그 대표적인 예이다. 이러한 상황이 반복 되면서 중원 제국의 영토는 크게 축소되었으며, 명은 장성의 보수·축조와 이이제이에 기 반을 둔 분열정책의 도움을 받아 북방 이민족으로부터 국가를 힘겹게 방어하고 있었다.

명이 쇠퇴하고 있던 16세기 말 서몽골 지역의 중심 유목집단이었던 오이라트는 분 열되어 있었다. 이로 인해 오이라트 제 부족들은 알탄 칸Altan Khan[11]들이 이끄는 동몽 골계 부족인 호트고이드Khotogoid 군대에 밀려 시베리아 지역으로 밀려나게 되었다. 그러던 중 오이라트는 주요 4부족인 달라이 타이지Dalai Taiji의 데르베트Derbet, 하라 훌 라Khara Khula의 초로스Choros, 바이바가스Baibagas의 호쇼트Khoshot, 호 우를루크Kho Urluk 의 토르구트Torghut를 중심으로 동맹을 맺고 알탄 칸에 대항했다. 그 결과 17세기 초에 는 호트고이드를 격파하고 시베리아에서 서몽골의 준가리아Zungharia와 동투르키스탄 지역으로 복귀할 수 있었다.

---

11   알탄 칸은 16세기에는 투메드족(Tümed)의 최고 통치자를, 17세기에는 동몽골 내 서쪽지역에 거
      주하고 있던 호트고이드족의 최고 통치자를 지칭하는 호칭이었다.

오이라트가 비록 호트고이드라는 강력한 적을 무너트리긴 했으나 주변 세력들의 위협에서 완전히 벗어난 것은 아니었다. 동쪽에는 동몽골의 할하Khalkha가 버티고 있었고, 서쪽에서는 카자흐의 위협에 노출되어 있었고, 남쪽에서는 모굴 칸국Moghul Khanate과 경쟁하고 있었으며, 북쪽에서는 모스크바국이 빠르게 영토를 팽창해 들어오고 있었다. 게다가 이러한 정세 속에서 오리라트는 내부적으로 분열되어 주도권 경쟁을 벌이고 있었다. 이러한 상황 속에서 하라 훌라의 초로스가 부상하게 되자 결속력이 약했던 이들 사이의 동맹은 쉽게 와해되었으며, 더욱 격화된 내부분쟁 와중에 오이라트 4부족 중 초로스에 가장 적대적인 세력이었던 호 우를루크가 이끄는 토르구트 족이 모스크바국과 협상을 벌여 볼가 유역으로 이동해 갔다.[12] 이에 따라 오이라트 전체의 힘은 약화되었으나 초로스를 중심으로 하는 오이라트의 통합은 더 빠르게 진전되었다.

하라 훌라 사후 권력을 계승한 그의 아들 바투르Batur 홍타이지 시기에 오이라트 부족들 사이에서 초로스의 힘은 더욱 강해졌다. 비록 바투르는 자신의 가문이 칭기즈칸의 직계가 아니었기에 칸 대신 홍타이지Khongtaiji[13]라는 칭호를 사용해야만 했으나, 그의 통치시기에 오이라트는 초로스를 중심으로 통합되어, 준가르 칸국이 성립되었다. 오이라트 부족 연합체를 가리키는 준가르Zunghar라는 용어는 '왼팔jegün ghar'이라는 뜻으로 칭기즈칸이 대외원정을 할 때 오이라트를 좌익에 편재한데서 유래했으며, 이 명칭에 따라 이들이 살던 곳은 준가리아라 불렸다(Моисеев, 1991: 7-8). 이러한 이유로 원래 준가르라는 명칭은 오이라트 전체를 지칭하는 것이었으나 초로스가 오이라트를 통합한 후로는 초로스를 가리키는 용어가 되었다(그루쎄, 2007: 720-721). 바투르는 통합된 국가 내에 수도를 비롯한 몇몇 도시들을 건설하고, 그 주변에는 대포를 갖춘 요새를 세웠으며, 정주민을 이주시켜 농업을 진흥하기도 했다. 또한 러시아와 외교 관계를 맺음으로써 통상관계를 확립하고, 가축과 기술자의 지원을 확보했으며, 나아가 대포, 탄환 등의 무기와 그 제작자의 지원을 요청하기도 했다(퍼듀, 2012: 146).

바투르 사망 후 그의 맏아들 셍게Sengge가 초로스 부족을 이끌게 되었다. 셍게는 아버지 사망 후 자신과 대립하고 있던 이복형제들을 제압하여 최고 권력자가 된 후 준

---

12 이때 약 5만 가구, 20-25만 명의 토르구트족이 볼가 강 유역으로 이주했다(퍼듀, 2012: 146).

13 '홍타이지'는 중국어 황태자(皇太子)에서 온 말로 칸 다음의 지위를 칭하는 호칭이었다(퍼듀, 2012: 149).

가르의 영향력을 주변 지역으로 확장하는 정책을 추진했다. 오랜 숙적인 호트고이드를 공격하여 복속시켰으며, 모굴 칸국에 대한 원정을 통해 오이라트 남쪽 지역을 안정화시켰다. 또한 야삭Ясак[14]을 바치는 속민들의 귀속문제를 놓고 러시아와 대립하는 과정에서 크라스노야르스크Красноярск를 공격하기도 했다. 학자들의 부정적 평가와는 달리,[15] 셍게 시기에 진행된 이러한 주변 지역으로의 팽창 결과 초로스는 오이라트의 다른 부족들을 압도하는 세력으로 성장할 수 있었는데, 이것은 갈단이 초로스를 중심으로 오이라트를 통합하고 준가르 제국을 확립하는 물적 기반이 되었다(윤성제, 2014).

1670년에 셍게가 이복형제들인 체첸 타이지Tseten Taiji와 초드바 바투르Tsodba Batur에게 암살된 후 셍게의 친동생 갈단이 홍타이지의 자리에 올랐다. 어린 시절에 승려로 출가하여 티베트에 머물고 있던 갈단은 셍게가 암살된 후 초로스로 귀환하여 형제들 간에 발생한 내전을 수습하고 초로스의 새로운 수장이 되었다. 이후 갈단은 서몽골 부족들에 대한 지배권을 확장해 나갔다. 결정적으로 1676/7년에 자신의 장인인 호쇼트의 수장 오치르투Ochirtu 칸과 전쟁을 벌여 승리한 후, 그는 1679년 10월 강희제에게 사절단을 보내 자신이 보슈그투 칸Boshugtu Khan이 되었음을 알렸다.[16] 서몽골지역을 재패한 후 갈단은 영토 확장을 지속했다. 1680년대에는 서방에 있는 카자흐, 키르기스를 공격하여 약화시키고, 1685년에는 서남방에 있는 서투르키스탄의 안디잔(1685)까지 원정을 단행했다. 그 결과 갈단 시기에 준가르는 북으로 남시베리아 지역에서 남으로 타림분지를 아우르고, 동으로는 할하와 접하고, 서로는 발하슈 호와 시르다리야 상류에 이르는 거대한 제국으로 성장했다.

이러한 이유로 중원을 정복한 만주족 국가인 청에게 있어 준가르는 매우 위협적

---

14 야삭은 모스크바국 및 그 계승국가인 제정 러시아가 피점령지인 시베리아 영토 내에 거주하고 있던 원주민들로부터 거둬들인 현물 공납을 가리키는 말이다. 이러한 공납물품 중 가장 중요한 것은 모피였다.

15 셍게는 중앙유라시아 유목민족사를 연구하는 학자들에게 크게 주목을 받고 있지 못해서, 그에 대한 기술은 형제에게 피살되었다고 간략히 제시되거나(예를 들면, (그루쎄, 2007: 729)), 준가르 제국 설립에 커다란 역할을 하지 못한 것은 물론이고 바투르 홍타이지가 이룩한 것조차 지키지 못했다는 부정적인 평가(예를 들면, (퍼듀, 2012: 154))에 그치고 있다.

16 갈단은 칭기즈칸의 자손은 아니었으나 칸의 칭호를 달라이 라마로부터 받음으로써 칸위에 대한 정치적 정당성을 획득할 수 있었다(밀워드, 2013: 152). 그럼에도 불구하고, 칸이 되었음을 청 황제에게 단순히 통보한 갈단의 행위는 청 황제의 공식적인 승인을 받은 후 새로운 칭호를 사용했던 당시 몽골의 일반적인 정치적 행위에 반하는 것이었다.

인 세력이었다. 즉, 청에게 있어 준가르는 변경지역을 침략하여 약탈행위를 자행한다는 점에서 군사적인 위협이었을 뿐만 아니라, 청의 북쪽 변경인 할하 지역을 공격하여 통합할 수 있는 군사적 능력과 이 지역 몽골 수장들의 지지를 받을 수 있는 정치적 권위를 가지고 있다(바필드, 2009: 602)는 점에서 정치적인 위협이었다. 그런데 준가르와 청 사이의 관계는 각자의 대내외 정치상황에 따라 변했다. 사실 초기에 양자는 대규모 전면전을 지양하는 비교적 우호적인 관계를 수립하고 있었다. 즉위 초기 갈단은 내분을 해결하고 혼란을 수습하는데 힘을 쏟았다. 그리고 내부 혼란이 수습된 이후에는 동몽골 지역을 통합하는데 관심을 기울였다. 이러한 이유로 갈단은 만주족이 지배하는 중국과 갈등관계에 들어서는 것을 원하지 않았다. 이 시기 청 또한 초원지대의 평화를 통해 변경지역이 안정적으로 유지되기를 원했다. 갈단이 준가르 제국을 확장하고 있을 당시 강희제康熙帝가 다스리고 있던 청은 삼번의 난三藩之亂(1674-1681)으로 내분에 휩싸여 있었다. 게다가 러시아의 동시베리아 진출로 인한 초원 지대의 세력 변화는 청의 변경정책을 혼란스럽게 만드는 새로운 문제였다. 이러한 대내외적인 요인들로 인해 청은 준가르의 팽창에 적극적으로 개입할 수 있는 상황에 있지 않았으며, 이에 따라 강희제는 대 준가르 정책에 있어 조공무역의 조절을 통해 내부 분열을 유도하는 중원 국가들의 전통적인 전술에 주로 의존하고 있었다.

청과 준가르 사이의 마찰은 할하 지역의 내분과 함께 본격화되었다. 17세기 후반 동몽골에서는 좌익인 투시예투 칸Tüsiyetü Khan과 우익인 자삭투 칸Jasaghtu Khan이 주도권 다툼을 벌이고 있었다. 그런데 이 과정에서 1687년에 자삭투 칸을 지원하던 갈단의 동생이 투시예투 칸의 군대와의 전투 중 사망하는 일이 발생하자, 갈단은 동생의 죽음에 대한 복수를 명분으로 준가르 군대를 이끌고 동몽골 원정을 단행했다. 이 시기 동몽골 지역은 청나라 초기부터 만주족과 긴밀한 관계를 가지고 있었으며, 청이 중국 대륙을 정복한 이후로는 제국의 북쪽을 보호하는 방벽으로서 매우 중요한 의미를 가지고 있었다. 따라서 준가르의 동몽골 침입은 이 지역에 대한 청의 직접적인 이해관계를 침해하는 행위였다. 또한 준가르에 의한 동몽골 지역 통합은 중국 북쪽에 있는 모든 유목기마민족을 아우르는 새로운 대제국의 출현을 의미하는 것이었기에 청으로서는 좌시할 수 없는 일이었다. 준가르의 동몽골 원정 초기에 청은 양 측의 화해를 종용하며 직접개입은 삼갔다. 그러나 갈단이 내부 반란과 식량 부족으로 곤란을 겪게 되자 강희제는 갈단에 대한 원정을 결정했다. 이 시기에는 청의 대외원정을 가로막고 있던 내부적 문제인 삼번의 난도 이미 1681년에 진압된 뒤였다. 청에 투항한 한족 무장들이 일으킨 삼번의 난은 핵심 인물인 오삼계가 사망하자 빠르게 붕괴되었다. 그 결과 청은 군사력을 준가르 정벌에 집중할 수 있었으며, 1690년, 1696년, 1697년에 진행된 3차에 걸친 원정을 통해 갈단에게 커다란 타격을 입혔다. 강희제의 원정 과정에서 갈단의 동맹 세력과 지지 세력, 부하 장수들과 군사들 중 다수가 청군에 투항했으며, 체왕 랍단을 비롯한 오이라트의 주요 지도자는 물론이고, 갈단과 우호적인 관계를 맺고 있었던 당시 티베트의 데파第巴[17] 또한 그에게서 등을 돌렸다. 이러한 상황 속에서 강희제가 이끄는 청군의 추격을 받던 갈단은 1697년 4월 4일 갑작스럽게 사망했으며, 이에 따라 그의 조카이자 정적이었던 체왕 랍단이 준가르 제국의 새로운 통치자가 되었다.

2. 18세기 러시아의 남시베리아 지역 병합과 네르친스크 조약의 영향

오이라트의 존재에 대한 최초의 러시아 측 기록은 1574년 이반 4세 시기에 나타난다. 16세기 후반 스트로가노프 가문을 중심으로 시베리아 지역으로 진출하고 있던 러시아인들에게 영토를 빼앗기고 있던 퀴춤 칸은 이들에 맞서는 병력을 갖추는 과정에서 다양한 유목민족들을 받아들이게 되는데, 이들 중에 오이라트들이 있었던 것이다(Пузанов, 2011: 191). 퀴춤 칸을 몰아내고 서시베리아 지역을 정복한 러시아인들은 17세기를 거치며 남시베리아로도 진출하기 시작했다. 이에 따라 동투르키스탄과 남시베리아 지역을 영향권아래 두고 있었던 준가르와 맞닥뜨리게 된 러시아는 이 지역을 놓고 준가르와 영토분쟁을 벌이게 되었다. 러시아는 자신들이 시비르 칸국을 정벌했기에 퀴춤이 다스리던 시비르 칸국의 영토에 대한 지배권이 자신들에게 있다고 주장했다. 그러나 서시베리아의 남쪽 지역을 자신들의 영토로 간주하고 있던 준가르는 이에 동의하지 않았으며, 이에 따라 16세기 중반 이래로 양 국은 남시베리아 지역의 영

---

17 데파(第巴)는 티베트 불교에서 달라이 라마를 보좌하고, 현 달라이 라마가 사망한 후 다음 대 달라이 라마가 장성할 때까지 그를 교육하며, 다음 대 달라이 라마가 친정을 하기 전까지 정치를 대신하는 '섭정'을 가리키는 용어이다. 갈단 시기 티베트의 데파는 상갸 갸초(Sangye Gyatso)였는데, 그는 5대 달라이 라마의 사생아로 알려져 있다. 5대 달라이 라마가 사망한 후 상갸 갸초는 대외에 이를 알리지 않고 아직 어렸던 6대 달라이 라마의 섭정으로서 티베트를 통치하며 달라이 라마를 중심으로 하는 중앙집권국가를 건설하려고 했다(퍼듀, 2012: 291).

토와 주민을 놓고 지속적으로 충돌했다. 그러나 17세기 초에 들어서면서 군사적 충돌은 잦아들고 외교적, 경제적 관계가 양 국을 잇는 보다 중요한 통로가 되었다. 그 결과 러시아와 준가르의 이해관계가 겹치는 남시베리아 지역에 거주하는 주민들에 대해 두 나라는 공동통치를 하기로 합의했으며, 이에 따라 이 지역에 살고 있던 투르크계 종족들은 양쪽 모두에게 야삭을 바쳐야만 했다. 이러한 상황은 준가르가 청에 의해 몰락하는 18세기 전반까지 지속되었다(Пузанов, 2011: 191-194).

러시아인들이 남시베리아 지역에서 일어나는 문제들을 외교적인 교섭을 통해 해결하려고 했던 이유는 17세기에 준가르 칸국이 러시아인들이 쉽게 간과할 수 없는 정도의 군사력을 갖추고 있었기 때문이었다. 러시아 측의 기록에 따르면, 1660년대에 준가르는 8-10만 명에 달하는 병력을 보유하고 있었다. 유목민족의 병력이 기본적으로 기병이라는 사실을 감안한다면, 당시 준가르는 주변 어느 국가와도 겨룰 수 있는 수준의 군대를 보유하고 있었던 것이다. 무장을 살펴보면, 17세기 중반까지도 유목부족들의 기본 무기는 활이었으나, 준가르 군대는 이 외에도 주변 정주국가들의 영향을 받아 수포手砲, hand cannon 또한 갖추고 있었다. 준가르는 근대적 무기를 구입하는데 그치지 않고 러시아를 비롯한 주변 정주국가들과의 전투에서 사로잡은 포로들을 통해 무기 제조 기술을 전수받음으로써, 직접 제조하기도 했다. 그 한 예로, 준가르 부대는 1716년 야믜슈Ямыш 호수18 근방에서 벌어진 러시아 부대와의 전투에서 사로잡은 야간 레메즈Яган Ремез와 젤료놉스키Зеленовский로부터 대포와 소총 제조법과 포술을 전수받을 수 있었다(Пузанов, 2011: 190).

그러나 17세기 내내 지속되던 양측의 팽팽한 관계는 네르친스크 조약과 갈단의 패망으로 변하게 되었다. 동시베리아에 진출한 모스크바국은 17세기 중반 이래로 아무르 유역으로 세력을 확장했다. 이 과정에서 모스크바국은 1652년 이래로 여러 차례에 걸쳐 청과 국지적 전투를 벌였다(Дударёнок и др., 2013: 28). 군사적 충돌들의 막바지에 알바진 요새Албазинский острог에서 벌어진 두 차례 전투에서 승리한 후 강희제는 1689년에 네르친스크에서 러시아와 조약을 체결하여 국경을 획정했다. 러시아측에서는 골로빈Головин Ф. А., 청측에서는 수어투索額圖가 대표로 참석한 이 협상의 결과로

---

18 현 카자흐스탄의 파블로다르(Павлодар) 근방에 있는 투스칼라(Туз-Кала) 호수이다. 이 호수는 염호로 대륙 내에서 소금을 얻을 수 있는 몇 안 되는 장소였다. 이에 따라 러시아는 이 지역에 요새를 구축함으로써 준가르의 영향력을 배제하려고 노력했다(Пузанов, 2011: 195).

러시아 측은 알바진 요새를 포기해야 했으나, 아무르 강 이북의 땅에 대한 주권과 청과의 교역권을 보장받을 수 있었다(*Договоры России с Востоком*, 1869: 231-236). 청측은 동몽골 지역에 대한 제정 러시아의 남하 압력을 저지할 수 있었으며, 교역권에 대한 조건으로 준가르와의 전쟁에서 러시아의 중립을 약속받을 수 있었다. 반면 이 지역을 실질적으로 지배하고 있던 몽골 지도자들은 한 명도 이 협상에 참여할 수 없었으며, 이에 따라 이들의 이해관계는 조약에 전혀 반영되지 못했다(퍼듀, 2012: 217-219; 바필드, 2009: 210-219).

네르친스크 조약으로 인해 가장 큰 손해를 보게 된 것은 준가르 제국이었다. 네르친스크 조약이 체결되기 이전까지 러시아는 동시베리아 지역에서 동몽골의 여러 유목 세력들과 충돌하고 있었는데, 이것은 할하를 정벌하기 원하던 갈단과 협조적 관계를 맺을 충분한 동기가 되었다. 그러나 네르친스크 조약의 체결로 제정 러시아는 동몽골 지역에 대한 영토분쟁을 해결할 수 있게 되었으며, 이에 더해 중국이라고 하는 거대한 시장으로 진출할 수 있는 권리를 확보하게 되었다. 반면 갈단과의 협력 및 동몽골 지역으로의 군사 행동은 기존에 확보한 영토와 경제적 이득을 포기하는 결과를 가져올 수 있었다. 이러한 이유로 제정 러시아는 준가르와의 외교적, 경제적 관계는 유지하되, 군사적 동맹에는 소극적인 모습을 보이게 되었다. 즉, 네르친스크 조약의 결과 청의 영토로 정해진 지역 내에 있던 동몽골 부족들을 공격하려는 갈단을 러시아가 지원하는 것은 이 조약으로 인해 원천적으로 불가능해지게 되었으며, 나아가 청과 준가르 사이에 전쟁이 벌어졌을 때 러시아가 개입할 여지 또한 봉쇄되었다(퍼듀, 2012: 219-221).

네르친스크 조약으로 동시베리아 지역에서 청과의 국경을 확정지은 러시아는 나머지 지역에서 비교적 안정적으로 팽창정책을 지속해서, 동쪽으로는 캄차카 반도(1651)를 넘어 알래스카(1741)까지 진출했다. 남시베리아 지역으로의 진출 역시 이 시기에 활발하게 진행되었다. 17세기 말에 준가르가 청과의 전쟁에서 크게 패하고 최고 통치자인 갈단이 청군에 쫓기다 사망하자 18세기 초에 제정 러시아는 영토와 신민을 놓고 준가르와 대립하고 있던 서시베리아 남부 지역으로 적극적으로 진출했다.

17세기에서 18세기로의 전환기에 러시아와 준가르는 오비Обь 강[19] 상류에서 이르

---

[19] 알타이 산맥에서 발원하여 서시베리아 저지를 거쳐 북극해로 흘러들어 가는 서시베리아 지역의 주요 수계이다.

틔슈Иртыш 강[20]에 이르는 지역을 놓고 대립하고 있었다. 러시아가 이 지역을 복속하려 한 것은 모피와 함께 이 지역에서 귀금속 광산들을 확보하기 위해서였다(Контев, 2011: 106). 17세기 말까지 양 국은 이 지역을 서로 자신의 영토라고 주장했으며, 그 결과 이 지역에 살고 있던 주민들은 두 국가 모두에 야삭을 바치는 이중조공двоеданство의 의무를 지고 있었다. 그러나 이러한 애매한 상황은 러시아와 청 사이에 네르친스크 조약이 체결되고 청-준가르 전쟁에서 준가르가 패배하자 바뀌기 시작했다. 즉, 제정 러시아는 이 지역에서의 영토문제를 해결하는데 있어 이전까지의 외교적 해결 대신 군사적 행동으로 전략을 수정했다. 러시아인들은 제정 당국의 지시 아래 이 지역의 주요 거점지들에 요새острог와 성채крепость를 건설하며 남쪽 영토를 병합해 왔다. 유목종족들과의 싸움에서 요새와 성채를 짓고 이것들을 목책으로 연결하여 방어선을 구축하는 것은 러시아인들에게는 매우 전통적인 전술로, 모스크바국 이래로 몽골 지배에서 벗어난 후 유럽러시아 남부에 있는 스텝지역으로 영토를 팽창하는 과정에서 타타르 부대를 제압하기 위해 사용한 방법이다. 방어선 구축은 유목민족들의 주력인 기마부대의 이동을 제한하고 이들의 공격으로부터 영토를 방어하기 용이한 매우 유용한 전술이었다.[21] 이러한 전술에 따라 먼저 1709년에 오비 강의 지류인 비야Бия 강 연안에 비카투니 요새Бикатунский острог가 건설되었다. 다음으로 러시아인들은 이르티슈 강 동편으로 진출하여 1716년에 야믜슈 호수 근방에 야믜슈 성채Ямышевская крепость를 건설하고, 이어서 이르틔슈 강 동안을 따라 젤레진카 성채Железинская крепость(1717), 세메이 성채Семипалатная крепость(1718), 우빈스코예 성채Убинская крепость(1719), 우스티-카메노고르스크 성채Усть-Каменогорская крепость(1720)를 차례로 건설했다(Контев, 2011: 101-107).

러시아의 이러한 행위에 대해 준가르 역시 군사적 대응으로 맞섰다. 오비 강과 이르티슈 강 사이 지역에 러시아 측이 거점지를 확보하고 군대를 주둔시키는 것을 자신의 영토에 대한 침해로 간주한 준가르는 군대를 동원하여 러시아가 구축한 거점지들

---

[20] 오비 강의 지류로 알타이 산맥에서 발원하여 북쪽으로 흘러 오비 강과 합류한다.

[21] 이 때 건설된 대표적인 방어선이 벨고로드방어선(Белгородская засечная черта)이다. 16세기 말 이래로 모스크바국은 남부 스텝지대로 팽창하는 과정에서 타타르의 침입을 막기 위해 요새들을 세우고 이것들을 삼림과 목책으로 연결하는 방어선을 구축했는데, 이를 벨고로드방어선(Белгородская засечная черта)이라고 부른다. 벨고로드방어선에 대해서는, (양승조, 2009: 301, 302-303)을 참조하라.

을 공격했다. 1709년에 비카투니 요새가 건설되자 1710년에 준가르는 군대를 파견하여 요새를 점령한 후 불태워버렸다. 준가르의 공세적 대응에 러시아는 공격적인 팽창 정책을 잠시 멈출 수밖에 없었으며, 이르티슈 동안에 요새들이 건설되기 시작한 이후인 1718년에 와서야 같은 자리에 비카투니 요새를 다시금 수축할 수 있었다(Контев, 2011: 102, 104). 러시아가 이르티슈 동안 지역을 병합하는 것 또한 단번에 이루어지지 않았다. 1715년에 러시아인들은 이르티슈 동안에 야믜슈 성채를 구축했으나, 1716년에 준가르 군대가 이곳을 공격하자, 성채에 주둔하고 있던 러시아군은 퇴각하지 않을 수 없었다. 그러나 같은 해에 러시아군은 다시금 이 지역으로 진출하여 야믜슈 성채를 재 수축했고, 이후 이르티슈 강을 따라 계속해서 요새들을 건설했다(Контев, 2011: 104-105). 그 결과 양 국 사이에서 분쟁 대상이 되었던 영토인 이르티슈 강 동쪽 지역이 전적으로 제정 러시아의 영향력 안으로 들어가게 되었으며, 이중조공 지역에 거주하는 주민들도 러시아인들에게만 야삭을 바치게 되었다. 그리고 18세기 중반에 제정 러시아는 이르티슈 강변에 건설된 거점지들을 연결하여 이르티슈 방어선Иртышская линия(1745-1752)을 구축함으로써 이 지역에 대한 점유권을 확고히 할 수 있게 되었다(Контев, 2011: 108-114).

러시아의 이러한 강압적인 영토팽창정책에 대해 준가르는 군사적 공격뿐만 아니라 외교적 교섭을 통해서도 이 문제를 해결하려 시도했다. 앞에서 살펴본 것처럼 러시아가 무력을 앞세워 이르티슈 동안 지역으로 밀고 들어오던 시기에는 준가르 또한 군사적 대응을 통해 직접적인 공격을 가했다. 그러나 1720년에 우스티-카메노고르스크 성채가 건설됨으로써 이르티슈 강 동안을 따라 러시아 거점지들이 확립되자 준가르는 이 지역에 대한 군사적 공세를 중단하는 한편, 외교적 교섭을 통해 이 지역이 준가르의 고유 영토임을 지속적으로 주장했다(Контев, 2011: 106-108). 또한 러시아의 남시베리아 지역 지배가 확립되어 가게 되자 준가르는 이러한 상황을 청을 견제하는 수단으로 사용하려고 시도하기도 했다. 즉, 이 지역에 러시아 영토가 확립된 것을 이용하여 러시아와 손을 잡음으로써 당시 준가르에게 있어 가장 위협적인 세력이었던 청나라에 대항하고자 했던 것이다. 1720년대에 준가르는 청과의 전쟁에서 연이어 패전하며 고전하고 있었다. 이러한 와중에 1727년에 홍타이지인 체왕 랍단Tshe-dbang-rab-brtan이 독살되면서 정치적 혼란은 가중되었다. 체왕 랍단의 뒤를 이어 홍타이지가 된 갈단 체링Galdan Tsering은 이러한 위기를 극복하기 위해 러시아 측에 이 지역에 대한 청의 위협을 상기시키며 이르티슈 강 동안에 더 많은 요새를 세울 것을 조언한다. 이러한 준가르의 행위는 러시아를 청의 공격에 대한 완충제로 이용하려는 복안에서 나온 것이었다(Контев, 2011: 105-106).

18세기 중반 준가르는 정치적으로 매우 혼란스러웠다. 갈단 체링이 사망한 후 계승권 분쟁이 발생하여 내전과 암살, 반란이 지속되었다. 중앙 권력이 혼란스러워지면서 지역 부족들에 대한 통제권은 약해졌으며, 그 결과 부족장들 중에서는 자신의 무리를 이끌고 청에 투항하는 자도 나타났다. 이 시기 청의 황제였던 건륭제는 이러한 기회를 놓치지 않았다. 청의 군사적 위협이 커지자 준가르는 제정 러시아에 지원을 요청했다. 그러나 시베리아의 넓은 지역에 비교적 적은 수의 군대를 요새들을 중심으로 운용하고 있던 러시아는 청의 대규모 군대에 맞설 수 있는 상태가 아니었다. 청은 주변 세력의 지원을 받을 수 없는 상황에 빠진 준가르에 대해 여러 차례에 걸쳐 정벌전을 펼쳤으며, 마침내 1757년 정벌로 준가르 지역을 완전히 복속시킬 수 있었다. 청의 마지막 정벌전이 있기 직전에 준가르에서는 천연두가 창궐하여 인구의 약 절반 가까이가 희생된 뒤였는데, 살아남은 이들 중 절반은 청군에게 학살되었으며, 남은 이들 중 일부는 러시아와 카자흐 지역으로 이주했고, 나머지는 사로 잡혀 노예가 되었다(퍼듀, 2012: 359).

IV. 결론

준가르 제국을 둘러싼 중앙유라시아 지역의 역학관계를 살펴봄에 있어 우리는 두 가지 조건을 염두에 둘 필요가 있다. 먼저, 17세기 후반-18세기 전반 동투르키스탄과 주변 지역의 정치적 상황은 이 지역 토착 세력들의 정치적 상황과 주변 강국의 영향력 확대라는 구도 속에서 살펴볼 때, 즉 다자적 관계 속에서 분석할 때 보다 입체적으로 드러낼 수 있다는 점이다. 다른 한 가지로는, 정주민족 중심의 시각에서 벗어나 유목 지역과 정주 지역 사이의 상호관계 속에서 근대 중앙아시아 지역의 부침을 바라볼 필요가 있다는 사실이다. 이러한 전제 하에서 우리는 17세기 후반 18세기 전반에 걸친 동투르키스탄 지역의 쇠락과 주변화를 중앙유라시아지역에서 진행되고 있던 근대적 국경 획정과 연관 지어 재구성해 보았다.

앞에서 전제한 두 가지 조건에 기반해서 살펴볼 때, 이 시기 중앙아시아의 핵심 지역인 투르키스탄에 수립되어 있었던 국가들은 주변 국가들과의 관계에 있어 수동적이고 공격받는 곳이 아니었다. 몽골 제국이 북쪽의 초원지대로 물러난 이후로도 초원과 투르키스탄 지역에 건설된 몽골과 튀르크 계통의 다양한 유목종족들은 대내외적으로 끊임없는 상호관계를 맺으며 자신들의 정치적 정체성을 유지해 오고 있었다. 그러나 유럽의 동쪽 끝에 있던 러시아와 만주족의 지배를 받는 중국이 중앙집권화된 근대국가를 형성하고 양자 사이에서 근대적 의미의 국경선이 획정되면서 동투르키스탄에 존재하고 있던 몽골족과 튀르크족은 점차 설 자리를 상실하게 되었다. 동투르키스탄 지역을 중심으로 주변 중앙아시아 지역들을 제패했던 준가르 제국이 18세기 중엽에 만주족이 세운 청에 병합되어 가는 과정은 이러한 변화를 가장 극적으로 보여주고 있다.

제정 러시아의 전신인 모스크바국은 킵차크 칸국의 후계 국가들을 병합하고 유럽러시아지역을 통합하며 점차 동방으로 진출하기 시작했다. 우랄 지역에 있던 시비리 칸국을 시작으로 서시베리아와 동시베리아의 삼림 부족들을 복속시킴으로써 거대한 땅을 영토로 얻게 되었다. 그리고 이 과정에서 남시베리아 지역으로도 세력을 확장해 나갔으며, 이에 따라 시베리아 남쪽에 거주하고 있던 유목국가들과 부딪히게 되었다.

만주족이 세운 청은 중원을 정복하는데 성공함으로써 만주에서 중원에 이르는 제국을 건설할 수 있었다. 청은 중원의 안전을 보장받기 위해 동몽골 지역을 영향력 아래 두기를 원했다. 그러나 준가르가 서몽골 지역을 통합하게 되자 청은 제국의 북쪽 방어막의 상실은 물론이고 제국 북쪽에 새로운 유목 대제국이 건설될 수 있다는 위기의식을 가지게 되었다. 그 결과 준가르와 청 사이에서는 긴장관계가 조성되었다. 청은 이 시기 북방의 새로운 강자로 등장한 러시아와 조약을 체결함으로써 러시아의 남하 압력에서 벗어났을 뿐만 아니라 보다 직접적인 위협인 준가르를 고립시킬 수 있었다. 그리고 주변 세력의 도움을 받을 수 없는 준가르를 무력으로 붕괴시킴으로써 유목제국의 위협을 제거하는데 성공했다. 아직 이 지역에서 군사적으로 청의 적수가 되지 못했으며 경제적으로는 청과의 무역관계 수립을 보다 중시하고 있었던 제정 러시아는 청과의 협조적 관계의 수립·유지를 더 중요하게 생각했다. 이러한 양국 사이의 군사적, 영토적, 경제적 이해관계는 네르친스크 조약을 통해 근대적 국경이 획정됨으로서 상당 부분 해소되었다. 그리고 청과의 안정된 관계를 기반으로 러시아 또한 준가르 지역으로 영토를 팽창해 나갈 수 있었다.

스텝지대를 세력권으로 가지고 있던 준가르 제국은 두 거대 정주제국들에 의해 남과 북에서 압력을 받게 되었다. 그리고 이러한 조건 속에서, 최종적으로 준가르가 청에게 병합됨으로써 유목 제국의 시대는 종말을 고하게 되었다. 중원제국에게 있어 동투르키스탄 지역은 제국의 중심지인 중원에서 멀리 떨어진 변방에 불과했다. 그 결과 과거 유목제국을 건설하며 유라시아 역사의 한 축을 담당했던 유목 부족들의 영토는 유목세계의 중심에서 정주제국의 변방으로 주변화되었다.

::: 참고문헌

고마츠 히사오 외 저. 이평래 역. 2005. 『중앙유라시아의 역사』, 서울: 소나무.

구자정. 2010. "경계인"으로서의 까자끼: 까자끼의 역사적 기원과 형성에 대한 소고." 『러시아연구』 20권 1호.

르네 그루쎄 저. 김호동·유원수·정재훈 역. 2007. 『유라시아 유목제국사』, 파주: 사계절.

박상철. 2014. "러시아 정부와 시베리아 농민이주: 16세기 말부터 18세기 초까지." 『서양사연구』 50호.

스기야마 마사아키 저. 이경덕 역. 2013. 『유목민의 눈으로 본 세계사』, 서울: 시루.

양승조. 2009. "19세기 후반 러시아 흑토지역 인구구조 분석: 보로네슈 주와 탐보프 주를 중심으로." 『슬라브학보』 24권 2호.

엄구호. 2012. "한국의 중앙아시아 연구 동향." 『아시아리뷰』 2권 1호.

윤성제. 2014. "17세기 중후반 준가르의 정치-셍게(Sengge)의 집권기(1653-70)를 중심으로 -." 서울대학교 동양사학과 석사학위논문.

제임스 A. 밀워드 저. 김찬영·이광태 역. 2013. 『신장의 역사: 유라시아의 교차로』, 파주: 사계절.

제임스 포사이스 저. 정재겸 역. 2009. 『시베리아 원주민의 역사』, 서울: 솔출판사.

토마스 바필드 저. 윤영인 역. 2009. 『위태로운 변경: 기원전 221년에서 기원후 1757년까지의 유목 제국과 중원』, 서울: 동북아역사재단.

피터 C. 퍼듀 저. 공원국 역. 2012. 『중국의 서진: 청(淸)의 중앙유라시아 정복사』, 서울: 길.

Бобровский, А. Ю. 2011. "«Завоевание» или «Присоединение»? (О Способе Решения Важной Проблемы Истории Сибири)." П. О. Рыкин, ed. *Сибирский Сборник - 3. Народы Евразии в Составе Двух Империй: Российской и Монгольской*. СПб.: МАЭ РАН.

Договоры России с Востоком. Политические и Торговые. 1869. СПб., Типография О.И. Бакста.

Дударёнок, С. М., Е. А. Лыкова, С. В. Батаршев и др. 2013. *История Дальнего Востока России*. Владивосток: Дальневосточный федеральный университет.

Контев, А. В. 2011. "Формирование Российско-Джунгарской Границы в Первой Трети XVIII в." П. О. Рыкин, ed. *Сибирский Сборник - 3. Народы Евразии в Составе Двух Империй: Российской и Монгольской*. СПб.: МАЭ РАН.

Моисеев, В. А. 1991. *Джунгарское Ханство и Казахи XVII-XVIII вв.*, Алма-Ата: Гылым.

Павлинская, Л. Р. 2011. "Некоторые Особенности Формирования Российской Империи." П. О. Рыкин, ed. *Сибирский Сборник - 3. Народы Евразии в Составе Двух Империй:*

Российской и Монгольской. СПб.: МАЭ РАН.

Пузанов, В. Д. 2011. "Русская Сибирь и Ойраты в XVII в." П. О. Рыкин, ed. *Сибирский Сборник - 3. Народы Евразии в Составе Двух Империй: Российской и Монгольской.* СПб.: МАЭ РАН.

Муратова, С. Р. 2013. "Географическое Описание Иртышской Линии." *Вестник Томского государственного университета* 373.

Beckwith, Christopher I. 2009. *Empires of the Silk Road: A History of Central Eurasia from the Bronze Age to the Present.* Princeton; Oxford: Princeton University Press.

Canfield, Robert L. ed. 2002. *Turko-Persia in Historical Perspective.* Cambridge; New York: Cambridge University Press.

Dani, A. H. and V. M. Masson, ed. 1996. *History of Civilizations of Central Asia. V. 1. The Dawn of Civilization Earliest Times to 700 B.C.,* Paris: UNESCO.

Halperin, Charles J. 1987. *Russia and Golden Horde: The Mongol Impact on Medieval Russian History,* Bloomington: Indiana University Press.

Kappeler, Andreas. 2010. "Czarist Policy toward the Muslims of the Russian Empire." in Bhavna Dave, ed. *Politics of Modern Central Asia. I. Encounters with Modernity: Russian and Soviet Rule.* London; N.Y.: Routledge.

인디애나 대학 중앙유라시아학부 홈페이지: http://www.indiana.edu/~ceus/(검색일: 2014.06.24)

2장

시진핑 정부의 대중앙아시아 안보·경제 병진전략 탐구
: 상하이협력기구(SCO)와 '신 실크로드'구상을 중심으로

박병인

Ⅰ. 서론

중앙아시아는 한때 제국형성의 발원지이기도 했으나, 역사적으로 대개 강대국의 전리품이기도 했고 때로는 영욕의 땅이었다. 이 지역은 고대로부터 흉노匈奴, 돌궐突厥 등 여러 기마유목민의 활동지역이었을 뿐만 아니라, 몽골Mongolia의 서구 진출통로였다. 한때 중앙아시아 지역은 튀르크인들의 땅이라는 의미로 투르키스탄Turkistan으로 불리었는데, 현재는 크게 동서로 나뉘어져 있다. 서西투르키스탄은 구소련 해체 후 독립된 중앙아시아 5개국과 아프가니스탄Afghanistan으로 구성되며, 동東투르키스탄은 중국 청나라의 지배에 이어 신장新疆-위구르維吾爾 자치구라는 행정단위로 중국에 편입되어 있다. 근대기 이 지역 내 '거대게임Great Game'의 주도자인 영국과 20세기 대부분을 이 지역의 맹주로 군림했던 구소련의 쇠퇴 이후 중앙아시아는 새로운 헤게모니의

* 이 글은 『한국과 국제정치』 30-4 (2014)에 게재된 논문입니다.

재편 중에 있다.

구소련의 해체는 중앙아시아에 국제정치권력의 진공을 야기하여 유라시아대륙의 전략균형에 균열을 가져왔고, 이후 이러한 진공과 균열의 공간을 차지하기 위한 강대국 간 경쟁이 촉발되었다. 중앙아시아는 고대로부터 현대까지 유럽과 아시아를 잇는 중간지대로서 항상 세계사적 변화의 바람을 피해갈 수 없었다. 냉전기 중앙아시아 지역은 구소련이 배타적 영토주권을 행사함으로써 상대적인 안정을 누렸다. 그러나 예기치 않은 구소련의 해체로 갑작스럽게 독립을 맞은 중앙아시아 국가들은 독립국의 법적 지위는 갖추되 내용을 채우지 못한 채로 강대국 국제정치의 영향권으로 편입되었다. 이에 중앙아시아는 강대국 간 각축이 진행되면서 냉전의 냉기가 채 가시기도 전에 '신 거대게임New Great Game'의 장으로 전화되었다.

과거 중국은 고대 실크로드Silk Road의 시작점으로서 중앙아시아 지역을 통해 서쪽 세계와 교통하였다. 중국과 중앙아시아 관계는 한漢과 당唐 시기인 7~10세기에 걸쳐 태동하기 시작하여 15세기까지 이루어졌다. 중국과 중앙아시아는 실크로드를 통해 외교관계와 교역을 발전시켰는데, 이는 유라시아대륙 전체를 유기적으로 연결하는 역사적인 의미를 동시에 지니고 있다(나탈리아 카리모바·이지은, 2008: 427).

중앙아시아가 가진 숙명은 현대 국제정치에서도 그대로 발현된다. 현대세계에서 가장 괄목할만한 성장세로 국제 정치·경제 이슈를 제기하는 중국이 동투르키스탄에 안주하지 않고, 상하이협력기구SCO: Shanghai Cooperation Organization와 '신 실크로드新絲綢之路'구상을 가지고 서투르키스탄을 넘어 유럽에까지 시선을 돌리고 있는 것이다. 2014년 9월 20일 중국 왕이王毅 외교부장은 시진핑習近平 주석의 2014년 9월 타지키스탄Tajikistan 수도 두샨베Dushanbe에서 열린 제14차 SCO 정상회의와 중앙·남아시아 4개국 방문에 대해, "안보와 경제라는 두 바퀴가 굴러가게 됐다."고 평가했다. 이는 향후 중국의 대(對)중앙아시아 전략이 안보와 경제, 즉 SCO와 2013년 9월 시진핑 주석에 의해 제기된 신 실크로드 구상을 축으로 전개될 것임을 시사한 것이다. 이러한 중앙아시아에 대한 중국의 공세적 진출은 중앙아시아 국제정치 지형에 새로운 변화를 야기할 것으로 예상된다.

본고는 논지를 본격적으로 전개함에 앞서, 중국의 중앙아시아 정책에 대한 한국 내 러시아·중앙아시아와 중국 전문가의 시각을 반영한 대표적인 논문 2편을 검토하고자 한다. 우선 중국의 중앙아시아 정책 연구논문인 박상남 교수의 "중국의 서부전략과 중앙아시아"(박상남, 2005a)를 분석한다. 러시아·중앙아시아 전문가인 저자는 중국의 중앙아시아 정책의 핵심목표를 중국 서부 안정과 단일국가 체제유지, 미국에 의한 안보딜레마 해소, 에너지자원 확보와 경제협력 강화 등 세 가지로 보았다.

그리고 이에 대한 주요 변수는 중앙아시아 국가들의 입장과 중미관계로 정리하였다. 논문에서 언급한 핵심목표와 중미관계는 10여 년의 세월이 지나 중국과 미국 간 힘의 균형에 많은 변화가 있는 지금의 상황과 비교해도 유의미한 시사점을 제공한다. 당시는 위 논문이 주장하듯이 중국이 미국변수에 수동적으로 대응한 측면이 있으나, 최근 중국은 괄목할만한 국력신장을 통해 2001년 탄생한 SCO를 역내 안보협력기구로 정착시켰다. 뿐만 아니라 중앙아시아를 핵심지대로 하는 대(對)유라시아 전략인 신 실크로드 구상을 제시하면서 더욱 공세적인 역내 규칙 제정자의 모습으로 등장하고 있다.

또 다른 논문은 중국 전문가인 주장환 교수의 "중국의 대 중앙아시아 정책"이다(주장환, 2014). 주로 중국 측 입장을 분석한 위 논문은 서진(西進)전략의 배경으로, 국제정치적 맥락, 주변국 외교의 측면, 중국 국내 발전전략의 측면에서 나누어 분석하고 있다. 저자는 서진전략의 전망과 관련해 미국과 러시아의 입장이 주요 변수로 작용할 것이며, 특히 현재 중국의 중앙아시아 정책이 다소 외부요인에 의해 강제된, 즉 '피동적' 측면을 강조하고 있다. 아울러 중앙아시아 국가들의 반응을 '중국 기회'로 해석하는 측면이 있다. 그러나 본고는 현재 중국의 중앙아시아 정책이 '중국의 꿈'을 실현하기 위한 선제적이고 공세적인 측면에 주목한다. 그리고 중국의 의도와 이에 대한 역내국가들의 인식과 대응을 상호 역학관계 맥락에서 분석하면서, 중국발(發) '기회'와 '위협' 사이에서 아직 정립되지 않은 역내국가들의 대외정책상 딜레마를 그리고자 한다.

본고는 왕이 외교부장이 표현했듯이, 중국의 중앙아시아 정책이 안보와 경제라는 '두 바퀴'정책으로 시현되고 있음에 주목하여 이를 '병진전략(竝進前略)'으로 명명하고, 그 실현을 위한 중국의 전략적 사고를 고찰하고자 한다. 물론 병진전략으로서의 SCO와 신 실크로드 구상이 특정한 시점에 하나의 전략적 고려에서 출발하지 않았을 뿐 아니라, 촘촘한 국제전략적 차원에서 제기된 것이 아닌 단지 병진전략이라는 개념으로 인위적으로 결합된 것이 아니냐는 문제 제기가 있을 수 있다. 그럼에도 불구하고 중국의 대(對)주변부전략이 궁극적으로는 '중국의 꿈'을 이루기 위해 포괄적·장기적 과제로 진행된다는 점에서 두 요소를 중국의 통합적 국가전략 차원에서 고찰하는 것은 의미 있는 시도라 하겠다.

세부적인 구성은 Ⅰ장 머리말에 이어, Ⅱ장에서는 각축의 중앙아시아 전략환경 및 중국의 주변부전략, 그리고 이것이 중앙아시아에 주는 의미를 분석했다. 이어서 Ⅲ장은 중국 병진전략의 두 바퀴인 안보 교두보로서의 SCO와 통합과 피포위의 복합전략으로서의 신 실크로드 구상의 내용을 검토했다. Ⅳ장에서는 병진전략에 대한 역내 유관국 간 역학을 분석하고, 마지막으로 Ⅴ장 결론에서 중국의 병진전략이 가지는 의미와 전망 그리고 한국에 주는 시사점을 제시했다.

Ⅱ. 중앙아시아 전략환경과 중국의 주변부전략

1. 각축의 중앙아시아 전략환경

구소련 해체 이후 중앙아시아[1]에는 이슬람 극단주의가 팽창하는 가운데, 구소련의 공백이 야기한 '지정학적 진공'을 채우기 위한 강대국 간 힘겨루기가 본격적으로 전개되었다(李同昇, 1998). 중앙아시아는 중국, 영국, 러시아 등 당대의 강대국들이 각축을 벌이다가 1880년대 러시아제국의 영토로 편입된 바 있으며, 이 영토는 구소련 시기 15개 공화국의 일부로 존재했다.

이 지역은 유라시아대륙 동서쪽과 남북쪽 교차로에 위치한 지정학적으로 매우 민감한 지역으로, 냉전기에는 구소련의 영토로서 상대적으로 주목받지 못했다. 그러나 냉전 이후 소위 러시아의 '가까운 외국near abroad'으로 변화하면서 중앙아시아의 지정학적 정세는 변화를 거듭하고 더욱 복잡한 양상으로 전개되어 왔다(Cohen, 2008).

중앙아시아는 유라시아대륙의 교차점이라는 지리적 위치와 더불어, 석유, 가스, 기타 민감성 광물자원의 보고로서 강대국의 각축장이 되고 있다. 독립 이후 25여 년 중앙아시아는 발전을 통해 경제총량이 증대되고 있으며, 국민의 생활수준도 점차 높아

---

1 중앙아시아는 고대 실크로드의 중심지로서, 현재 카자흐스탄(Kazakhstan), 우즈베키스탄(Uzbekistan), 타지키스탄, 키르기스스탄(Kyrgyzstan), 투르크메니스탄(Turkmenistan)등 5개국으로 구성되어 있으며, 중국과 약 3,000여km를 접경하고 있다. 서부는 카스피해를 사이에 두고 아제르바이잔(Azerbaijan)과 마주하고 있고, 남부는 이란(Iran)과 아프가니스탄과 접경하며, 총면적은 400.65만km²이다.

지고 있다(〈표 1〉 참조).

표 1　2012년 중앙아시아 5개국 국가개황

국가	수도	면적 (만km²)	총인구 (만 명)	GDP (1억달러)	GDP 증가율(%)	1인당GDP (달러)
카자흐스탄	아스타나 (Astana)	272.49	1675.95	2004.85	5.11	11900.00
우즈베키스탄	타쉬켄트 (Tashkent)	44.74	2977.68	511.13	8.20	1716.53
투르크메니스탄	아슈하바드 (Ashkhabad)	49.12	517.29	336.79	11.10	6510.61
키르기스탄	비쉬케크 (Bishkek)	19.99	558.21	64.73	-0.90	1159.63
타지키스탄	두샨베 (Dushanbe)	14.31	800.90	69.87	8.00	872.34
합계		400.65	6530.03	2987.37		

출처: 세계은행http://www.worldbank.org.cn/(李同昇·龙冬, 2014: 305.재인용·)

　이와 함께 탈냉전기 중앙아시아는 복잡한 국제관계 속에서 강대국의 이해가 투사되고 있는 지역이다. 그러나 이 지역의 맹주는 누구보다 러시아이다. 구소련 해체 후 한때 신新러시아는 서방일변도의 외교정책을 실행하여 중앙아시아에 대한 관심은 상대적으로 소홀했다. 그러나 미국의 초기 원조규모와 행태에 대한 실망과 NATO North Atlantic Treaty Organization, 북대서양조약기구의 동진에 따른 위기의식으로 인해, 러시아의 중앙아시아 정책은 재조정되었고 중앙아시아 국가들과의 협력을 강화했다. 이는 중앙아시아 지역이 러시아의 전략, 안보, 경제 및 인문적 이해와 결부되어 있어 러시아 국익에 핵심지대임을 자각한 때문이기도 하다(趙會榮, 2014: 59).

　러시아 전략가들은 중앙아시아가 독립국가연합 CIS: Commonwealth of Independent States 의 구성원이며, 중요한 지정학적 가치를 가진 것으로 평가한다. 또한 러시아와 중앙아시아 국가 간 국경은 7,000km에 달하는데, 이러한 상황은 중앙아시아와 러시아 남부의 안전이 밀접하게 연계되어 있음을 말해준다. 그리고 중앙아시아는 풍부한 에너지자원의 보고일 뿐만 아니라, 러시아의 상품시장이며 수백만의 러시아인과 러시아어 사용자가 거주하고 있다.

　이러한 상황에서 2014년 3월 18일 러시아의 푸틴 Vladimir Putin 대통령은 '신 독트린'을 발표하여, 더 이상 러시아가 유럽-대서양만 바라보지 않을 것이며 러시아의 역사적 유산을 공유하는 국가들과 적극 협력을 전개할 것이라고 천명했다. 그러나 중앙아시아의 상황은 러시아에게 많은 숙제를 던져주고 있다. 기본적으로 러시아와 이질적인 문화적, 역사적, 종교적 배경으로 인해, 중앙아시아는 서방 및 이슬람과의 접근을 통해서 러시아의 역내 영향력이 강화되는 것을 견제하기 때문이다(РСМД, 2013). 이러한 점에서 러시아가 중앙아시아 내 위상을 예전 수준으로 회복하는 데는 난관이 도사리고 있다.

한편 미국은 역외자로서 중앙아시아에 대한 개입을 적극적으로 모색해 왔다. 기본적으로 중앙아시아는 미국과 지리적·역사적으로 밀접한 관계는 아니지만, 구소련과의 경쟁에서 냉전의 승리자로서 미국이 중앙아시아의 전면에 출현했다. 사실 중앙아시아는 미국 외교의 최우선 지대가 아니며, 미국 세계전략의 일부분으로 존재한다. 그러나 구소련 해체 후 카자흐스탄의 핵시설, 카스피해 에너지자원, 아프가니스탄 전쟁 등의 요소가 미국의 이해를 자극했다. 중앙아시아에서 미국의 최대 이해는 지정전략적 이해이다. 즉, 중앙아시아를 러시아, 중국, 이란의 영향으로부터 격리하는 것이 미국의 중앙아시아 정책의 골간을 이룬다(趙會榮, 2014: 57).

그러나 다른 한편으로 미국 오바마Barack Obama 정부는 아프가니스탄에서의 출구를 모색하면서 미국의 힘만으로 중앙아시아 지역을 담보할 수 없다는 인식을 갖게 되었다. 게다가 등거리 실리외교를 구사하는 중앙아시아 국가들과 협력유지비용 증가의 요인이 대두하였다. 따라서 중앙아시아에서 미국은 중국·러시아와 갈등과 견제만이 아니라, 양국의 존재를 인정하면서 미중러 상호협조체제를 모색할 수밖에 없다는 분석도 제기된다(박상남, 2014: 110).

9.11 테러 이후 미국이 국가적 역량을 반테러전선에 투입하는 가운데, 중앙아시아에서 남쪽으로 아프가니스탄과 이란에 각각 접경한 우즈베키스탄과 투르크메니스탄은 이슬람 근본주의 확산의 저지선을 형성하고 있다. 또한 역내 상대적 대국인 카자흐스탄과의 관계는 미국의 중앙아시아 전략환경에서 주요한 변수로, 중국과 러시아의 틈바구니에서 국가부흥의 길을 모색하는 카자흐스탄과의 전략적 협력을 통해 중앙아시아가 중러의 입김 아래 놓일 때 제기될 수 있는 전략적 취약점을 보충할 수 있다. 이렇듯 중앙아시아 지역과 이를 둘러싼 강대국 간 이해관계에 대한 미국의 계산과 해법은 간단치 않다.

유럽연합EU: European Union도 이 지역 신 거대게임의 주요 행위자이다. 중앙아시아에서 EU는 공동안보와 방위업무를 수행하고 있지 않고, 전통안보 영역에서 효과적인 수단도 결핍되어 있다. 그러나 EU는 소프트파워soft power 측면에서 우세를 보이는데, 미국보다 정교한 접근방법을 구사하고 있으며 미중러의 각축에서 균형추 역할을 하고 있다고 스스로 인식한다(Лаумулин, 2013). 아울러 중앙아시아와의 협력 강화는 EU의 러시아에 대한 에너지 의존성을 낮추고, 러시아를 우회하여 중앙아시아와 카스피해를 통해서 대체 루트를 모색한다는 의미를 내포하고 있다(Попов, 2010).

상술한 바와 같이, 중앙아시아에서 각축하는 강대국들은 상호 동상이몽 속에 이 지역에서 자국의 이익 실현에 사활을 걸고 있다. 그러나 중앙아시아의 전략환경은 지난 구소련과 같은 절대 정치권력을 용납하지 않고 있다. 절대 권력이 사라진 중앙아시아 전략공간에서 각 이해 당사자는 최소한 그 공간에서 배제되는 상황은 피하고, 어느 일방의 영향력이 강하게 투사되는 것은 경계·견제하는 정책을 도모하는 것으로 이해할 수 있다.

2. 중국의 주변부전략과 중앙아시아

중국은 세계에서 주변부 안보정세가 가장 복잡한 국가 중 하나로, 대부분의 주변국이 개발도상국이며 그중 몇몇 국가와는 영토분쟁을 겪고 있다. 중국은 지속 가능한 발전을 위한 환경조성 차원에서 점점 더 주변 지역을 자국 외교정책의 주요 부분으로 인식하고 있다. 중국이 국력에 상응하는 대국의 지위를 얻고 아울러 안정되고 평화로운 발전환경을 만들기 위해서는, 우선 주변국의 협조와 지지에 근거하지 않으면 안 된다는 것이다.

최근 중국 주변정세의 가변성은 국제정치학의 주요 화두 중 하나이다. 이와 관련해서 중국의 학계는 주변정세에 대해 상반된 두 가지 관점을 가지는데, 우선 주변환경의 불안정성에 주목하는 경향이다. 즉 미국이 추진하는 '아태 재균형'전략으로 인해 중국의 주변정세가 부단히 악화되고 있으며, 이것이 중국과 주변국과의 영토 및 해상분쟁으로 표출되고 있다는 것이다. 최근 악화된 일본, 필리핀과의 관계도 이를 반영한 것으로 인식하고 있다. 다른 관점은 중국이 당면한 주변정세가 역사상 가장 안정적으로 전개되고 있다고 보는 것으로, 이미 중국은 여러 주변국과 우호적인 관계를 맺고 있으며 실제적 위협은 약화되고 있다는 것이다. 수십 년간 중국은 평화외교가 정착되는 성과를 이루었으며, 동시에 현재 직면하고 있는 다양한 문제와 도전도 잘 극복하고 있다는 시각이다(于迎丽, 2014: 1). 그러나 이러한 두 견해 모두 다소 치우친 인식의 결과이며, 두 가지 견해가 결합되어야 비로소 실제를 반영할 수 있을 것이다.

한편 주변국의 대중국 인식은 보편적으로 중국의 국력상승과 미래에 대해 경계심을 가지고 있다고 볼 수 있다. 비록 경제적으로는 중국에 요구하는 부분이 있지만, 안보적 측면에서는 다른 강대국과 제휴하여 중국을 견제하는 상황이 전개되고 있다. 따라서 어떻게 이러한 상반된 두 가지 경향에 대응하고 주변국과 정치적 신뢰를 구축하여, 안정적이고 우호적인 주변환경을 창출할 수 있을지가 중국의 국가적 과제로 제기되고 있다. 그리고 이러한 문제 제기에 대한 해법이 새로운 시대 중국의 주변전략의 목표가 될 것이다.

이러한 문제의식에서 시진핑 주석은 2013년 10월 24일 '주변외교공작(업무)좌담회周邊外交工作座談會'를 개최하여(양갑용, 2014: 348),[2] "주변국외교가 중국 외교의 첫 번째 과제"임을 천명하고 이를 '친親·성誠·혜惠·용容'으로 표현한 바 있다. 풀어보면, 중국의 주변국 정책은 "친하게 지내며, 성의를 다하고, 포용하며, 더불어 지낸다."는 뜻이다. 이것은 역사적 기억을 가지고 있는 이웃국가들의 중국 위협론과 미국의 반反중국 봉쇄망을 약화시키기 위한 시도이기도 하다(이희옥, 2014).

이러한 외교전략 기조하에 시진핑 주석은 2013년 취임 후 일련의 주변국외교행보를 가시화했다. 2013년 3월 러시아 방문을 필두로, 같은 해 9월 카자흐스탄, 우즈베키스탄, 키르기스스탄, 투르크메니스탄 등 중앙아시아 4개국을, 곧 이어 10월에는 인도네시아Indonesia와 말레이시아Malaysia 등을 방문했다. 2014년 들어 6월과 8월 각각 한국과 몽골을, 이후 9월에는 타지키스탄을 비롯해 몰디브Maldives, 스리랑카Sri Lanka, 인도India 등을 방문했다. 이처럼 시진핑 주석은 1년간 육지와 바다를 접경한 주변국과의 협력을 강화하는 행보를 보였는데, 가히 공세적 주변국 외교정책이라 불릴만한 것이다.

중국은 일련의 외교행보를 통해 자신의 성장을 '아시아 굴기崛起'로 등치시키며 대주변국 매력공세를 펴왔다. 하지만 중국의 국력과 대주변국 영향력이 커지면서, 주변

---

2 좌담회를 주재한 '중앙외사공작영도소조(中央外事工作領導小組)'는 외사업무나 대외관계 등을 담당하는 소조이다. 일반적으로 국가 주석과 부주석이 조장과 부조장을 맡고, 성원은 외사업무를 담당하는 국무원 부총리 혹은 국무위원, 외교부, 국방부, 공안부, 국가안전부, 상무부, 홍콩마카오사무판공실, 화교사무판공실, 신문판공실 책임자 그리고 중앙선전부, 중앙대외연락부, 총참모부의 고급 장령(將領) 등이 참여하는 것으로 알려져 있다.

국들은 중국의 의도에 대한 의심과 의혹을 더욱 키워가는 상황이 전개되었다. 이에 중국은 주변국 외교가 전례 없는 도전에 직면해있다는 인식을 갖게 되었고, 그럴수록 중국에 대한 주변국의 전략적 의의는 점점 더 분명해지고 있다. 주변을 중시하는 것은 중국의 외교전략상 선택이 아닌 필수가 되고 있다(于迎丽, 2014: 5).

이러한 시기에 중앙아시아는 매우 중요한 인접국이자 주변부 협력의 중점지대로서, 또한 안보와 에너지자원을 확보해야 하는 전략적 요충지로서 중국에 의미를 지닌다. 일찍이 중앙아시아는 2,100여 년 전 고대 실크로드의 중심 활동지였고, 2013년 9월 시진핑 주석이 제시한 '실크로드 경제벨트' 구상은 이 지역이 고대와 현대를 관통하여 매우 중요한 지역임을 말해주고 있다. 게다가 중앙아시아는 중국 서부지역의 안정·발전과 밀접한 관계가 있으며, 중국의 에너지수입 다변화라는 주요 옵션을 제공하면서, 중국의 국지적 이익과 전체 이익을 모두 포괄하고 있다. 이러한 일련의 흐름 하에 중국은 자신의 역량을 다시 서쪽으로 투사하고 있다(李同昇·龙冬平, 2014: 303-304). 향후 쌍방 간 협력이 긴밀해지면 중앙아시아는 중국 외교전략의 전체이익과 핵심지대로 점차 변해갈 것이고, 가시적인 미래에 중국의 외교중점은 더욱더 주변국으로 경사될 것이다.

이와 함께 강대국요인도 중국과 중앙아시아 관계에 있어서 지대한 변수로서(趙會榮, 2014: 57-60), 특히 미국의 아시아 중시정책이 그렇다. 중국의 부상과 영향력 확대 속도를 감안하면, 동아시아 지역에 주둔하는 미군의 비중을 늘리고 환태평양경제동반자협정TPP: Trans-Pacific Partnership 등 역내 경제동맹을 강화하려는 워싱턴의 행보는 지극히 당연한 전략이라 할 수 있다. 그러나 중국 입장에서 볼 때, 이는 미국과 중국의 대결양상을 심화하는 요인에 다름 아니다. 따라서 중국의 '해상 실크로드'전략은 대미 견제용인 동시에, 중국을 위협으로 보는 동남아시아 국가들의 시각을 약화시킴으로써 미국의 아시아 중시정책에 대응하는 의미를 가진다. "멀리 사는 사촌보다 이웃이 낫다."는 중국 속담처럼, 그동안 유럽과 미국을 상대하느라 소홀했던 인접 국가들을 끌어당기겠다는 의도다. 한마디로 표현하자면, 이제 중국은 '중국식 아시아 중시 전략'이라는 카드를 꺼내든 셈이다(Tao, 2014). 그리고 히든카드는 바로 중국의 안보적 과제를 실현할 교두보로서의 SCO와 경제전략인 신 실크로드 구상으로, 이 둘은 중국의 중앙아시아 병진전략에서 핵심자산으로 활용될 것이다.

Ⅲ. 안보·경제 병진전략의 내용: SCO와 신 실크로드 구상

1. 안보교두보 SCO

SCO^{Shanghai Cooperation Organization, 상하이협력기구}는 구소련과 중국의 국경선 분쟁을 해결하기 위한 기구로 창설된 '상하이5국'기제에 그 연원을 둔다(王曉玉·許濤, 2004: 109; 孫壯志, 2004: 100; 박병인, 2005). 지난 1996년 중러 양국과 중앙아시아의 카자흐스탄, 타지키스탄, 키르기스스탄 등 5개국으로 출범한 상하이5국은 총 4,356km에 달하는 국경의 확정, 변경지역의 군사적 신뢰 증진과 군비 감축 등을 초기의 주된 과제로 추진했다. 이후 중국은 자국 국경지역에서 테러리즘과 분리주의 운동이 빈번히 발생할 조짐이 보이자 이러한 문제들을 다루기 위한 다양한 접근을 모색했고, 그 과정에서 중앙아시아 국가들과 보다 긴밀히 협력해왔다. 1998년 이후에는 이러한 과제를 바탕으로 다자안보협력을 강화했는데, 특히 '3대 악^{분리주의, 종교적 극단주의, 테러리즘}'에 대한 공동대응은 안보협력의 기본 방향이다. 당시 중국은 다분히 고립적이고 방관적이었던 대외정책에 변화를 모색하면서, 다극체제의 국제질서가 주는 효용에 주목하여 다자외교를 적극적으로 전개했다. 이는 국제질서에서 중국에 유리한 국면을 조성하기 위한 행보라 할 수 있겠다(김재철, 2001).

이후 2001년 6월 상하이5국은 우즈베키스탄의 가입과 함께 SCO로 전환한다. SCO의 출범으로 중국, 러시아 및 중앙아시아 신생국들은 냉전해체 이후 이 지역에서 고조된 여러 위협요소들에 대해 공동대응할 수 있는 틀을 갖추게 되었다(박상남, 2005b: 66). 이러한 SCO의 출범을 가능케 한 추동력은 반테러와 반분리주의로, 실제로 SCO는 자국 내 분리주의자들과 테러리스트들의 외부 연결고리를 차단시키는 데 중요한 역할을 했다. 이에 따라 중국 정부는 SCO의 발전이 지역 안정 및 중앙아시아의 방대한 에너지자원에 접근할 수 있는 핵심적인 과정이라고 판단해왔다(Yuan, 2010: 868). 한편 SCO의 창설배경에는 미국의 이 지역 개입에 대한 대응 차원이라는 지정학적 접근과 참여국의 이해관계도 근저에 자리 잡고 있다(박정민, 2013: 135-136). 특히 중국은 중장기적으로 유라시아대륙의 배후를 유지·관리하고 중앙아시아 지역의 안정을 위해, SCO의 안보적 역할을 강조하고 있다(潘光·戴轶尘 외, 2014: 62).

이러한 경향과 중국의 의도는 시진핑 정부 출범 이후로 더욱 가시화되고 있다. 시진핑 주석은 2014년 5월 상하이에서 개최된 '아시아 교류 및 신뢰구축회의CICA: Confer-ence on Interaction and Confidence Building Measures in Asia'에서 "아시아 문제는 아시아인이 해결해야 한다."라는 화두를 던졌는데, 이는 독자적인 아시아 안보협력기구의 창설을 주창한 것이다. 이러한 제안은 이후 9월 두샨베에서 개최된 제14차 SCO 정상회의에서 재차 제기되어, 시진핑 주석은 "마음과 힘을 응집하고 정성스러운 협력을 통해 SCO를 다시 한 번 새로운 단계에 올려놓자"는 제목의 연설로 새로운 안보협력기구의 당위성을 다시 역설했다. 시진핑 주석은 SCO의 발전방향을 논하면서, 역내에 창궐하는 테러와 마약에 효과적으로 대응하기 위해 국제협력기구 설치가 필요하며 반테러 안보협력기구로서 '지역안보센터' 구축을 제안했다. 이렇듯 2014년 들어 중국이 연이어 지역안보센터 설치를 제안한 명분은 "이 지역의 종교적 극단주의 잔재가 부상하고 테러·마약이 점점 엄중한 형세를 이루고 있다."는 것으로, 이에 대처하기 위한 회원국 간 긴밀한 협력과 효과적인 대응에 가장 효과적인 방안이 역내 안보협력기구의 창설이라는 것이다.

시진핑 주석이 독자적인 아시아 안보협력기구 창설을 제안하고, 이어서 SCO 회원국 중심의 국제안보기구 창설을 독려하는 것은, 중국의 지역안보협력 구상이 향후 일관되고 지속적인 과제로 추진될 것임을 보여주는 것이다. 중국은 앞으로 창설이 추진될 안보기구의 역할을 우선 중국을 상대로 각종 테러사건을 일으키는 신장지역의 대테러 대응에 맞출 것으로 보인다. 이들 분리독립세력인 동투르키스탄 이슬람운동은 그동안 중국과 국경을 마주한 중앙아시아 지역에서 테러 발흥의 토양을 공급받아 왔다. 따라서 중국으로서는 중앙아시아 국가들과 효과적인 반테러 연대전선을 구축해야 할 과제를 안고 있다.

이를 위해 중국의 SCO 역할 강화방안은 경제적으로 뒷받침되며 행동으로 가시화되고 있다. 먼저 시진핑 주석은 SCO 정상회의에서 중국의 신장된 경제력을 무기로 회원국들을 향한 물량공세를 강화했다. 지역경제 일체화 및 가속화, SCO 개발펀드 및 개발은행 설립을 위한 자금으로 50억 달러(약5조 1,700억 원)의 차관 제공 등 SCO 회원국에 대한 경제적 지원을 약속했고, 이에 대한 반대급부를 제공받는 것은 물론이다. 그 예로, 시진핑 주석은 9월 13일 타지키스탄의 에모말리 라흐몬Emomalii Rahmon 대통령과 정상회담 후 타지키스탄을 관통하는 중국·중앙아시아 천연가스관 'D선' 프로젝트 착공식에 참석했다. 중국은 'D선'을 비롯하여 기존 중국·중앙아시아 천연가스관 A·B·C선을 통해서 향후 2020년까지 연간 800억m³의 천연가스를 확보하게 된 것이다. 또한 현재 중국과 중앙아시아 간에 구축된 A·B·C선은 모두 카자흐스탄을 거치지만 D선은 타지키스탄을 경유하여, 중국의 에너지 루트 다변화에 기여할 것으로 보인다.

또한 중국은 러시아와 근래 첫 경찰 공동훈련을 실시했다. 『인민일보人民日報』 (2014/10/21)는 2014년 10월 20일 중러 국경지대인 중국네이멍구(內蒙古)자치구 만저우리滿洲里에서 처음으로 '리젠利劍-2014'로 명명된 대테러 합동훈련을 최초로 실시했다고 보도했다. 이는 지난 8월 중국이 SCO 회원국인 카자흐스탄, 타지키스탄, 키르기스스탄과 함께 한 반테러 다자 군사훈련인 '평화사명和平使命-2014'에 이은 무력시위로 해석되기도 한다. 이와 같은 합동군사훈련 등 SCO를 중심으로 한 군사적·안보적 동향은 향후 NATO에 대항하는 기구로 SCO가 발전할지 모른다는 서방의 우려를 심화시키는 것이다.

그리고 이러한 기우는 러시아의 맞장구로 더욱 현실적으로 다가오고 있다. 푸틴 대통령은 두샨베 SCO 정상회의에서 SCO의 역할을 강조하며, "세계경제는 아직 위기를 극복하지 못했고 정치적 위험 또한 상존한다."면서 "SCO의 무역 및 경제협력 강화를 제안한다."고 말했다. 이와 같은 푸틴대통령의 발언은 SCO 회원국 간 단순한 경제협력 이상의 의미를 가진다. 현재 러시아는 우크라이나Ukraine 문제로 서방의 경제적 제재국면에 놓여있고, NATO는 9월 4~5일 영국 웨일스에서 28개 회원국 정상회의를 개최하여 신속 기동군 창설 등 군사적 협력을 모색했다. 이러한 상황에서 푸틴 대통령이 SCO 회원국 간 결속을 촉구하고 공동체 정신을 강조한 것은 서방의 대러시아 견제와 압박에 대한 대응의 성격을 분명히 한 것으로 볼 수 있다(박정호, 2014). 이에 대해 SCO 정상들은 선언문에서 우크라이나사태를 언급하며, 푸틴의 대응과 행보에 힘을 실어준 바 있다.

그러나 일부에서는 SCO가 포괄적 지역협력체제로 발전하고 있기는 하지만, 지역협력의 성격이 모호하고 가입국 간 인식공유가 어려워 강대국 간 각축에서 영향력을 잃을 수 있다는 점을 지적하기도 한다(박정민, 2013: 135-136).

2. 통합과 피포위의 복합전략: 신 실크로드 구상

중국은 물리적 환경으로 인하여 불가피하게 정책 간 상충관계와 지정학적으로 굴

절된 정책들이 종종 나타난다. 정치·군사적 사고에 자주 개입하는 중국의 두 가지 주요한 물리적 환경은 동아시아에서 14개국과 접해있는 중심적 위치라는 점과, 광대한 육상 및 해상 국경을 모두 가지고 있다는 점이다. 이에 따라 중국은 1,000년이 훨씬 넘는 기간 동안 때로는 육상전략을, 때로는 해상전략을 강조했다(켄트 콜더, 2013: 95).

중국 지도자의 외교행보는 중국 외교가 지향하는 바를 반영한다. 중국 시진핑 주석은 취임 후 미국의 대중국 포위전선의 약한 고리로 중앙아시아에 주목하여 활발히 접촉했다. 이에 따라 2013년 9월 초에는 카자흐스탄 나자르바예프 대학교Nazarbayev University에서 '실크로드 경제벨트絲綢之路經濟帶' 구상을 제시했다. 이 구상의 골간은 철도 및 도로를 통해 중앙아시아와 유럽을 연결하고, 이것을 다시 중국의 중서부지역 및 동부지역과 엮음으로써 아시아와 태평양경제권을 결합하고자 한 것이다一帶. 이는 세계에서 가장 길고 잠재력이 큰 물류 대통로를 구축해 과거 실크로드의 영광을 재현하겠다는 구상이다. 이어서 약 한 달 후인 10월 3일에는 인도네시아 국회 연설에서 중국과 싱가포르, 탄자니아, 지중해를 연결하는 '21세기 해상실크로드21世紀海上絲綢之路' 건설을 제안했다. 이는 동남아시아, 아프리카, 유럽을 잇는 해상 교역길一路의 구축을 말하는 것이다.

시진핑 주석의 9월 중앙아시아 그리고 10월 동남아 방문은 '신 실크로드新絲綢之路' 구상, 즉 육상 실크로드와 해상 실크로드를 결합한 '이다이이루一帶一路' 구상을 탄생시킨 여정이었다(〈그림 1〉). 이 구상은 10월 시진핑 주석 주재하에 열린 회의를 통해 '친성혜용親誠惠容'이라는 주변국외교노선으로 정립되고 체계화되었다.

사실 신 실크로드 구상이 중국의 전매특허는 아니다. 지난 2011년 9월 미국이 중국에 앞서 이미 신 실크로드 구상을 발표한 바 있는데, 이는 아프가니스탄을 핵심지역으로 중앙아시아와 남아시아를 아우르는 지역에 경제적 이해를 통해 미국의 이해를 관철시키고자 한 것이다. 중국은 이것이 경제적 침투를 통해 미국의 지정전략적 이해를 투사하는 것으로 이해하고 있다(劉薇, 2014: 84-85).

이어서 2011년 11월 미국의 힐러리Hillary Clinton 국무장관은 '미국의 태평양 세기America's Pacific Century' 구상을 제시했는데, '아시아 중시pivot to Asia' 정책과 조응하면서 자신을 압박하고 있다는 것이 중국의 시각이다(人民日報, 2011/10/23). 이러한 정세변화를 반영하여 시진핑 주석은 자신들의 앞뒤 마당인 유라시아지역을 공세적으로 수성하기 위해 중국판 신 실크로드 전략구상을 내놓은 것이다.

상술한 바와 같이 신 실크로드 구상은 육상과 해상 실크로드의 결합이지만, 육상

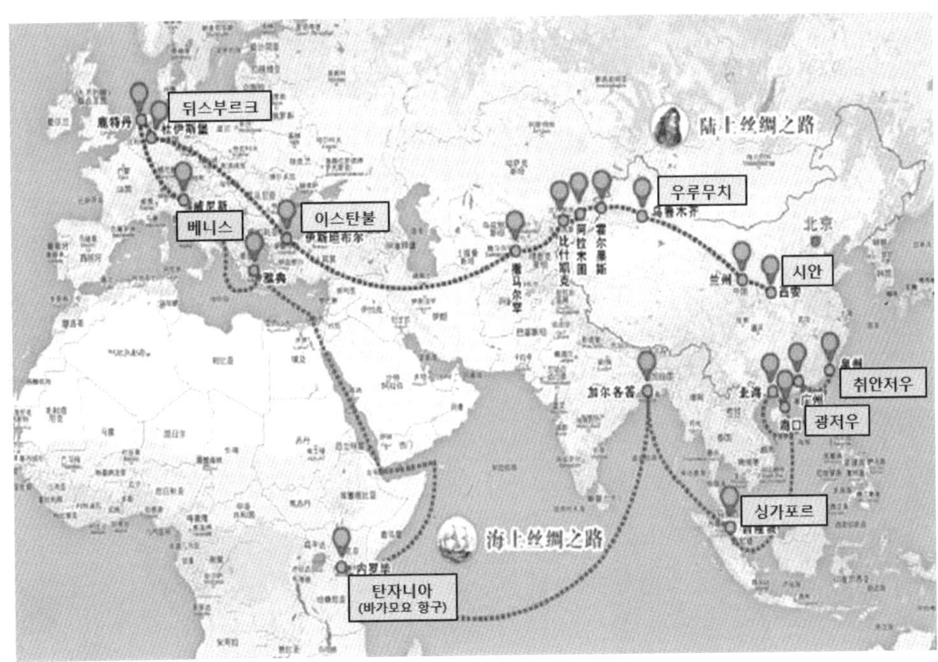

그림 1 중국의 신 실크로드 구상

출처: http: www.yidaiyilu.cn(이효진 · 김영선 외, 2014: 3 재인용).

실크로드 구상인 '실크로드 경제벨트'가 그 핵심이라 할 수 있다.

해상의 '21세기 해상 실크로드' 구상은 현재 미국의 압도적인 해상 장악력이나, 해당 지역의 광범위함, 그리고 목표 실현의 장기성 측면에서 다소 요원한 과제라 여겨진다. 반면 실크로드 경제벨트는 어떤 기제화된 국제기구도 아니고 초국가적 국제기구를 지향하는 것도 아닌, 대단히 포괄적이고 신축적인 개념이다. 그러면서도 상대적으로 세부적인 전략적 함의를 지닌 채 전개되고 있다고 볼 수 있다. 이러한 실크로드 경제벨트 구상을 입체적으로 이해하기 위해서는 육상과 해상을 포괄하는, 통합과 피포위被包圍의 복합전략인 신 실크로드 구상의 틀에서 바라보아야 한다. 따라서 본고는 중국의 중앙아시아 정책도 이러한 관점에서 논의를 전개시켜 나갈 것이다.

'실크로드 경제벨트'는 5개 지역으로 구성된다(赵东波·李英武, 2014: 107). 첫째, 중앙아시아 지역 국가군인 카자흐스탄, 우즈베키스탄, 타지키스탄, 키르기스스탄, 투르크메니스탄 등 5개국이다. 둘째, 이란, 이라크Iraq, 요르단Jordan, 시리아Syria, 사우디아라비아Saudi Arabia, 터키Turkey등이다. 셋째, 코카서스Caucasus, 아제르바이잔, 조지아Georgia, 아르메니아Armenia와 동부 유럽, 우크라이나, 벨라루스Belarus, 몰도바Moldova 등이다. 넷째, 러시아이다. 다섯째, 아프가니스탄, 파키스탄Pakistan, 인도이다.

이 중 첫 번째 국가군인 중앙아시아 5개국은 중국 서부변경과 인접해있고, 이미 중국경제와 밀접한 관계가 형성되어 있다. 이 지역은 양자 및 다자 간 상호협력이 활발히 진행되고 있으며 실크로드 경제벨트 구상에서 가장 핵심지역이라 할 수 있겠다. 아울러 네 번째 국가인 러시아는 실크로드경제벨트 구상의 주요 구성원이지만, 이미 자체적으로 독립적인 위상을 가지고 있으며 더욱이 중앙아시아, 코카서스 지방 및 서아시아 지역에 대해 특수한 영향력을 보유하고 있다. 따라서 중국이 실크로드 경제벨트 구상의 실현을 위해서는 러시아 요소에 대한 고려가 필요하며, 특히 '유라시아경제연합EEU: Eurasian Economic Union'[3]과 전략적 협력을 도모해야 하는 과제를 안고 있다.

이러한 지역적 구성범위에서 중국의 실크로드 경제벨트 구상은 다음과 같은 전략적 고려하에 전개되고 있다(丁曉星, 2014: 72).[4] 첫째, 전방위적 대외개방의 새로운 국면을 조성하기 위한 것이다. 중국은 개혁개방 30년간 주로 유럽연합, 미국, 일본 등 선진국과의 교역을 통해 경제성장을 일구어냈다. 그러나 근래 선진국들의 경제성장은 둔화되고 있으며 잠재력 또한 고갈 추세에 있다. 반면 중국과 러시아, 인도, 이란, 카자흐스탄 등과의 무역액은 증가하고 있다. 따라서 중국은 이들 국가와의 교류를 강화하는 가운데 유라시아대륙과 경제협력을 확대하여, 전방위적 대외개방국면 창출을 통해 경제적 활로를 모색하고자 하는 것이다.

둘째, 서부 대개발을 더욱 적극적으로 추진하려는 의도이다. 오랜 기간 자연적·역사적·사회적 이유로 중국의 서부지역은 상대적으로 낙후되었다. 30여 년의 개혁개방 기간 중 서부와 동부의 경제적 격차는 더욱 확대되었고, 이는 소수민족의 분리 독립 움직임과 연계되면서 중국의 안보와 안정을 위협하는 최대 요인으로 등장했다. 따라서 실크로드 경제벨트는 서부개발과 변경안정을 꾀하는 중국의 전략적 고려가 작

---

3 2012년 러시아는 카자흐스탄, 벨라루스와 3국 관세동맹을 출범시켜 EEU 창설을 준비했다. 이후 EEU는 2014년 5월 3국 간 창설조약을 체결하면서 총인구 약 1억 7천만 명의 단일 소비 및 노동시장을 갖게 되었다. 러시아판 유럽연합(EU)을 지향하는 EEU는 2015년 1월 본격 출범한다.

4 한편 후안강 등(胡鞍鋼·馬偉외, 2014)은 실크로드 경제벨트가 중국에 주는 함의를 다음과 같이 제시한다. 먼저 전략적 차원에서 국방안보, 경제무역안보, 에너지안보, 변경안보 등 국가적 차원의 안보문제를 포괄한다. 국내적 차원에서는 더 많은 경제적 기회 제공, 해당지대의 경제발전, 지역격차 해소, 경제의 균형발전을 도모할 수 있다. 또한 외교적으로는 유라시아 국가들과의 육상 대통로를 구축하여 역내 안보협력을 강화하며, 중국 주변부 정세를 안정적으로 전개할 수 있다.

용한 것이다(夏曉, 2014: 28).[5]

셋째, 중국 기업의 '저우추취(走出去, 해외진출)'를 추동하고, 국내산업의 구조 변화를 촉진하기 위함이다. 중국의 해외투자 규모는 지속적으로 확대되어 왔는데, 2012년에는 해외직접투자가 878억 달러에 이르러 세계 3대 해외투자국이 되었다. 이러한 추세가 향후 5년간 지속되면 중국의 해외투자규모는 5천억 달러에 이를 것으로 전망된다. 반면 실크로드 경제벨트 국가들의 경제는 상대적으로 낙후되어 자금·기술 등을 필요로 하고 있다.

넷째, 에너지안보를 보장하는 데 유리한 환경을 조성하는 것이다. 2012년 현재 중국은 세계 최대 에너지 소비국으로 원유 수입량이 2.7억 톤에 이르며 대외의존도가 60% 이상이다. 중국 등 몇몇 소비국들은 미국과 같은 잠재적 라이벌이 지배하는 해상항로에 지나치게 의존하는 데 불안감을 느끼고 있다. 따라서 중국은 안전한 수송에 대한 지정학적 관심으로 인해 육로 수송에 한층 더 매력을 느낀다(켄트 콜더, 2013: 115-117). 최근 중국이 해상루트 다변화를 중국 미래 국익의 사활적 문제로 인식하고 북극항로를 적극적으로 개척하는 것도 이러한 흐름과 맥을 같이한다고 볼 수 있다(김석환, 2014: 183-190).

이러한 상황에서 중앙아시아 국가들은 독립 직후의 정치적 혼란과 경제적 침체에서 벗어나 새로운 도약을 준비하고 있다. 각국은 안정을 추구하고 발전을 모색하면서, 세계경제와 융합하고 글로벌화를 적극 모색하고 있다. 이렇게 중앙아시아 국가들의 대외적인 협력욕구가 점증하는 가운데, 중국의 실크로드 경제벨트 구상은 중국과 중앙아시아 국가들에게 각각 전략적 공간의 확대와 새로운 편승의 기회를 제공하고 있다.

---

5 중국의 경제발전은 빈부, 도농(都農), 세대, 지역 간 격차를 야기했다. 특히 선부론(先富論)을 내세운 동부와 경제발전 과정에서 소외된 서부지역 간 격차는 소수민족문제와 함께 중국의 통합성을 해치는 중차대한 과제로 떠올랐다. 따라서 중국의 서부지역 발전은 중국 역대정부의 국가적 과제로 제시되어 왔고, 신 실크로드 구상의 핵심 사업이기도 하다.

IV. 병진전략에 대한 역내 유관국 역학

상술한 바와 같이, 중국의 대중앙아시아 병진전략은 SCO와 신 실크로드 구상을 통해 추진되고 있다. 이에 대해 역내 국가들이 각자의 이해득실을 따지는 가운데, 중국의 계산도 복잡하게 진행되고 있다. 중국의 병진전략은 특히 러시아의 전략적 이해와 접점을 형성할 개연성이 큰데, 중앙아시아의 대주주인 러시아는 제국의 향수가 서린 자신의 안마당이라 생각하는 중앙아시아에 대한 중국의 공세적 진출에 복잡한 심경을 가지고 있다. 근래 중국과 러시아가 역사상 가장 우호적 관계에 진입해있다고 상호 자평하고 있으나, 중앙아시아를 무대로 긴장요인이 존재한다. 러시아는 역내 CIS, EEU, CSTO^{Collective Security Treaty Organization, 집단안보조약기구} 등 다수의 지역통합기구를 운영하고 있으며, 이 중 CSTO와 중국의 중앙아시아 진출에서 안보적 교두보 역할을 하는 SCO는 경쟁적 성격으로 인해 양국관계가 언제든 갈등관계로 전화될 수 있다.

CSTO는 2002년 러시아의 주도로 미국과 유럽 주축의 NATO에 맞서 구소련권 국가들을 결합해 형성된 군사동맹이다.[6] 러시아는 CIS 회원국 간 협력에 우선순위를 두면서 안보영역에 관한 한 CSTO를 역내 주도적 기구로 만들려는 의도를 가지고 있다. 따라서 SCO가 CSTO를 대체하는 역할에 대해서 분명한 경계의식을 가지고 있다(이재영·김석환 외, 2012: 207-212).[7] 하지만 중국은 SCO를 통한 중앙아시아 국가들에 대한 영향력 강화가 이렇게 러시아의 우려를 낳고 있음에도 불구하고, 중앙아시아 공략의 고삐를 늦추지 않고 있다(李世强, 2009: 203).

주시하다시피, 러시아, 카자흐스탄, 벨라루스 정상들이 2014년 5월 창설조약에

---

6 CSTO는 CIS 6개국이 체결한 CST(Collective Security Treaty, 집단안보조약)의 후신이다. CST는 1992년 5월 15일 러시아, 카자흐스탄, 우즈베키스탄, 타지키스탄, 키르기스스탄, 아르메니아 CIS 가맹 6개국이 우즈베키스탄 수도 타슈켄트에서 공식 서명하였다. 1993년에는 조지아, 아제르바이잔, 벨라루스가 가입했으며, 조약은 1994년 정식으로 발효되었다. 이후 2002년 5월 15일 개최된 CST 회의에서 가맹국들은 CST의 집단안보 기능을 더욱 강화하고 CSTO로 변화·발전시키는 데 합의하였다. 2014년 현재 러시아, 카자흐스탄, 타지키스탄, 키르기스스탄, 아르메니아, 벨라루스가 회원국으로 남아있다.

7 SCO와 CSTO는 성립 배경, 목적, 구성원, 기구의 기능과 구조, 안보협력의 이론적 기초와 의제의 측면에서 유사성과 상이성을 보이면서 협력과 경쟁의 교집합을 그려내고 있다.

서명하였고, 각국 비준절차를 거친 후인 2015년 1월 EEU가 본격 출범한다. 푸틴의 EEU 구상의 종착역은 구소련 제국의 영향력 복원이다. 이러한 시기에 중국의 통합전략으로서 육상 실크로드 구상은 푸틴의 구상과 충돌할 소지가 다분하다. 중국의 중앙아시아에 대한 적극적 진출에 대해 러시아는 우회적으로 우려를 표현하기도 했다. 러시아 외무차관인 이고르 모르굴로프Igor Morgulov는 2013년 9월 모스크바의 기자 브리핑에서, 중국이 카자흐스탄과 투르크메니스탄과의 '전략적 협력'을 적극 추진하는 것에 대해 역내에서 러시아의 전통적 역할을 중국이 인식할 것을 주문하기도 했다(Брук, 2013).

이처럼 중앙아시아에서 중국과 러시아의 전략적 계산은 서로 다르다. 중국의 인식은 러시아가 중국의 암묵적 지지하에 미국의 공세를 저지하며 중앙아시아에서 주도적 지위를 유지하고 있다는 것이다. 그러나 러시아가 이러한 중국의 시각에 동의하고 있는지는 미지수이다(李世强, 2014: 47). 이와 같은 양국 간 인식의 거리를 좁히는 것이 향후 중국과 러시아가 풀어야 할 과제일 것이다.

한편 중앙아시아 국가들의 대중국인식은 중국의 역내활동을 고무하기도 또는 제약하기도 하는 핵심사안이다. 우선 중국의 적극적이고 전방위적인 접근은 중앙아시아 국가들에게 자국의 경제성장과 사회간접자본 확충 등의 측면에서 하나의 기회로 활용되는 측면이 있다(주장환, 2010: 234). 확실히 이러한 시각은 중앙아시아 국가들의 러시아의 가속화되는 중앙아시아 구소련 회귀전략에 대한 거부감과 중국의 역할에 대한 기대감에 근거하고 있다. 중앙아시아 국가들은 육지로 둘러싸여 있고, 소련 시절부터 구축된 러시아를 통과하는 수송로 기반시설에 의존하고 있으며, 국제정세에서 제한된 지정학적 영향력을 가진다. 이러한 점들을 고려할 때 중앙아시아 국가들은 특히 에너지문제에서 자신들의 자율성을 강화하는 것이 어렵다고 생각한다(켄트 콜더, 2013: 120). 실제로 구소련으로부터 독립 후 탈러시아 노선을 택한 우즈베키스탄은 러시아 주도의 역내 경제권 통합에 반대 의사를 분명히 밝히며 러시아와 갈등을 빚고 있다. EEU 출범에 가장 먼저 참가한 카자흐스탄조차도 최근 러시아가 EEU를 단일국가 형태의 EAUEuransian Union, 유라시아연합로 발전시키려는 의도를 보이자, 이를 '옛소련 부활'의 사전단계로 보고 러시아의 야망을 경계하고 있다(연합뉴스, 2014/09/11). 이러한 때 중국의 구애는 러시아에 대한 의존을 낮추려는 중앙아시아 국가들의 이해관계와 부합한다. 시진핑 주석은 2013년 9월 중앙아시아 4개국 방문을 통해 대규모 투자약속과 실크로드 경제벨트 구상을 제시하며 역내국가들의 환심을 불러일으킨 바 있다.

그러나 중앙아시아 국가들의 대러시아 경계감과 중국 편승에 대한 기대감 가운데는 중국의 중앙아시아 협력과 통합노력에 대한 제약요인 역시 상존한다. 중앙아시아 지역과의 교역 및 교류 활성화는 중국 서부변경의 안정을 위협하고 분리 독립을 기도하는 세력에게 유리한 환경을 조성할 수 있다. 양 지역의 교류 확대가 중앙아시아를 배후지로 하는 분리주의 및 테러리스트 세력의 활동공간을 확장하는 결과를 초래할 수 있기 때문이다. 또한 중앙아시아 국가들이 역내에서 여러 가지 관심사를 공유하고 있지만, 이들 국가 간에는 여전히 분열적인 요소가 존재한다. 각국은 역내외 문제에 있어서 서로 상이한 정치적, 경제적, 문화적 목표를 가지고 있으며 국가별 특수성이 존재하고 있다(김영진, 2008: 320).

카자흐스탄의 경우, 구소련 질서로의 회귀에 대해 민감한 반응을 보이고 있고, 외교정책은 대국 간에 평형을 추구하는 것을 선결적 과제로 인식하고 있다. 따라서 대외노선 기본 방향은 중국 등 특정대국에 편향된 정책이 아니라, 강대국 사이에서 균형을 모색하며 외부역량을 빌려 대국 간 역할을 상쇄시키는 것이다(趙會榮, 2011: 55). 이는 중국의 영향력 확대에 제한적 참여로 귀결될 것이다.

우즈베키스탄은 중앙아시아에서 특별한 위상을 점하고 있다. 지리적으로 중앙아시아의 중심에 위치하며 전통적 종주국임을 자처한다. 또한 구소련 시대의 공업시설을 승계하는 등 산업기반시설을 보유하고 있으며, 역내 인구대국이자, 군사역량 면에서도 여타 역내국가와 차별화된 잠재력을 보유하고 있다. 이러한 독특한 지정전략적 위상은 우즈베키스탄으로 하여금 자신을 둘러싼 전략적 공간을 활용하고자 하는 유혹을 갖게 하였고, 우즈베키스탄을 역내에서 카자흐스탄 못지않게 세력균형정책을 선호하는 국가로 만들었다. 그 결과 지정학적 다원주의를 역내에 투사하려는 미국과 역내 전통강국인 러시아 사이에서 세력균형의 유동성에 흔들리는 모습을 보인다. 게다가 경제력을 무기로 다가오는 중국의 구심력은 우즈베키스탄 대외정책의 불확실성을 배가시키고 있다.

타지키스탄은 다분히 러시아에 경사되어 있다고 볼 수 있다. 독립 후 타지키스탄에는 복잡한 종교문제와 함께 민족모순이 상존하고 있다. 또한 중앙아시아 5개국 중 가장 작은 면적의 타지키스탄은 산지가 전체의 93%를 차지하고 있으며, 동부지역은 중국, 동북지역은 키르기스스탄, 서부지역은 우즈베키스탄, 남부지역은 중동의 화약고인 아프가니스탄과 인접해있다. 이러한 지정학적 민감성은 일찍이 강대국들의 시선을 끌어들였고, 타지키스탄 내부의 취약성 및 대규모 러시아 군사력의 존재 등은 타지키스탄으로 하여금 친러시아 외교전략을 구사하도록 하는 요소가 되었다(Jonson, 2006: 49). 그러나 2014년 9월 시진핑 주석의 타지키스탄 방문으로 양국 간 협력이 강화되면서 중국으로의 영향권 편입을 시도했다.[8]

키르기스스탄은 중립적 실리·균형외교를 구현하고 있다. 그러나 1991년 독립 이래로 러시아의 영향이 매우 강하게 남아있는 지역이기도 하다. 타지키스탄과 마찬가지로 허약한 방위력으로 인해 창궐하는 이슬람 근본주의 세력에 대항하기 위해서는 러시아 주도의 CSTO 물리력에 의존할 수밖에 없다. 중국과는 국경 850km를 접하고 있는데, 위구르족 분리주의와 이슬람 근본주의 세력 확대에 골머리를 앓고 있는 중국과 긴밀한 협력관계를 유지하고 있다. 특히 역내에서 전개되고 있는 EEU 가입에 따른 득실을 계산하는 데 분주하다. EEU 가입에 따른 다양한 장점과 혜택에도 불구하고, 러시아의 과도한 영향력에 대한 부정적 기류와 지리적으로 중국과 연계된 중계무역국의 입지가 타격받을 수 있다는 지적이 EEU 가입에 발목을 잡고 있는 것이다(주키르기즈공화국대사관, 2012). 이러한 대외정책에서의 좌고우면左顧右眄은 역내 상대적 약소국으로서 부득이한 측면이라 할 수 있겠다. 키르기스스탄은 지리적으로 또한 대외경제적 측면에서 중국의 신 실크로드구상의 풍향에 가장 근접한 지역이기도 하다.

투르크메니스탄의 대외정책상 생존방식은 중립정책이다. 대외관계에서는 최대 경제 협력국인 러시아와 긴밀한 관계를 형성하고 있다. 이 와중에 최근 중국의 구애가 뜨거운데, 중국은 유럽과 아시아를 연결하는 투르크메니스탄의 지정학적 중요성을 인식하고 있으며 또한 천연가스 생산국으로서의 위상을 높이 사고 있다. 특히 투르크메니스탄은 2009년 말부터는 가스관을 통해 중국으로 천연가스를 대량 공급 – 2012년 말 기준 220억㎥ – 하고 있다. 양국은 2014년 5월 12일 시진핑 주석의 방문으로 '중국·투르크메니스탄 우호합작조약' 및 '양국 전략적 협력관계 발전계획'등을 체결한 바 있고, 이로 인해 2016년부터 매년 650억㎥의 가스가 중국으로 수출될 것이다. 중국으로서는 신 실크로드 구상을 실현하기 위한 전략적 요충지인 투르크메니스탄과 정치적·경제적 협력을 심화할 수 있는 계기를 마련하였다고 볼 수 있겠다.

이렇듯 유동적이고 가변적인 중앙아시아 전략환경에서 중국은 SCO의 안보기능

---

8 시진핑 주석은 타지키스탄 방문시, "실크로드경제벨트의 공동건설을 좋은 기회로 삼아 석유와 가스, 경제무역 등의 분야에서 교류 협력의 수준을 높여 나가자."며, "앞으로 5년 이내에 양국 무역규모를 30억 달러로 확대해나가자."고 제안한 바 있다.

강화 및 실크로드 경제벨트 구상을 통해 서부지역 안정 및 경제영토 확대, 미국으로부터의 피포위전략 실행의 측면에서 공세적 주변부정책을 추진하고 있다. 변경문제가 존재하지 않는 미국이나 변경이 상대적으로 안정된 러시아와 달리, 중국은 취약한 변경환경으로 인해 자국의 통일성과 영토주권이 심각히 훼손될 가능성을 의식하고 있다. 이러한 본질적 위협요인 외에도 중국의 굴기에 대한 주변국들의 반응은 '중국 기회'와 '중국 위협' 사이를 오가고 있다. 이러한 때, 중국의 신 실크로드 구상은 중앙아시아의 정치엘리트들로 하여금 중국과 러시아 사이에서 지정학적 선택을 해야 할 딜레마를 던져준다. 카자흐스탄을 비롯한 중앙아시아 각국은 이 구상이 주는 위험과 기회를 인식하는 가운데, 위험 최소화와 기회 최대화의 해법을 고민하고 있다(Тугельбаева, 2014). 따라서 중국이 이와 같은 중앙아시아 국가들의 기대와 우려를 어떻게 충족 및 불식시킬 수 있을지가 신 실크로드 구상을 실현하는 데 주요한 과제가 될 것이다.

V. 결론

본 논문은 중국의 중앙아시아 정책이 안보와 경제라는 두 바퀴를 축으로 전개되어나가는 모습을 그렸다. 이 두 축의 엔진은 바로 SCO와 신 실크로드 구상이다. 아울러 이 전략은 병진전략인 동시에 새로운 성장 동력을 찾는 경제 통합전략이며 영향력 확산전략이다. 더욱이 안보·전략적 차원에서 변경 안전과 미국의 포위를 돌파하는 위기 타개전략이기도 하다.

2001년 중국이 주도하고 러시아의 묵시적 동의하에 출범한 SCO는 이러한 중국의 대외전략과 주변부전략 추진의 주요 매개체이며 갈수록 중국 대외전략에서 차지하는 의미가 깊어지고 있다. 애초 국경문제 해결을 위한 기제인 상하이5국과 분리주의, 종교적 극단주의, 테러리즘 대응이라는 초기의 SCO 설립 취지는 이제 단지 '레토릭 rhetoric'으로 치부될 지경이다. 반테러 명목의 SCO 회원국 군사훈련이 '평화사명'이라는 외피를 두르고 중앙아시아 역내가 아닌 아태지역과 인접한 중국 랴오둥반도遼東半島와 동중국해에서 실시되기도 했다. 게다가 근래 SCO 정상회의에서는, 비록 반테러라는 수식어를 달지만, 공공연히 지역안보센터 구축을 통한 안보협력기구로의 전화를 꾀하고 있다. 중국과 러시아는 세계적 차원에서 전략적 협력을 도모하고 있지만, 중앙아시아 공간에서는 CSTO를 통해 CIS와 중앙아시아를 포괄하여 역내 영향력 제고를 노리는 러시아의 이해와 중국의 이해가 충돌할 개연성이 크다. 이는 중국의 대중앙아시아 전략적 행보에 발목을 잡는 요인이기도 하다.

한편 신 실크로드 구상은 중국에 있어 통합과 피포위전략의 일환이다. 중국이 국가적 과제로 추진하는 신 실크로드 구상은 이제 첫 발걸음을 내딛은 형국으로, 아시아와 유럽을 아우르는 통합전략으로서 EEU와의 경합 속에 러시아의 견제가 예상된다. 또한 중앙아시아 국가들은 역내국가 간 문화적, 지리적, 역사적 유대에 기초하여 통합에 노력 중인데, 이 지역에 대한 중국의 과도한 접근정책에 대한 경계감이 엄존하고 있다. 본문을 통해 언급했지만, 중앙아시아 국가들은 기본적으로 균형, 중립, 실용적 외교전략의 기조하에 움직이며 일국 편향적인 대외정책은 지양하는 경향이 농후하다. 그러므로 중국의 SCO와 신 실크로드 구상의 미래는 중국의 국가전략과 주변부 전략이 진정성을 갖추고 역내외 국가들의 장기적이고 근본적 이해를 직시하면서 추진되어야 그 실현 가능성을 높일 수 있을 것이다.

그렇다면 중국의 병진전략이 한국에 주는 시사점은 무엇인가. 과연 중국이 주도하는 SCO의 안보적 역할 강화와 통합과 피포위의 복합전략으로서의 병진전략을 단지 서부전략으로만 간주할 것인가. 중국의 병진전략은 현재 국가전략과 주변부전략의 맥락에서 전개되고 있다. 향후 이러한 병진전략이 효과적으로 전개되고 상술한 중국의 전략목표들이 일정한 성과를 거두게 되면, 그 결과에 따른 여파와 압력은 동쪽으로 향하게 될 것이다. 그렇다면 중국의 동부지역 주변국인 한반도가 병진전략 후폭풍의 사정권에 가장 근접해있다는 것을 직시하지 않으면 안 된다. 이때 한반도는 더 강력해진 중국, 강한 러시아, 역내 유일 패권국이었던 미국이 각축하는 유라시아대륙에서 또 다른 신 거대게임의 발화점이 될 수도 있다. 이러한 우려는 이미 가정이 아닌 현실로 점점 다가오고 있다. 따라서 우리는 중국의 병진전략이 내포하는 두 요소의 정책적 연계성과 그 실현 과정 및 파급효과를 예의 주시하고, 우리의 대외전략 수립에 어떠한 함의를 갖는지 숙고하여 대응하지 않으면 안 될 것이다.

:::참고문헌

김석환. 2014.『유라시아와 한반도2030』. 서울: 한국외국어대학교출판부.

김영진. 2008. "중앙아시아의 지역통합: 기회, 제약성, 전망."『슬라브학보』23권 3호.

김재철. 2001. "중국의 다극화 세계전략,"『중소연구』25권 3호.

나탈리아 카리모바(Natalia Karimova)·이지은. 2008. "중앙아시아와 중국의 역사적 관계."『서석
　　　사회과학논총』1권 2호.

박병인. 2005. "상하이협력기구(SCO) 성립의 기원: '상하이 5국'에서 '상하이협력기구'로."『중국학
　　　연구』33집.

박상남. 2005a. "중국의 서부전략과 중앙아시아."『국제지역연구』8권 4호.

_____. 2005b.『중러관계 진전이 동북아지역에 미치는 영향: 상하이협력기구(SCO)를 중심으로』.
　　　서울: 동북아시대위원회.

_____. 2014. "탈 냉전기 미국의 대 중앙아시아 정책과 함의: 구조적 현실주의 관점에서."『동북아
　　　연구』29권 1호.

박정민. 2013. "상하이협력기구(SCO) 발전과정에 대한 고찰: 러중전략적 안보관계를 중심으로."
　　　『한국과 국제정치』29권 4호.

박정호. 2014. "'갈등'과 '타협'의 변주곡: 푸틴의 선택과 우크라이나사태의 향방."『Russia & Rus-
　　　sian Federation』5권 2호.

양갑용. 2014. "시진핑시대 중앙영도소조의 역할 변화 가능성 연구."『중국연구』60권.

연합뉴스. 2014. "상하이협력기구, 타지크서 정상회의 … 경제공동체 '쟁점'." (9월 11일).

이재영·김석환·정세진·박정호·박병인·나희승. 2012. "중앙아시아 다자안보협력기제의 경쟁과
　　　미래: SCO와 CSTO를 중심으로."『포스트 소비에트 20년 중앙아시아의 미래: 통합 가
　　　능성과 균열 요인 연구』. 서울: 대외경제정책연구원.

이효진·김영선·이장규. 2014. "중국의 '신(新)실크로드경제권' 추진동향과 전망."『KIEP 지역경제
　　　포커스』Vol. 8, No. 45 (서울: 대외경제정책연구원).

이희옥. 2014. "중국의 주변외교와 신형한중관계." 성균중국연구소 국제학술회의. 서울, 11월 14일.

주장환. 2010. "중국의 대 중앙아시아 경제 전략의 변화: '실크로드의 복원'에서 'Greater China로
　　　의 편입'."『대한정치학회보』18집 2호.

_____. 2014. "중국의 대 중앙아시아 정책: 서진(西進) 전략의 배경·내용·전망."『한중사회과학연
　　　구』12권 3호.

주키르기즈공화국대사관. 2012. "주재국의 러시아-벨라루스-카자흐 3국 관세동맹 추진 동향." 8
　　　월 17일, http://kgz.mofa.go.kr/korean/eu/kgz/policy/situation/index.jsp (검색일:
　　　2014. 11. 29).

켄트콜더(Kent E. Calder) 저, 오인석·유인승역. 2013.『신대륙주의: 에너지와 21세기 유라시아 지
　　　정학』. 서울: 아산정책연구원.

李同昇·龙多平. 2014. "中亚国家地缘位置与中国地缘战略的若干思考,"『地理科学进展』第33卷 第3期, 303-304.

于迎丽. 2014. "构建中国周边战略: 挑战与思考,"『东南亚南亚研究』第2期, 1.

胡鞍钢·马伟·鄢一龙. 2014. "丝绸之路经济带": 战略内涵 定位和实现路径, "『新疆师范大学学报』第35卷 第2期, 4.

赵会荣. 2014. "俄美中欧在中亚: 政策比较与相互关系,"『新疆师范大学学报』第35卷 第4期, 59.

赵会荣. 2011. "2010年中亚五国外交新变化,"『新疆师范大学学报』第32卷 2期, 55.

潘 光·戴轶尘 외, 2014. "上海合作组织的机遇与挑战-第十一届中亚与上海合作组织国际学术研讨会综述,"『新疆师范大学学』第35卷 第1期, 62.

刘 薇. 2014. "'新丝绸之路'战略下的中亚地缘政治.'"『中共伊犁州委党校学报』第1期, 84-85.

赵东波·李英武. 2014. "中俄及中亚各国 "新丝绸之路" 构建的战略研究, "『东北亚论坛』제1기, 107.

丁晓星. 2014. "丝绸之路经济带的战略性与可行性分析—兼谈推动中国与中亚国家的全面合作,"『学术前沿』72.

夏晓婷. 2014. "新丝绸之路经济带—打开西部战略空间.'『中国物流与采购』, 第10期, 28.

李世强. 2009. "上海合作组职与集体安全条约组织的安全只能比较, "『法制与社会』.南京: 国际关系学院.

王曉玉·許濤. 2004. "論上海合作進程中的綜合安全理念,"『國際政治』.北京: 中國人民大學書報資料中心.

孫壯志. 2004. "淺折中亞地區的跨國安全機制,"『國際政治』.北京: 中國人民大學書報資料中心.

李同昇. 1998. "中国与中亚内陆国家沿桥经济合作的前景分析.'『经济地理』3期, 78-82.

『人民日報』(2011. 10. 23, 2014. 10. 21).

Cohen, Saul Bernard. 2008. *Geopolitics: The Geography of International Relations*. Lanham, MD: Rowman & Littlefield.

Jonson, Lena. 2006. *Tajikistan in the New Central Asia: Geopolitics, Great Power Rivalry and Radical Islam*. London: I. B. Tauris.

Tao, Xie. 2014. "Back on the Silk Road: China's Version of a Rebalance to Asia." *Global Asia* 9(1).

Yuan, Jing-Dong. 2010. "China's Role in Establishing and Building the Shanghai Cooperation Organization(SCO)." *Journal of Contemporary China* 19(67).

Брук, Джеймс. 2013. "Экономическаязонанов
ого"Шёлкового пути"." *Voanews.com* (сентябрь 24). http://2020snn.ru/news.php?readmore=610 (검색일: 2014. 11. 30).

Лаумулин, М.Т. 2013. "Политика США и ЕСв Центральной Азии (сравнительный анализ)." *Вызовы безопасности в Центральной Азии*. Москва: ИМЭМО. http://old.imemo.

ru/ru/publ/2013/13002.pdf. (검색일: 2014. 11. 10)

Попов, Дмитрий. 2010. "ЕС, РоссияиЦентральнаяАзия." Материал Международной научной конференции "Сотрудничество госуд арств Среднего Востока и Евросоюза: комплексное взаимодействиеиперспективы" (Душанбе, апреля 13).

РСМД(Российский совет по международным делам). 2013. Интересы России в Центральной Азии: содержание, перспективы, ограничители, No. 10, http://russiancouncil.ru/common/upload/RIAC_Central_Asia.pdf (검색일: 2014. 11. 23).

Тугельбаева, Айжан. 2014. "Плюсы и минусы возрождения Шелкового пути назвал эксперт." *Tengrinews* (августа 28). http://tengrinews.kz/kazakhstan_news/plyusyi-i-minusyi-vozrojdeniya-shelkovogo-puti-nazval-ekspert-260864/# (검색일: 2014. 11. 29).

3장

상하이협력기구와 유라시아 국제관계
: 야심찬 기대, 제한된 성과

박상남

I. 서론

냉전붕괴 이후 급격하게 새로운 질서를 모색하고 있는 유라시아 국제관계를 조망함에 있어 중요한 변수 중에 하나는 바로 중, 러 연대의 기제로 작동하고 있는 상하이협력기구(이하 SCO)이다. 미국견제와 국제질서의 다극화를 도모하기 위한 중, 러 연대를 기본 축으로 중앙아시아국가들이 참여하고 있는 SCO는 향후 유라시아 국제관계의 향배를 가늠 할 주요 변수 중에 하나이다. SCO에 대한 평가는 보는 시각과 입장에 따라 매우 다양하며 때론 긍정론과 부정론이 극명한 차이를 보이기도 한다. 특히 다자협력체의 모델인 EU와 비교했을 때 SCO는 통합의 정도, 기능, 제도화, 발전 방향에 대한 회원국들의 합의라는 측면에서 매우 빈약하다. 이는 오랜 역사를 통해 형성된 유럽의 통합과정과는 달리 SCO는 짧은 역사는 물론 지정, 지경학적 배경과 문명

---

* 이 글은 『유라시아연구』 11-4 (2014)에 게재된 논문을 본서의 편집 취지에 맞도록 수정·보완한 것입니다.

적 요소가 유럽과는 상이하기 때문일 것이다. 그러나 많은 모순과 한계에도 불구하고 그동안 SCO가 나름의 심화과정을 가져왔다는 점에서는 전문가들도 대체로 동의하고 있다. 따라서 본 연구는 현실주의와 자유주의관점을 동시에 수용하면서 SCO를 평가하고 이를 바탕으로 미래의 향배를 전망해 봄으로써 이것이 유라시아 국제질서에 지니는 의미를 생각해 보고자 한다.

자유주의 관점에서 다자협의체는 국제사회에서 참여국의 평등한 대표권을 보장하는 민주주의의 원리를 반영한다는 점에서 명분과 정당성을 갖춘 제도로 평가할 수 있다. 다자협의체가 성공적으로 기능하려면 먼저 지정학적 정체성의 문제, 참여국의 자격문제, 논의할 정책의제, 공동의 목표와 지향점, 이를 추진할 방법론에 있어 합의 또는 공감대가 형성되어 있어야 한다. 따라서 다자협력체는 참여국들이 정체성, 참여자격, 정책의제, 목표, 방법론과 같은 국가의 전략적 선택사항을 놓고 벌이는 게임으로도 비유할 수 있다. 이러한 관점과 기준에서 SCO는 참여국들의 이해가 충돌하면서 단일한 합의를 이끌어 내지 못하고 있다. 따라서 SCO는 미국주도의 일극체제 또는 기존질서에 대한 이견의 표출에 지나지 않으며 공존과 번영을 위한 새로운 질서의 구현을 위한 진정성 있는 시도로 평가하기에는 아직 한계가 적지 않다는 비판도 적지 않다.

그러나 2001년 중앙아시아지역의 다자협력기구로 출범한 SCO는 약 13년이 넘는 경험을 축적해 오면서 역내 안정은 물론 비전통적 안보, 경제 분야 등을 포함한 광범위한 협력에 적지 않은 성과를 가져왔다는 평가도 상존하고 있다. 즉, 야심찬 포부와 기대를 가지고 출발한 것에 비하면 미흡하긴 하지만, 무시할 수 없는 성과도 있었다고 볼 수 있는 것이다.

이 글은 제한적이나마 다음과 같은 두 가지 논점을 중심으로 전개해 보고자 한다. 먼저 지난 13년 동안 SCO의 심화발전과정을 자유주의와 현실주의는 물론 다자주의를 규정하는 이론적 관점에서 평가해 보았을 때 SCO의 한계와 성과는 무엇인가를 분석해 보았다. 즉 SCO의 긍정적 요소와 부정적 요소는 무엇이며 그 이유는 무엇인가에 대해 설명할 것이다. 두 번째 향후 SCO의 미래의 향방을 결정할 주요 변수는 무엇이며 전망은 어떠한지에 대한 설명을 시도해 보았다. 이는 SCO가 중앙아시아는 물론 유라시아 국제질서에서 갖는 의미가 무엇인지와 연관된 질문이기도 하다.

Ⅱ. 다자주의 개념과 SCO의 성과와 한계

1. 다자주의적 관점에서 본 SCO의 한계

'다자주의multilateralism'의 개념은 다양하게 정의되고 있지만 일반적으로 '세 국가 이상이 일반화된 행동원칙에 따라 정책을 조정, 조율하는 방식'으로 규정되고 있다 (Ruggie, 1992: 561-598; Keohane · Macedo · Moravcsik, 2009: 1-31). 특히 러기Ruggie는 일반화된 행동원칙을 개별국가의 이해와 환경에 따라 불예측적으로 변화하는 것이 아닌 일관성, 공평성, 국제법에 근거한 행동원칙으로 보고 있다. 또한 다자주의는 회원국에 대한 외부의 침략을 회원국 모두에 대한 도전과 공격으로 간주하며, 회원국의 개별이익, 또는 단기적인 이익 보다는 장기적인 공동이익을 지향한다는 점을 주요특징으로 한다. 따라서 다자주의는 자국의 이익은 물론 다른 회원국의 이해를 동시에 고려하는 균형을 추구해야하며, 회원국의 자의적이거나 개별적인 행위 또는 양자협상에 의한 행위 보다는 참여국들이 합의한 원칙에 따라 정책이 결정되는 구조라고 말할 수 있다. 또한 다자주의는 힘에 의한 질서 보다는 국제법과 제도가 중요한 기제로 작동하며 국익을 실현시키는 주요수단이기도 하다.

다자주의의 이러한 성격 때문에 일반적으로 참여하는 국가들은 다른 국가들의 행동은 제한하고 자국은 상대적으로 자유로운 제도를 만들기 위해 노력하기 때문에 참여국들의 일치된 합의를 이끌어내기는 쉽지 않다. 예를 들어 강대국은 약소국들을 제도를 통해 관리, 통제함으로써 동맹국관리에 드는 비용을 최소화 할 수 있는 이점과 자국의 행동제약에 따른 자율성의 침해 중에서 어떤 것이 이익인가를 놓고 고민할 것이다. 약소국들 또한 강대국의 힘에 의한 행위를 다자주주의적 제도를 통해 억제할 수 있는 이점과 자국의 주권침해에서 발생하는 손해를 저울질 할 수 밖에 없다.

러기의 개념 정의처럼 일반화 된 행동원칙과 참여국가간 포괄적 호혜성, 특정 국가의 이익에 편중되지 않은 공동의 과제를 불가분성의 원칙에 따라 의사를 결정하는 것이 다자협의체의 작동방식이라고 한다면 SCO는 이러한 수준과는 아직 거리가 멀다. 현재 SCO는 지역 협력과 통합, 역할강화, 미래 발전 방향은 물론 일반화된 행동원칙에 대한 회원국들의 합의가 부재하다. 주요 이유로는 중국, 러시아에게 중앙아시아의 중요성과 비중이 상이하며 목표와 지향점에 대해서도 양국은 이견을 보이고 있기 때문이다(Dunay, 2010: 2-5). 예를 들어 러시아는 SCO를 미국의 일극체제에 대항하는 안보기구로 발전시키는 것에 관심이 있었던데 반해, 중국은 경제협력기로서의 발전방향을 선호해왔다. 이에 따라 러시아는 중앙아시아 안보 강화를 위해 자국 주도의 집단안보조약기구CSTO를 대안으로 육성하고 있어 안보조직으로서의 SCO의 발전은 한계에 봉착해 있다. 경제적 협력에 대해서도 러시아는 중국이 배제된 유라시아 경제연합EEU에 집중하고 있으며, 중국 역시 실크로드 경제권 창설을 제한하고 있어 SCO의 경제적 통합도 불투명해지고 있다. 뿐만 아니라 중앙아시아 국가들 역시 수자원, 국경문제, 역내 주도권 경쟁 등으로 인한 갈등요소를 안고 있어 회원국들의 단일한 합의를 어렵게 하고 있다. 아울러 주요 의제가 강대국인 중국, 러시아의 이해에 따라 설정되는 비중이 커서 중앙아시아 약소국가들이 상대적으로 소외되고 있다는 평가도 있다(Dunay, 2010: 3). 또한 비민주적 국가들의 모임으로 '권위주의정권들의 클럽'이라는 서구의 평가처럼 미국과 유럽의 민주화, 인권개선압력에 대항하기 위한 가치동맹적 성격이 SCO의 결집력을 강화시키는 요인 중에 하나였다. 그러나 이러한 SCO의 결집력의 기반이 되고 있는 권위주의 통치 옹호라는 '공동의 가치'는 역설적으로 제도에 기반 한 '거버넌스체제'로의 발전가능성을 저해하는 요소가 되고 있다. 이러한 요인들로 인해 SCO의 실행력과 강제력은 축소될 수 밖에 없으며 대부분의 의제들이 선언적으로 끝나는 경우가 많다. 이러한 환경 속에서 SCO회원국들은 다자적 의사결정을 통한 협력보다는 양자관계를 통한 협력과 이익증대를 추구함에 따라 상대적으로 다자 협력체로서의 의미를 후퇴시키고 있다.

한편 국제질서의 메카니즘을 안전보장체제security regime의 개념으로 설명하는 저비스(Jervis, 1985: 58-79)는 안보레짐 형성을 위한 조건을 다음과 같이 4가지로 제시한다. 첫째, 강대국들이 안보레짐 형성을 추구해야 하고, 둘째, 참여 당사국들이 상호 안전보장과 공조에 대한 가치를 모두 공유하고 있다는 신뢰가 형성되어야 하며, 셋째, 어떤 국가도 '팽창'이 안보를 위한 최선의 경로가 아니라는 점을 확신하는 동시에 넷째, 참가국들이 전쟁이나 개별적인 안보 추구가 공동의 안보레짐 형성보다 비용이 높다는 것을 인정해야 한다는 것이다. 이와 같은 저비스의 관점에서 SCO는 중국-러시아 연대를 중심으로 비전통적 안보위협에 대한 집단안전보장과 경제협력 등을 위해 최고위급국가정상회담 등이 정례화 되고 있다는 점에서는 긍정적인 평가를 할 수 있다. 그러나 위에서 설명한 바와 같이 SCO를 전통적 안보공동체로 발전시키는 것에 대한 러, 중간의 전략적 인식차가 있었고, 중앙아시아 국가들 역시 입장이 달라서 SCO가

안전보장체제로 발전할 가능성도 빈약해 보인다.

또 다른 차원에서 SCO가 미국의 일극체제를 견제하려는 러시아, 중국의 이해가 일치했고 서구의 민주화압력에 대한 중앙아시아 권위주의 정권의 반발이 결집력의 동인으로 작용하였다. 이는 반대로 만약 외부의 압력이 약화될 경우 SCO의 결집력 역시 약화될 수 있다는 의미이기도 하다. 특히 오바마 정부 들어 미국은 민주화 압력을 자제하고 SCO 회원국들과의 양자관계강화를 통해 차등적 관계 구축에 나서 역내 응집력을 약화시키는 정교한 대 SCO정책을 전개하고 있다. 또한 중국의 부상으로 중, 러 간 세력 균형이 깨질 가능성도 SCO의 균열을 초래할 요소로 거론되고 있다.

다자협력체를 구성함에 있어 핵심 요소는 첫째, 무엇을 의제로 삼을 것이며, 둘째, 참여국의 범위와 관련된 합의이다. 의제와 참여범위는 별개의 것이 아니라 상호 밀접한 연관성을 가진다. 여기서 무엇보다도 중요한 것은 의제의 특성보다 의제와 관련된 지역설정의 문제가 참여범위를 결정하는 결정적인 요인이다. 예를 들어 유럽연합EU은 안보, 경제, 환경 등 어떤 의제를 논의하더라도 유럽 국가들을 당사자로 포함하는 다자협의체라는 사실은 변할 수 없다. 따라서 다자협의체는 당사자의 참여와 기권, 협력 상대방에 대한 포함과 배제의 정책결정에 관련된 게임이다(이성우, 2011: 15-16). 이와 관련하여 SCO는 위에서 살펴본 의제설정뿐 아니라 지역, 참여국 범위문제에 대해서도 이견을 보이고 있다. 예를 들어 2014년 이전까지 인도와 파키스탄의 정회원국 가입을 둘러싸고 러시아와 중국은 합의를 이끌어내지 못한바 있다. 그 주된 이유는 러시아는 중국을 견제할 수 있는 인도의 가입을 원하고 있는 반면, 중국은 자국과 비슷한 인구규모를 가진 경쟁자의 가입을 부담스러워 했기 때문이다. 오히려 중국은 인도와 갈등관계에 있는 파키스탄의 가입을 지지함으로써 인도가입이 가져올 파장을 최소화 했다. 이러한 과정을 거치면서 중, 러 양국이 합의한 사항이 바로 2015년 가 인도, 파키스탄의 동시 가입이다. 이는 2001년 SCO창립 이후 첫 외연 확대라는 의미를 갖는다. 이런 배경에는 미국과 나토에 대한 견제는 물론 일대일로一帶一路 추진에 가속도를 내려는 러, 중 양국의 이해가 일치되었기 때문에 타협이 가능한 것이었다.

한편 다자주의에서 상대적으로 자유로운 중견국가는 제도에 따른 자율권 침해가 강대국에 비해 적고, 약소국들과의 연대를 통해 의제설정능력과 발언권을 강화할 수 있기 때문에 제도화에 가장 적극적일 가능성이 높은 것으로 예상되기도 한다(최영종, 2009: 65-66). 또한 중견국가들은 자국의 힘을 보완, 강화하거나 강대국들의 관심이 적은 분야의 틈새외교를 위해 지역협력과 통합에도 적극적이다. SCO 회원국 중에 중견국으로 부상한 카자흐스탄의 적극적인 역할과 행위가 이에 해당된다고 볼 수 있다. 카자흐스탄[1]은 2000년대 고유가를 바탕으로 급속한 경제발전을 이루었으며 국내정치적으로도 안정된 기반을 구축했다. 이러한 자신감을 바탕으로 중앙아시아 역내 경제 통합은 물론 아시아교류신뢰구축회의CICA창설과 의제설정을 주도하는 등 중국, 러시아의 사이에서 틈새외교를 활발히 전개해 오고 있다. 반면 경제침체 등으로 카자흐스탄과의 라이벌 경쟁에서 밀린 우즈베키스탄은 소극적인 대외정책을 전개해 오고 있다. 이밖에도 중앙아시아에 주둔하고 있는 나토군의 주둔문제, 그루지야 전쟁과정에서 나타난 새로운 민족국가 인정문제, 중앙아시아 개별국가들의 정치 노선의 다양화 등을 들 수 있다. 이러한 사례는 SCO에 대한 회원국들의 높은 기대가 결국 제대로 실행되지 않았음을 보여주고 있다. 더구나 SCO의 존속 명분이었던 의제들에 대한 다자적 해결모색을 제한하는 다양한 내, 외적 제약요인들도 한계로 지적될 수 있다. 뿐만 아니라 지역협력과 통합은 강대국들이 여타 강대국을 견제, 관리할 목적으로도 활용된다. 러, 중 양국은 SCO를 통해 협력을 도모하면서도 서로를 견제하는 기제로 활용하기도 했다.

2. SCO의 역할과 성과

SCO는 무엇보다도 중앙아시아 지역이 가지고 있는 비전통적 안보 문제에 대한 공동 대응을 모색하는 포괄적인 논의 기구로 자리 잡았다. 따라서 주요 협력 요소는 국경안정, 극단주의, 분리주의, 테러, 마약과 불법무기거래 등 비전통 안보분야에 대한 공동대응과 에너지자원 개발과 이용, 인프라 구축 등 경제 분야 등이다.

SCO는 다자협력체로서의 방향과 목표, 이해를 둘러싼 회원국들 간의 이견과 경쟁이 존재함에도 불구하고 역내 안보와 경제 등, 포괄적인 분야에서 협력을 주도하

---

1   2014-2020 대외정책전략은 중견국으로서의 카자흐스탄 위상과 영향력을 어떻게 확대 및 강화할지에 초점을 맞추고 있다. 대외정책의 우선 과제는 1) 중앙아시아 정치안정, 경제발전, 안보강화, 2) 유라시아의 통합 및 관세동맹(러시아, 벨로루스. 카자흐스탄) 강화, 3) 국제법에 의거한 국경선 확정 및 카스피 해의 법적지위 결정, 4) UN 및 CICA(아시아교류신뢰구축회의), SCO(상하이협력기구), OIC(이슬람회의기구) 회원국으로써 국제기구에 적극참여 및 협력 강화로 정리된다(Kazakh Embassy, 2014).

는 기제로서의 위상을 정립하였다. 특히 러시아는 부상하는 중국을 SCO라는 다자협력체 내에서 견제, 관리함으로써 강대국간 긴장이나 군비경쟁을 방지였을 뿐만 아니라 양국관계를 안정적으로 관리할 수 있었다. 중국 역시 SCO를 통해 러시아의 고유영역이었던 중앙아시아에 합법적이고 점진적으로 진출하여 자국의 입지와 영향력을 증대시킬 수 있었다. 카자흐스탄 등 중앙아시아 국가들의 입장에서도 SCO는 러시아, 중국이라는 양대 강국사이에서 어느 한쪽을 선택해야 하는 전략적 리스크로부터 자유로울 수 있었다. 뿐만 아니라 SCO는 약소국들의 외교적 자율성을 제고하고 자국의 이해를 관철시킬 수 있는 제도적인 장치로서 역할을 수행하였다. 특히 역내 군비경쟁

표 1 Possibilities and limitations of SCO[2]

SCO	
Positive factors	Negative factors
· 중앙아시아 역내 안정에 기여(특히 국경문제, 테러 등)	· 역내 통합과 역할강화, 미래 발전 방향에 대한 회원국들의 합의 부재
· 신생독립국의 독립유지와 외교적 자율성 신장에 기여	· 중, 러에 있어서 중앙아시아의 중요성과 비중이 상이
· 강대국과 신생독립국들의 수평적 외교관계 구축을 위한 토대(신생국들의 발언권이 상대적으로 커짐)	· 주요 의제가 중국, 러시아의 이해에 따라 설정
· 회원국들에게 다자주의 협력 경험 제공	· 비민주적 국가들의 모임으로 권위주의 정권 지속에 기여
· 지역 통합 시 포스트 소비에트 공간의 지리적 장벽 제거	· 외부 영향력(미국)에 대한 반발로 결집력을 가짐으로써 이와 반대의 상황에서는 약화될 가능성
· 역내 안보에 강력한 두 국가(러시아, 중국)의 협력 기제로 기능	· 실행력, 강제력 결여로 의제가 선언적임
· 글로벌 차원의 강국으로 부상한 중국이 관여하게 함	· 중국의 부상으로 중, 러 간 세력 균형 깨짐
· 중앙아시아에서 독점지배체제 억제(외부 세력, 혹은 러시아나 중국 일방에 의한 세력우위)	· 중, 러 모두 중앙아시아 회원국들과의 양자관계 강화를 통해 자국의 역내 영향력 증대를 추구함에 따라 상대적으로 다자 논의구조와 협력이 후퇴
· 방대한 공동의 상호보완적 의제 공유	· 러시아는 중앙아시아 안보 강화를 위해 자국 주도의 집단안보조약기구(CSTO)에 무게를 두고 있어 안보조직으로서의 SCO의 발전에 한계
· 유연한 논의구조 제공	· 미국의 SCO 회원국들과의 차등적 관계 구축으로 역내 응집력 저하
· 모든 회원국에게 책임감 부여	· SCO 결집력의 기반인 '공동의 가치'는 제도에 기반 한 '거버넌스체제'로의 발전가능성을 저해하는 요인으로 작용
· 중국에서 중앙아시아 국가로의 자본 이동이 용이해짐	

2 두나이(Dunay, 2010)의 내용을 기반으로 필자가 보완하고 재구성하였음. 두나이는 부정적 요소에 더 많은 비중을 두었지만 본 연구는 긍정적인 요소를 주목하고 추가하였음.

이나 국가 간 충돌방지, 국경문제 해결 등 안보문제해결은 물론 테러, 분리주의, 마약, 환경, 경제 등 다양한 분야에서 SCO는 회원국들의 교류와 협력을 증진시키는 긍정적 역할을 수행하였다. 따라서 이러한 SCO의 경험이 미국, 중국 중심의 신 양극체제가 형성되면서 군비경쟁과 영토, 역사문제 등으로 갈등이 고조되고 있는 동아시아에 던지는 정책적 함의도 매우 크다 하겠다.

이러한 SCO의 성과를 정리해 보면 특히 국경문제, 테러, 불법무기, 마약 등 비전통적 안보분야에 대한 협력을 통한 중앙아시아 역내 안정, 다자협력체의 의사결정과정에서 약소국들의 외교적 발언권과 자율성이 신장되면서, 강대국과 약소국들 간의 수평적 외교관계 구축을 위해 기여했다. 뿐만 아니라 국제무대에서 다자주의 협력경험이 전무했던 중국과 중앙아시아 신생국들에게 다자주의적 외교와 협력 경험을 제공하는 계기가 되기도 하였다.

그러나 무엇보다도 SCO의 긍정적 요소 중에 하나는 냉전시기 국경문제와 이데올로기 문제로 오랫동안 대립해 왔던 러시아와 중국이 과거의 문제들을 정리하고 협력모드로 전환하는 기제로서 작동했다는 점이다. 이러한 점에서 SCO는 중앙아시아는 물론 유라시아 대륙의 안보적 안정과 내륙물류망의 복원과 교역확대에 중요한 버팀목이 되어 주었다고 평가할 수 있다. 특히 글로벌 강국으로 부상 중인 중국이 합법적이고 안정적으로 중앙아시아지역에 진출하고 관여하게 함으로써 지역의 발전과 안정에 기여할 수 있는 통로가 되었다는 점도 간과되어서는 안 될 것이다. 특히 현재 활발하게 진행되고 있는 중국에서 중앙아시아로의 자본이동을 가능하게 하는 기제로 작동하였다. 이는 다른 측면에서 중앙아시아지역이 소연방시절처럼 어느 특정국가의 절대적 지배권으로 들어가는 것을 억제하는 효과도 가져왔다. 또한 SCO는 방대한 분야에서 공동의 상호보완적 의제를 공유하는 공간이었으며, 힘이 지배하는 강대국과 약소국의 양자관계에 비해 다자협력체가 갖는 수평적, 민주적 의사절차라는 유연한 논의구조 제공했다. 이를 통해 모든 회원국에게 책임감이 부여되었으며 돌발행동과 우발적 충돌을 예방하고 예측 가능한 역내 질서를 구축하는데 기여했다. 이러한 SCO의 역할로 인해 중앙아시아지역의 지리적 장벽이 제거되어 향후 경제적 통합의 기초를 닦았다는 평가를 받고 있다.

Ⅲ. 향후 SCO의 주요 변수와 전망

팔 두나이Pal Dunay는 SCO의 발전과 미래의 주요 변수로 다음과 같은 세 가지 요인을 들고 있다. 첫째, 미국의 대 중앙아시아 정책의 변화, 둘째, 중국-러시아 간 세력 균형의 변화와 상이한 목표와 비중, 셋째, 회원국의 국내정치적 요소와 복잡한 역내의 이해관계 등을 들고 있다(Dunay, 2010). 본 연구는 이러한 두나이의 주장을 일부 수용하면서도 비중과 근거는 다른 관점에서 접근 하였다. 먼저 팔 두나이는 SCO의 향배를 결정한 주요 변수 중에서 미국의 대 중앙아시아 정책을 가장 큰 요인으로 보았다. 이러한 주장은 냉전붕괴 이후 미국중심의 일극체제의 영향력이 강하게 남아 있던 시기, 미국의 대 중앙아시아 정책이 SCO는 물론 중앙아시아를 둘러싼 국제관계에 가장 큰 변수가 되어왔다는 점에서 타당한 주장이다. 그러나 본 연구에서는 국제질서가 다극화 되면서 중앙아시아에서 미국의 세력은 약화되고 있지만 러시아-중국의 영향력은 상대적으로 점증하고 있기 때문에 중, 러, 양국관계변화가 SCO의 미래를 결정할 가장 중요한 변수로 등장하고 있다고 보았다. 이는 향후에도 미국의 대 중앙아시아 정책이 중요한 변수가 될 것은 확실하지만, 날로 증대하는 중국의 세력 확장으로 인한 영향력은 물론, 이로 인한 러, 중의 역학관계 변화 가능성이 SCO의 행배에 가장 큰 영향을 미칠 것으로 보기 때문이다. 또한 그는 러, 중이 바라보는 중앙아시아의 중요도의 차이를 양국관계의 주요 변수로 보았지만, 본 연구는 독자적인 경제블록화 창설을 둘러싼 러, 중의 이해 불일치를 양국관계의 가장 큰 위협요인으로 보았다.

아울러 그는 향후 중앙아시아와 SCO의 향배를 미국, 중국, 러시아 등 강대국 중심에서 보는 경향이 강하지만, 본 연구는 다극질서 속에서는 중앙아시아 신생국의 선택과 향배가 상대적으로 더욱 중요해 질 것이라는 관점에서 접근 하였다.

1. 중국, 러시아 관계

SCO의 향배를 결정할 첫 번째 요인은 중국-러시아 간 세력 균형의 변화와 양국의 중앙아시아에 대한 상이한 목표이다. 시간이 지날수록 중, 러 양국의 힘의 균형이 중국 쪽으로 기울고 있으며 러시아는 중국의 하위파트너로 전락할 가능성이 커지고 있다. 이에 따라 러시아의 초조감은 유라시아경제연합 창설과 우크라이나에 대한 집착으로 이어지고 있다. 중앙아시아에 대한 중국과 러시아의 비중과 목표에 차이가 있다는 점 또한 SCO의 결집을 강화하는데 한계로 작용하고 있다. 구 소비에트 공간에서 결정적인 영향력을 회복하려는 러시아보다는 글로벌 차원의 강대국으로 부상하려는 중국에게 중앙아시아는 상대적으로 덜 중요하다. 그러므로 중국은 중앙아시아에 모든 정책적 자원을 집중할 의지가 없다. 따라서 2014년 미군의 아프간 철군 이후 미국이 중앙아시아를 아프가니스탄 안정을 담보할 전략적 후방으로 간주하고 군사기지를 구축하거나 확장하는 경우가 아니라면 SCO를 중심으로 한 중, 러의 결집력은 약화될 가능성이 높다.

SCO의 양대 주축국가인 중국과 러시아는 모두 미국의 적이 될 의향은 가지고 있지 않지만 다극체제를 구축해서 미국과 힘의 균형을 이루고자 한다(Hu, 2013: 101-113). 중, 러가 이란의 거듭된 SCO 가입 요청에도 이를 거부한 사실은 SCO가 반서구적 기구로 비춰지길 원하지 않는다는 점을 분명하게 보여주었다. 중국은 자국의 경제적 영향력을 중앙아시아로 확장하고 신장위구르와 티베트의 분리 독립운동을 저지하고 영토를 보존하기 위해 자국의 안보를 위협하는 반테러주의, 극단주의 척결을 지속적으로 주장하고 있다. 냉전시기 고립정책으로 오랜 기간 빈곤 국가였던 중국은 경제적 성취를 바탕으로 전 세계에 자국의 이미지를 고양하면서 점차 자신감을 나타내고 있으며 중앙아시아에서도 보다 적극적인 행보를 보이고 있다. 현재 성장을 지속하고 있는 중국은 다양한 대내외적 도전에 직면하고 있다. 이제 중국은 세계 제 2의 경제 대국이지만 관료주의와 만연한 부패로 인해 일인당 소득은 아직 개발도상국에서도 낮은 수준이다. 중국이 GDP 소득을 높이고 산업 활성화를 지속하려면 SCO 회원국들로부터 안정적인 에너지 공급을 확보해서 이란에 대한 과도한 에너지 의존도를 줄여야 한다. 중국은 미국이 아시아-태평양 지역에서 경제 제재와 군사 개입을 통해 자국의 이해를 제한할지 모른다는 두려움을 가지고 있다.

러시아 역시 정권의 안정이 가장 우선순위이지만, 자국의 안보와 정권에 부정적인 영향을 주는 마약밀거래, 테러리즘에 대응하는 것도 주요 과제이기 때문에 중앙아시아의 안정이 중요하다. 또한 집권 3기에 성공한 푸틴 대통령은 중앙아시아의 안보 보호자security saver로 귀환했으나 서구식 민주주의를 추종하는 것은 거부하고 있다. 푸틴 대통령은 국제문제에 대한 개입을 통해 자국의 영향력을 확대하는데 주력하면서 글로벌 차원의 강대국으로 복귀하고자 한다. 이렇듯 러시아는 미국의 일방주의와 일극체제에는 반대하지만 그렇다고 단독으로 미국에 대항할 만한 역량을 가지고 있지는 못하다. 따라서 러시아의 대 미국 외교는 방어적일 수 밖에 없으며 주로 대미협상을 위한 대치 전술을 활용하고 있다. 러시아정부는 독자외교노선이 국제적 리더십을 강화하고 경제적 이익을 증대하기 위해 유용한 것은 물론 러시아 국민들에게 자존심을 높여주는 심리적 만족을 가져다준다고 여기고 있다.

향후 러시아는 중국, 인도와 협력을 통해 미국의 일극체제를 견제하면서 자국의 경제적 이익을 지속적으로 강화해 나갈 전망이다. 따라서 러시아는 이러한 자국의 국가적 목표에 차질을 줄 수 있는 중앙아시아와 유라시아 대륙의 안보 불안을 경계하고 있다. 예를 들어 러시아의 국가목표달성을 어렵게 만들 수 있는 아시아에서 중국의 군사적 행동을 러시아는 반대할 것이다. 이러한 맥락에서 중국이 아시아 태평양 지역에서 군사적 충돌을 야기하더라도 SCO가 중국을 지원하는 후방 조직이 되는 것에 러시아는 동의하지 않을 것이다. 왜냐하면 아시아 에너지 시장에 많은 관심을 가지고 있는 러시아 입장에서 동지역에서의 군사적 충돌과 반 나토 군사동맹 구축은 미국의 경제제재와 지정학적 봉쇄를 불러와 러시아의 글로벌 지도력과 아시아시장으로의 진출이라는 경제적 목표달성을 어렵게 만들 것이다. 따라서 향후 SCO는 군사 동맹보다는 경제적, 전략적 협력체로 기능을 할 가능성이 높다. SCO를 통해 냉전적 대치 상황을 다시 만들어 내는 것은 러시아에 전혀 도움이 되지 않기 때문이다(Dunay, 2010).

한편 러, 중은 모두 상호 경제적 이해관계를 가지고 있는데, 비중으로 보면 중국의 대 러시아 의존도가 더 크다는 분석이다. 에너지와 첨단 무기분야 뿐만 아니라 WTO의 회원국이 된 러시아에 서구로부터 다양한 상품이 수입되면서 중국 상품의 입지를 잠식당하고 있다는 점도 중국의 초조감을 높이고 있다. 이런 이유로 당분간 중국은 국제문제에 대한 러시아의 독자노선과 개입 정책에 동의할 가능성이 높다. 실재로 지난 수년 동안 중국은 유엔 안보리에서의 미국이 중동지역의 분쟁이나 우크라이나 내전에 개입하는 것을 저지하는 러시아의 입장을 지지해 왔다(Wallerstein, 2014).

러시아의 독자적인 외교정책은 푸틴 대통령의 국내정치적 기반을 강화하고 있는 반면, 시진핑 집권 이후 중국의 대외정책은 아직 형성단계에 있다. 따라서 SCO는 반 나토 군사동맹체로 발전하기 보다는 경제적 이해관계를 증진하고 중앙아시아는 물론, 아시아-태평양 지역의 안보에 대한 러, 중의 지정학적 전략을 구축하는데 기여할 전망이다. 중국의 대외정책방향설정이 시진핑 집권 이후 국내적 합의과정을 거치고 있는 동안 러시아는 이미 아시아 에너지 시장에 본격 진출했다. 2014년 5월에 중, 러 양국은 동맹관계 강화협정에 이어 400조원에 달하는 가스협정을 전격적으로 체결했다. 이는 우크라이나 사태로 서방의 경제적 압박을 받고 있는 러시아에게 아시아로의 출구를 열어준 의미 있는 협정이었다. 아시아에서 새로운 에너지 판매시장을 확보한 러시아는 유럽시장에 대한 과도한 의존도에서 점차 벗어날 기회를 얻은 것이다. 중, 러 간의 역사상 최대의 에너지 계약 체결은 그동안 러시아 에너지자원의 최대 수입처였던 유럽지역을 동요하게 만들고 있다.[3] 이번 중,러 간의 합의로 러시아의 아시아-태평양 진출 전략은 상당한 성공을 거두었고 중국의 입장에서도 러시아는 중동 다음으로 중요한 에너지 수입처가 되었다.

2014년 중, 러 동맹 강화협정과 가스 협정체결이 갖는 의미에 대한 임마누엘 월러스틴(Wallerstein, 2014)의 분석은 흥미롭다. 그는 중, 러 간의 가스 협정을 불가능하다고 전망했던 서방 언론과 전문가들이 막상 이계약이 체결되자 '푸틴 대통령의 지정학적 승리'라고 평가하는 쪽과 별다른 지정학적 변화가 없을 것이라고 보는 주장으로 나뉘었는데, 이는 모두 사태의 본질을 직시하지 못한 분석이라고 주장한다. 미국과 서방의 경제적 압박에서 벗어나려는 러시아의 열망이 중, 러 간의 동맹협정과 가스협정체결로 나타난 것은 분명하지만, 그렇다고 이번 협정이 러시아의 지정학적 승리이자 미, 러 간의 신 냉전의 서막이라는 분석은 옳지 않다는 것이다. 그는 중, 러의 진정한 의도와 관심은 새로운 동맹관계의 재편성에 있다는 것이다. 즉 러시아는 독일과의 연대 강화를 도모하기 위해, 중국은 동아시아에서 미국의 양보와 합의를 이끌어 내기 위해 러, 중의 동맹 강화와, 가스협정을 이용하고 있다고 보는 것이다. 좀 더 구체적으로 살펴보면, 러시아는 자국의 유럽권 편입에 대해 찬, 반으로 나뉘어져 있는 독일 내부의 여론을 겨냥하고 있는데, 러시아에 우호적인 여론의 입지를 이번 중, 러 협정으로 강화하려 한다는 분석이다. 러시아의 유럽 편입이 독일에 주는 이점은 주로 상품 시장과 안정적인 에너지 수입처확보, 독일의 장기적 글로벌 전략에서 러시아의 군사적 요소가 지니는 의미 등이 거론되고 있다. 만약 이러한 독일내부 친러파의 구상이 실현된다면 이는 러시아의 영향력이 증대된 새로운 유럽, 나토의 탄생을 의미하기 때문에 독일 내부는 물론 폴란드, 발틱 국가들의 반대가 있어왔다.

---

3   그동안 러시아 에너지자원의 최대 수입처였던 유럽연합은 이번 협정으로 러시아의 경제적 의존도가 중국 쪽으로 기울게 될지 모른다는 우려를 하고 있다. "Европа забеспокоилась из-за газовой сделки России и Китая", http://gaznews.ru/2014/05/28/12797 (검색일 2014.09.13)

중국 역시 동아시아에서의 미국의 역할과 개입을 최소화하는데 근본적 관심이 있다는 분석이다. 중국은 미국과의 신형대국관계 구축을 통해 상호 우호적 협력관계를 강화함으로써 동아시아, 동남아지역에서 자국이 우월적 세력으로 부상하는 세력전이를 미국이 수용할 것을 갈망하고 있다. 뿐만 아니라 중국은 미국이 동아시아에서 일본과 한국이 핵무기 경쟁에 나서지 못하도록 억제해 줄 것을 요구하고 있다.

이렇듯 중국과 러시아는 동아시아와 유럽에서 미국과 독일을 상대로 새로운 동맹관계 재편을 도모하기 위해 양국의 동맹과 가스협정은 물론 SCO를 활용하고 있다는 분석이다. 즉, 러시아는 독일과 유럽이 친 러시아적 정책으로 전환하지 않으면 중국으로 가버릴 수 있다는 메시지를 주고자 하며, 중국 역시 미국이 자국의 부상을 인정해 주지 않으면 러시아와의 동맹 강화로 방향을 전환할 수 있다는 신호를 보내기 위해 중, 러 관계 강화라는 계략을 쓰고 있다는 분석이다. 이와 같이 러시아가 독일 내 특정 그룹이 자국에 우호적으로 변화도록 유도하는데 중, 러 동맹을 이용하듯이 중국도 미국 내의 친중 여론을 강화하기 위해 같은 전략을 구사하고 있다는 주장이다. 이러한 러, 중 양국의 지정학적 게임이 효과가 있을지는 단정하기 힘들지만, 분명한 것은 이러한 계책으로 양국이 잃을 것은 거의 없다는 것이다. 주목해야 할 점은 러, 중 양국에 대한 독일, 미국 내의 여론이 앞으로 어떻게 전개될 것이냐 하는 점이다. 이와 관련하여 임마누엘 월러스틴은 중국의 계략이 미국 내의 주류적 대중정책과는 일치하지 않지만, 미국의 다국적 기업을 중심으로 중국과의 동맹 강화에 대한 암묵적인 지지가 형성되고 있다는 점에 주목하고 있다.

이렇듯 표면적으로는 역사상 최고수준의 밀월관계에 있는 중, 러 관계이지만 내면적으로는 이해와 목표가 불일치하는 점도 적지 않으며, 이로 인해 양국의 간극이 커진다면 SCO의 미래는 불투명해질 가능성이 높다. 그러나 반대로 양국의 협력이 조화와 균형을 이루며 지속된다면 SCO의 기능도 강화될 것이다. 따라서 SCO의 미래향배는 중, 러 관계에 따라 요동칠 전망이다.

2. 점차 정교화 되는 미국의 대 중앙아시아 정책

SCO의 향배를 결정할 두 번째 요인은 점차 정교화 되고 있는 미국의 대 SCO정책이다. 사실 SCO 출범과 발전과정을 뒤돌아보면 무엇보다도 부시정권의 일방주의와 가장 큰 연관성을 가진다. 부시 집권기 미국은 일극체제를 강화하기 위해 국제사회에서 고분 분투했지만, 이에 대한 국제사회의 반발로 인해 미국견제를 목표로 하는 강대국들의 연대를 초래하기도 하였다. 즉, 미국의 독주체제는 이라크 전쟁에 반대하는 프랑스, 독일, 러시아 연대나 다극적 세계질서 구축을 위한 중국, 러시아 연대인 SCO의 탄생과 발전을 촉발한 것이다. 이러한 맥락에서 SCO의 심화 과정은 미국의 독주체제에 대한 반작용의 결과물이기도 하다.

미국의 대 중앙아시아, SCO 정책을 살펴보면 1990년대 중반 이후 세 단계로 구분해 볼 수 있다(Ziegler, 2013: 1-7). 1단계는, 1996-2004년 SCO의 전신인 상하이 파이브가 군비축소와 신뢰구축방안에 대해 논의를 시작했을 무렵으로 당시만 해도 미국은 중앙아시아에서 전개되는 다자협력의 움직임을 평가절하하면서 무관심한 태도를 보였다.

2단계는, 2005-2008년까지 미국이 SCO에 대해 경계감을 갖게 되는 시기이다. 당시 러시아를 비롯한 SCO 회원국들이 중앙아시아에 주둔중인 미군기지 철수를 요구하자 미국의 신보수주의자들은 SCO를 러시아와 중국이 중앙아시아에서 미국에 대항하기 위한 헤게모니 구축작업의 일환으로 인식했다. 3단계는 2009년 오바마 집권 이후부터 현재까지의 시기이다. 오바마 정부는 아프가니스탄에서 수행하던 테러와의 전쟁을 위해 미국정부로서는 처음으로 SCO와 협력하고자 했다. 그러나 2008년 그루지야 전쟁과 2010년 키르기스스탄 정변사태에서 SCO의 무기력함[4]이 드러나자 미국정부는 SCO와의 협력모색 보다는 중앙아시아 국가들과의 양자관계를 통한 협력 추구로 방향을 선회하였다.[5] 예를 들어 2008년 그루지야 전쟁, 2005년과 2010년 키르기스스탄의 튤립 혁명과 정변, 2014년 우크라이나 사태 등에서 SCO는 회원국들이 합의에 실패함으로써 다자협력체로서의 단일한 대응능력을 보여주지 못했다. SCO는 다자기구 차원의 적극적인 문제해결노력 보다는 주권 국가의 내정불간섭과 역내 긴

---

4   그루지야, 키르기스스탄전쟁과 국내정치변동 과정에서 SCO는 회원국들의 복잡한 이해관계로 인해 단일한 집단적 대응에 실패함으로써 기능과 역할의 한계점을 보여주었다.

5   미국은 대 중앙아 정책에서 SCO차원의 협력 보다는 양자관계를 효과적이라고 보고 선호했다. "Dushanbe Declaration of the Heads of the Member States of the Shanghai Cooperation Organization", 28 August 2008; http://www.sectsco.org/EN123/show.asp?id=90, (2014. 09. 15 download).

장을 초래할 행동에 반대한다는 원론적인 선언만을 발표하였다.[6]

특히 오바마 정부는 부시정부에 비해 보다 유연해진 대 중앙아시아 정책을 전개함으로써 결과적으로 SCO의 결집력을 약화시키고 있다는 평가를 받고 있다. 뿐만 아니라 오바마 정부는 중앙아시아의 역내 안정을 위해 중국과 러시아의 역할이 강화 되어야 한다는 입장을 보이고 있다. 이는 중앙아시아에서 중국과 러시아를 견제하려 했던 부시정부의 정책과는 많이 달라진 입장이다. 이는 2014년 미군의 아프간 철군[7] 이후 발생할 안보 공백에 대한 우려를 불식시키기 위해 중, 러의 책임과 역할을 강조하기 위한 입장 선회로 분석된다. 아울러 오바마 정부는 중앙아시아의 권위주의적 정권들에 대한 입장 역시 실용주의적으로 변화하고 있다. 이러한 오바마 정권의 대 중앙아시아 정책의 변화는 결과적으로 SCO회원국들의 결집력을 약화시키고 있다. 중앙아시아에서 미국의 세력이 후퇴하면서 미국에 대항하기 위한 러, 중 연대는 물론 SCO 차원의 결집력 강화의 필요성도 약화될 수 밖에 없기 때문이다. 예를 2014년 SCO의 타지키스탄 정상회의에서 우크라이나사태 이후 전개된 서방의 경제제재에 반발한 러시아가 SCO차원의 대 서방응징을 요구했지만 회원국들의 반응은 미온적이었다. 현재 SCO는 미국이나 서방에 대한 대항적 헤게모니 추구보다는 세계은행, 국제통화기금과 같은 서구 중심적 국제기구들의 과도한 영향력에서 벗어나기 위한 대안기구가 되어야 한다는 의견들이 있다. 그러나 이러한 목표 또한 회원국들의 상이한 이해관계와 능력을 고려해 볼 때 성공가능성은 크지 않다는 분석이다.[8] 결론적으로 향후 SCO의 결집력이 강화될 것인가의 여부는 미국의 중앙아시아 정책이 패권적 성향과 일방

---

6   안보위기 시 SCO가 다자협력기구로서 단일한 대응을 실패했음을 보여주는 것이었다.
    "Declaration of the Tenth Meeting of the Council of the Heads of the Member States of the Shanghai Cooperation Organization", 11 June 2010; http://www.sectsco.org/EN/show.asp?id=225. (2014. 07. 25 download).

7   원래 미국은 2014년 말까지 미군의 전투임무를 종료하고 주둔군 규모도 최대 9천 800명으로 줄인 뒤 단계적 철군을 거쳐 2016년까지 완전 철수하겠다는 목표를 내세웠으나 최근 이에 대한 계획을 많이 후퇴시킨 조치들이 나오고 있다.
    http://www.yonhapnews.co.kr/bulletin/2014/12/07/0200000000AKR20141207011100009.HTML?input=1195m, (2014. 12. 15 download).

8   SCO 회원국들 내부에서도 서방의 다자협력체나 기구들에 대한 평가는 다르다. "Anti-Western alliance in Asia", 2014 Deutsche Welle, http://www.dw.de/anti-western-alliance-in- asia/a-17914677 (2014. 09. 15 download).

주의를 추구할 것인지 아니면 이 지역 국가들을 존중하고 상호 보완적인 협력관계를 유지할 것인가에 따라 영향을 받을 것이다.

3. 중앙아시아 신생국들의 경쟁과 갈등

SCO의 향배를 결정할 세 번째 요인은 중앙아시아 역내 국제관계와 신생국들의 내부적 역량에 달려있다. 중앙아시아 국가들은 다양한 분야에서 협력과 강등요소들을 동시에 가지고 있다. 9.11 이후 테러와의 전쟁이 시작된 이후 중앙아시아국가들과 러시아는 실용주의적 입장에서 나토군의 군사기지 사용권과 보급로 개설 등을 지원한 바 있다. 이는 아프가니스탄에서 나토군의 실패가 중앙아시아의 역내 안보 위협으로 발전되는 것을 우려한 결과였다. 이와 같이 이슬람 극단주의와 분리주의, 테러리즘은 물론, 마약밀매 및 불법무기거래 등과 같이 역내 국가들의 공통된 이해와 관련 된 사안에 대해서는 SCO회원국들의 합의와 공동대응이 비교적 순조로운 편이다.

그러나 중앙아시아 신생국들의 국내정치적 요소와 복잡한 이해관계로 인한 경쟁과 갈등요소도 적지 않아 SCO 차원의 단일한 대응과 공동협력을 어렵게 만들고 있다.

특히 중앙아시아 국가들은 수자원 이용과 개발을 비롯하여 다양한 이해관계를 둘러싸고 경쟁과 갈등 관계에 놓여있다. 예를 들어 아프간의 전기 공급을 위한 송전선 건설을 둘러싸고 타지키스탄과 키르기스스탄이 경쟁, 갈등하고 있다. 뿐만 아니라 지리적으로 주요 하천의 하류에 위치한 우즈베키스탄 역시 수자원 감소를 우려하여 하천의 상류에 위치한 타지키스탄과 키르기스스탄의 발전소 건립을 반대하고 있다. 이러한 역내 국가들의 이해 불일치는 공동발전을 위한 개발사업과 협력에 장애가 되고 있다.[9]

민족의 거주지역과 영토의 불일치로 인한 국경문제, 역내 라이벌인 카자흐스탄과

---

9 우즈벡의 경우 지역 협력과 아프간의 주권, 사회적 통합, 영토 보전을 지원하기 위한 2011년 11월 이스탄불 정상 회의에서 서명을 거부함으로써 지역패권을 둘러싼 야심이 있는 것이 아닌가 하는 의구심을 불러왔다. "Declaration of the Istanbul Process on Regional Security and Cooperation for a Secure and Stable Afghanistan." *Council on Foreign Relations*, 2011, http://www.cfr.org/afghanistan/declaration- istanbul -process-regional-security- cooperation-secure-stable-afghanistan/p26434, (2014. 04. 23 download).

우즈베키스탄의 경쟁, 각종 자원에 대한 평화로운 공동 이용문제, 민족과 종족의 갈등도 역내 불안 요소이다. 뿐만 아니라 중앙아시아의 유목문화와 이슬람문화에서 유래한 가부장적 권위주의와 결합된 정치문화 역시 폭발성이 강한 불안요소로 거론되고 있다. 이러한 중앙아시아의 정치문화는 독재정권의 강압통치로 이어지고 있으며, 독재와 소수지배에 대한 반작용으로 극단주의와 테러리즘이 득세할 수 있는 토양이 되고 있다. 또한 민족, 종교, 정치적 긴장, 빈약한 국가성과 시민사회조직, 사회경제적 위기등도 중앙아시아국가들과 SCO의 통합성과 일체감을 저해하는 요소이다. 만연한 부패, 경제적 빈곤, 열악한 사회 환경은 언제든 지역안보를 위협하는 휘발성이 강한 내부위협요인이 될 수 있기 때문이다. 예를 들어 카자흐스탄은 불법 이주민의 유입으로 변방지역의 인구가 증가하는가 하면, 만성적이고 제도화된 각종 비리와 부패는 국가의 토대를 약화시킬 뿐만 아니라 마약밀매와 연관되어 국경을 초월하여 확산되고 있다. 예를 들어 아프가니스탄의 마약은 중앙아시아를 거쳐야만 러시아와 유럽으로 판매될 수 있는데, 이러한 마약유통과정에서 수많은 부패가 양산되고 있다. 특히 마약밀매와 관련된 부정부패는 키르기스스탄, 타지키스탄과 같이 작은 나라의 국가 능력과 대응력을 약화시키고 있으며, 투르크메니스탄의 경우 마약 중독을 국가 재난으로 선포할 만큼 마약중독이 단속공무들에게로 확산되고 있다(Mankoff, 2014: 9). 마약밀매와 관련된 산업이 국가경제에서 차지하는 비중이 많게는 50%에 가까운 것으로 추정되는 타지키스탄과 키르기스스탄은 실패국가로 전락할 가능성마저 높아지고 있다. 이들 국가에서 마약유통과 관련된 범죄와 이익관계에는 국가기관도 연관되어 있는데, 사익에 몰두한 관료들이 마약유통을 단속하기보다는 오히려 보호, 육성하는데 관여하면서 막강해진 범죄조직들은 국가의 통제기능을 마미시키고 있다.

역내 안보를 위협하는 요소로 거론되는 이슬람극단주의는 권위주의 통치자들이 정치적으로 이용하면서 더욱 부각되고 있다. 중앙아시아 독재자들은 극단주의자들의 위협을 과장하거나 부추기면서 대외적으로는 국제사회의 지원을 받아 내고, 내부적으로는 정치적 반대 세력을 제거하는 수단으로 활용하고 있다. 사실 중앙아시아에서 이슬람 극단주의는 정치적으로 별다른 영향력이 없지만, 이를 종교, 사회, 정치적 탄압에 활용하려는 집권세력들에 의해 과장되고 있는 것이다(Malashenko, 2002). 이보다는 진정한 위협요인은 정치적 반대세력들이 독재체제에 절망하면서 점차 이슬람 극단주의로 전향해 가는 현상이다. 다시 말해서 이슬람극단주의 확산에 가장 큰 양분을 제공하는 요인은 바로 중앙아시아 독재정권들의 만연한 부정부패와 강압통치이다.

이밖에도 중앙아시아 국가들의 사회, 경제발전정도에 차이가 클 뿐만 아니라 상이한 대외정책목표로 인해 대외 공조가 어려점도 SCO의 공동대응을 어렵게 만들고 있다(박상남, 2013: 63). 최근 들어 우즈베키스탄의 대외 행보가 역내 위협요인으로 거론되기도 한다. 우즈베키스탄은 중립, 독자외교를 표방하며 러시아와 불가 근不可近, 불가 원遠정책을 지속하고 있다. 뿐만 아니라 역내 국가인 타지키스탄, 키르기스스탄과는 영토문제, 수자원문제로 긴장관계이며, 라이벌 국가인 카자흐스탄과도 경쟁하고 있다.

물론 시기에 따라 변화를 보이기는 했지만 독립 이후 우즈베키스탄은 탈 러시아정책을 지속해 왔다고 평가할 수 있다. 특히 러시아가 주도하는 안보질서에 반대하면서 역내에서 미국과 가장 높은 수준의 안보 협력을 유지해 왔다. 우즈베키스탄은 중앙아시아에서 미국과 가장 활발한 고위급 대화를 갖는 국가이며 안디잔 사건으로 주춤했던 안보협력도 최근 다시 활성화되는 추세이다(Mankoff, 2013: 9). 러시아는 미국이 아프간 철군 이후 군사적 거점을 우즈베키스탄에 구축할 것을 우려하고 있다. 따라서 러시아는 자국이 주도하는 역내 안보질서에서 벗어나려려하는 우즈베키스탄을 견제하기 위해 키르기스스탄, 타지키스탄과 군사, 안보 협력 강화에 공을 들이고 있다.[10]

IV. 결론

러, 중 연대를 중심으로 중앙아시아 4개국이 참여하는 야심찬 역내 핵심기구로 성장해 온 SCO는 현재 가능성과 한계를 모두 내포하고 있다. 다자주의는 참여국의 평등한 대표권이 반영된 민주주의의 작동원리로 인해 정당성을 갖춘 제도로 인정받고 있다. 이러한 작동원리에 기반 한 다자협의체가 성공하기 위해서는 지정학적 정체성, 참여국의 자격, 정책의제, 공동의 목표와 지향점, 이를 실천할 일반적인 행동의 원칙과 방법론에 대한 회원국의 일치된 합의가 필수적이다. 이러한 성격으로 인해 다자협

---

[10] 러시아는 키르기스탄에 칸트 공군기지를 운영하면서 인근에 있는 마나스 미군기지 철거를 지속적으로 요구해 왔으며, 2012년에는 미군철군이후 아프간 안보불안을 명분으로 타지키스탄과 군사기지사용을 무려 30년간 연장하는 협정을 이끌어 낸 바 있다.

력체는 참여국들이 정체성, 참여자격, 정책의제, 목표, 방법론과 같은 국가의 전략적 선택사항을 놓고 벌이는 게임으로 비유되기도 한다.

위와 같은 다자주의의 개념에서 엄밀하게 보면 SCO는 아직 참여국들의 단일한 합의에 도달하지 못하고 있다. 때문에 SCO는 회원국의 합의에 바탕 한 단일한 행위자로서의 다자협력기구라기 보다는 미국주도의 일극체제 또는 기존질서에 대한 중국, 러시아의 현상변경시도와 이견 표출에 지나지 않는다고 평가할 수도 있다. 즉 SCO는 다자협력체로서 참여국의 공존과 번영을 추구하는 새로운 질서의 구현을 향한 진정성 있는 시도라고 보기 힘든 요소도 있는 것이다. 특히 다자협력체의 모델로 거론되는 EU와 비교했을 때 SCO는 통합의 정도, 기능, 제도화, 발전 방향등에 대한 회원국들의 단일하고 포괄적인 합의를 아직 도출해 내지 못하고 있다.

그러나 이러한 한계에도 불구하고 SCO는 지난 13년 동안 역내 안정은 물론 비전통적 안보, 경제 분야 등을 포함한 광범위한 분야의 협력을 이끌어 내는데 적지 않은 역할을 하기도 했다. 주요 협력 요소는 국경안정, 극단주의, 분리주의, 테러, 마약과 불법무기거래 등 비전통 안보분야에 대한 공동대응과 에너지자원 개발과 이용, 인프라구축 등 경제 분야 등이다. 이런 점을 고려해 볼 때, SCO는 회원국들 간의 이견과 갈등이 여전히 존재하는 불완전한 기구이지만 다양한 분야에서 역내 협력을 주도하는 기제로서 작동해왔다고 평가할 수 있다. 특히 러시아는 급속한 성장을 거듭하는 중국을 SCO 내에서 협력, 견제, 관리함으로써 강대국간 긴장과 군비경쟁을 예방하고 양국관계를 안정적으로 관리할 수 있었다. 중국의 입장에서도 SCO는 러시아의 전통적 세력권이었던 중앙아시아지역에 안정적으로 진출할 수 있는 유용한 도구로 활용되었다. 중앙아시아 신생국가들 역시 양자관계 보다는 SCO라는 다자적 논의구조 안에서 주변 강대국과 비교적 대등한 관계에서 대화할 수 있는 것은 물론, 러, 중 양대 강대국 중에서 어느 한쪽을 선택해야 하는 전략적 리스크로부터 벗어날 수 있었다. 뿐만 아니라 중앙아시아 신생국들은 SCO를 통해 외교적 자율성을 강화하면서 자국의 이해를 관철시켜 나갈 수 있었다. 특히 SCO는 다양한 분야에서 회원국들의 교류와 협력은 물론 군비경쟁이나 국가 간 충돌방지, 국경문제 해결 등 안보문제와 테러, 분리주의, 마약, 환경, 경제 등 비전통적 안보에서 긍정적 역할을 수행하였다고 평가할 수 있다.

향후 SCO의 전망은 다음과 같은 세 가지 요인에 의해 영향을 받을 것이다. 첫째, SCO가 다루어야 할 의제들은 점차 방대해져 가는 반면, 러, 중의 간극은 점차 커지고 있다는 점이다. 특히 경제적 이해가 안보적, 지전략적 이해를 넘어설 만큼 중요해지고 있는 국제질서의 흐름에서 볼 때 중, 러 양국의 이해관계는 많은 위협요소를 안고 있다. 거침없는 중국의 성장에 불안해진 러시아는 유라시아경제연합EEU을 통해 중국을 배제하고 구 소련권 국가들을 통합하는 독자적 경제권을 창출하려 하고 있다. 중국 역시 실크로드경제권 창설을 제창하며 중앙아시아국가들에게 참여를 독려하고 있다. 이렇듯 경제적 영향력과 새로운 시장을 둘러싼 양국의 경쟁은 SCO의 향배에 주요 변수가 될 수 밖에 없을 것이다. 뿐만 아니라 중앙아시아 에너지 자원의 지배권을 둘러싼 경쟁도 양국관계의 주요 변수가 될 전망이다. 결론적으로 러시아, 중국의 우호관계와 협력은 향후에도 지속 되겠지만 만약 SCO 내에서 양국의 지위와 힘의 변화가 초래된다면 갈등적 국면으로 전환할 가능성도 배제할 수 없다. 이러한 전망은 이해관계에 따라 협력과 대립을 동시에 보여준 중, 러 관계의 냉혹했던 지난 역사에서도 근거를 찾아볼 수 있다.

둘째, 점차 정교화 되고 있는 미국의 대 SCO 정책이다. 특히 오바마 정부는 전임자인 부시정부에 비해 대 중앙아시아 정책에서 러시아와 중국을 존중하는 자세로 전환하려는 노력을 보여주었다. 이는 중앙아시아에서 러시아, 중국의 역할을 인정하는 동시에 지역의 안정과 발전을 위해 이들 양국의 책임과 의무를 강조하려는 의도이다. 또한 미국은 중앙아시아의 권위주의적, 비민주적국가들에게도 이전보다는 관용적이며 실용적 접근을 하고 있다. 이렇듯 오바마 정부가 중앙아시아에서 러시아, 중국과 더욱 협조적인 자세로 접근하고 중앙아시아 국가들과도 실용적 관계를 구축할수록 러, 중연대의 필요성과 의미는 퇴색될 수 밖에 없을 것이다. 따라서 중앙아시아에서 미국이라는 거대한 외부 세력의 영향력과 위협이 감소되는 만큼 러, 중 연대의 결속력도 약화될 것이다.

셋째, 중앙아시아 신생국들의 내부 모순은 물론 역내 국가들의 경쟁과 갈등요소는 다원화되어가는 개별국가들의 대외정책노선과 함께 복잡한 이해관계를 만들어 새로운 국면을 초래할 가능성이 있다. 특히 양자관계에 비해 민주적인 다자협력체의 논의 구조를 고려할 때 중앙아시아 약소국의 발언권과 전략적 선택 옵션은 커질 것이고, 따라서 이들 국가들이 어떤 선택을 하느냐에 따라 SCO의 향배와 중앙아시아 국제질서는 영향을 받을 전망이다.

그러나 우리가 간과해서는 안 될 점은 서구세계가 SCO를 독재자들의 클럽이라고 평가절하 하지만, 바로 이러한 권위주의체제라는 공동의 가치가 SCO회원국들의 결집력을 강화하는 요인도 된다는 점이다. 물론 수자원 문제를 둘러싼 역내갈등에서 보여주듯 중앙아시아 국가들의 갈등과 복잡한 이해관계가 SCO차원의 협력에 위협을 줄 가능성도 동시에 존재한다. 따라서 SCO회원국들에 내포된 협력, 갈등 요소 중에서 어느 것에 비중을 두느냐에 따라 향후 전망도 달라질 것이다.

종합적으로 SCO의 향후 전망에 대해 국제체제에서 영향력 있는 역동적인 행위자가 될 것이라는 긍정적 전망이 다소 우세하다. 지정학적 개념을 넘어 SCO의 집단 안보와 에너지 안보전략은 러시아가 구소련 붕괴 이후 유라시아 공간에서 새로운 지도국가로 부상하고 금융위기와 조지아 전쟁 이후 효과적인 글로벌 차원의 행위자로 발돋움하는데 여전히 유용한 기제가 될 것이기 때문이다. 중국 역시 자국의 경제적 팽창력을 전 유라시아대륙으로 확산시켜 나가기 위해서는 SCO의 기능과 역할이 계속해서 필요할 것이다.

중앙아시아 국가들 역시 SCO는 전통적, 비전통적 안보문제 해결과 경제협력은 물론, 주변 강대국들과 대등한 관계에서 전방위, 등거리 외교를 통해 국익을 극대화하기 위한 좋은 무대이다.

그러나 SCO의 가장 큰 지분을 가진 중, 러가 협력과 동시에 딴살림을 차릴 준비를 하고 있다는 점도 눈여겨 봐야할 대목이다. 러시아는 유라시아경제연합이라는 독자적이고 새로운 경제권 창설을 구 소련권 국가들을 대상으로 준비하고 있고, 중국 역시 실크로드 경제권 창설을 중앙아시아국가들에 제안하고 있다. 만약 이러한 양국의 구상이 실현될 경우 SCO의 효용성과 역할은 크게 후퇴할 수 밖에 없을 것이다. 더욱이 미군의 아프간 철군 등 중앙아시아에서 미국영향력의 후퇴는 중, 러의 전략적 이해관계도 약화시킬 것이고, 결국 이것이 양국의 균열을 확대시킬 가능성 또한 배제할 수 없다.

:::참고문헌

박상남. 2012. "신 현실주의 '체계이론' 관점에서 본 러시아 중앙아시아 관계를 중심으로."『국제지역연구』16권 4호.

박병인. 2005. "상하이협력기구(SCO) 성립의 기원: '상하이 5국'에서 '상하이협력기구'로."『중국학연구』33집.

이성우. 2011. "동아시아 다자공동체 구상의 현실적 장애와 대안: 동아시아 다자협력체를 중심으로."『동아시아다자협력의 제도화』. 제주평화연구원.

Dunay, P. 2010. "Not Beyond Limits: the Prospects of the Shanghai Cooperation Organization (SCO)." Geneva Centre for Security Policy Paper 5.

Hu, F. Y. 2013. "The Shanghai Cooperation Organization (SCO): Prospects and Problems in Russia－China Relations." Journalism and Mass Communication 3(2).

Keohane, R. O, Stephen Macedo & Andrew Moravcsik, S. M. 2009. "Democracy-Enhancing Multilateralism." International Organization 63.

Kazakh Embassy. 2014. "Foreign Policy Concept for 2014－2020 Republic of Kazakhstan."

Malashenko, Aleksei. 2002. "Islam and Politics in Central Asian States." CA&CC. http://www.donga.com/fbin/dict?n=sisa&a=v&l=6037(2014. 10. 16 download).

Mankoff, J. 2013. "The United States and Central Asia after 2014." CSIS report 9.

Ruggie, J. G. 1992. "Multilateralism: the anatomy of an institution." International Organization 46(3).

Wallerstein, Immanuel. 2014. "The Russian-Chinese Geopolitical Game." Commentary 378. http://www.binghamton.edu/fbc/commentaries/ archive-2014/378en.htm, (2014. 09. 16 download).

Ziegler, C. E. 2013. "Central Asia, the Shanghai Cooperation Organization, and American Foreign Policy From Indifference to Engagement." Asian Survey 53(3), 1-7.

"Dushanbe Declaration of the Heads of the Member States of the Shanghai Cooperation Organization." 28 August 2008; http://www.sectsco.org/EN123/ show.asp?id=90, (2014. 09. 15 download).

"Declaration of the Tenth Meeting of the Council of the Heads of the Member States of the Shanghai Cooperation Organization", 11 June 2010; http://www.sectsco.org/EN/ show.asp?id=225. (2014. 07 25 download).

"Anti-Western alliance in Asia". 2014 Deutsche Welle, http://www.dw.de/anti-western-alliance-in-asia/ a-17914677 (2014. 09. 15 download).

"Европа забеспокоилась из-за газовой сделки России и Китая." http://gaznews.
ru/2014/05/28/12797 (2014. 10. 12 download).

"Declaration of the Istanbul Process on Regional Security and Cooperation for a Secure and
Stable Afghanistan." Council on Foreign Relations. 2011. http://www.cfr.org/
afghanistan/declaration- istanbul-process-regional-security-cooperation- se-
cure-stable-afghanistan/ p26434 (2014. 4. 23 download).

4장

중국의 부상과
중앙아시아 국가들의 대응

신범식

I. 문제제기

유라시아는 탈냉전 이후 여러 독립국들의 등장 및 미국, 러시아, 중국 등 기존 강대국 관계의 상대적 위상 변동으로 인해 다양한 층위에서 이해관계가 충돌하는 지정학적 공간이 되었다. 유라시아의 동학을 구조적으로 이해하기 위해서는 크게 세 층위의 변화에 주목해야 한다. 첫째, 상층부에서는 광역 중앙아시아를 중심으로 러시아, 미국, 중국 등이 관련된 강대국 세력 경쟁의 정치, 즉 "신新 거대게임"이 진행되고 있다. 둘째, 중층에서는 역내 국가들의 다양한 이합집산으로 "지정학적 다원주의"의 특징을 갖는 다자주의의 지역정치가 펼쳐지고 있다. 끝으로 저층에서는 역내 국가들이 개별적으로 국민국가 건설과 체제 공고화 그리고 시장경제 구축 등을 위한 "다중 체제 전환"의 동학이 변화무쌍하게 전개되고 있다.

---

* 이 글은 『슬라브학보』 30-2 (2015)에 게재된 논문을 본서의 편집 취지에 맞도록 수정·보완한 것입니다.

이같은 유라시아의 지정학적 동학에 21세기 들어 가장 주목할 만한 변화를 줄 수 있는 요소는 단연 중국의 부상 및 그 중앙아시아에 대한 적극적 진출이다. 중국은 자국의 확대된 경제력을 근간으로, 기존 냉전체제 말의 중-소대립 구도에서 벗어나 개별 중앙아시아 국가들에 대한 영향력을 높이면서 이 지역의 주요 행위자로 돌아왔다. 이 지역의 정치, 경제, 안보 등 광범위한 분야에 걸쳐 중국은 직접적 이해 당사자이자 질서 형성자로서의 역할의 한 축을 담당하게 되었다.

중국의 부상은 2008년 미국 발 경제위기로 인해 세계경제가 전반적으로 침체되고 이로 인해 초강대국으로서의 미국의 입지가 약화되면서 가시화되기 시작하였다. 대테러 전쟁으로 인한 전全세계적 여론의 비판과 더불어 세계경제의 축으로서의 미국경제에 대한 신뢰가 약화되어져 가는 가운데 미국과 중국이 G2로서 세계질서를 재편할 것이라는 논의가 확산되어져 갔다(Garret, 2010: 29-39; Iseri, 2009: 26-46, Fallon, 2013). 이에 중국은 또 하나의 세계적 초강대국으로서의 입지를 섣부르게 선점하지 않고 오히려 기존 외교노선을 그대로 이어가면서 "G2론"의 확산을 경계하는 움직임을 보였다. 하지만 중국은 나름대로의 독자적인 행보를 감행하였는데, 2013년 4세대 지도부의 등장과 더불어 "중국의 꿈" 및 "신형대국관계"라는 논의를 전면에 내세운다(한석희, 2012: 33-53). 한편 러시아의 경우 2013년 크림전쟁 및 2014년 우크라이나 사태를 통해 러시아 근외지역에 대한 영향권의 확대 의지를 천명하였고, 이에 따라 서방과의 대립양상은 더욱 강화되었다. 우크라이나 사태 전후로 러시아의 유라시아 전략은 "공세적 수비"로 확정된 것으로 보인다. 미국은 이슬람국가ISIS 문제의 장기화에 따라 아시아 재균형화 정책을 추진하기 위한 여력이 상대적으로 제약되고 있는 듯하다.

이같은 국제질서의 변동 하에서 중앙아시아 지역질서 또한 크게 변화하게 된다(Cooley, 2012; Богатуров, 2011; Laruelle 외, 2010; Жуков 외, 2009; Yinhong, 2007). 러시아, 중국, 미국 각국의 대對중앙아시아 정책 변동을 추적해 보면 그 경쟁성이 더욱 긴박해 보인다. 러시아의 경우 유라시아경제연합EEA 결성을 가속화 하면서 이 지역에 대한 경제적 영향력을 보다 강화하려는 숨 가쁜 움직임을 보인다. 한편 중국 또한 신新실크로드 경제벨트 구축을 본격화하면서 중국 서북 국경을 위시로 한 새로운 경제 블록의 형성에 박차를 가하고 나선다. 미국이 아프가니스탄에서 철수 하면서 중앙아시아 안보의 한 축이었던 미국의 영향력은 감소되고 있으며, 이로 인한 지역 내 안보 공백 발생에 대한 역내 국가들의 우려가 증대되고 있는 상황이다(Hormats, 2011).

우크라이나 사태는 러시아가 2000년대 들어 회복했던 위상의 한계를 극명하게 보여주었다. 러시아가 근외지역에 대해 무력을 동원한 실력 행사의 능력을 가지고 있는 것은 분명하지만 이는 서방국가들과의 극심한 대립과 그에 따른 경제제재 및 역내 국가들로부터의 우려 그리고 그 결과 따라오는 영향력 약화를 전제로 하는 것이다. 우크라이나 사태는 "세력 전이"를 넘어서 "동맹의 전이alliance transition"를 일으키고 있다는 평가까지도 나오고 있다. 2000년대 중반 테러전쟁GWOT 시기 미국이 유라시아 중심부에 대한 통제권을 가지게 될 수 있을 것이라던 전망은 이제 그 설득력을 잃었다. 이제 유라시아의 남은 권력 공백을 치고 들어올 수 있는 여력은 오직 중국에게만 있는 것으로 여겨졌다. 그리고 예상된 바와 같이 중국은 중앙아시아에서 '서진西進전략'(주장환, 2014: 55-73, Sheives, 2006: 205-224)을 통해 급속한 영향력의 확대를 시현해 보이고 있다. 문제는 이처럼 급속히 세력을 확장하고 있는 중국을 중앙아시아 국가들은 환영 일색으로 반길 수만은 없다는 점이다.

중국의 부상에 대한 논의는 전全세계적인 관심 사안이므로 다양한 연구들이 쏟아져 나오고 있다(Indeo, 2012; Marantidou 외, 2014; Economists, 2013/09/14). 중국의 부상에 따른 미국의 반응에 대한 연구나 미-중관계의 변동에 관한 연구들 그리고 중국의 부상에 따른 동아시아 국가들의 대응 등에 대한 연구들은 비교적 찾아보기 쉽다. 하지만 중국의 부상이 중앙아시아 지역정치에 어떤 영향을 미치고 있는지에 대한 연구는 우리의 관심에서 비교적 거리가 있어 보인다. 그럼에도 유라시아 및 중앙아시아 연구자들을 중심으로 이러한 중국의 부상과 중앙아시아에 대한 연구들이 이루어져 왔다.[1] 그런데 이 연구들은 중국의 특정 국가에 대한 관심, 가령 투르크메니스탄의 가스전 개발이나 카자흐스탄의 석유 및 가스 자원에 대한 투자와 협력이나 상하이협력기구 등을 통한 중국의 중앙아 전략 등에 대하여 집중하는 경향이 강하다. 특히 시진핑 정부 출범 이후 나타난 적극적 행보가 중앙아시아 전반에 대해 미치는 영향이 무엇이고 이에 대한 중앙아시아 국가들의 대응은 어떤지에 대한 연구는 드물다(현승수, 2014). 따라서 중국의 부상이 중앙아시아에 대해 지니는 영향을 한두 이슈에 집중하여 서술하기 보다는 이를 포괄적으로 평가하고, 나아가 개별 국가들의 대응도 중요하지만 하나

---

1 국내 연구로는 다음을 참조. Jung-Ho Bae and Jin-Ha Kim (eds.), *China's Strategic Envi-ronment and Externl Relations in the Transition Period* (Korea Institutue for National Unification, 2014), V, VI; Seungsoo Hyun, "Central Asia and China: current state and future prospects," *EMERICs Russia and Eurasia*, (March 2013), http://www.emerics.org/ mobile/ column.do?action=detail&systemcode= 04&brdctsno=112224 (검색일: 2014.02.07).

의 지역으로서의 중앙아시아라는 틀 속에서 중국의 부상이 지니는 의미와 그에 대한 지역 국가들의 대응 경향을 전반적으로 평가하며, 그 미래적 영향을 예측하려는 본고의 작업은 기존 연구의 맹점들을 보완할 수 있을 것이다.

따라서 이 글은 중국의 부상과 중앙아시아에서 그 영향력 확장을 위한 최근의 노력을 개괄하고, 이러한 중국의 노력이 중앙아시아 전반에 끼친 영향과 결과를 평가하고, 나아가 중앙아시아 국가들이 이러한 변화와 도전에 어떻게 대응하고 있는지, 그 경향은 무엇인지를 검토하는 것을 목적으로 한다.

II. 중국의 중앙아시아 정책

유라시아의 신 거대게임은 〈표 1〉[2]에 나타나듯이 크게 네 국면을 거치면서 발전해 왔다. 탈냉전 이후 1990년대에는 러시아 국력의 약화와 중앙아시아에서의 영향력 퇴조에 따라 미국의 약진이 두드러지는 가운데, 중국도 중앙아시아와 자국 북서부의 신장·위그루 지역의 연계를 차단하는 정책을 탈피하면서 중앙아시아에 대한 빗장을 조심스럽게 풀게 되었다(Clarke, 2011; Swanstrom, 2005: 569-584). 특히 미국은 9.11사태 이후 러시아의 협조 아래 테러전의 일환으로 아프간 전쟁을 위한 군사작전 거점으로 중앙아시아우즈베키스탄, 키르기스스탄를 활용할 수 있게 되었고, 이후 유라시아 지역에 대한 영향력을 크게 확장하게 되었다(Blank, 2005; Blank, 2007). 그러나 2001년 중-러 선린우호 조약이 체결된 이후 러시아와 중국은 전략 협력을 강화할 기반이 마련되었고, 특히 미군이 중앙아시아에 진출하여 아프간 전쟁을 종료한 이후에도 군사기지 사용을 연장 및 영속화하고 그 영향력을 확장하려는 미국의 노력에 대해 러시아와 중국은 공동 대응하게 되었다. 결정적으로 유라시아에서 연쇄적으로 발생·확대되어 나갔던 색깔혁명을 계기로 러시아와 중국은 서방, 특히 미국의 영향력 확장을 견제하고 차단하기 위한 본격적인 전략 협력을 강화하게 되었다. 2004~5년을 기점으로 러시아와 중

2   신범식, "신 거대게임으로 본 유라시아 지역질서의 변동과 전망,"『슬라브학호』23권 2호 (2008)의 〈표 3〉을 바탕으로 최근 변화를 반영하여 필자가 작성함.

국이 미국에 대한 균형화balancing 정책을 본격적으로 추진하게 되고, 신新국제질서 형성을 위한 공동 노력을 경주하며, 상하이협력기구SCO를 통한 유라시아 안정화를 위한 정책을 공조하게 됨에 따라, 미국의 이 지역에서의 영향력 확장은 저지되고 역내 미군 기지도 폐쇄되게 되었다(신범식, 2008: 165-200).

이같은 유라시아 지역에서 미국에 대한 중-러 전략협력을 통한 균형화balancing 전략이 고착화 되고 있는 가운데 2008년에 닥친 세계경제위기를 계기로 국제질서의 변동이 시작된다. 국제질서의 변동을 추동한 요인들로는 미국 발 경제위기 및 상대적 세력 위축, 중국의 부상, 러시아 강경 외교 정책으로의 전화 등으로 요약될 수 있다.

중앙아시아 지역정치의 변동과정에서 중국은 신장-위그루 지방의 소수민족의 분리주의 문제 때문에 1990년대까지 유지해 온 조심스러운 중앙아 정책을 변화시키면서 2000년대 들어 적극적인 입장으로 선회하게 되었다(Swanstrom, 2005). 이같은 중국 정책의 변화는 소위 "상하이 5"를 중심으로 한 국경협상이 성공적으로 진행되면서 가능해졌고, 이후 이들을 중심으로 구성된 상하이협력기구SCO의 결성은 중국의 중앙 아시아 및 유라시아에 대한 적극적 다자주의 외교를 강화하는데 결정적인 조건을 마련하게 된다. 이런 변화는 중국의 유라시아 진출에 대해 가장 커다란 우려를 가질 수 있는 러시아와의 전략적 협력을 〈표 1〉에서와 같이 점진적으로 강화하는 과정과 함께 진행되었음은 재론할 필요가 없다.

최근 시진핑 시기 중국 외교정책은 전반적으로 볼 때에 후진타오-원자바오 시기의 정책 기조를 유지하고 있는 것으로 이해된다.[3] "화평발전"과 "조화세계"의 기조를 유지하되 "중국의 꿈"을 이루기 위한 내부적 개혁에 노력을 집중할 수 있는 우호적 외부 환경을 마련하는 한편, 국제정치에서 경제적 성장에 기반한 군사력의 확장을 통한 자국 이익의 수호에 좀 더 적극적으로 나올 것이 분명해 보인다. 특히 아태지역에서 일본을 위시한 동맹국들과의 관계강화를 통한 영향력 다지기를 하고 있는 미국에 대해 중국은 아시아에서는 물론 태평양에서도 자국의 핵심적 이익은 지키되 미국과의 과도한 세력 경쟁을 피하는 전략을 구사할 것으로 보인다. 한편 중앙아시아에서는 미국의 영향력이 퇴조한 이후 러시아와 조심스럽게 영향력 경쟁을 벌이고 있으며, 이는 상대의 안보적 이익을 침해하지 않으면서 경제적 영향력 확대를 꾀하는 전략으로

3　이하에 대한 자세한 내용은 다음을 참조. 예브게니 홍, 신범식, "중국의 중앙아시아 전략과 중국-카자흐스탄의 경제협력: 현황과 전망,"『아시아 리뷰』4권 2호 (2014). 181-204.

표 1   탈냉전 이후 미-러-중 유라시아정책과 러·중 전략협력

	1기(소련해체 이후~)	2기(9.11 이후~)	3기(색채혁명 이후~)	4기(세계경제위기이후~)
	미국패권의 확립기	미국주도의 테러전쟁과 강대국 협력기	미국패권의 상대적 후퇴와 새로운 균형의 모색기	중국의 부상과 세계질서의 재편기
미국	클린턴: 지구적 다자주의 확대 및 지역질서 재편 노력	부시1기: 테러전과 자유·민주주의 연대	부시2기: 이라크전과 지역별 영향력 침식	오바마: 불완전 테러전 종식과 아시아 재균형화 정책 한계
러시아	옐친: 수세적 수세의 영향력의 보존 노력과 한계	푸틴1기: 실용적 및 중층적 전방위 외교	푸틴2기·메드베데프: 강대국 외교와 다극적 균형화 정책	푸틴3기: 공세적 수세의 세력 유지·강화 정책
중국	전략적 동반자관계 선언(1996)	러-중 선린·우호 협력 조약(2001)	21C 신(新) 국제질서 선언(2005.7.)	라-중 정상 선언 (2014.9.)
	장저민: 韜光養晦	후진타오: 有所作爲 / 和平屈起	후진타오: 和平發展 / 調和世界	시진핑: 中國夢 / 新型大國關係
전략협력	비대칭적 전략협력 러: 지구적 균형화 중: 양자적 필요성	순응적 전략협력 러: 지역적 필요+ 지구적 필요 중: 양자적 필요+ 지역적 필요	포괄적 전략협력 지구적 다극질서+ 지역적 균형화+ 양자적 필요성	포괄적·전면적 전략협력 지구적 다극질서+ 지역적 양극화+ 양자적 필요성

나타나고 있다. 중국은 이러한 러-중 관계를 "신형대국관계"의 모범적 원형으로 해석하고 있다(한석희, 2012: 33-53).

중국은 중앙아 지역을 중국 이익의 전략적 전초지로 규정하되 이 지역에서의 무력적 충돌 상황에 대해서는 가급적 직접 개입하지는 않으려 한다. 동시에 미국과의 직접적인 대치는 회피하면서 중국의 주요 이해 利害 지역으로서 중앙아시아에 대해 미국이 그간 확대해온 영향력을 줄여나가는 전략을 취하려는 것이다. 러시아에 대해서는 탈(脫)소비에트 공간에서의 위상을 인정하되 중국의 정치경제적 그리고 가능하다면 군사적 영향력을 점진적으로 강화해 나가기를 꾀하고 있다. 동시에 중국은 중앙아 국가의 엘리트들을 대상으로 이미지의 쇄신을 추구하고 있다. 미국은 물론 서방에 대해 개도국의 입장을 대변할 수 있는 믿을 수 있는 파트너로서의 중국의 입지를 공고히 하려는 것이다. 그야말로 중국판 연성권력의 확대 전략이 중앙아시아 국가들을 대상으로 실천되고 있다(Radiotochka.kz, 2014/01/25). 또한 실질적으로 중국 군사력의 확장을 통해 세력투사 능력을 강화함으로써 자국의 협상력을 증대해 나가기 위해 안보적 투사력의 강화도 꾀하고 있다(Bridge, 2012; International Crisis Group, 2013).

무력 충돌 상황을 회피하면서 중앙아시아에 대한 미국과 러시아의 영향력을 견제

하며 중국의 영향력을 점진적으로 확대해 나가는 목표를 달성하기 위하여 중국은 다음과 같은 전략을 실행하려 한다. 첫째, 화평발전의 원칙과 주권 존중의 원칙을 강화한다. 중국은 중앙아시아 국가들에 대한 내정에 간섭하지 않으며 이들 국가의 영토보존 및 국가안보를 협력의 기본원칙으로 강조한다. 둘째, 국가주도의 발전 노선을 지지하면서 이러한 유사성 및 급전성에 기초, 호혜적인 관계를 발전시키기 위한 실용적인 접근법을 취한다. 상하이협력기구SCO 및 아시아신뢰구축회의CICA를 통한 지역적 협력 강화와 역내 인프라 개발을 위한 대규모 투자 확대 및 국내 산업에 대한 직접 투자의 확대가 이러한 실용적 접근을 드러내 준다.

하지만 이같은 중국의 정책에 대하여 역내 국가들 이외에도 부담을 느끼는 국가가 있다. 중국의 중앙아시아 전략에 상대적으로 덜 민감한 미국(Petersen, 2013)에 비하여 러시아는 다르다. 2009년 이후 세계경제위기 발발 이후 중국의 급속한 부상이 유라시아 지역에서의 경제적 영향력의 확대로 연결되는데 대해 러시아가 부담을 느끼고 있다(Tsygankov, 2012: 1-9). 기존 러시아 주도의 유라시아경제공동체EurAsSEC 및 공동경제구역CES과 중국 주도의 중앙아시아자유무역지대FTACA의 각축은 이제 러시아의 유라시아경제연합EEU의 출범과 중국의 신新실크로드경제벨트 정책의 충돌로 구체화되며 새로운 국면을 맞이하고 있다.[4] 상하이협력기구SCO에서 중국의 영향력이 더욱 강화되고 있고, 중국은 이 기구에 대하여 정치·안보적 목표를 중시하는 러시아와는 달리 중앙아시아를 포함하는 유라시아 국가들의 경제적 통합을 중시하고 있다(Michel, 2014).

특히 중앙아시아의 에너지 자원을 두고 양국은 암묵적 경쟁이 아닌 명백한 경쟁을 벌이고 있다. 중국은 투르크메니스탄의 가스와 카자흐스탄의 석유와 가스 등을 도입하는 에너지 정책을 적극적으로 추진하였을 뿐만 아니라 도로와 철도 등의 다양한 인프라 사업에 대한 투자를 적극적으로 확대해 가고 있다(Rousseau, 2013: 40-51; 조정원, 2010: 117-141). 중국은 무역 부분에서의 러시아의 역내 영향력을 약화시켰으며, 지역 안보문제를 관리하는데 있어서도 중국의 입김을 확대하기 위한 노력을 기울이고 있다.

---

4 *Sputnik Internationl* (2015.04.10.), http://sputniknews.com/columnists/201504101020714196.html, (검색일: 2015.04.11.); 김상원, "유라시아경제연합과 중앙아시아 : 경제통합 실현을 중심으로,"『슬라브학보』29권 4호 (2014). 31-60. 2015년 5월 모스크바 정상회담을 통하여 양국 정상은 이 두 정책의 공조를 위한 노력을 펼쳐 나가기로 합의 하였다. 하지만 이 양자 간 협력이 어떻게 현실화될지는 지속적으로 관찰될 필요가 있다.

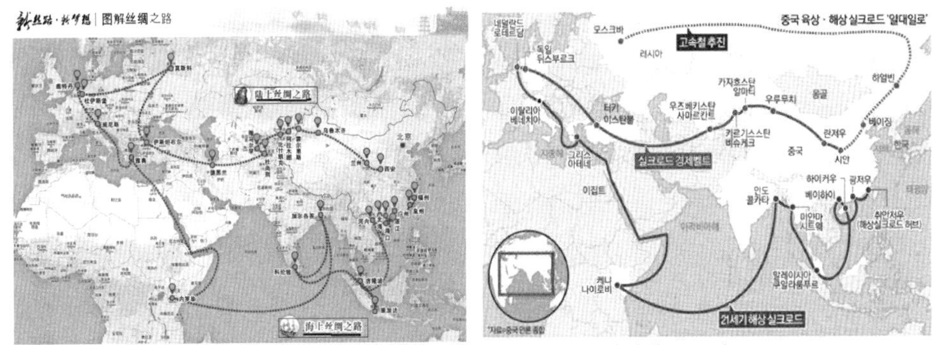

그림 1   중국의 일대일로(一帶一路) 정책에 따른 신(新)실크로드경제벨트 구상

출처: 신화통신사, 연합뉴스.

2013년 9월 시진핑 주석은 "신新실크로드경제벨트New Silk Road Economic Belt: 一帶一路"에 관한 협력을 SCO 정상회담장에서 제안했으며, SCO 정상회담 이전에는 투르크메니스탄, 카자흐스탄, 우즈베키스탄, 키르기스스탄을 방문하여 이 문제를 논의하였다(China Daily, 2013/09/07). 후진타오 집권 말기에 입안된 계획을 발전시켜 이를 본격적으로 추진하기로 한 시진핑 지도부는 유라시아 대륙을 가로질러 중국~키르기스스탄~우즈베키스탄~터키를 축으로 하는 "신新실크로드경제벨트" 구상을 국가계획으로 승인하고 강력히 추진해 나갈 것을 천명하였다(이선진, 2014).

또한 2013년 11월 27-8일 우루무치에서 열린 "대大실크로드 경제회랑" 포럼에서 중국은 중앙아시아 국가들과의 협력에 대한 적극적 구상과 정책을 발표하였다. 알마티-비슈케크-마쉬하드-우루무치-시안-랴늉안을 주요 도시로 하는 협력 네트워크의 구축을 골자로 하는 구상이다(Blank, 2015). 이 포럼에는 조지아, 터키, 타지키스탄, 투르크메니스탄 등에서도 관심을 가지고 참석하였다. 이러한 포럼은 중국과 중앙아시아 및 환環중앙아시아 국가들이 교통, 문화, 교육, 의료 등에 대한 주요 협력 기반을 마련하고, 정보 교환, 경험의 공유, 인프라의 구축과 현대화, 숙련기술자의 유동성 강화 등 다층적인 협력관계를 유지하고자 하는 움직임이다.

이같은 중국의 정책은 경제발전을 위하여 자국의 교통망을 유럽 및 아시아로 연결하기를 절실히 원하는 중앙아시아 국가들에게 대단히 매력적인 제안이 아닐 수 없다. 그 중에서도 도로와 철도의 연결은 가장 중요한 과제이다. 이들에게 도로와 철도를 통한 물류가 전체의 90-95%에 달하고 있는 바, 중앙아 국가들과 중국의 교역이 급속히 증가하는 상황에서 중국과의 교통 인프라 개선은 경제 개발에 있어 핵심적 과제인 것이다. 시베리아횡단철도TSR 노선과 중국횡단철도TCR 노선의 경쟁성은 곧 중앙아시아의 물류 능력 발전에 대한 가능성을 보여주는 대목이다. 중국은 중앙아시아 국가들이 자국이 주도하는 교통망 구축에 큰 관심을 가지게 되어, 이들의 물류 잠재력을 활용할 수 있기를 기대하고 있다. 이러한 물류망의 구축은 이 지역의 경제협력벨트 구축과 직결되는 핵심 사업으로서의 성격을 띠며, 중국이 이 사업들을 적극적으로 추진하는 것은 중국이 러시아와의 경쟁을 넘어 독자적인 행보를 강화하고 있음을 보여준다.

Ⅲ. 중앙아시아에 대한 중국의 경제적 진출 현황과 평가

중국의 중앙아시아에 대한 경제적 진출과 관련된 논의는 매우 활발하다(Laruelle et al., 2012; Avliekulov, 2011). 경제 분야에서 중국의 역내 영향력이 급속히 확장되는데 대한 풍성한 논의에도 불구하고 이에 대한 실제적이고 전반적인 평가는 잘 이루어지고 있지 않다. 따라서 역내 중국 영향력이 부상한 대표적인 증거로 지목되고 있는 무역 및 투자와 관련하여 실제적인 평가를 시도하는 것은 매우 유용한 작업이 될 것이다. UNCTAD의 세계 무역통계를 기초로 작성한 아래의 표들을 보면서 중앙아시아 국가들의 중국, 러시아, EU에 대한 무역량의 변화를 비교하면서 살펴보도록 하자.

전반적으로 중앙아 국가들의 중국과의 무역은 세계경제위기 이후 급속히 증대되고 있다는 관찰은 어느 정도 사실이다. 그런데 함께 고려해야할 부분이 있다. 중앙아시아 국가들의 주변 주요국들에 대한 무역 총량의 변화와 관련하여 주목되는 부분은 카자흐스탄을 제외하고 다른 국가들의 러시아 및 유럽연합에 대한 무역 총량에서는 큰 변화가 관찰되지 않는다는 점이다. 중국과의 무역은 세계경제위기 이후 커다란 변화가 관찰된다. 이러한 변화의 중심에 위치한 카자흐스탄, 투르크메니스탄, 우즈베키스탄의 중국에 대한 무역량 변화는 주로 에너지자원의 수출과 깊이 관련되어 있다. 일반적으로 전반적인 무역규모의 증대는 중국의 이 지역에서의 영향력이 강화되고 있음을 보여주는 근거로 활용될 수 있을 것이다(Ibraimov, 2009: 47-59).

〈표 2〉는 러시아, 중국, EU에 대한 중앙아 국가들의 무역총량의 변동을 보여준다. 1990년대 중반까지 무역총량에서 수위를 달리던 러시아는 2000년대 들어 유럽연합에게 그 자리를 내어 주었다. 러시아는 세계경제위기 시기를 전후하여 중국에게도 추

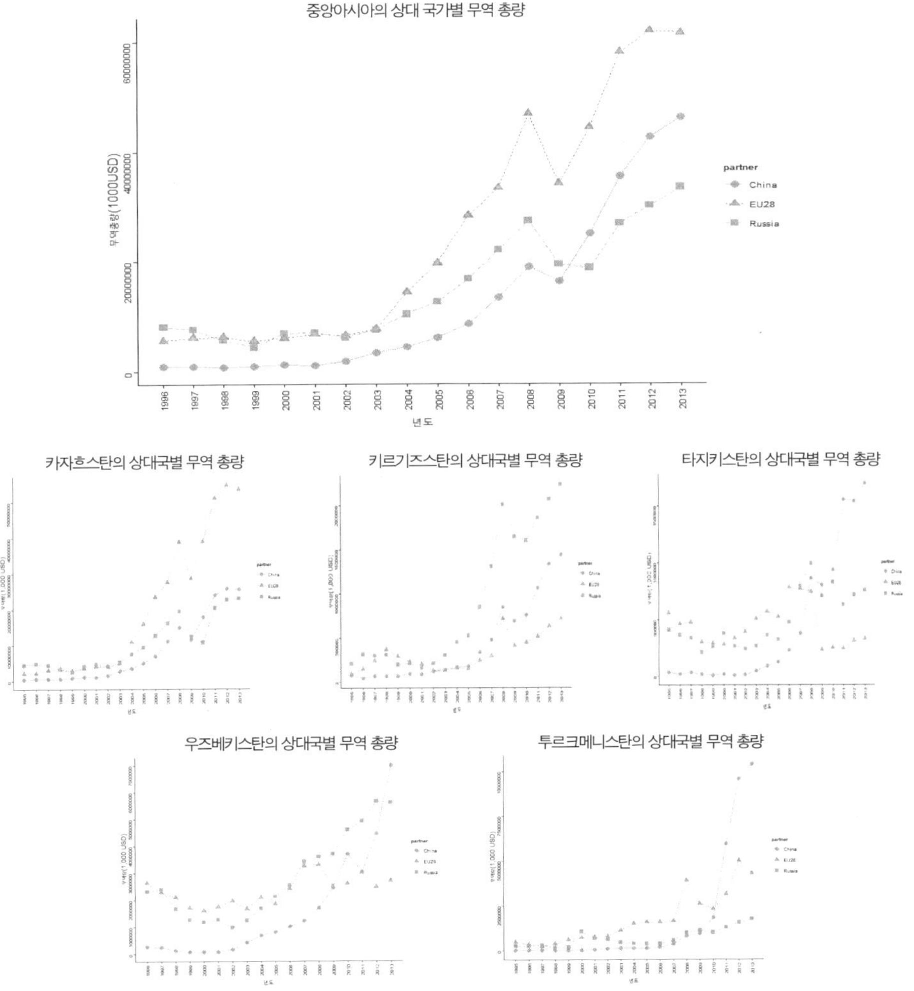

월당하였다. 중앙아 국가들의 중국과의 무역 총량은 그 이후 빠르게 증가하여 유럽연합 국가들과의 무역총량에 근접해 가고 있다. 이미 가스 판매가 활발한 투르크메니스탄이나 우즈베키스탄에서는 중국이 제1의 무역상대국으로 떠오른 지 오래다. 이러한 추세라면 중앙아 국가들의 중국과의 무역총량은 EU와의 그것을 추월하여 중국이 역내 국가들 모두에게 가장 큰 무역파트너가 될 가능성이 높아 보인다.

　하지만 무역 비중을 살펴보면 조금 다른 이야기를 찾을 수도 있다. 〈표 3〉을 통해 중앙아 각국의 총무역량 중 중국, 러시아, EU와의 무역이 차지하는 비중을 살펴보자. 무역 총량에 비하여 개별 국가들의 외부에 대한 무역거래량 중 특정 국가가 차지하는

표 3　중앙아시아 5개국의 무역 상대별 비율의 변화

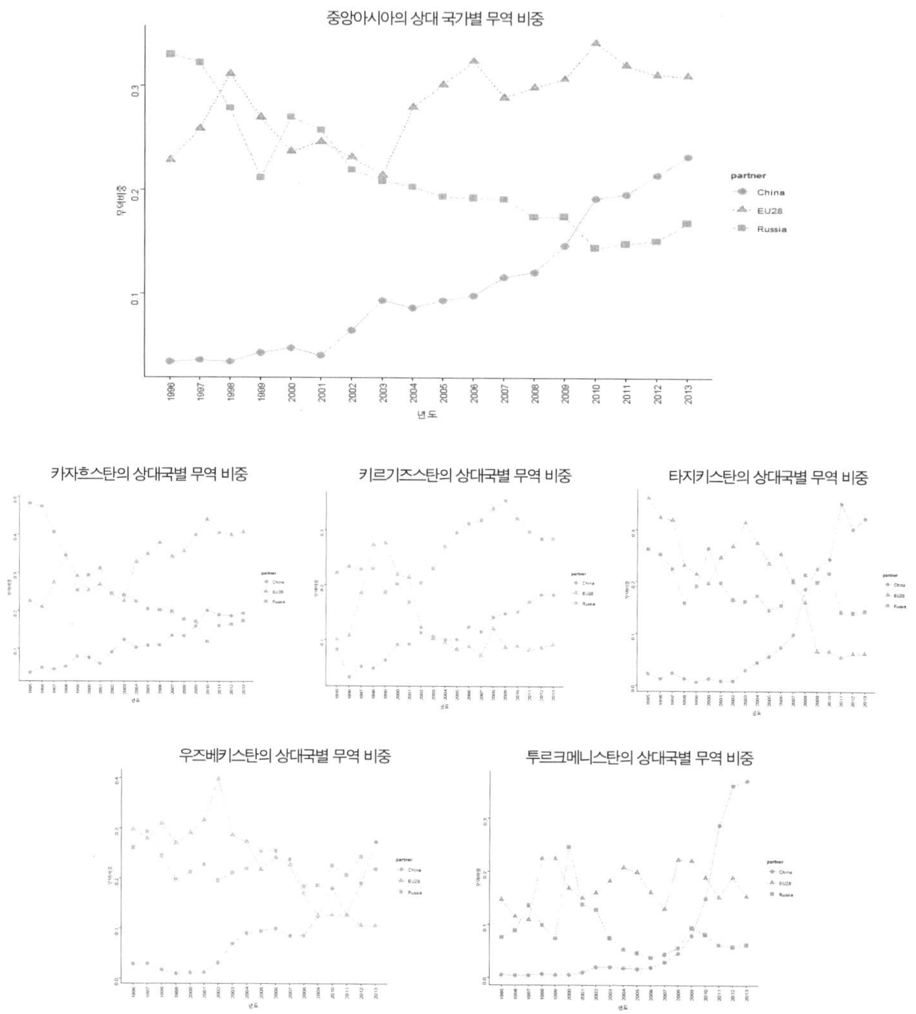

비율은 특히 경제적 의존성을 보여주는 지표로 이해될 수 있는데, 중앙아시아 국가들의 중국에 대한 무역 의존도가 빠르게 높아가는 추세를 보여준다. 30퍼센트 정도의 비율을 두고 러시아와 유럽연합이 각축하던 1990년대를 지나면, 러시아를 제치고 유럽연합과 역내 국가들이 행하는 교역이 30퍼센트 대를 상회하는 선에서 꾸준히 유지되고 있음을 볼 수 있다. 그 이후 러시아와의 무역 비중은 20퍼센트에 미치지 못하는 수준으로 유지되고 있으며, 중국과의 무역 비중은 20퍼센트를 넘어 그 중반으로 향하고 있다.

흥미로운 것은 개체 국가별로는 차이가 있지만 지역 전체로 볼 때에 유럽연합과의 교역 비중이 여전히 중국보다 높게 유지되고 있다는 점이다. 이는 아직 중국의 교역 비중이 이 지역에서 압도적이라고 이야기하기에는 불충분하다는 점을 보여준다. 게다가 러시아와의 교역 비중까지 염두에 둘 경우에, 중앙아시아 국가들은 중국과의 교역비중이 지나치게 높아지는 것을 경계하며 그를 방지하기 위한 무역 다변화의 노력을 기울이고 있는 것으로 추정해 볼 수 있다.

특히 중앙아시아 5개국 중 교역 규모가 가장 큰 카자흐스탄의 경우를 보면 중국과 유럽연합은 물론 러시아와의 교역 규모를 꾸준히 증대시키되 어느 한쪽으로 과도하게 집중되는 것을 막으려는 노력을 기울이고 있음을 〈표 4〉그룹과 〈표 5〉그룹을 통해서 확인해 볼 수 있다.

특히 〈표 5〉그룹을 통해 확인할 수 있듯이 카자흐스탄만이 유럽연합과의 교역 비중을 높게 유지하고 있다. 카자흐스탄을 제외하면 다른 국가들은 대체로 EU와의 무역비중은 비교적 낮은 수준에 머물고 있으며, 러시아와의 무역비중이 30퍼센트 대를 상회하는 키르기스스탄과 10퍼센트 대를 하회하는 투르크메니스탄을 제외하면 비교적 20퍼센트 대 전후의 평균적 비중을 유지하고 있다. 대러 무역이 결코 작지 않은 비중으로 일정하게 유지되고 있다는 사실도 이 지역에서 중국의 영향력 확대에 대한 일정한 견제의 요인으로 이해해 볼 수 있을 것이다.

최근 들어 중국에 대한 무역량과 무역비중이 급속히 올라간 국가는 역시 가스관을 중국에 연결하여 판매하고 있는 투르크메니스탄이고, 타지키스탄과 우즈베키스탄의 경우도 중국과의 교역 비중이 빠르게 증가한 경우이다. 하지만 카자흐스탄과 키르기스스탄은 중국과의 무역 비중이 완만히 증가하고는 있지만, 카자흐스탄은 EU와의 높은 무역 비중을 유지하고 키르기스스탄은 러시아와의 높은 무역비중을 유지함으로써 균형적 비중을 맞추고 있다는 점이다. 주목할 것은 우즈베키스탄의 중국과의 교역비

표 4　각국별 대상국에 대한 무역 총량 비교

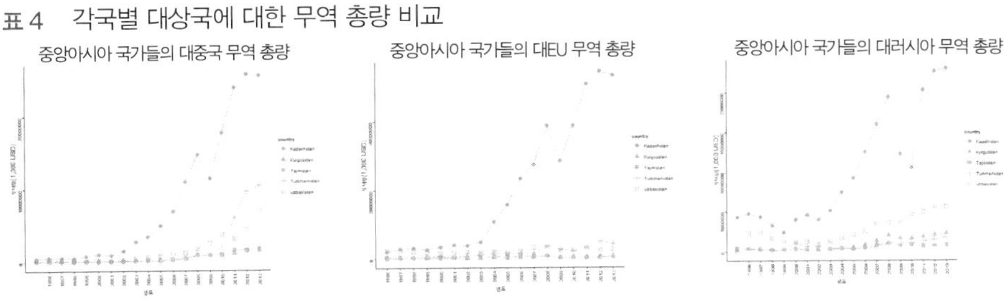

표 5 중앙아시아 국가들의 유럽연합, 러시아, 중국에 대한 무역 비중

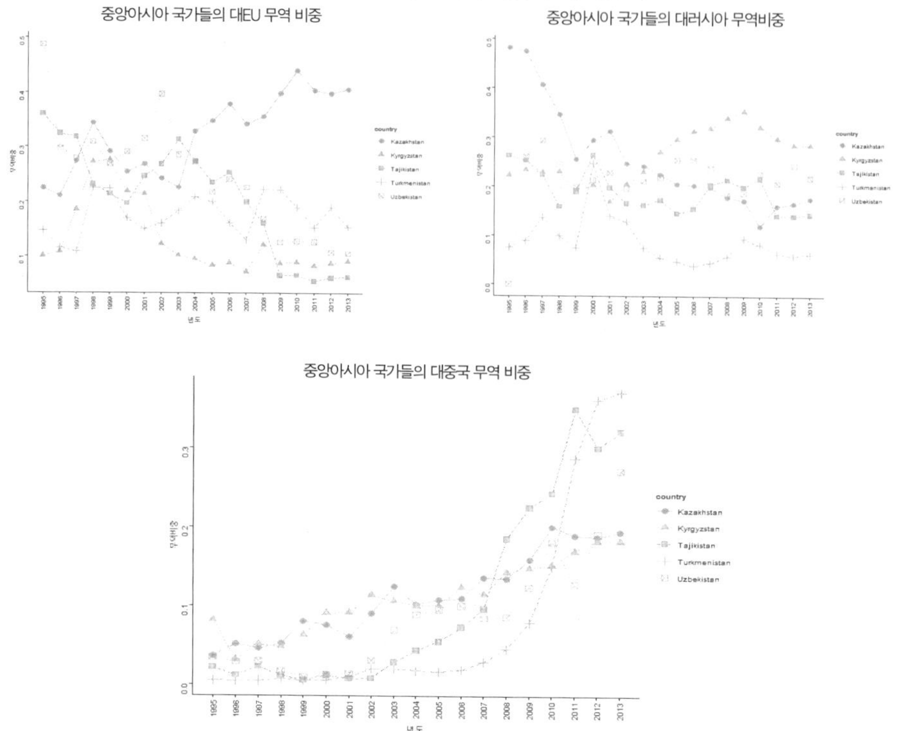

중이 최근 급속히 증가한 것은 유럽과의 교역비중을 현저히 줄이면서 러시아와의 교역 비중은 완만하게 그리고 중국과의 교역 비중은 급속히 늘리고 있다는 점이다. 우즈베키스탄의 이 변화가 중앙아시아에서 지니는 의미는 크다. 서방의 민주주의 위협을 피하고 러시아의 영향력 재再강화를 헤징hedging하는 중앙아 국가들이 취할 수 있는 정책의 유형을 대변하기 때문이다.

결국 교역의 총액과 비중에 대한 분석을 통하여 중국의 중앙아 국가들과의 교역과 관련된 경제적 영향력은 급속히 증가하엿지만, 아직 압도적 수준에 이르렀다고 보기는 어려우며, 러시아와 EU의 존재가 여전히 지역 내에서 상당한 경제적 영향력을 지키고 있음을 무시하기는 어려워 보인다. 이는 지역 국가들이 러시아와 유럽연합과의 교역을 관리하면서 급증하는 중국의 교역 영향력을 균형화하려는 노력이 일정정도 작동하고 있는 것으로 추정해 볼 수 있는 대목이다. 다만 시간이 지나면서 중국의 영향력은 계속해서 확대되어갈 가능성이 큰 만큼 지속적 관찰이 요청된다고 할 수 있다.

한편, 〈표 6〉은 중앙아시아 각국 정부가 발표하거나 각국 신문에 보도되는 수치를 바탕으로 작성해본 중앙아시아 4개국에 대한 해외 투자를 보여준다. 비록 불완전

Foreign investment flows to Kazakhstan (million USD)					
	EU	미국	중국	러시아	기타	Total investment flows
2009년	61%	10%	6%	3%	20%	14275.8882070145
2010년	66%	3%	7%	5%	19%	7456.1179010814
2011년	57%	5%	6%	1%	31%	13760.2915285034
2012년	42%	6%	9%	2%	41%	13784.7823138439
2013년	58%	10%	9%	6%	17%	9738.5216517427

Foreign investment flows to Uzbekistan					
	EU	중국	러시아	기타	Total investment flows
2009년					842
2010년					1628
2011년	8%	40%	28%	24%	1651
2012년	8%	33%	20%	39%	674
2013년					1077

Foreign investment flows to Turkmenistan							
	말레이시아	중국	러시아	EU	터키	기타	Total investment flows
2009년							4553
2010년							3631
2011년	39%	8%	9%	8%	6%	30%	3399
2012년							3117
2013년							3061

Foreign investment flows to Kyrgyzstan					
	CIS 국가들	중국	캐나다	영국	기타	Total investment flows
2009년	39.16%	7.79%	12.24%	16.73%	24.08%	189.3774
2010년	20.84%	10.62%	30.84%	11.08%	26.62%	437.5861
2011년	5.08%	17.62%	52.46%	6.05%	18.79%	693.528
2012년	10.14%	23.90%	22.51%	11.96%	31.49%	292.6639
2013년	13.10%	36.98%	22.13%	7.81%	19.98%	757.6

출처: 중앙아시아 대사관, 각국 신문, 정부 사이트 등을 참조하여 필자가 작성함.

하지만 중앙아시아에 대한 투자의 개략적 추세는 파악할 수 있다. 이 표들도 중국 투자의 급속한 증가를 보여주고 있다. 투자에 있어서도 중국은 빠른 속도록 액수를 늘려가고 있으며, 그 결과 중앙아시아에 투자하는 국가들 가운데 그 무게감을 높여가고 있다. 하지만 카자흐스탄의 경우 유럽으로부터의 압도적인 투자가 이루어지고 있으며, 기타 러시아나 말레이시아 등의 투자국들로부터의 투자도 결코 적지 않다. 이처럼 중국의 중앙아시아에 대한 투자 수준은 압도적 위치를 점하고 보기에는 한계가 있다.

그러나 이러한 추세가 지속될 경우 향후 러시아의 영향력의 급속한 약화와 서방의 영향력의 완만한 약화를 특징으로 하는 시나리오가 실현될 가능성이 없는 것도 아니다. 시진핑의 중국이 일대일로 구상에서 밝힌 것처럼 대규모 기반시설 구축에 대한 투자를 주도적으로 시행해 나갈 경우 이는 중요한 변수가 될 수 있을 것이다. 그런데 중국은 이러한 대규모 인프라 투자를 직접 실행하기보다는 아시아인프라투자은행AIIB을 설립하여 실현해 나가려는 계획을 추진하고 있다. 시진핑이 2013년 인도네시아 방문했을 때에 제안했던 이 새로운 금융기구는 아시아와 유라시아 지역의 대규모 기반시설 구축에 투자하기 위한 제도로 구상되었다. 중국은 기존의 국제통화기금IMF, 세계은행WB, 아시아개발은행ADB 등이 미국을 비롯한 서방의 이익을 우선시하여 아시아와 유라시아의 개발에 제한적 역할밖에 하지 못함을 비판하면서 새로운 기구의 설립 필요성을 밝혔다.[5] 이에 러시아는 물론 카자흐스탄, 우즈베키스탄, 타지키스탄, 키르기스스탄, 아제르바이잔 등도 가입하기로 결정하였다. 2015년 연말 예정대로 이 금융기관이 출범한다면, 중앙아시아의 인프라 건설 사업은 그 중요 투자처가 될 것임에 분명하다. 이는 비록 중국이 현 단계 커다란 투자자가 아닐지라도 자국이 주도하여 설립한 새로운 국제 금융제도를 통하여 이 지역에 대한 투자 영역에서도 매우 중요한 역할을 하게 될 것을 의미한다. 따라서 향후 AIIB가 중앙아시아 및 유라시아 신新실크로드경제벨트 구축 과정에서 행하게 될 역할을 예의 주시하여야 할 것이다.

IV. 중앙아시아 국가들의 대응

주요 강대국들이 유라시아라는 지정학적 공간에서 탈냉전 이후의 국제질서를 구성하는 새로운 역학관계를 형성하며 이러한 강대국들 간의 각축 양상이 압도적으로 중앙아시아 지역 국가들의 대내외 정치를 좌우할 것이라는 신 거대게임의 설명력은 과대평가된 측면이 있다. 과거 러시아와 영국 간의 "거대게임Great Game"이라 불렸던 투쟁이 국제관계뿐만 아니라 각 국가의 국내 상황에까지 그 파급력이 미쳤던 반면,

---

5　아시아인프라투자은행 홈페이지(http://www.aiibank.org/) 참조.

현재의 유라시아 지역의 동학은 실제 '신新 거대게임'에 참여하는 국가의 수가 늘었고, 각 국가의 자율성 또한 증대되었기 때문에 몇몇 강대국의 대결에 의한 압도성 내지 그들의 전횡은 현실적으로 어렵다는 평가이다(Weitz, 2006: 155-167; 고재남, 2005). 향후 중-러 간 경쟁의 관리 또는 심화 경향과 더불어 러시아의 대응이 공세적으로 나올 것인가에 주목할 필요 있으며, 동시에 이같은 유라시아 지역정치 변동이 동북아에 어떻게 연관될 것인가에도 주목해야 한다. 왜냐하면 동북아시아에도 미-중-러 전략적 삼각관계의 고리가 중첩하여 작용하고 있기 때문이다. 그런데 분명한 점은 신 거대게임 논의에서 간과되고 있는 것은 바로 중앙아시아 국가 정부들의 역할이다. 중앙아시아 국가들은 자신들이 지역정치의 전개에 있어서 핵심적인 주체이며, 외부 세력 개입에 대해 지역적 질서를 확립 및 유지하고, 이를 통하여 외세의 영향을 완화하려는 노력을 비교적 잘 수행하고 있다는 점에 주목해야 한다(Cooley, 2012). 미국, 러시아, 중국의 이해관계에 따른 강도 높은 각축과 권력 정치적 시도가 계속되고 있는 가운데서도(Din 외, 2004), 중앙아시아는 여전히 개별 독립국들의 집합으로 남아있으며, 이러한 외세의 경쟁은 개별 중앙아시아 국가들의 주권을 강화시켜주는 결과를 가져왔을 뿐임을 보면 더욱 그렇다.

결국 신 거대게임의 당사자격인 러시아, 중국, 미국의 입장에서 본 각국의 중앙아시아 지역에 대한 이해관계와 입장, 정책 방향 등이 중요한 의미를 가질 수 있겠지만, 중앙아시아 지역 국가들의 역할이 주요해짐에 따라 점차 그들을 포함하는 다자주의적 협력과 그러한 협력의 제도화가 더욱 중요해 질 것이라는 전망이 존재한다(신범식, 2008: 165-200).

중앙아시아 국가들의 정치경제적 발전 양상에 대한 최근의 분석을 살펴보면, 색깔혁명 이후 "관리 민주주의"와 "하이브리드 레짐"이 강화되는 현상이 발견되며, 이는 다시 정실자본주의와 국가자본주의의 전개로 연결되는 경향을 보여준다(Kalandadze 외, 2009: 1403-1425). 특히 에너지의 풍요가 역설적으로 자원의 저주와 국민들의 빈곤을 강화시키는 역리도 나타나고 있다. 따라서 이들 국가들이 지니고 있는 국내정치적 불안정성과 폭발성은 이 지역 국제정세를 안정적 추세나 예측가능성의 틀 속에서 해석해 내는데 큰 어려움으로 작용하고 있다. 따라서 이들의 역할에 대한 이해는 중앙아시아 지역정치를 이해하는데 필수적인 작업이 되고 있다.

중앙아시아 국가들이 직면하고 있는 도전은 내부, 지역, 국제 분야로 나누어 볼 수 있다.

국내정치 내부 문제는 거의 모든 국가에서 유사하게 나타난다(Tsygankov, 2012: 1-9). 또한 국내 불안정의 심화는 주변 국가들까지 악영향을 미치게 되는데, 키르기스스탄 등지의 무력분쟁과 지속적 혁명 상황으로 역내 많은 이민자들을 양산하는 등의 지역 정치 불안정화 요인을 추동한다(Токмаков, 2010). 국제 수준에서도 마약밀매, 테러 및 불법이민은 지역 안보에 중대한 위협으로 간주된다(Smith, 2014: Исаев, 2010). 이슬람 극단주의의 발흥도 문제이다. 특히 아프가니스탄에서 미군 철수는 이 지역에서의 극단주의 위협이 기본적으로 증가할 가능성 및 중국 신장 지역까지 그 위협 범위가 확대될 가능성을 의미한다(Khalid, 2007; Сминиров, 2011).

더불어 중앙아 국가들 간의 양자관계에서도 해결해야하는 분쟁들이 있다. 대표적으로 수자원 분쟁이 그것이다(강봉구, 2013a: 1-35). 또한 미해결된 국가 간 영토분쟁도 다수 존재한다(강봉구, 2013b: 1-39). 그리고 역내 국가 간에 나타나는 과도한 경쟁 또한 불안정성의 기원이 될 가능성이 있다(Zhambekov, 2015). 이는 중앙아시아 국가들 간의 지속되고 있는 불신 및 상충되는 이해관계가 첨예함을 반증한다. 중앙아시아연합체의 실패는 반대로 이들 각 국가들이 러시아, 미국, 중국과의 관계를 더욱 중요시 하는 경향을 발전시킬 수도 있다. 이처럼 양자관계의 악화는 지역 안정 전반의 중대한 변수가 될 수 있다.

러시아, 미국, 중국 등 강대국들의 이해관계가 다층적으로 충돌하는 유라시아 공간에서 중앙아시아 국가들은 위에서 언급한 대내외적 도전들 이외에 최근에 중국의 부상에 따른 중앙아 지역에서의 문제들과도 직면해야 한다. 장기적인 관점에서 중국의 부상은 큰 위협이 될 수도 있다. 앞서 언급한 도전들은 중앙아 국가들이 중장기적으로 해결해 나가야 할 문제들이지만, 중국의 부상은 새로운 차원의 도전이다.

중앙아시아에 대한 중국의 전략은 크게 에너지 확보 및 중국제품에 대한 내수시장의 확보로 대별될 수 있는데, 에너지 자원의 확보를 위해 중국은 에너지 수송망 건설에 많은 투자 하고 있으며, 중국과 이 지역을 연결하는 주요 도로 건설·재건을 위해 기울이는 노력은 이미 기술한 바와 같다. 그런데 이런 중국의 정책은 각종 문제들을 일으키기도 하였다. 가령, 중국~키르기스스탄~우즈베키스탄 연결 철도 건설계획의 추진 과정이나 카자흐스탄에 100만 헥타르 정도의 땅을 임대하려는 계획은 시민들의 반발을 불러일으키거나 시민들의 반대로 중단되기도 하였다(Beshimov, 2013; Сатпаев, 2013).

영향력을 급속히 강화해 오는 이웃 강대국의 정책적 변화는 지역 국가들에게 위기이면서 동시에 새로운 기회를 의미하기도 한다(Blank, 2012: 147-160). 국내 정치, 안보, 경제 그리고 사회 등 전반에 걸쳐 상승하는 중국의 영향력은 이미 기정사실화 되었으며, 이러한 환경 안에서 중앙아시아 국가들은 지역적 세력망 구도에 적응하는 한편, 중국의 부상이 제공하는 기회를 적극적으로 활용하는 전략을 동시적으로 구사하고 있다.

우선, 가장 뚜렷한 대응은 경제 분야에서 발견된다. 앞서 이미 살펴보았듯이, 중앙아시아 국가들은 전반적으로 중국과의 교역을 늘리는 모습을 보이고 있는 것이 사실이다. 하지만 타지키스탄의 경우를 제외하면 중국과의 교역이 압도적인 비율로 치닫지 않도록 유럽연합 및 러시아와의 교역도 함께 늘려가는 모습을 볼 수 있다. 특히 중앙아 최대의 무역국 카자흐스탄의 경우에도 중국과의 무역관계를 강화하면서도 동시에 유럽과의 관계를 강화하고 또한 러시아와의 교역관계도 유지해 가고 있는데, 이런 추세는 중앙아 국가들의 고민이 정책으로 대변되고 있는 것으로 이해될 수 있을 것이다.

하지만 중국이 보여주고 있는 자원에 대한 수요 및 투자 가능성과 더불어 중국 내수 시장에 대한 지역 국가들의 접근 가능성은 중앙아시아 국가들이 새로운 경제적 활로를 모색할 수 있는 기회로 활용될 수 있다. 중앙아 국가들의 이같은 정책 가능성은 카자흐스탄과 투르크메니스탄과 같이 에너지 자원에 대한 중국의 높은 관심을 활용하여, 러시아에만 의존하던 에너지 수출 경로를 확대하고 자국 에너지의 제값 찾기에 큰 효과를 발휘하고 있다(Swanstrom, 2005: 569-584).

중앙아시아 국가들은 중국의 중앙아시아에 대한 인프라 투자전략에 대하여 적극적으로 편승하는 전략을 취하고 있다. 중국은 이미 중앙아시아 국가의 인프라 건설에 적극적인 투자를 시작하였다. 예를 들어, 중국 수출입은행은 타지키스탄 외채의 41.3%를 제공하면서 2014년 이후로 최고의 원조국이 되었다. 나아가 중국은 "1대1로 정책"과 아시아인프라투자은행의 설립을 통하여 더 적극적인 투자를 약속하고 있다. 이에 중앙아 국가들은 자국에 대한 중국의 인프라 투자를 유치하기 위한 노력을 기울이고 있으며 AIIB에도 적극적으로 가입하였다. 중국은 이처럼 중앙아시아 국가에 필요한 금융을 제공하는 금융 중심지로서의 기능을 담당하고 있기 때문에, 중앙아시아 국가들의 중국에 대한 경제적 편승 정책은 이들 국가들이 그간 러시아에 대한 높은 경제적 의존도를 탈피하여 중국 경제에 대한 의존도를 높임으로써 일종의 "의존의 균형"을 추구하는 전략으로 이해될 수 있을 것이다. 최근에 러시아가 유라시아 경제연합을 통하여 중앙아 국가들에 대한 경제적 영향력을 강화하려는 노력에 대하여 역내 국가들이 또한 조심스럽게 참여하고 있는 것은 역내 국가들이 추구하는 경제적 의존의 균형을 향한 노력을 보여주는 것으로 이해해 볼 수 있을 것이다. 중국에 대한 경제적 의존의 증대가 얼마나 더 심화될지 예단하기 어렵지만, 현재 지역 국가들의 경제의존과 관련된 무게중심이 러시아에서 중국으로 이동하고 있는 추세는 당분간 계속될 것으로 보이며, 새로운 균형이 어디즈음에서 이루어질 것인가는 중국과 러시아의 각축 그리고 지역 국가들의 선택이 만들어 내는 함수에 의하여 결정될 것이다(Cooley, 2015).

둘째, 군사 및 사회 안보의 관점에서 중앙아 국가들은 러시아에 대한 의존을 유지하면서 이에 대한 중국과의 안보 협력에 대해 조심스러운 입장을 견지하고 있다고 정리할 수 있다. 소련 시기의 유산은 물론이고 푸틴 대통령의 등장 이후 회복된 러시아의 정치적 영향력이 중앙아시아에서는 뚜렷이 관찰되었다. 따라서 정치, 경제 모두 러시아에 대한 의존도가 상대적으로 높은 중앙아시아 국가들은 자신의 국가에서 미국 혹은 중국이 안보문제로 러시아와 불필요하게 대치하는 것을 바라지 않는다. 특히 군사적으로는 탈소비에트 전역에 주둔하고 있는 러시아군의 존재를 결코 무시할 수 없다. 〈표 7〉에서 보는 바와 같이 카자흐스탄과 타지키스탄 그리고 키르기스스탄에는 러시아 육군과 공군이 상당수 주둔하고 있다. 이처럼 역내 설치되어 있는 러시아 군사기지와 특히 러시아가 주도하고 있는 집단안보조역기구CSTO의 존재는 러시아가 이 지역에서 지닌 군사적 영향력을 단적으로 보여주고 있다. 중앙아시아 국가들은 이같은 러시아의 군사적 영향력에 대하여 인정하면서 이같은 러시아의 군사적 역할이 집

표 7 유라시아 내 러시아군 주둔 현황

국가	기지명	주둔병력	활동시작	계약종료
타지키스탄	Dushanbe, Qurghonteppa, Kulab, Ayni Air Base, Okno Space Facility	5500+	1991	2042
키르기스스탄	Kant Air Base	700+	1993	2032
아르메니아	Yerevan	3000+	1991	불확실
아제르바이잔	Daryal Radar Station	900+	1991	2013
벨라루스	Volga-type Radar Station, Baranovichi, Vileyka	850+	1991	불확실
남 오세티아	Tskhinvali, Java, Leningor	3500+	1991	불확실
압하지야	Bombora Airfield	3500+	1991	불확실
카자흐스탄	Dnep Radar Station, Sary Shagan Testing Grounds, Cosmodrome	알수없음	1991	2050
몰도바	Transnistria	1500+	1991	불확실
우크라이나	Sevastopol	26000+	1991	2047

단방위collective defence를 위한 동맹에 머물지 않고 좀 더 포괄적인 지역안보의 필요를 해결하는 것을 기대하고 있는 것으로 보인다. 물론 투르크메니스탄과 같이 안보적으로 중립을 표명하고 비동맹 노선을 견지하는 국가도 있으며, 우즈베키스탄과 같이 강대국의 영향을 거부하고 집단방위나 동맹 보다는 포괄적 안보기구에 의한 역내 평화유지와 안정을 추구하는 국가도 존재한다.

중국은 중앙아 지역에서 러시아의 역할을 존중하며 이에 대한 도전 내지 자극적 행위를 한 적은 없다. 하지만 중국이 중앙아시아에 진출하면서 이 지역을 자국의 안보상 매우 민감한 지역으로 규정하고 자국의 이익을 보호하기 위한 작전개념 등을 수립하고, 그에 필요한 군사적 태세 등에 대해서도 주의를 기울이고 있는 것으로 알려지고 있다(신범식, 2008: 165-200). 이같은 상황에서 중앙아 국가들은 러시아와 중국의 군사 및 안보적 대치상황을 원치 않고 있으며, 그런 상황을 회피하기 위하여 기존 러시아의 군사적 우위를 존중하되 그것이 자국의 내정에 대한 간섭의 수단이 되지 않도록 신경을 쓰고 있다.

그러나 2014년 우크라이나 사태 이후 러시아 푸틴 정부가 직간접적으로 과거 소련의 영향권 내에서의 실력행사 가능성을 천명하면서 중앙아시아 국가들의 러시아로의 통합에 대한 위협인식이 높아지고 있는 바, 중장기적으로는 중국, 미국, EU와의 안보 및 경제 협력을 확대하여 역내 안보적 세력균형을 이루려는 노력을 시도하게 될 가능성도 무시할 수 없을 것이다. 실제로 우즈베키스탄의 경우 미군의 아프간 철군 이후 지역 안보불안에 대한 대응으로 미군에 대한 기지 재再임대를 검토하기도 하였다(AFP, 2014/08/01). 물론 우크라이나 사태 이후 이런 논의가 어려워진 것도 사실이지만 중앙아시아 국가들에 대한 군사적 영향력의 우위를 유지하려는 러시아와 새로운 균형을 원하는 일부 역내 국가들과 중국 내지 미국의 협력 가능성은 늘 존재하고 있다고 봐야 할 것이다.

셋째, 경제적인 의존과 안보적인 의존 사이에서의 비대칭성을 넘어서는 방법으로 중앙아시아 국가들은 물론 중국과 러시아도 역내 세력균형에 도달하기 위한 정책적 대안으로서 "제도적 균형화institutional balancing"[6]에 대하여 주목하고 있다. 역내 국가들의 입장에서 러시아 영향력의 과도한 확대도 부담스럽지만 중국 영향력의 과도한 확

6　이 개념에 대해서는 다음을 참조. Kei He, "Institutional balancing and International Relations Theory: Economic Interdependence and Balance of Power Strategies in Southeast Asia," *European Journal of International Relations*, 14-3 (2008), pp. 489–518.

대 또한 부담스럽다. 따라서 중앙아 국가들은 다양한 역내 안보기구를 구상, 실현하고 이에 참여함으로써 제도의 중층적 존재가 주는 제도상의 균형성을 높이는데 깊은 관심을 가지고 있다.

표 8 　유라시아 국가들의 다자 지역협력체 가입 현황 (2013년말 현재-러시아 포함)

국가	CSTO	EurAsEC	SCO	CICA	BSEC	CC	EURASEC-CU	CISFTA	CIS	EDB
러시아	×	×	×	×	×	×	×	×	×	×
아르메니아	×				×			×	×	×
아제르바이잔				×	×	×			×	
벨라루시	×	×					×	×	×	×
조지아					×					
카자흐스탄	×	×	×	×		×	×	×	×	×
키르기스스탄	×	×	×	×				×*	×	×
몰도바					×			×	×	
타지키스탄	×	×	×	×				×*	×	×
투르크메니스탄						×			×	
우크라이나				×**	×			×	×	
우즈베키스탄	※	※	×	×				×*	×	

* 비준되지 않음. / ※ 2005~2007년 비교하면 우즈베키스탄만이 CSTO와 EurAsEC 탈퇴 /
CACO(Central Asia Cooperation Organization)은 2005년 10월 6일 상트 페트르부르그 CACO 정상 회담에서 EurAsEC과 통합. SES(Single Economic Space)도 2006년 6월 EurAsEC에 통합.[7]

　따라서 이들은 〈표 8, 9〉에서 나타나는 바처럼 다양한 역내 제도 및 역외 국가들까지 포함하는 제도에 참여함으로써 이같은 러시아와 중국의 영향력 확대 및 그 경쟁으로부터의 위험에 대응하려고 한다. 우즈베키스탄의 포괄적인 탈소비에트 공간의 안보를 담당하는 CIS 강화에 대한 요구나 CSTO에 대한 가입과 탈퇴의 반복은 이같은

7　CSTO(Collective Security Treaty Organization), SCO(Shanghai cooperation Organization), BSEC(Black Sea Economic Cooperation), EURASEC-CU(Custom Union), CIS(Commonwealth of Independent States), EURASEC(Eurasian Economic community), CICA(Conference on Interaction and Confidence Building), CC(Caspian Cooperation), CISFTA(Commonwealth of Independent States Free Trade Association), EDB(Eurasian Development Bank).

지역 국가들의 고민을 대변한다고 볼 수 있으며, 최근 카자흐스탄의 "다방향 외교정
책multi-vector foreign policy"(Blank, 2012: 147-160) 또한 이러한 제도적 균형화의 대표적인
사례이다. 카자흐스탄의 경우 러시아가 주도하는 CSTO나 유라시아경제연합EEU에 적
극적으로 참여하는 것은 물론 2014년 EU와 '강화된 동반자관계와 협력에 관한 협정
Enhanced Partnership and Cooperation Agreement'을 맺어 서방과의 협력에 통로들을 개척하는
노력을 지속하고 있다. 또한 SCO에 대한 참여와 더불어 자신이 발의, 설립한 아시아
신뢰구축회의(CICA) 등을 활성화함으로써 "포괄 안보"의 구도 하에서 중앙아시아의
안보를 증진시키기 위한 노력도 기울이는 것은 물론, 러시아, 중국에 이어 추가적인
외교 파트너를 찾는 한편 자국이 속한 안보제도들 간의 균형을 찾기 위한 노력을 지
속하고 있다(Starr, 2014).

〈표 8〉과 〈표 9〉를 비교해 보면 러시아가 참여하는 기구들의 수가 중국의 그것보
다 월등히 많음을 알 수 있다. 이에 대하여 중국은 SCO와 CICA를 적극적으로 활용
하는 것은 물론 최근에 AIIB의 설립을 통하여 자국의 제도적 영향력을 강화하기 위
한 조처에 나선 것은 어쩌면 당연한 일인지도 모른다. 이 기구의 설립을 중국의 미국
에 대한 경쟁의 차원에서만 주로 해석하려는 세간의 시각은 단편적 이해만을 반영한
다. 사실 AIIB는 미국 뿐만 아니라 중앙아시아에서 러시아의 제도적 영향력을 견제하
고 나아가 유라시아 전역에서 제도적 영향력을 강화하기 위한 목적으로 설립되는 기
관으로서의 성격을 지닌 다목적의 제도적 균형화 정책의 수단으로 이해될 필요가 있
다. 한 가지 더 지적되어야 할 것은 〈표 9〉에서 나타나는 바와 같이 러시아나 중국을
제외한 미국이나 서방 그리고 중앙아 국가들만이 참여하는 다양한 제도들이 설립되
어 운용되고 있다는 점은 바로 중앙아 국가들의 제도적 균형화를 위한 노력을 입증하
는 증거로 보아도 좋을 것이다. 이러한 중층적 네트워크 전략이 제도적 균형화 정책
에서는 핵심적인 요소가 될 수 있기 때문이다.

지난 20여 년간 국내적, 지역적, 국제적 수준에서 제기되는 다양한 도전들에 직면
하면서 또한 국가 건설과 다층적 체제전환의 과제들을 헤쳐 나오면서 중앙아시아 국
가들은 역내 중요한 행위자들로 자리 잡게 되었다. 그리고 이제 이들은 중국의 부상
이라는 새로운 형태의 도전 혹은 기회에 직면하게 되었다. 하지만 중국의 부상은 진
행 중이고, 중국이 압도적인 역내 영향력을 차지하게 된 것은 아직 아니다. 이 과정에
서 중앙아시아 국가들은 중국의 부상을 자국의 안정과 독립을 유지하고 번영의 조건
을 창출하기 위한 유용한 기회로 사용하고자 한다. 국가별 전략이 그 지리적 위치, 자

표 9 유라시아 국가들의 다자 지역협력체 가입 현황 (2013년말 현재-미국, EU, 중국 포함)

국가	SCO	CICA	BSEC	CDC	NATO-PfP	TRACECA	OIF	SECI	RCC	EEC	CEI	ADB
러시아	×	×	×									
아르메니아			×		×2	×	×			×**		×
아제르바이잔		×	×	×**	×2	×		×**				×
벨라루시					×3						×	
조지아			×		×1	×		×**		×**		
카자흐스탄	×	×			×3	×						×
키르기스스탄	×	×			×3	×						×
몰도바			×	×	×2	×	×	×	×	×	×	
타지키스탄	×	×			×3							×
투르크메니스탄					×3	×						×
우크라이나		×**	×		×1	×	×	×**		×	×	
우즈베키스탄	×	×		×	×3	×						×
미국		×**	×**	×**	×			×**	×			×****
EU			×** ***	×**	×***	×	×***	×**	×	×	×**	×****
중국	×											×

* 옵서버 / ** EU 일부 가입국 / *** Non regional member / X1 - Accelerated dialogue participants / X2 - Participants Individual Partnership Plan / X3- "Partnership for Peace"[8]

원의 분포, 그리고 역사적 유산 등에 따라 달리 나타나고 있는 것도 사실이다. 중앙아 국가들은 새롭게 부상하는 강대국 중국에 대하여 한편으로는 편승하여 러시아와 서방에 대한 균형추로서의 역할을 부여하지만, 동시에 과도한 영향력의 확장이 이루어지는데 대한 경계를 게을리 하지 않고 있는 것으로 보인다. 중국의 경제적인 확장에 대하여 많은 분석들이 있지만 중앙아 국가들은 전반적으로 경제적 영향력에 대한 일

---

8 GUAM(Organization for Democracy and Economic Development), ECO(Economic Cooperation Organization), CDC(Community of Democratic Choice), TC(Turk Council), NATO(North Atlantic Treaty Organization), EU(Europe Union), TRACECA(Transport Corridor Europe-Caucasus-Asia), OIF(Organisation internationale de la Francophonie), SECI(Southeast European Cooperative Initiative), RCC(Regional Cooperation Council), EEC(Energy Community), CEI(Central European Initiative), ADB(Asian Development Bank).

정 정도의 균형적 배분에 대한 지향을 추구하고 있는 것으로 보인다. 동시에 이처럼 증대되는 중국의 경제적 영향력이 러시아의 정치 및 안보적 영향력을 완전히 상쇄하기는 어렵다는 점도 잘 인지하고 있는 것으로 보인다. 이 과정에서 경제 부문에서의 경쟁과 안보 부문에서의 타협이라는 구도가 윤곽을 드러내면서 이제는 제도적 균형에 대한 고민이 더 깊어가고 있는 것으로 보인다.

따라서 중앙아 국가들은 한편으로는 국내적으로 급격한 변동이 발생하지 않도록 관리하면서 우크라이나 사태 이후 지역정치가 실종될 위기적 상황을 넘어 제도적 틀의 개발을 통하여 협력과 번영의 기회를 일구려는 노력을 지속하고 있다고 결론지을 수 있을 것이다.

V. 지역질서에 대한 함의

중국이 중앙아시아 국가들에게 매력적인 가장 큰 이유는 그 경제력에 앞서서 중국이 러시아나 미국과는 달리 중앙아 국가들의 국내정치에 대한 불개입의 원칙을 철저히 지키려 한다는 점이다. 중앙아시아에 대한 중국의 전략적 이익은 현재까지는 몇몇의 전초기지에 집중되어 있는 것으로 보인다. 카자흐스탄과 투르크메니스탄이 중국 경제를 위한 에너지 및 천연 자원의 중요한 공급처로 떠오르고 있다. 특히 신장 등 서부 지역의 발전을 추구하는 중국 지도부는 가스, 석탄, 석유 등의 개발을 위한 중앙아시아에 대한 투자와 개발을 지속할 것이다. 그리고 천연자원의 원활한 수송과 중국 상품 시장의 확대를 위하여 그리고 나아가 유럽 시장에 대한 진출에 용이한 조건을 만들기 위하여 중국은 중앙아시아의 교통물류 인프라의 구축과 개선에 점점 더 큰 노력을 기울이게 될 것이다. 가능하다면 중앙아시아 국가들과의 자유무역지대 창설을 위한 노력을 기울일 것이다.

이러한 중단기적인 목표들을 달성하기 위하여 중국은 SCO의 틀을 적극 활용할 것이고, 신新실크로드경제벨트 정책을 적극적으로 추진할 것이며, 나아가 아시아인프라투자은행AIIB의 설립을 통한 제도적 영향력의 확대를 시도할 것이며, 양자 관계를 통한 투자 확대도 적극적으로 모색할 것이다. 이같은 중국의 정책에 대하여 중앙아시아 국가들은 적극적으로 호응하며 나올 것으로 보인다. 자국 시장의 발전과 투자의 유치 그리고 인프라 개발을 위한 투자 등은 매력적인 유인이 되고 있다. 따라서 현재 중국과의 경제 관계를 강화하고 무역을 확대하는 중앙아 국가들의 정책은 지속될 것이며, 그에 따른 중국의 영향력은 지속적으로 확대될 것이 거의 확실해 보인다. 하지만 중국이 경제적인 영향력의 확대에 걸맞은 안보적 및 정치적 영향력의 확대를 얼마만큼 꾀할 수 있을지는 확실해 보이지 않는다. 특히 안보 분야에서 중국의 영향력은 중단기적으로 러시아와 연관되어 있는 제약적 여건을 타개하기 쉽지는 않을 것이다.

따라서 안보 분야에서 기존에 러시아가 지니고 있던 영향력은 당분간 유지될 것이다. 하지만 우크라이나 사태 이후 러시아의 안보 분야에서의 강점도 상당히 타격을 받은 상황에서 중국이 적절한 계기를 찾게 될 경우 중국의 안보적 영향력의 확대도 불가능한 것은 아닐 것으로 보인다. 우즈베키스탄의 미군 철군 이후의 아프가니스탄의 불안정은 지역 국가들의 현실적이고도 긴박한 우려 중의 하나이다. 그러나 현재 경제적 영향력 확대에 매진하고 있는 중국이나 역내 안보에 실질적으로 기여할 수 있는 CSTO 내 신속대응군을 완비하지 못하고 있는 러시아도 아프가니스탄의 불안정성이 중앙아 국가들에게 주는 위협감에 대하여 적절한 대응책을 마련하고 있지는 못하다. 결국 누가 지역 국가들이 고민하는 안보 문제에 대한 실질적인 도움을 줄 수 있는 국가가 되느냐가 중요하다. 그런 의미에서 러시아가 주도하는 CSTO가 지역의 평화 유지, 테러의 근절 및 역내 안보의 증진에 얼마만큼 기여할 수 있을 것이냐가 그 영향력 유지에 관건이 될 것으로 보인다. 아니면 미국의 일정한 정도의 부분적 역할이 다시 요청될 가능성도 완전히 배제하기는 어렵다. 우즈베키스탄은 미군 기지의 설치를 다시 허용하는 방안을 검토했던 것으로 알려지고 있다.

정치적 영향력에서 중국의 영향력은 러시아의 그것에 필적해 가고 있는 것으로 보인다. 다만 러시아가 이런 부분이 가시화 되지 못하도록 외교적 노력을 펴는 것은 절실하고도 현명한 대처일 수 있다. 정치적 영향력과 관련하여 중요한 것은 결국 제도적 균형화를 얼마만큼 효과적으로 달성해 갈 수 있는지에 달려 있어 보인다. 그런 의미에서 중국이 공들이고 있는 SCO나 CICA 그리고 AIIB의 발전방향을 면밀히 관찰할 필요가 있다.

결국 중앙아를 둘러싼 신 거대게임이란 것은 점차 역내 국가들의 요구에 주요 강대국들이 얼마만큼 부응할 수 있는가의 싸움으로 변화해 가고 있으며, 그런 의미에서 경제적 자원과 매력은 이 지역 질서의 변화를 주도하려는 강대국들의 중장기적 성공을 담보하는 열쇠가 될 것이다. 이런 의미에서 중국의 중앙아시아에 대한 경제력을 앞세운 매력 공세는 앞으로 더욱 거세질 것이며, 이에 대한 러시아의 균형화를 지향하는 대응도 만만치 않을 것이다. 이 사이에서 중앙아시아 국가들의 지역 내 세력 균형을 위한 노력은 때로는 중국의 경제적 팽창에 대한 편승band-wagoning으로, 때로는 러시아와 유럽 등 서방과의 경제관계를 유지, 발전시키는 헤징hedging의 노력으로 나타날 것으로 보인다. 그리고 이러한 역내 균형을 향한 노력은 중국이 주도적으로 끌어가고 있는 제도에 대한 참여는 물론이고, 러시아나 기타 국가들이 참여하는 제도의 활성화 과정에도 참여함으로써 "제도적 균형"을 달성하려 노력으로 지속될 것이다. 우크라이나 사태 이후 "강대국 중심의 지정학이 다시 복귀"함으로(Mead, 2014) 지역 정치의 실종을 우려하는 목소리가 있는 것이 사실이지만, 신 거대게임의 중심지인 중앙아시아에서는 여전히 역내 국가들의 편승band-wagoning과 헤징hedging 사이에서의 끊임없는 균형 잡기와 그로부터 파생되는 자기역할 찾기가 지속될 것이며, 지역 내 세력의 급속한 변동을 막고 균형을 유지하는 가운데 세력 확장을 꾀하는 강대국들과 "의존의 균형balance of dependency"을 유지하려는 지역 국가들의 상호작용이 만들어낼 동학은 계속될 것이다.

:::참고문헌

강봉구. 2013a. "대립인가 협력인가? : 우즈베키스탄과 타지키스탄간의 로군댐 분쟁," 『슬라브학보』 28권 4호. 1-35.
강봉구. 2013b. "중앙아시아 페르가나 지역의 국경 분쟁," 『슬라브학보』 28권 1호. 1-39.
고재남. 2005. 『트랜스 카프카즈·중앙아시아의 '신 거대게임'과 러시아의 대응』, 서울: 외교안보연구원.
김상원. 2014. "유라시아경제연합과 중앙아시아 : 경제통합 실현을 중심으로," 『슬라브학보』 29권 4호. 31-60.
신범식. 2008. "신 거대게임으로 본 유라시아 지역질서의 변동과 전망," 『슬라브학호』 23권 2호. 165-200.
이선진. 2014. "중국 실크로드(Silk Road) 구상의 전략적 의미," 『JPI 정책포럼』 No. 2014-19.
조정원. 2010. "중국-카자흐스탄 석유 및 가스 협력 관계," 『슬라브학보』 25권 2호. 117-141.
주장환. 2014. "중국의 대 중앙아시아 정책: 서진(西進) 전략의 배경·내용·전망," 『한중사회과학연구』 12권 제3호 (통권 32호). 55-73.
한석희. 2012. "시진핑 지도부의 대외관계 분석: 대미정책과 대북정책을 중심으로," 『국가전략』 18권 4호. 33-53.
현승수. 2014. "중국의 세력 확대에 대한 중앙아시아 국가들의 대응," 중앙아시아 연합학술대회 자료집 『유라시아 이니셔티브와 중앙아시아』 (한양대 백남학술정보관, 2014년 12월 12일).
홍 예브게니·신범식. 2015. "중국의 중앙아시아 전략과 중국-카자흐스탄의 경제협력: 현황과 전망," 『아시아 리뷰』 4권 2호, 181-204.

Avliekulov, Bunyod. 2011. "Investment Attack of China." Economic Review (October 24). http://old.review.uz/ru/article/301 (검색일: 2015/08/04)
Bae, Jung-Ho and Jin-Ha Kim (eds.). 2014. *China's Strategic Environment and Externl Relations in the Transition Period*. Korea Institute for National Unification, V, VI. 2014.
Beshimov, Baktybek, R. Satke. 2013. "China extends grip in Central Asia," *Asia Times* (Nov. 13). http://www.atimes.com/atimes/Central_Asia/CEN-01-131113.html (검색일: 2015/08/04)
Blank, Stephen. 2005. *After Two Wars: Reflections on the American Strategic Revolution in Central Asia*. Strategic Studies Institute, U.S. Army War College.
Blank, Stephen. 2007. *U.S. Interests in Central Asia and the Challenges to Them*. Strategic Studies Institute, U.S. Army War College.
Blank, Stephen. 2012. "Whither the New Great Game in Central Asia?" *Journal of Eurasian*

Studies No. 3. 147-160.

Blank, Stephen. 2015. "China's Silk Roads and Their Challenges," *CACI Analyst* (January 7) http://www.cacianalyst.org/publications/analytical-articles/item/ 13119-chinas-silk-roads-and-their-challenges.html (검색일: 2015.01.21.).

Bridge, Robert. 2012. "Chinese Foreign Policy to be 'Less Isolated, More Ambitious, More Aggressive." *RT* (Nov 16), http://rt.com/op-edge/china- russiaamerica-foreign-ministry-878/ (검색일: 2014.11.21.).

Clarke, Michael E. 2011. *Xinjiang and China's rise in Central Asia – A History*. London: Routledge.

Cooley, Alexander. 2012. *Great Games, Local Rules: The New Power Contest in Central Asia*, New York, Oxford University Press.

Cooley, Alexander. 2015. "China's Changing Role in Central Asia and Implications for US Policy: From Trading Partner to Collective Goods Provider", "Looking West: China and Central Asia" U.S.-China Economic and Security Review Commission.

Din, Shiu and Lifang Li. 2004. "Geopolitical Interests of Russia, USA and China in Central Asia." *Central Asia and Caucasus*, No. 3, http://www.ca-c.org/ journal/2004/ journal_rus/cac-03/17.lifrus.shtml (검색일: 2010.12.02).

Fallon, Joseph E. 2013. "U.S. Geopolitics: Afghanistan and the Containment of China," Small Wars Journal (August 12, 2013), http://smallwarsjournal.com/jrnl/art/us-geopolitics-afghanistan- and-the-containment-of-china (검색일: 2014.02.07).

Garret, Geoffrey. 2010. "G2 in G20: China, the United States and the World after the Global Financial Crisis," *Global Policy*, Vol. 1, Issue 1, 29-39.

He, Kei. 2008. "Institutional balancing and International Relations theory: economic interdependence and Balance of Power strategies in Southeast Asia," *European Journal of International Relations*, Vol. 14, No. 3, 489-518.

Hormats, Robert D. 2011. "The U.S.' New Silk Road Strategy: What is it? Where is it Headed?," *U.S. Department of State*, (September 29), http://www.state.gov/e/rls/ rmk/2011/174800.htm (검색일: 2014.02.07).

Hyun, Seungsoo. 2013. "Central Asia and China: current state and future prospects," EMERICs Russia and Eurasia,. http://www.emerics.org/mobile/column.do?action=detail&systemcode=04&brdctsno=112224 (검색일: 2014.02.07)

Ibraimov, Sadykzhan. 2009. "China-Central Asia Trade Relations: Economic and Social Pattern," *China and Eurasia Forum Quarterly*, Vol. 7, No. 1, 47-59.

Indeo, Fabio. 2012. "The Rise of China in Central Asia," *Heartland: Eurasian Review of Geopolitics*, (August 20), http://temi.repubblica.it/limes- heartland/the-rise-of-china-in-central-asia/1928 (검색일: 2014.02.07.).

International Crisis Group, "China's Central Asia Problem," Asia Report, No. 244 (February 27, 2013). http://www.crisisgroup.org/en/regions/asia/centreal-asia/244-chinas-central-asia-problem.aspx (검색일: 2015.08.04)

Laruelle, Mariene, Sebastien Peyrouse, Jean-Francois Huchet, and Bayram Balci, (eds.). 2010. *China and India in Central Asia: A New "Great Game"?* London: Palgrave Macmillan.

Marantidou, Virginia and Ralph Cossa. 2014. "China and Russia's Great Game in Central Asia," *The National Interest* (October 1, 2014). http://nationalinterest.org/blog/the-buzz/china-russias-great-game-central-asia-11385 (검색일: 2015.08.04)

Kalandadze, Katya, Mitchell A. Orenstein, 2009. "Electoral Protests and Democratization Beyond the Color Revolutions," *Comparative Political Studies*, Vol. 42 No. 11, 1403-1425.

Khalid, Adeeb. 2007. *Islam after Communism Religion and Politics in Central Asia*. Berkeley: University of California Press.

Laruelle, Marlene, Sebastien Peyrouse. 2012. *The Chinese Question in Central Asia: Domestic Order, Social Change, and The Chinese Factor*, New York: Columbia University Press.

Mead, Walter. 2014. "The Return of Geopolitics: The Revenge of the Revisionist Power," *Foreign Affairs* (May/June 2014), http://www.foreignaffairs.com/articles/china/2014-04-17/return-geopolitics (검색일 2015.05.24.)

Michel, Casey. 2014. "China Edging Russia out of Central Asia." *The Diplomat* (November 11), http://thediplomat.com/2014/11/china-edging-russia-out-of-central-asia/ (검색일 2015.05.24)

Petersen, Alexandros. 2013. "China is Pivoting to Central Asia - But Is Washington Paying Attention?" *The Atlantic* (October 28), http://www.theatlantic.com/china/archive/2013/10/china-is-pivoting-to-central-asia-but-is-washington-paying-attention/280921/ (검색일 2015.05.24)

Rousseau, Richard. 2013. "Kazakhstan: Continuous Improvement or Stalemate in its Relations with China?" *Strategic Analysis*, Vol. 37, No. 1, 40-51.

Sheives, Kevin. 2006. "China turns west: Beijing's contemporary strategy towards Central Asia." *Pacific Affairs*, Vol. 79, Issue 2, 205-224.

Shi, Yinhong. 2007. "Great Power Politics in Central Asia Today: A Chinese Assessment," in Elizabeth Van Wie Davis and Rouben Azizian (eds.), *Islam, Oil, and Geopolitics: Central Asia after September 11*. Lanham, Maryland: Rowman and Littlefield.

Smith, Josh. 2014. "As Russia, US joust over Central Asia politics, Afghan drug trade thrives, Stars and Stripes."(January 1), http://www.stripes.com/news/ as-russia-us-joust-over-central-asia-politics-afghan-drug-trade-thrives-1.260155(검색일: 2015.04.01).

Starr, S. Frederick. 2014. "Reaffirming Balance: Kazakhstan's Expanded Foreign Policy Strategy and its Response." *CACI Analyst* (October 10), http://www.cacianalyst.org/publications/analytical-articles/item/13081-reaffirming-balance-kazakhstans-expanded-foreign-policy-strategy-and-its-response.html (검색일:2015.03.20.).

Swamstrom, Niklas, 2005. "China and Central Asia: A New Great Game or Traditional Vassal Relations?" *Journal of Contemporary China*, Vol.14, Issue 45, 569-584.

Tsygankov, Andrei. 2012. "The Heartland No More: Russia's Weakness and Eurasia's Meltdown," *Journal of Eurasian Studies*, No. 3, 1-9.

Weitz, Richard. 2006. "Averting a new great game in Central Asia," *The Washington Quarterly*, Vol. 29, No. 3, 155-167.

Zhambekov, Nurzhan. 2015. "Central Asian Union and the Obstacles to Integration in Central Asia", *CACI Analyst* (January 7), http://www.cacianalyst.org/publications/analytical-articles/item/13116-central-asian-union-and-the-obstacles-to-integration-in-central-asia.html (검색일: 2015.01.21.).

"China's 'soft power': Central Asia at a Point." *Radiotochka.kz* (2014.01.25.), http://radiotochka.kz/1592-.html (검색일: 2014.02.07).

"New Silk Road Meets Eurasian Union." *Sputnik Internationl* (2015.04.10.), http://sputniknews.com/columnists/20150410/1020714196.html (검색일: 2015.04.11.).

"President Xi proposes Silk Road economic belt." *China Daily* (2013.09.07.), http://www.chinadaily.com.cn/china/2013xivisitcenterasia/2013-09-07/content_16951811.htm (검색일: 2015.05.24.).

"Rising China, Sinking Russia." *The Economists* (September 14, 2013). http://www.economist.com/news/asia/21586304-vast-region-chinas-economic-clout-more-match-russias-rising-china-sinking (검색일: 2015/08/04)

"Uzbezkstan says no plans for new US military base,' AFP (August 1, 2014), http://news.yahoo.com/%20uzbekistan-says-no-plans-us-military-164758677.html" (검색일: 2014.12.11)

Богатуров, А. Д. (ред.). 2011. *Международные отношения в Центральной Азии: события и док.* М.: Аспект Пресс.

Жуков, С. В., О. Б. Резникова. 2009. *Центральная Азия и Китай: экономическое взаимодействие в условиях глобализации.* М.: ИМЭМО РАН.

Исаев, Артур. 2010. "В. Орозалиев: Клан Банкиевых и наркотрафик. Как расчишали дорогу наркоте", *ЦентрАзия* (June 18), http://www.centrasia.ru/ newsA. php?st=1276843680 (검색일: 2014.10.11.).

Сатпаев, Досым. 2013. "Китайская экспансия: мифы и реалии", *Forbes* (January 17), http:// forbes.kz/process/expertise/kitayskaya_ekspansiya_mifyi_ i_realii (검색일: 2014.05.21.).

Сминиров, Сергей. 2011. "Казахский халифат", *Газета.ru.* (January 11), http://www.gazeta. ru/politics/2011/11/01_a_3819186.shtml (검색일: 2014.05.21.).

Токмаков, Александр. 2010. "В Киргизии растет число желающих покинуть страну" (April 29), http://www.dw.de/dw/article/0,,5518912,00.html (검색일: 2015.03.21.).

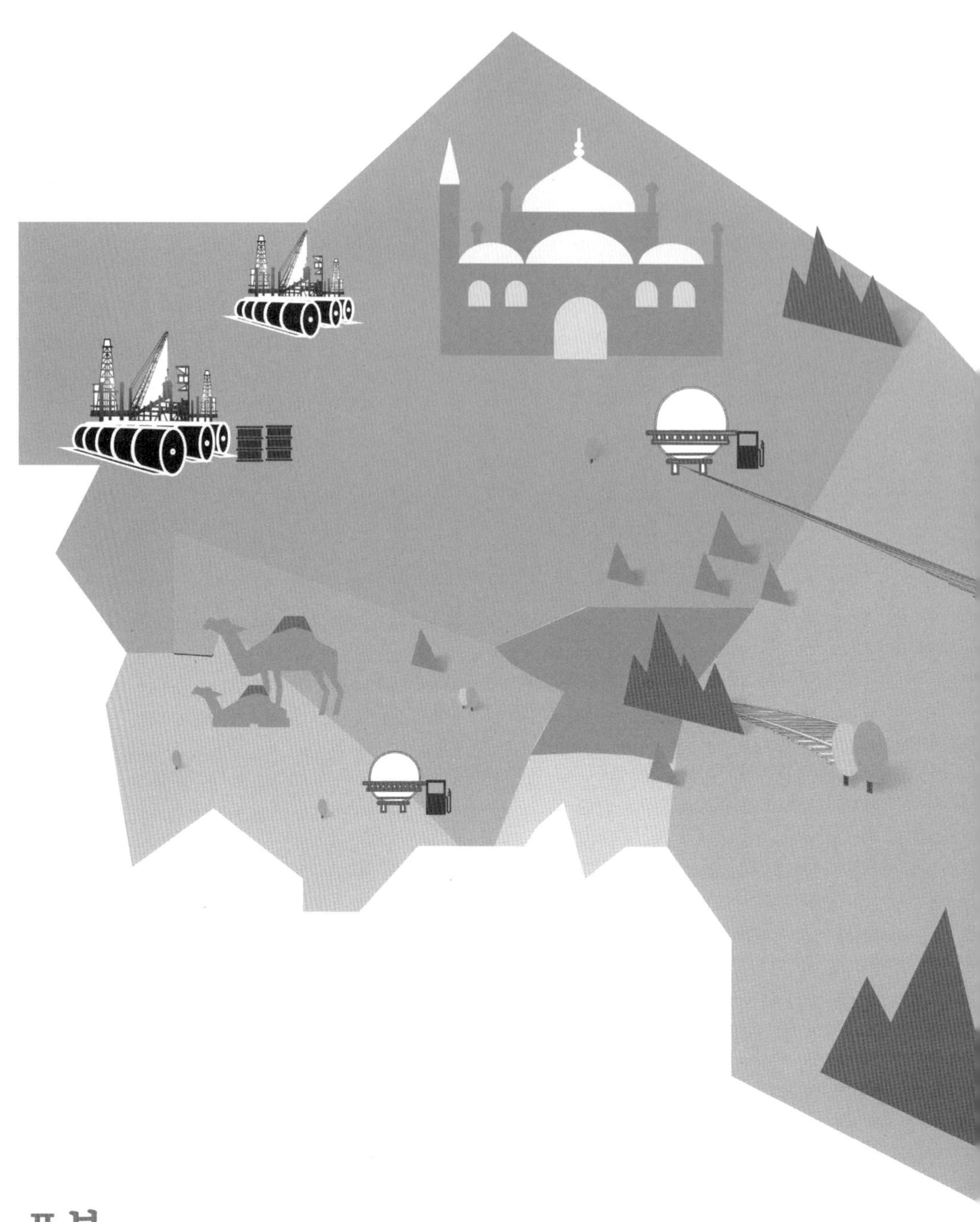

중국의 부상에 대한 중앙아시아 각국의 대응

간지 디자인 : 맑은샘

중국의 중앙아시아 전략과 중국-카자흐스탄의 경제협력: 현황과 전망

예브게니 홍(Yevgeniy Khon)

I. 서론

중국의 부상은 언론과 전문가들 사이에서 점차 더 많은 관심을 받고 있다. 학자들 사이에서는 중국이 세계 정치에서 어떠한 새로운 역할을 할 것인지와 21세기의 새로운 초강대국이 될 수 있을지 여부에 관한 상당한 논의들이 진행되고 있다. '초강대국'으로서의 부상이 사실인지 여부와 무관하게 이제 중국이 전 세계 거의 대부분의 지역, 특히 주변국들 간의 관계에서 전략적 이익을 가진 중요한 지역적 강대국을 넘어서는 행위자로 등장하고 있다는 점은 부정할 수 없다.

이같은 중국의 주변 지역 중 중앙아시아는 여러 강대국들의 이해가 맞닥뜨리고 있는 대표적인 지역으로, 특히 탈냉전 이후 약화되었던 세력을 회복하려는 러시아와 9.11 이후 테러전쟁의 일환으로 아프가니스탄 전쟁을 치르면서 이 지역에 진출하게 된 미국의 이해가 예리하게 상충하고 있던 지역이었다(Wishnick, 2002; Hansen, 2005;

* 이 글은 『아시아리뷰』 4-2 (2015)에 게재된 논문을 본서의 편집 취지에 맞도록 수정·보완한 것입니다.

Blank, 2005; Blank, 2007). 하지만 최근에는 중국이 중앙아시아에서 자국의 영향력을 확대하기 위한 노력을 강화하고 있으며(Chung, 2004; Swanstrom, 2005; Sahmbaugh, 2006; Sheives, 2006; Millward, 2007; Clarke, 2007), 이같은 중국의 중앙아시아에서의 부상에 따른 러시아와 중국 사이의 경쟁도 주목을 받고 있다(Petersen, 2013; Michel, 2014). 이러한 중국의 정책은 에너지 자원과 지정학적 이해 그리고 경제적 팽창의 무대로서 이 지역에 대한 주변 강대국들과의 경쟁적 성격을 띠고 있는 것이기도 하지만(Cohen 2005; Olcott, 2005), 동시에 지역 국가들에게는 새로운 기회를 제공해 주는 측면도 있다. 특히 새롭게 주석이 된 시진핑Xi Jinping의 중앙아시아 방문은 중국이 지역안보와 에너지, 무역, 경제발전 등 다양한 분야에서 협력을 심화시키는 데 장기적인 이익을 가지고 있음을 재확인시켜 주면서 중국의 이 지역에 대한 정책이 더욱 적극적으로 전개될 것임을 예상케 하고 있다(Pantucci, 2014). 이러한 중국의 중앙아시아 정책에 조응하여 역내 국가들은 중국과의 경제관계를 조심스레 혹은 적극적으로 확대해 가고 있으며, 중국의 중앙아시아에서의 영향력은 경제적 측면에서는 거의 최고의 자리에 도달해 가고 있는 것으로 보인다.

중앙아시아의 신 거대게임에 대해서 주로 미국의 중앙아시아 진출과 관련하여 많은 연구들이 이루어져왔다(Roy, 2000; Cummings, 2002; Luong, 2002, 2004; Edwards, 2003; Kleveman, 2003; Cooley, 2012). 중앙아시아에서 중국의 부상에 대한 연구는 최근 들어 늘고 있는 것은 사실이지만, 중국의 5세대 지도부 등장 이후 중국의 중앙아시아 정책의 변화에 대한 본격적인 연구는 아직 없는 것이 현실이다. 또한 중앙아시아의 주요한 중견국 카자흐스탄의 경우, 중앙아시아의 중요한 지역 국가로 주목받고 있지만(Legvold, 2005), 중국의 중앙아시아 정책에서 의미 있는 역할을 수행하는 중요한 파트너로 등장하고 있는 카자흐스탄의 입장에서 중국과 카자흐스탄의 관계에 대한 연구는 많지 않다. 중국과 카자흐스탄 양국 간의 관계는 전반적으로 동적이면서 긍정적인 경향성을 보여 왔다(*China Daily*, 2007; McDermott, 2011; *People's Daily Online*, 2011; Rousseau, 2013). 특히 최근 중국의 적극적인 중앙아시아정책의 전개는 카자흐스탄의 입지를 더욱 강화시켜 주고 있다(Pantucci, 2014). 카자흐스탄의 입장에서 중국과 협력하는 것은 막대한 경제적 이익뿐만 아니라 핵심적이면서 명백한 이점을 얻을 수 있어 보인다. 그러나 러시아나 미국에 비해 중국이 가지고 있는 매력에 대해 밝히고 있는 연구는 거의 찾아보기 어렵다. 사실 워싱톤 D.C.나 모스크바의 그것과는 달리 베이징의 전략은 어떠한 국내 정책과 현재 상황에 대한 개입을 회피함으로써 중국을 매력적인 협력의 대상으로 만들어 주고 있는데, 이에 주목하고 있는 연구는 드물다. 물론 최근 중국의 중앙아시아에 대한 적극적 진출이 과연 이같은 불간섭 및 경제와 안보의 분리라는 원칙을 순전히 지키도록 그대로 둘 수 있을 것인지에 대해서는 의문의 여지가 제기될 수 있다. 하지만 이 연구는 이같은 중국의 정책적 지향이 양국관계에 대하여 가지는 긍정적 효과에 주목하면서 논의를 전개시켜 볼 것이다.

따라서 이 글은 중국의 5세대 지도부가 등장한 이후 적극적으로 전개되고 있는 중국의 중앙아시아에 대한 정책을 이해하고 역내 국가들의 조응을 통한 실현 가능성을 평가하기 위하여 카자흐스탄과 중국 간의 관계를 구체적으로 고찰하는 목표를 가진다. 특히 양국 간 경제적 협력의 현황을 파악하고, 나아가 향후 변화 가능성에 대해서 고찰해보고자 한다. 특히 중국의 대(對)카자흐스탄 정책에서 나타날 수 있는 변화와 그에 따라 카자흐스탄이 중국과의 협력 속에서 얻을 수 있는 이해관계의 변화에 주목해 볼 것이다.

Ⅱ. 시진핑 중국의 대(對)중앙아시아 전략

2013년 3월, 제12차 전국인민대표대회 제1차 본회의에서 십 년만에 중국 지도부 교체가 이루어졌다. 리위안차오Li Yuanchao 중국 국가부주석의 예기치 못한 임명 이외에는 권력 교체가 계획에 따라서 순조롭게 이루어졌다. 이를 통해 국가 운영에서 모든 핵심 인사들은 "5세대" 정치인들로 채워졌다.

"5세대" 지도부는 후진타오Hu Jintao-원자바오Wen Jiabao 이인체제 하에서 마련된 대외정책 기조를 고수할 것으로 예상된다. 중국 공산당CPC: the Communist Party of China 내에서도 중국의 향후 발전경로에 대한 논쟁이 지속되고 있음에도 불구하고 장기적인 관점에서 현재의 대외전략을 대체할 만한 적절한 방안이 제시되지 못하고 있다. 이뿐만 아니라, 새로운 지도부는 국내 문제들을 해결하는 데 보다 초점을 맞추고 있는 것으로 평가된다. 중국에서는 지난 10년에서 15년간의 개혁개방 시기 동안 무수히 많은 문제들이 누적되어 왔다. 그 중에서 일부 – 예를 들어, 사회 계층화와 부패의 심화, 중국 공산당에 대한 부정적인 이미지의 강화, 정치적 자유화의 요구 증대 등 – 는 빠른 시일 내에 효과적인 개입을 하지 않는다면 국가의 붕괴로까지 이어질 수 있는 심각한 사회적 · 정치적 위기를 야기할 수 있다. 이에 대해서는 지난 "4세대" 지도부뿐만 아니라 시진핑 역시 인정한 바 있다(Ivanov, 2013).

따라서 "5세대" 지도부의 대외정책 기조는 보다 단호해지면서도 대외적으로는 "소프트 파워soft power"의 중요성을 강조할 것이라고 추정해 볼 수 있다. 중국 지도부는 대외정책 기조에 새로운 요소를 제시하면서, 기존의 국제문제에 대한 "저자세low profile" 전략을 버리고 경제 분야뿐만 아니라 군사 분야에서도 자국의 국가이익을 보다 적극적으로 보호할 의도를 보여주고 있다(Bridge, 2012). 이러한 의미에서 새로운 세계 금융시장에서의 경제적 역량과 영향력을 기반으로 한 중국의 글로벌 리더십에 대한 요구는 증가할 수밖에 없다.

그러나 단기적으로는 중국 대외정책의 개념적 틀인 화평발전peaceful development과 후진타오가 제시한 "조화 세계harmonious world"(Communist Party of China, 2009)의 건설에 기반한 기존 지도부의 전략은 유지될 것으로 보인다.

이는 새로운 중국 지도부가 아래와 같은 복합적인 문제들을 다룰 수 있는 정책을 수행할 것임을 시사한다.

- 분쟁에 직접 개입하는 것을 피하고, 가능하다면 분쟁 예방 조치를 취한다.
- 미국과 직접적으로 대립하지 않는 것은 물론이거니와 경우에 따라서는 협력을 하면서, 특히 아시아-태평양과 중앙아시아를 포함하는 중국의 핵심이익지역에서 미국의 존재와 영향력의 정도를 감소시킬 수 있는 조건을 형성하려고 노력한다.
- 구소련 지역 주요 행위자로서 러시아의 위상에 의문을 제기하지 않으면서, 동시에 해당 지역을 중국의 "전략적 배후지strategic rear"로 인식하고 점진적으로 독립국가연합CIS과 중앙아시아 국가들과의 경제적 · 정치적, 가능하다면 군사적 관계까지도 강화한다.
- 세계의 다양한 지역 및 엘리트들에게 중국이 신뢰할 수 있는 정치적 · 경제적 파트너라는 긍정적인 이미지를 증진시킨다.
- 미국과 서방 국가들과의 중요한 파트너로서 스스로의 위상을 정립하면서 선진국과 개발도상국의 상호대립적인 이익에 대비하고, 세계 정치와 평화 외교의 절충자로서 자리매김하고자 한다. 동시에 미국을 포함한 전통적인 전 세계 및 지역 차원의 주도세력과의 관계 속에서 유리한 협상 위치를 강화하기 위해 군사력 증진을 계속한다.

한편, 중국 대외정책에서 러시아와의 관계를 강화하는 방향성에 큰 변화가 있지는 않을 것임을 예측할 수 있음에도 불구하고, (특히 중앙아시아에서의) 러시아와 중국 사이의 경쟁 정도가 최근 몇 년 사이에 증가하고 있음을 간과할 수 없다. 이와 관련된 몇 가지 문제를 지적하자면 다음과 같다.

첫째, 단일경제권Common Economic Space과 유라시아경제연합EEC: Eurasian Economic Union 의 설립과 같은 지역통합 프로세스를 진행시키는 문제이다. 유럽경제공동체European Economic Community와 같은 아이디어로 인식되는 이러한 지역경제통합은 사실 중국에 게 있어 심각한 우려를 불러일으켰다. 특히 중앙아시아 지역에서 자유무역지대를 만 들려는 중국의 프로젝트와 상하이협력기구SCO: Shanghai Cooperation Organization를 통한 중 국의 중요한 지정학적 이니셔티브의 진전에 있어서 어떠한 영향을 미치게 될지는 중 국이 가장 우려하는 부분이라고 할 수 있다(Salitski, 2013).

둘째, 중앙아시아 지역의 에너지 자원에 대한 러시아와 중국의 경쟁관계가 심화되 고 있다는 점에 주목할 필요가 있다. 현재의 상황은 중앙아시아 탄화수소 시장에서 모스크바와 베이징 간의 "내재된" 경쟁으로 묘사할 수 있다. SCO의 존재는 이와 같 이 경쟁을 잠재된 상태로 유지시키면서 "명백한" 경쟁 상태로의 이행을 방지하는 수 단으로서 활용되고 있다. 만약 외부로 표출되는 경쟁이 이루어지게 된다면 정치적 경 쟁에 기술적인 문제들까지 겹치게 되면서 더욱 상황을 악화시킬 것이다. 비록 양국이 석유와 천연가스 분야에서의 상업적인 측면을 인지하고 있다고 하더라도, 러시아와 중국은 경쟁자이다.

셋째, 최근 3년 동안 두드러지게 나타나고 있는 중국의 행보 역시 문제가 된다. 중 앙아시아 지역에서 주요 무역 상대로서 뿐만 아니라 지역안보 관리자로서도 러시아 를 대신하여 자신의 영역을 넓혀가려는 과정이 진행되고 있다.

마지막으로, 러시아와 중국이 가지고 있는 SCO의 비전이 명백히 다르다는 점 역 시 우려되는 부분이다. 중국 전문가에 따르면, 중앙시아에 대한 중국의 전략은 SCO 메커니즘을 통해 해당 지역 내의 문제를 해결하는 과정에 활발하게 참여하고, 중앙아 시아 국가들과의 관계를 발전시키면서 번영과 안정을 추구할 뿐만 아니라 특히 자원 분야에서의 전략적 이익을 실현시키는 데 있다. 따라서 중국은 SCO에서의 위상을 강 화시키면서 동시에 지역문제를 다루는 주도적인 역할을 수행할 수 있도록 조직의 기 능적 결함을 완전히 제거하여 SCO 메커니즘을 완벽하게 보완하는 것에 노력을 기울일 것이다(Din et al., 2004).

중국은 SCO를 군사적·정치적 블록으로는 여기지 않는다. 다만 SCO가 참여국들 간의 다양한 문제들을 협의하는 조직이자 중앙아시아 국가들 및 러시아와의 경제적 관계를 증진시켜 나가는 기제로 인식하고 있으며, 장기적으로는 자유무역지대와 같은 경제적 지역통합을 가능하게 하는 밑거름으로 여기고 있다.

이러한 이해관계의 관점에서 중국의 우선순위는 경제적 발전을 추구하는 데 있으며, 베이징은 SCO를 중앙아시아에서 경제적 전략을 위한 잠재적 도구로 사용할 의도를 가지고 있다고 보인다. SCO에서의 중국의 중점적인 경제적 이해관계는 중앙아시아 지역의 에너지 자원에 접근하는 것과 더불어 유럽 시장으로 진출할 수 있는 거점으로서 중앙아시아를 활용하려는 데 있다. 따라서 중국은 SCO의 중심이 안보 분야에서 경제협력의 증진, 에너지 협력 강화, 교통·통신 분야에서의 협력관계 형성, 자유무역지대 건설의 촉진 등과 같은 분야로 이전되기를 바라는 입장이다.

한편으로, 중국이 경제적 우위를 점하고 SCO를 그들의 경제적 목표를 달성하는 도구로 사용할 가능성에 대해 우려하는 러시아는 중국이 위와 같은 지역통합 심화의 노력을 기울이는 것에 대해 경계하고 있다. 중앙아시아를 "러시아의 이익 지역"으로 보는 러시아는 중앙아시아 국가들을 자신의 통제 하에 두도록 묶어 놓으려는 노력을 강화하고 있는 추세이다. 자유경제지대를 만들려는 중국의 제안에 반대하면서도 러시아는 한편으로 관세동맹과 EEC 설립을 진행시키려는 노력도 병행하고 있다.

동시에 중국은 SCO의 틀 안에서 중앙아시아 국가들에게 유리한 조건으로 양자 간 자금제공을 해줌으로써 지역 내 지배력을 증가시키려고 시도 중이다. 2009년에 베이징은 "자원담보대출loan for resources"의 형태로 카자흐스탄(100억 달러) 및 투르크메니스탄(40억 달러)과의 계약을 체결하였으며, 서부 지역의 성들과 중앙아시아 국가들과의 커뮤니케이션을 차례차례 증진시키면서 중국과 국경을 마주하는 SCO 국가들과의 인프라 건설 투자 규모를 증대시켰다(Avliekulov, 2011). 또한 2009년에 중국은 SCO 내에 반위기안정기금anti-crisis stabilization fund를 만들어 에너지와 인프라 건설 등 우선순위가 높은 분야에서의 단기 자금 대출에 특혜를 주도록 하였다. 러시아가 공동출자를 거부했지만, 유라시아경제공동체의 틀 하에서 반위기안정기금이 만들어졌다(Cooley, 2010).

중앙아시아에서의 중국과 러시아의 이익이 서로 대립되는 측면이 있기는 하지만, 분명한 것은 중국의 경제 및 무역 분야의 위상에 대해 모스크바가 대응할 수는 없다는 점이다. 또한 서방과의 관계에서 진전이 없는 상황에서 푸틴은 공동의 위협과 도전과제에 직면한 중국과의 협력 강화를 통해서 보상을 받으려고 할 것이다.

새로운 중국 지도부의 대[對]중앙아시아 대외전략은 다음과 같은 네 가지 기본 원칙에 근거하여 정의될 수 있다(Ministry of Foreign Affairs of the PRC, 2013).

첫째, 중국은 화평발전의 길을 고수할 것이며, 개별 국가들의 주권을 존중하면서 대외정책을 추구할 것이다. 중국은 각국의 국민들에 의해 독립적으로 결정된 발전 경로와 현재 대내외 정책을 존중하면서, 중앙아시아 국가들의 국내 문제에 대한 어떠한 간섭도 용인하지 않을 것이다. 중국은 역내 사안들에 대해 지배력을 획득하거나 영향권을 형성하기 위한 어떠한 계획도 가지고 있지 않다.

둘째, 새로운 지도부는 중국과 중앙아시아 국가들 간의 전략적 파트너십의 핵심 요소로서 주권, 영토보전, 국가안보 및 안정에 영향을 미치는 중요한 문제들에 대한 상호 지지를 기대한다. 중국은 모든 국가들과 상호신뢰와 협력을 강화시키는 데 노력할 것이며, 양자관계의 경로뿐만 아니라 SCO의 프레임워크 하에서 함께 "세 가지 악"에 대항할 것이다: 마약 밀매, 초국적·조직적 범죄에 대항할 것이며, 지역경제협력과 평화로운 국민들의 삶에 적합한 환경을 조성하는 데 노력할 것이다.

셋째, 새로운 중국 정부는 전략과 목표 간의 유사성이 있는 바 상호이익에 기반한 실용적 협력을 증진시키기 위한 최선의 노력을 다할 것이다. 공유하고 있는 목표에는 장기적으로 지속가능한 경제 발전과 풍요롭고 강력한 국가, 그리고 민족 부흥이 포함된다.

넷째, 중국은 SCO와 EEC를 통한 협력에 특히 중점을 두면서 지역협력을 증진시키려는 개방적인 자세와 포괄적인 비전을 가지고 있다. 여기에는 다양한 수단을 통해 협업을 보장할 수 있도록 노력하는 중국의 중요한 역할이 내포되어 있다. 그러한 수단 가운데는 경제발전전략과 지역통합을 가능하게 하는 정책 및 프로그램들이 어떤 것인지에 대한 관점을 서로 지속적으로 교환하는 것이 포함된다.

핵심목표는 정치적·법적 수준에서 지역경제를 통합할 수 있는 조건들을 창출해 내는 데 있다. 태평양으로부터 발트 해까지를 연결하는 운송·물류 인프라가 확충되는 것 역시 중요하다. 중국은 동·서·남아시아를 아우르는 초국경적 운송 시스템을 만들 준비가 되어 있다. 또 다른 수단은 무역장벽을 제거하고 상품수송의 속도를 높이기 위해 적절한 물류 시스템을 마련함으로써 무역관계를 증진시키는 것이다.

이와 유사하게 통화흐름을 확대시키는 것 역시 지역협력을 촉진하는 역할을 할 수 있다. 최근 중국은 달러가 아닌 위안화로 (러시아를 포함한) 많은 국가들과 교역관계를 성공적으로 유지하고 있다. 위안화 사용에는 거래에 있어 현금비용을 줄이고, 각종 외부적 위험으로부터 금융 시스템을 보호하며, 세계경제의 국제경쟁력을 증진시키려는 목적이 담겨 있다.

중국은 경제협력뿐만 아니라 역내 교육 및 문화 분야에서의 영향력 확장을 계속해서 시도하고 있다. 중국의 국력이 급속하게 성장하는 것에 대한 중앙아시아 국가들의 지속적인 우려 하에서 "소프트 파워" 정책을 통해 반중 정서를 약화시키고 있는 것은 분명해 보인다.

이러한 상황에서 2013년 시진핑 국가주석은 국민들 간의 관계가 증진될 필요성에 대해서 강조한 바 있다. 그는 지역협력을 위해서는 국가 간의 교류뿐만 아니라 상호 간의 이해와 전통적인 친선관계를 고취시켜야 한다고 언급하였다. 이러한 노력의 첫 걸음으로 시진핑은 SCO 회원국에서 온 학생들에게 중국 대학에서 공부할 수 있도록 각 3만 위안 규모의 장학금을 지급할 것을 약속했다(Witte, 2013).

최근 몇 년간 중앙아시아에서 중국으로 유학하려는 학생의 수가 급속도로 증가하고 있다. 베이징과 상하이, 시안의 유명한 대학들뿐만 아니라 상당수의 중앙아시아 국가 학생들이 신장을 유학 목적지로 선택하고 있다. 예를 들어, 우루무치에 위치하고 있는 신장사범대학新疆师范大学, Xinjiang Normal University의 경우 인접 국가들의 학생을 유치하는 것에 우선순위를 두고 있으며, 2014년에는 944명의 외국인 학생들이 공부하고 있다고 한다(Xinjiang Normal University, 2014). 신장 지역에 있는 대학들에 더해 과정을 이수한 이후 중국 내 대학에 입학할 생각이 있는 학령기의 외국인 학생들에게 제공되는 교육훈련 프로그램들도 상당수 존재한다. 중국 내 교육기관에 적을 두고 있는 외국인 학생들 가운데 카자흐스탄 국적을 가지고 있는 학생 수만 1만 1천 명 이상이라고 알려져 있다(Forbes 14/10/19).

더불어 교육 분야에 있어 중국의 영향력을 확대시키고 있는 중요한 기관은 공자아카데미孔子学院, Confucius Institute이다. 공자아카데미에서는 학생들을 위한 교환 프로그램을 지원하고 중국 지역연구와 관련된 교육 프로그램을 개발하는 데 필요한 다양한 모금을 실시하고 있다. 특히 "중국어 다리汉语桥, Chinese Bridge"라고 불리는 기금은 중앙아시아에 설립된 공자아카데미의 수십 명에 달하는 직원들에게 중국에서의 연수 기회를 제공하고 있기도 하다. 현재 카자흐스탄에는 알마티Almaty, 아스타나Astana, 카라간다Karaganda와 악토베Aktobe 네 군데에 공자아카데미가 설립되었다.

비슷한 수의 공자아카데미가 키르기스스탄에도 문을 열었고, 최근 몇 년 동안 중국어를 공부하고 중국으로 유학을 떠나는 학생들의 수가 증가하고 있다. 키르기스스탄 교육부에 따르면, 비슈케크 인문대학Bishkek Humanities University에서만 2천 명에 달하는 학생들이 중국 지역연구를 전공으로 삼고 있다고 한다(Radiotochka, 2014). 타지키스탄과 우즈베키스탄의 경우 국립대학들에서 공자아카데미를 운영하고 있다. 현재까지 투르크메니스탄에만 공자아카데미가 만들어지지 않았는데, 그럼에도 불구하고 1천 5백 명 이상의 학생들이 중국 대학에서 공부하고 있다.

중국식 "소프트 파워" 전략에 있어서 중국의 문화를 해외로 널리 알리는 것 역시 중요한 부분을 차지한다. 이러한 목적 하에 중국의 이미지를 긍정적으로 쇄신할 수 있는 모든 종류의 프로젝트들이 구상되고 있다. 대표적인 예로 중앙아시아 국가들의 공자아카데미에서는 "혀끝으로 만나는 중국A Bite of China"이라는 새로운 커리큘럼이 소개되고 있으며, 이 강좌를 통해 중국의 음식을 배우면서 중국 문화에 대한 이해를 증진시킬 수 있다고 한다. 해당 프로그램을 운영하기 위해 중국에서는 중앙아시아 국가들로 중국 요리 전문가들을 파견하고 있다.

이에 더해 중국 언론을 통해서 문화적 영향력을 증진시키려는 노력을 기울이고 있다. 중국에서 일어나고 있는 인권침해에 대한 비판의 수위를 낮춤으로써 중국 정부는 대외선전에도 심혈을 기울이고 있다. 베이징은 뉴스매체인 "신화Xinhua"나 "인민일보People's Daily" 해외판 등을 통해 중국에 대한 인지도를 높이려는 시도를 하는 것으로 보인다. 카자흐스탄의 경우, 신문매체로는 "인민일보"나 "광밍데일리Guang Ming Daily", 뉴스매체인 "신화", 중국국제방송China Radio International, 중국공영채널 중앙방송CCTV: China Central Television의 해외지사가 설립되어 운영된다.

중국은 역내 국가들의 엘리트와 대중들에게 있어 점진적으로 긍정적인 이미지와 신뢰할 수 있는 경제적·정치적 파트너라는 이미지를 심어 주어 좋은 평판을 얻으려는 데 초점을 맞추고 있다. 거의 모든 분야에서 중앙아시아-중국 간 관계를 심화시키려는 현재의 상황에서 향후 중앙아시아 지역에서 중국의 영향력이 상당히 증대할 것임을 쉽게 예견할 수 있다.

Ⅲ. 카자흐스탄-중국 간 경제협력의 주요 분야

카자흐스탄의 대對중국 대외정책 중 최우선순위는 경제 부문에 집중하는 '좋은 이웃 관계'를 형성하는 데 있다. 카자흐스탄 경제는 중앙아시아 국가들 가운데 가장 발전되었으나 천연자원에 지나치게 의존하여 투자, 대외무역, GDP 등 거의 대부분의 경제지표들이 자원 부문에 영향을 받고 있는 구조를 지닌다. 세계시장의 상품가격에 종속되어 있는 상황은 계속해서 독립적이고 자족적인 경제를 형성하는 데 심각한 걸림돌로 작용한다. 그러므로 카자흐스탄의 대對중국 협력 정책에서 가장 중시되는 강조점은 경제구조를 현대화·다변화하고, 경제 내의 경쟁성을 높이며, 고부가가치 산업군의 성장과 신기술 도입을 촉진시키는 데 있다.

2013년 9월 시진핑 국가주석의 방문을 통해 장기적인 관점에서 다양한 분야의 협력을 심화시킴으로써 중국이 이익을 얻을 수 있음이 재확인되었다. 시진핑의 방문으로 3백억 달러 상당의 계약 22건이 성사되었으며, 양국의 "전략적 협력관계 증진에 관한 선언문Declaration on Developing a Strategic Partnership"에 따르면 에너지 부문을 넘어서는 포괄적 협력의 추진을 기대한다고 제시되어 있다. 한편으로 시진핑 국가주석의 방문은 카샤간Kashagan 프로젝트의 지분 가운데 8.33%를 중국석유천연가스공사CNPC: China National Petroleum Corporation가 얻게 된 것과 긴밀하게 연결되어 있다. 중국 정부의 거래액은 총 80억 달러로, 그 중 50억 달러는 카샤간 프로젝트의 지분으로, 나머지 30억 달러는 카샤간 프로젝트의 다음 단계를 위해 카자흐스탄 국영 석유기업인 카즈무나이가스KMG: Kazmunaigaz에 분배되었다(Gordeyeva, 2013). 양국은 전략적 중요성을 지닌 에너지 부문에 있어서의 협력관계를 계속해서 진전시켜 나갈 것으로 보인다.

시진핑의 방문으로 카자흐스탄에 새로운 정제공장을 건설하는 데도 합의하게 되었는데, 이는 천연가스 파이프라인인 "비노이-보조이Beineu-Bozoi" 건설과 핵에너지의 평화적 사용에 대한 재확인의 연장선상에 이루어진 조치이다. 또한 중국과 카자흐스탄 간의 우주산업 협력에 관한 정부 간 협정에도 서명이 이루어졌는데, 해당 산업분야를 주도하고 있는 국가로서 중국이 카자흐스탄의 우주 프로그램의 실행에 기여할 수 있을 것으로 보인다.

시진핑과 카자흐스탄 대통령인 나자르바예프Nursultan Nazarbayev의 첫 만남은 일곱 개 문서에 서명을 한 카자흐스탄-중국기업위원회Kazakhstan-China Business Council에서 이루어졌다. KMG와 CNPC 간의 두 가지 협정이 체결된 데 이어, "삼룩-카지나 Samruk-Kazyna"와 중국 CITIC^{China International Trust and Investment Corporation} 간에는 '[2020 년까지 이루어지는] 카자흐스탄-중국 간 무역 및 경제협력 증진을 위한 중장기 프로그램'이 조인되었다. 이 프로그램은 220억 상당의 가치를 지닌 프로젝트들이 포함되어 있다. 투자 지도의 관점에서 다음과 같은 문서들에 서명이 이루어졌다: JSC NC "SEC Pavlodar"와 카자흐스탄 개발은행 간의 양해각서; 카자흐스탄 산업·신기술부와 JSC "China-Agro-Holding" 간의 양해각서; "Samruk Energo"와 중국수력발전공사^{Chinese International Corporation of Water and Power} 간의 "이리 강^{the Ili River}의 Kerbulak 수력발전소 건설" 프로젝트 실행에 관한 협정; LLP "United Chemical Company"와 중국 Huanku Contracting & Engineering Corporation 간의 공동 활동에 대한 협정 등이 있다.

이같이 포괄적이며 적극적인 카자흐스탄과 중국 간의 협력은 SCO와 같은 국제기구의 틀과 양자관계 속에서 동시에 이루어지고 있는 것이 사실이지만, 이를 설명할 수 있는 가장 중요한 요인은 역시 중국의 신지도부가 적극적으로 추진해 가고 있는 신실크로드 관련 정책에 대한 설명으로 잘 분석될 수 있다. 2013년 시진핑은 중앙·남·서아시아 국가들과의 협력을 확대하기 위해 중국의 서부 지역 개발을 활성화시킬 목적으로 새롭게 대규모 프로젝트인 "신 실크로드 경제지대^{New Silk Road Economic Belt}" 이니셔티브를 제시하였다. '신 실크로드'는 사실 중국의 동·서부 간의 균형발전을 조정하기 위한 중요한 수단 중 하나이다. 신장은 중앙아시아 국가들과의 인접성으로 인해 이 프로젝트에서 핵심적인 역할을 담당할 것이다. 러시아나 미국의 지역통합 전략과는 다르게, 중국의 이니셔티브는 역내에서 강대국으로서 지배력을 확보하거나 내정간섭을 하려는 의도가 포함되어 있지 않기 때문에 중앙아시아 국가들에게 보다 매력적인 선택지가 될 여지가 있다.

신 실크로드 이니셔티브는 2013년 11월 27-28일 우루무치에서 개최된, 대^{Great} 실크로드 경제권에 포함된 도시들 간의 발전과 협력에 관한 포럼에서 처음 제시되었다. 이 포럼에 참여한 주요 도시로는 알미티(카자흐스탄), 비슈케크(키르기즈스탄), 마슈하드(이란), 우루무치, 시안, 렌윈강(중국)이 포함되어 있다. 또한 그루지야와 터키, 타지키스탄, 투르크메니스탄 대표도 참석하였다. 주요 협정에 더해, 운송·문화·교육·의학 분야에서의 협력을 규정한 다섯 개의 문서가 추가로 조인된 성과를 얻을 수 있었다(Chinadaily, 2013). 또한 시 정부 차원에서 정보 교류의 필요성에 공감했을 뿐만 아니라, 인프라 시설의 건설 및 현대화, 숙련노동자들의 이동성 증가 등의 경험을 공유하였다.

　카자흐스탄의 입장에서는 중국과 신장 자치구가 오랜 기간 특히 활발한 경제적 협력 파트너였다. 최근 카자흐스탄과 중국 간의 무역구조를 보면, 신장과의 무역이 중국 전체 무역 규모의 70%를 상회하고 있다. 이는 경제·환경 및 기타 제반 여건의 유사성이 높고 경제발전의 목표가 다양한 분야에서의 협력을 촉진하기 때문이다.

　중국의 카자흐스탄에 대한 핵심이익은 에너지 자원 확보에 있으며, 이는 중국 전역이 아니라 서부와 중부 성들에 국한된 것임을 앞서 밝힌 바 있다. 충분히 발달하지 못한 다른 부문의 협소한 시장으로 인해 중국 투자자들의 참여에 제한이 이루어지고 있지만, 운송 시스템의 효율화와 투자에 유리한 환경을 조성함으로써 EU나 다른 시장에 수출할 수 있는 기회를 마련할 수 있다는 점을 생각해 볼 필요가 있다.

　카자흐스탄 정부는 운송 분야에서 중국과의 협력에도 역시 높은 우선순위를 부여하고 있다. 양국 간의 무역 규모가 점차 늘어남에 따라 교통·운송 시스템의 가치 역시 양자의 경제관계에 있어서 증가하였다. 2013년에 교역액이 200억 달러를 상회하였으며, 2015년까지 중국은 이의 두 배를 달성하도록 계획하고 있다. 2013년 우즈베키스탄과 중국 간의 교역액이 40억 달러 수준인 것에 비해 상당히 큰 규모라고 평가된다.

　중국의 입장에서 카자흐스탄을 거쳐 EU 국가들로 연결되는 수송 경로는 현재의 경로들보다 훨씬 빠르고 신뢰할 만하며, 중국 서부 성들의 수출 상대국들을 다변화시켜줄 수 있다. 또한 카자흐스탄이 현재 보유하고 있는 파이프라인 네트워크를 활용하게 된다면, 중국 서부 및 중부 지역에 대한 에너지 공급이 잠재적으로 더욱 원활해질 수 있는 계기를 마련할 수도 있다.

　카자흐스탄 또한 글로벌 네트워크와 자국의 운송 인프라를 통합시킬 필요성이 있으며, 이러한 수송 시스템의 확충을 통해 향후 세계시장에서 자국 생산자들의 판로를 촉진시킬 뿐만 아니라 공공 및 사적 부문에 있어서 안정적이면서 높은 수익의 원천으로서 활용할 수도 있다. 전체 화물 가운데 80%는 철도수송으로, 나머지 20%의 대부분이 도로수송으로 소화되고 있으며, 운송수단을 기준으로 본다면 90-95% 정도가 철도 및 도로교통수단에 편중되어 있다는 점에서 카자흐스탄 정부의 우선순위는 철도 및 도로 확충에 있을 수밖에 없다.

　현재는 카자흐스탄 영토를 통과하지 않으면서 동과 서를 잇는 두 개의 주요 통로

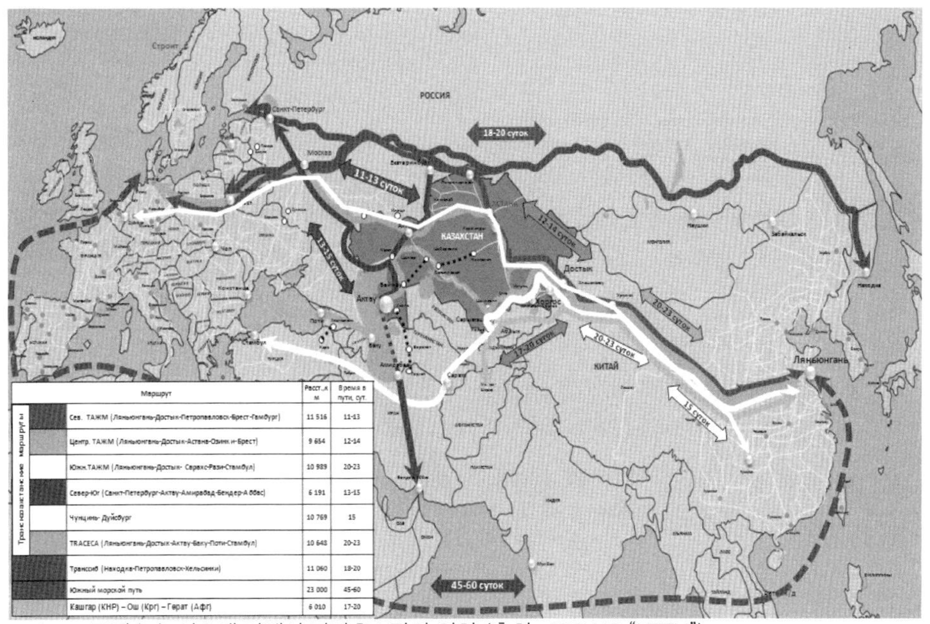

그림 1　국제수송 시스템 하에서 카자흐스탄의 위치 (출처: JSC NC "KTZH")

가 존재한다. 북쪽으로는 러시아 남부의 나홋카Nakhodka 항구로부터 상트페테르부르크와 발트해 연안을 거쳐 유럽과 벨라루스로 연결되는 시베리아 횡단철도의 경로가 있다. 남쪽으로는 남중국해 항로가 있는데, 상하이 항구로부터 중국의 긴 해안선을 따라 인도와 아라비아 반도를 거쳐 수에즈 운하를 통과해 지중해로 들어가는 경로이다.

위의 두 경로는 시간과 거리의 관점에서 카자흐스탄을 직접 통과하는 경로에 비해 중국의 입장에서는 덜 선호될 수밖에 없다. 〈그림 1〉에서 알 수 있듯이, 카자흐스탄을 관통하는 경로는 중국의 충칭에서부터 국경의 카자흐스탄 도스틱Dostyk 역을 지나 라인 강과 루르 강 삼각주에 위치한 북부 라인-웨스트팔리아 지역의 독일 뒤스부르크까지 연결된다. 카자흐스탄 철도 국영기업JSC "National Company" Kazakhstan Temir Joly에 따르면, 시베리아횡단철도의 경로는 1만 1,100km로 18-20일 정도 걸리는 거리이며, 남중국해 항로는 2만 3천 km로 45-60일 가까이 소요되며, 카자흐스탄 경로는 1만 8백 km로 15일 정도가 소요된다고 한다(Prime Minister of Kazakhstan, 2012).

그러나 카자흐스탄 경로는 물류 시스템의 저효율성으로 인해 전체 화물량 가운데 약 5%가 이용하고 있다. 세계은행이 계산한 2012년 물류성과지수(LPI: Logistics Performance Index 2012)에 따르면, 카자흐스탄은 155개국 가운데 86위를 차지하였다. 〈그림 2〉의 비교 분석표를 보면, 여섯 개 항목 모두에서 카자흐스탄이 중국에 비해 상당히

그림 2   2012년 물류성과지표(LPI) (출처: 세계은행)

뒤처져 있음을 발견할 수 있다.

　물류 시스템에 관한 분석에 있어서 반드시 고려해야 할 두 가지 중요한 요소가 있다. 첫 번째는 러시아의 존재인데, 서방으로 중국의 물자를 수송하는 시베리아횡단철도를 포함한 러시아의 수송능력은 카자흐스탄의 직접적인 경쟁자이다. 그러나 〈그림 2〉에서도 알 수 있듯이, 질적인 측면에서 러시아가 카자흐스탄보다 더 나은 수송 시스템을 가지고 있다고 보기는 어렵고, 수송일자를 맞추는 항목을 제외하고는 다른 다섯 개의 항목에서 모두 카자흐스탄보다 낮은 성과를 얻었다. 두 번째로는 러시아와 중국 간에 유럽과 아시아-태평양을 잇는 물류를 더 많이 차지하기 위한 치열한 경쟁을 간과해서는 안 된다. 횡단철도 시스템을 건설하는 데 있어 중국은 카자흐스탄 경로를 선택하는 것이 중국의 서부 및 중부 성에서 생산되는 상품을 수출하는 데 보다 유리하다는 점을 고려해야 한다. 따라서 전반적으로 카자흐스탄이 수송·물류 시스템을 중국과 연결시키고, 인프라의 질을 높이면서 동시에 물류비용을 낮추는 노력을 기울인다면 중국에게 있어 카자흐스탄은 잠재적으로 가장 중요한 수송경로로 부상하게 될 것이다.

Ⅳ. 카자흐스탄-중국 간 경제협력에 대한 논쟁점

카자흐스탄이 중국과의 협력에서 있어 가장 논쟁적인 이슈는 이르티슈 강the Irtysh River을 포함한 국제하천에서 수자원을 어떻게 공평하게 분배하는지의 문제라고 할 수 있다. 중국은 수자원 분배와 국제하천의 수질 관리, 카자흐스탄의 환경안보에 부정적인 영향을 미칠 수 있는 오염 방지 등의 근본적인 문제들을 해결하는 것을 계속해서 지연시켜 왔다. 이르티슈 강은 흑 이르티슈Black Irtysh라고 불리는 중국의 한 지역에서부터 출발하여 카자흐스탄과 러시아 영토를 통과하는 국제하천이다. 수십 년 간 이르티슈의 수자원은 카자흐스탄의 농·공업용수로 사용되어 왔다. 오염으로 인해 수질이 그다지 좋지 않음에도 불구하고 4백 만 명의 카자흐스탄인들에게는 식수원으로 사용되고 있기도 하며, 러시아 옴스크Omsk 지역의 물 소비량 가운데 90%가 충당된다(Muratshina, 2012).

다른 한편으로 중국 정부는 지난 수 년 간 사회·경제 상황을 안정시키기 위해 신장-위구르 자치구XUAR: Xinjiang Uygur Autonomous Region를 개발하기 위해 상당히 노력을 기울여 왔다. 그로 인해 자치구 지역의 인구가 증가함에 따라 면화와 곡물 재배가 증대되었고, 흑 이르티슈로부터 사용하는 농업용수의 양 역시 증가할 수밖에 없었다. 이에 더해 카라마이Karamay에 거대한 석유 저장탱크가 건설되면서 필요한 막대한 양의 용수가 이르티슈-카라마이 및 이르티슈-우루무치 운하를 통해 조달되었다. 다양한 기술적 예측에 따르면, 이들 운하는 연간 최대 $6.3km^3$에 이르는 양을 우루무치와 카라마이로 유입시킨다고 한다(Alinov, 2012). 신장 지역의 개발이 지속될수록 새로운 운하들과 저수지, 댐, 수력발전소 등이 흑 이르티슈에 건설될 것이 명백하다. 이에 따라 카자흐스탄과 러시아 주민들의 물 부족 사태가 심각해질 뿐만 아니라 대규모의 생태학적 파괴가 이루어질 가능성이 크다. 그러나 카자흐스탄과 중국 사이에 국제하천을 둘러싼 문제가 쉽게 해결되지는 않을 것으로 보인다.

카자흐스탄과 중국 간의 경제협력에 있어서 중요하게 고려해야 할 또 다른 요소는 중장기적 관점에서 카자흐스탄과 신장 간의 투자 흐름에 대한 전망으로, 이는 특히 중국 지도부가 신장 지역의 개발에 높은 우선순위를 부여하고 있다는 점에서 주목할 필요가 있다. 상대적으로 효율적인 수송·물류 시스템과 값싼 노동력의 결합은 신장 지역이 가지고 있는 경쟁력이다. 가까운 미래에 해외 투자자들뿐만 아니라 내국 기업들이 신장-위구르 자치구에 적절한 입지를 찾을 것이며, 최근 해안에서 내륙으로 산업구조가 재편되고 있는 추세가 계속될 것이라고 전망된다(Li, 2014).

신장 지역의 급속한 발전은 인접국인 카자흐스탄의 경제적 안정에 일정한 위협을 가할 수 있다. 2013년부터 우루무치를 베이징과 상하이가 지니는 국제적 위상을 가질 수 있도록 하는 대규모 사업이 시작되었다. 이 프로젝트는 2020년까지 우루무치를 중앙아시아 지역의 경제·무역·금융의 중심지로 거듭나도록 하는 목표를 지니고 있는데, 이는 카자흐스탄이 알마티 시에서 실행하려는 발전계획을 위태롭게 한다(Suleimenov, 2013).

중국 지도부의 결정과 막대한 자금 투입과 더불어 카자흐스탄 내의 부진한 성과역시 걸림돌이 되고 있다. 개발 속도가 더디고 알마티 지역금융센터the Regional Financial Center of Almaty 프로젝트의 가시적인 성과가 제대로 나타나지 않는 가운데, 투자가 큰 폭으로 감소하고 성장 가능성 및 수익성이 높을 것으로 기대되는 산업부문이 그다지 많지 않은 상황이다. 카자흐스탄공화국에서 가장 큰 도시인 알마티에서 해마다 상당한 국가부채가 발생하고 있다는 점 역시 카자흐스탄에게 위협이 되고 있다.

양국 간의 원자재 관련 협력에서의 우세 역시 중요한 부분이다. 카자흐스탄에서의 중국의 이해관계는 중국 전역이 아니라 서부와 중앙의 성들의 개발에 있어서 원자재의 공급원을 확보하는 것에 있다. 두산지화공Dushanzi Petrochemical 정유소가 카자흐스탄산 석유의 주요 소비자라는 점 때문에 카자흐스탄-중국 관계에서 신장은 핵심적인 역할을 수행한다. 이러한 상황에서 카자흐스탄의 산업화와 이로 인한 카자흐스탄 국내 기업들과의 경쟁 증가는 중국 정부의 이해관계에 부정적인 영향을 미치게 된다.

카자흐스탄의 석유 이외의 부문에 대한 중국의 주요 투자자들의 참여는 최종재 판매에 있어서 충분히 넓은 시장을 확보하는 데 제한을 가하는 요인으로 작용한다. 그러나 효과적인 수송 시스템과 투자자들이 선호하는 조건들을 갖춘다는 전제 하에 EEC와 유럽연합EU: European Union 시장에 대한 수출은 이러한 한계를 보완할 수 있는 통로가 될 수 있다. 자본 자체는 카자흐스탄 경제에 그다지 큰 가치를 지니고 있지 못하다. 오히려 보다 관심을 기울여야 할 부분은 기술 이전, 경영관리, 높은 생산수준 등에 있다.

Ⅴ. 결론

중국의 적극적인 중앙아시아 정책이 추진되는 가운데 지역 중견국 카자흐스탄의 대응은 향후 중국의 이 지역에 대한 정책을 성공적으로 이끌 수 있는 중요한 기반이 될 것으로 보인다. 카자흐스탄은 중국의 대외정책에 있어 중요한 역할을 할 것이며, 향후 단기적으로는 대외관계에 있어서 급격한 변화가 일어나지 않을 것이라고 볼 수 있다. 카자흐스탄의 전략적 배후지로서의 가치를 고려해 볼 때, 새로운 중국 지도부는 핵심이익과 관련하여 양국 간의 상호신뢰와 지지를 강화시킬 의지를 지속하여 표명할 것이다.

최근의 시진핑 주석의 카자흐스탄 방문을 통해서 양국 간의 파트너십 증진 의지가 중국에게도 있음을 확인할 수 있었다. 중앙아시아의 정치 레짐의 특성 상, 국내 정치에 간섭하지 않겠다는 중국의 방침은 중국을 매력적인 국제 파트너로 만들어 줄 핵심 요소이다.

중국은 몇 가지 분야에서의 전략적 이익에 집중하고 있다. 카자흐스탄은 성장하고 있는 중국 경제에 중요한 천연자원 공급원으로서의 역할을 하게 될 것이며, 시진핑이 신장 지역에서의 경제성장에 특히 관심이 있다는 점을 고려할 때, 천연가스와 석탄, 석유매장량 개발과 관련된 프로젝트들을 강력하게 추진할 가능성이 높다. 또한 중국이 잠재적인 수출 대상으로서 EU 시장에의 접근성을 높이기 위한 운송·물류 인프라를 건설하는 과정에서 카자흐스탄 시장의 확대와 자유무역지대에 관한 아이디어가 확산될 수 있을 것이다. 새로운 중국 지도부는 위와 같은 경제적 목표를 달성하기 위해 SCO나 신 실크로드 경제지대와 같은 다자적 기제와 양자적 협력을 모두 활용하면서 상당한 양의 자금 지원과 상호이익이 될 수 있는 이니셔티브를 제공할 것으로 보인다. 전반적으로 카자흐스탄-중국 간의 관계는 대규모의 인프라 건설과 에너지 프로젝트들이 어떻게 실행되는지와 밀접하게 연결되어 진행될 가능성이 높다.

비에너지 부문에 대한 중국 기업의 투자가 여전히 협소한 카자흐스탄 시장의 여건으로 인해 제한되고 있기는 하지만, 효율적인 운송·물류 시스템과 투자에 유리한 조건을 제공함으로써 EEU와 EU 시장에 대한 수출로 위와 같은 한계를 극복할 여지는 아직 남아 있다. 이러한 상황은 카자흐스탄의 경우, 단순히 자본의 투자가 필요한 것이 아니라 기술이전, 경영관리기법의 개선, 품질기준의 강화 등과 같은 질적인 성장에 보다 관심을 기울여야 한다는 의미이다.

종합해보면, 카자흐스탄에 있어 중국과의 협력은 경제를 다변화하고 새로운 시장에 접근할 수 있는 운송·물류 인프라를 건설함으로써 새로운 성장의 기회로 다가올 것이다. 양국 경제의 상호보완성과 국제적인 이슈를 둘러싼 유사한 이해관계와 비전을 통해 카자흐스탄과 중국 간의 관계가 보다 빠르게 심화될 것을 쉽게 예측할 수 있다. 이 과정에서 중국이 지금까지 그러했듯이 카자흐스탄의 국내정치에 대한 불개입의 원칙을 고수할 것이며, 이러한 중국의 입장은 카자흐스탄은 물론 중앙아시아 국가들이 중국과의 협력을 강화해 나가는 데 매우 매력적인 요인으로 계속하여 작동하게 될 것임에 분명하다. 다만 중국의 과도하게 확장될 경제적 영향력의 기타 영역으로의 확산 효과에 대해서 아직 예단하기는 어려워 보인다. 따라서 향후 이러한 중국의 영향력의 영역 확산에 대해서 지속적으로 관찰해 볼 필요가 있다.

:::참고문헌

Alinov, Makhsat. 2012. "Irtysh: Waterless prospective?" *G·Global* (Nov 05) at http://group-global.org/en/node/2883

Avliekulov, Bunyod. 2011. "Investment attack of China." *Economic Review* (Oct 24) at http://www.review.uz/ru/article/301

Blank, Stephen J. 2005. *After Two Wars: Reflections on the American Strategic Revolution in Central Asia.* Strategic Studies Institute, U.S. Army War College.

Blank, Stephen J. 2007. *U.S. Interests in Central Asia and the Challenges to them.* Strategic Studies Institute, U.S. Army War College.

Bridge, Robert. 2012. "Chinese foreign policy to be 'less isolated, more ambitious, more aggressive.'" *RT* (Nov 16) at http://rt.com/op-edge/china-russia-america-foreign-ministry-878/

Cabestan, Jean-Pierre. 2010. "Central Asia-China Relations." in M. Laruelle et al. (eds.), *China and India in Cetral Asia: A New "Great Game"*? Palgrave Macmillan.

Chinadaily. "Cities ink Silk Road Economic Belt Agreement," (13/11/29) at http://www.chinadaily.com.cn/china/2013-11/29/content_17141843.htm

Chung, C. 2004. "The Shanghai Cooperation Organization: China's Changing Influence in Central Asia," *The China Quarterly*.

Clarke, Miachael E. 2011. *Xinjiang and China's Rise in Central Asia – A history.* London: Routledge.

Cohen, Ariel. 2005. *Eurasia in Balance: The US and the Regional Power Shift.* Ashgate.

Communist Party of China(CPC). 2009. "President Hu elaborates the theory of harmonious world." *News of the Communist Party of China* (Nov 26) at http://english.cpc.people.com.cn/66102/6824813.html

Cooley, Alexander. 2010. "SCO without cooperation." *Keeper* (Jan 03) at http://www.psj.ru/saver_national/detail.php?ID=27943

Cooley, Alexander. 2012. *Great Games, Local Rules: The New Power Contest in Central Asia.* New York: Oxford University Press.

Cummings, Sally N. 2001. *Power and Change in Central Asia.* London and New York: Routledge.

Din, Shiu and Lifang Li. 2004. "Geopolitical Interests of Russia, USA and China in Central Asia." *Central Asia and Caucasus* no.3 (2004) at http://www.ca-c.org/journal/2004/journal_rus/cac-03/17.lifrus.shtml

Edwards, Mathew. 2003. "The Great Game and the new great games: Disciples of Kipling and Mackinder," *Central Asian Survey* 22-1.

Forbes. 2014. "China takes the second place after Russia in terms of number of kazakhstani students studying there." *Forbes.kz*. at http://forbes.kz/news/2014/10/19/news-id_70770

Gordeyeva, Mariya. 2013. "China buys into giant Kazakh oilfield for $5 billion." *Reuters* (Sep 07) at http://www.reuters.com/article/2013/09/07/us-oil-kashagan-china-idUS-BRE98606620130907

Hansen, Fleming Splidsboel. 2005. "A Grand Strategy for Central Asia," *Problems of Post-Communism* 52-2.

Ivanov, Ilya. 2013. "The Chinese authorities recognize the rampant corruption in the country." *The Epoch Times* (Sep 28) at http://www.epochtimes.ru/content/view/79453/4/

Li, Yang. "Coordinated efforts needed for industry relocation." *Chinadaily* (Jul 03) at http://www.chinadaily.com.cn/opinion/2014-07/03/content_17640128.htm

Kleveman, Lutz. 2003. *The New Great Game: Blood and Oil in Central Asia*. New York: Atlantic Monthly Press.

Legvold, Robert. 2003. *Thinking Strategically: The Major Powers, Kazakhstan, and the Central Asian Nexus*. The MIT Press.

Luong, P. J. 2002. *Institutional Change and Political Continuity in Post-Soviet Central Asia: Power, Perceptions, and Pacts*. Cambridge University Press.

Luong, Pauline Jones. 2004. *The Transformation of Central Asia*. Cornell University Press.

McDermott, Roger. 2011. "Kazakhstan Looks East: Sino-Kazakh Strategic Partnership Deepens," *Eurasia Daily Monitor* (July 5) at http://www.jamestown.org/single/?no_cache=1&tx_ttnews[tt_news]=38135&tx_ttnews[backPid]=381&cHash=059dceab-78bc4d5cf160d377fefff2a9 (Accessed 14 September 2011).

Michel, Casey. 2014. "China Edging Russia out of Central Asia," *The Diplomat* (November 11).

Ministry of Foreign Affairs of the People's Repulic of China(PRC). 2013. "Xi Jinping Holds Talks with President Nursultan Nazarbayev of Kazakhstan Promote Good-neighbourly Friendship, Mutual Benefit and Win-win Outcomes to Deepen China-Kazakhstan Comprehensive Strategic Partnership." (September 17) at http://www.fmprc.gov.cn/mfa_eng/topics_665678/xjpfwzysiesgjtfhshzzfh_665686/t1075414.shtml

Millward, James A. 2007. *Eurasian Crossroads: A History of Xinjiang*. London: Hurst and Company.

Muratshina, Xeniya. 2012. "The Irtysh river in the hydro policy of Russia, Kazakhstan and China." Russian Council on Foreign Affairs. (May 23) at http://russiancouncil.ru/inner/?id_4=415#top

Olcott, Martha Brill. 2005. *Central Asia's Second Chance*. Carnegie Endowment for International Peace.

Pantucci, Raffaello. 2014. "The Route to Better Relationships with China Lies Along the Silk Road," *Financial Times' Beyond Brics* (January 8).

Petersen, Alexandros. 2013. "China is Pivoting to Central Asia – But is Washington Paying Attention?" *The Atlantic* (October 28).

Prime Minister of Kazakhstan. 2012. "Kazakhstan broadens the geography of transport-logistics strategy." Official cite of the Prime Minister of the RK (Dec 26) at http://www.primeminister.kz/news/show/21/kazahstan-rasshirjaet-geografiju-transportno-logisticheskoj-strategii/26-12-2012

Radiotochka. 2014. "China's 'soft power': Central Asia at a point." *Radiotochka.kz* (Jan 25) at http://radiotochka.kz/1592-.html

Rousseau, Richard. 2013. "Kazakhstan: Continuous Improvement or Stalemate in its Relations with China?" *Strategic Analysis* 37-1.

Roy, Olivier 2000. *The New Central Asia: Geopolitics and the Birth of Nations*. New York University Press.

Sahmbaugh, D. 2006. *China Engages Asia: reshaping the regional order*. MIT Press,

Salitski, Alexander. 2013. "China and Eurasian Plans of Russia Part 2." *ЦентрАзия* (Oct 12) at http://www.centrasia.ru/newsA.php?st=1381535160

Sheives, Kevin 2006. "China turns west: Beijing's contemporary strategy towards central Asia," *Pacific Affairs* 79-2.

Suleimenov, Ruslan. 2013. "By 2020 Urumqi will become Central Asia's trade center." *Inform.kz* (Jan 10) at http://inform.kz/rus/article/2525015

Swanstrom, N. 2005. "China and Central Asia: a new Great Game or traditional vassal relations?" *Journal of Contemporary China*.

Wishnick, E. 2002. *Growing U.S. Security Interests in Central Asia*. Strategic Studies Institute, U.S. Army War College.

Witte, Michelle. 2013. "Xi Jinping Calls for Regional Cooperation via New Silk Road." The Astana Times (Sep 11) at http://www.astanatimes.com/2013/09/xi-jinping-calls-for-regional-cooperation-via-new-silk-road/

Xinjiang Normal University. 2014. "Facts & Statics." at http://www.xjnu.edu.cn/s/179/t/310/p/1/c/5494/d/5713/list.htm

"China, Kazakhstan Upgrade Relationship," *People's Daily Online* (June 14, 2011) at http://
english.peopledaily.com.cn/90001/90776/90883/7409016.html (Accessed 29 No-
vember 2011).

"China-Kazakhstan Relations Grow Stronger," *China Daily* (October 15, 2007) at http://
www.chinadaily.com.cn/cndy/2007-10/15/content_6173531.htm (Accessed No-
vember 29, 2011).

6장

우즈베키스탄의 대중국정책과
우즈베키스탄-중국관계의 전망

성동기

I. 서론

중국은 1991년 12월 27일에 우즈베키스탄의 독립을 승인하였으며, 양국의 외교관계는 1992년 1월 2일부터 공식적으로 시작되었다. 그러나 양국의 교류는 초기부터 활발하게 진행되지 못했다. 중국은 경제 개방을 통해서 자본주의 경제체제를 시험하는 단계였으며, 우즈베키스탄은 신생 독립국으로 자국의 경제모델을 구축하는 과정이었기 때문이었다. 특히 우즈베키스탄을 비롯한 중앙아시아 국가들은 역사적으로 중국을 경계하는 자세를 유지했기 때문에 적극적으로 중국과의 교류를 추진하지 않았다.

그러나 2008년부터 중국이 G2로 격상되면서 양국의 교류는 급속도로 변화되기 시작했다. 우즈베키스탄의 주요 투자국인 러시아와 한국이 미국발 금융위기 때문에 우즈베키스탄 투자를 적극적으로 하지 못한 반면에 중국은 지속적인 고도의 성장을 통해 우즈베키스탄을 비롯한 중앙아시아 국가들에게 적극적인 투자를 단행하였다. 2012년에 양국 외교 수립 20주년에 맞추어서 발표된 자료에 의하면, 이 기간 동안의 경제 교류 규모는 지난 20년 동안 48배가 증가하였다. 중국의 통계에 따르면, 무역회전율trade turnover은 2010년에 24억8천 달러, 2011년에 21억7천 달러를 상회하였다.[1] 그리고 우즈베키스탄의 통계에 따르면, 우즈베키스탄 전체 무역액에서 중국이 차지하는 비중이 11.4%에 달했고 2013년에는 중국이 우즈베키스탄의 두 번째 무역 대상국으로 성장하였다.

특히 2013년 9월 8일 우즈베키스탄을 방문한 시진핑 주석은 이슬람 카리모프 대통령과 양국의 무역규모를 2017년까지 50억 달러로 증대시키는 것에 합의하였다.[2]

표 1 　우즈베키스탄 주요 무역 대상국 5개국

국가	비율
러시아	29%
중국	12.3%
카자흐스탄	10.5%
한국	8.2%
터키	4.7%

출처: http://www.state.gov/e/eb/rls/othr/ics/2013/204758.htm (검색일: 2015.02.02)

중국은 우즈베키스탄으로부터 면화, 천연가스, 우라늄 등을 주로 수입하였으며, 특히 우즈베키스탄에서 본국으로 C 파이프라인을 연결해서 천연가스까지 수입하고 있다. 우즈베키스탄의 통계에 따르면, 2013년에 중국은 우즈베키스탄의 전체 외국인 투자금액에 35.6%를 차지하고 있다. 양국은 2011년 10월에 정부간 협력위원회를 만들었고, 2012년 3월에 첫 회의를 통해서 양국의 무역 및 경제협력을 한층 더 발전시키는 법적인 토대를 구축하였다. 중국 기업인 펑셩Pengsheng은 시르다리야주州에 4300만 달러를 투자하여 비에너지 부문의 협력을 위한 공업단지Industrial Park 조성을 시작하였다. 현재 우즈베키스탄에서 활동하는 중국 기업체 수는 480개를 상회하고 있다.

정치적 측면에서 보면, 우즈베키스탄과 중국은 전략적 동반자 관계를 구축하고 양자관계를 격상시켰으며, 상하이협력기구SCO를 통해서 다자간 협력관계도 강화시키고 있다.

1　http://uz2.mofcom.gov.cn/article/aboutus/addressofcommercialcounselor/201212/20121208475810.shtml(검색일: 2015. 05. 17)

2　http://news.xinhuanet.com/english/china/2013-09/09/c_132705632.htm(검색일: 2015. 05. 17)

그러나 여기서 주목해야 할 부분은 양국의 경제교류가 최근에서야 급속한 진전을 이루고 있다는 것이다. 물론 중국이 G2의 위상을 가지고 우즈베키스탄의 천연가스와 전략광물들을 수입하고 제조업 분야에도 진출하고 있지만, 중국의 우즈베키스탄 진출은 주변 중앙아시아 국가들보다 늦게 시작되었다. 예를 들면, 중국에 대한 역사적 경계심을 꾸준히 가지고 있는 중앙아시아 국가들은 특히, 인접한 카자흐스탄, 키르기스스탄, 그리고 타지키스탄은 중국의 진출에 대해 국경지대부터 확실히 선을 긋고자 하는 의도를 가지고 있었다. 실제로 중국으로부터 무엇인가를 얻고자 하는 이유는 거의 없었다. 비록 중국의 경제적 진출을 통해 카자흐스탄이 국가적 이익을 추구하고 있다고 하더라도, 아우에조프 전 재중 카자흐스탄 대사는 중국이 카스피해 유전개발에 참여하고, 카스피해-신강 간 파이프라인 건설에 나설 경우, 5만-6만 명의 중국인(석유탐사 기술자·근로자·상인·요리사)들이 유입되어 카자흐스탄은 카자흐인, 러시아인, 중국인과 기타 소수민족으로 사분오열될 것이라고 주장한 바 있다. 키르기스스탄 정부는 1996년에 체결된 중국과의 국경협정에 따라 3만ha를 이미 중국에 양도했고, 1999년 새 국경협정에 의거, 다시 9만5000ha를 중국에 양도키로 결정한 바 있다. 이에 대해 키르기스스탄의 민족주의 정당인 누스푸브Nusfuv의 아샤바Ashava 부총재는 작년 5월 중국군이 키르기스스탄에 도착하기도 전에 키르기스스탄은 멸망하게 될 거라고 정부의 영토 양도 결정을 비난했다.[3] 이처럼 중앙아시아 각국의 지도부들은 중국의 진출에 대해 우려를 하고 있으며, 실제로 그 결과가 나타나고 있다.

그러나 우즈베키스탄은 위의 국가들로 중국이 진출할 당시에는 중국과의 교류에 적극성을 가지지 않았다. 오히려 의도적으로 중국인들의 입국을 제한할 정도로 통제를 강화시켰었다. 이러한 정책을 유지하던 우즈베키스탄이 왜 최근 몇 년 사이에 중국의 진출을 방치하다시피 하고 있는 것인가? 실제로 우즈베키스탄은 정치적으로는 미국과 러시아를 상대로 극단적인 줄타기 외교를 전개한 경험이 있으며, 경제적으로는 한국과 터키 등과 교류를 적극적으로 해왔다. 결과적으로 우즈베키스탄에게 중국은 비록 G2의 국가이기는 하지만 크게 의미를 두지 않았던 국가였다. 따라서 최근에 우즈베키스탄이 중국을 상대로 적극적인 교류를 하는 이유는 정치적, 경제적 측면을 고려할 때 중국이 필요했기 때문이라고 판단된다. 중국 역시 우즈베키스탄을 상대로 적극적인 경제교류를 시도하는 것은 단순히 경제적인 이유 외에도 다른 목적이 있을

---

3 http://monthly.chosun.com/(검색일: 2015. 05. 17)

것으로 예상된다.

본 연구는 이와 같은 문제제기를 통해서 왜 우즈베키스탄이 기존의 교류 대상국들보다 중국과 적극적으로 교류를 추진하고 있는지 그 원인을 분석하는데 있다. 그리고 이를 바탕으로 향후 양국의 관계를 전망할 것이다.

연구 내용은 다음과 같다.

첫째, 최근에 진행된 양국의 경제교류를 분석할 것이다. 여기서는 양국의 경제교류가 가지는 특징을 분석하여 상호간의 이해관계가 무엇인지 제시할 것이다.

둘째, 우즈베키스탄과 중국의 양자외교와 SCO를 통한 다자간 외교를 분석할 것이다. 기존에 미국과 러시아를 상대로 극단적인 줄타기 외교를 전개했던 우즈베키스탄은 비록 러시아와 동맹관계를 구축하면서 친러 성향으로 외교노선을 선회하였지만 여전히 중국과의 외교는 표면적으로 정체된 상태를 유지하고 있다. 그러나 최근에 우크라이나 사태를 통해서 러시아가 서방으로부터 경제제재 조치를 당하고 있는 시점과 맞물려 우즈베키스탄이 과거 미국과 러시아를 상대로 줄타기 외교를 했던 것처럼 중국을 활용할 가능성도 있다. 따라서 우즈베키스탄이 과연 러시아와 중국을 두고 어떠한 외교적 변화를 가져갈 것인지 분석하고 예상하는 향후 유라시아 무대에서 중국이 어떠한 입지를 가질 것인지 예측하는데 중요한 단서가 될 것이다.

셋째, 위의 분석을 토대로 향후 양국의 관계가 어떻게 전개될 것인지 예상해 볼 것이다.

II. 본론

1. 중국과 우즈베키스탄의 경제 교류 특징

중국은 우즈베키스탄과 경제 교류 초기에는 면화, 자원 등 원자재 수입에 중점을 두었다. 그러나 2000년을 넘기면서 중국은 본격적으로 2, 3차 산업으로도 영역을 확장시키고 있다. 특히 2012년에 수교 20주년을 계기로 문화 및 인적교류를 활성화시킨다고 발표하였다. 중국은 자국의 산업 기술력 수준이 향상되면서 우즈베키스탄 정부로부터 기술협력 제안을 받고 합작기업 설립을 통해 2차 산업에 투자 비중을 높이려고 하고 있다. 2014년 최근의 양국 경제 교류가 가지는 특징은 다음과 같다.

첫째, 우즈베키스탄에서 수출하는 제품들 중심으로 양국의 합작기업의 설립이 증가하고 있다. 2014년 현재 양국은 52개의 프로젝트를 수행하고 있으며, 총 투자금액은 57억 달러를 상회하고 있다. 우즈베키스탄 정부가 추진하는 지작Jizzakh 자유공업지역FIZ 건설 프로젝트에 중국 기업체들이 5,000만 달러를 투자하여 30년 동안 운영하는 조건으로 참여하고 있다. 이미 2013년에 FIZ에 중국 ZTE 기업이 입주하여 UZ-TELECOM 브랜드로 스마트폰을 생산하고 있다. 중국은 농업 분야에도 진출할 계획을 세우고 있는데, 대규모 농장을 설립하여 면화 재배 및 수입과 농업 기술력을 제공하려고 준비하고 있다.

둘째, 중국은 석유 및 가스 산업에도 진출하여 2012년부터 천연가스를 중국으로 공급하고 있으며, 제3의 가스파이프 라인 공사를 진행하고 있다. 중국국영석유가스공사CNPC는 아랄해 가스전 개발을 위해 우즈베키스탄의 국영석유가스공사Uzbekneftegaz과 러시아의 루코일Lukoil과 컨소시엄을 구성하였다. 중국은 자국의 부족한 에너지 자원을 충당하기 위해서 가스 생산국인 우즈베키스탄에 적극적으로 진출하고 있다. 특히 가스전 개발과 파이프라인 연결 사업을 동시에 수행하고 있다.

셋째, Made in Uzbekistan 제품들을 수출하는데 기여하고 있다. 중국은 우즈베키스탄 정부의 요청에 따라서 시르다리야주州 자유공업지대를 개발하는데 투자하여 "made in Uzbekistan" 제품을 생산하는데 적극적으로 참여하고 있다. 특히 스마트폰과 같은 높은 기술력을 요구하는 상품을 생산하여 우즈베키스탄 수출과 기술 발전에 이바지하고 있다.

넷째, 중국은 이미 공자학교를 설립하여 양국의 문화교류를 활성화시키고 있으며, 특히 2013년 9월 우즈베키스탄을 방문한 시진핑 주석은 매년 120명의 우즈베키스탄 우수한 학생들에게 장학금을 지급하겠다고 약속했다.

전체적으로 우즈베키스탄과 중국의 경제교류가 가지는 특징은 과거 한국이 우즈베키스탄에 추진하였던 정책을 그대로 따라가고 있는데 있다. 1990년도 초기에 대우가 우즈베키스탄에 진출하여 자동차, 전자, 이동통신 등 산업의 각 부문에 걸쳐 투자를 했던 것과 같은 상황을 중국이 재현하고 있다. 이미 중국의 상품이 우즈베키스탄 시장을 장악한 것과 더불어서 중국의 기업들이 자체 상품들을 우즈베키스탄 현지에

서 생산하고 있기 때문에 그 영향력은 한국보다 더 높다고 할 수 있다.[4]

2. 중국의 대우즈베키스탄 에너지자원 협력의 메커니즘

중국이 우즈베키스탄을 비롯한 중앙아시아 천연가스 생산국들과 교류를 발전시키는 것은 러시아와의 자원외교에서 문제점이 나타났기 때문이다. 중국과의 에너지자원 외교에서 푸틴의 경제적 실용주의는 중국의 에너지 외교에 새로운 정책을 만들어냈다. 러시아는 석유와 가스를 수출해야만 경제를 발전시킬 수 있지만, 중국은 반대로 자국의 경제발전을 위해서 세계 각처로부터 에너지자원을 수입해야만 했다. 2004년 통계에 의하면 중국은 2003년에 일본을 앞질러 세계 2위의 석유소비국이 되었다(Mallet, 2004). 그런데 중국은 석유 수입 루트의 편중이라는 문제를 가지고 있었다. 중동으로부터 수입하는 석유가 전체의 60%에 달했던 중국은 자국으로 향하는 유조선이 미군이 주둔하는 말래카해협을 통과하기 때문에 에너지 안보를 강화하기 위해서 석유 수입의 루트를 다양화시켜야 한다고 인식했고, 국경을 맞대고 있는 러시아와 중앙아시아가 최적의 대체 국가였다.

양국의 본격적인 에너지자원 협력은 옐친과 장쩌민이 동시베리아의 유전과 가스전을 개발하는데 합의함으로서 시작되었다. 그러나 양국의 에너지자원 협력의 최대 프로젝트였던 앙가르스크Angarsk-다칭Daqing 송유관 건설 사업은 푸틴의 실용주의로 인해 복잡하게 전개되었다(Page, 2003). 2001년 장쩌민과 푸틴은 정상회담을 갖고 위의 송유관 건설 프로젝트에 합의하였으며, 2003년 5월에는 후진타오가 취임 직후 러시아를 방문하여 협력을 재확인하였다. 그런데 이라크전쟁이 시작되면서 중동으로부터의 석유 수급이 불안해진 일본이 뒤늦게 앙가르스크 송유관에 관심을 표명하였다. 후진타오의 러시아 방문 직후 고이즈미가 푸틴과 회담을 가진데 이어 일본의 외무상, 자원에너지청장 등이 잇달아 러시아를 방문하여 중국보다 유리한 조건을 내세우며 앙가르스크-나홋카Nakhodka 노선을 제안하였다. 이 시점부터 푸틴은 중국과 일본을

---

4 한국의 기업들은 2000년에 대우가 철수하고 난 뒤 우즈베키스탄에서 제조업 중심의 투자를 하지 않고 있다. 단지 우즈베키스탄 정부의 국책 플랜트 사업에 참가하고 있다. 대표적인 사례가 수르길 플랜트 에너지 공급설비 확충사업, 탈리마잔 발전소건설(900MW) 등이다.

두고 저울질하기 시작했다. 그는 2003년 6월에 송유관 노선이 아직 확정되지 않았다
는 발언으로 중국을 불안하게 만들었으며, 12월에는 러시아 총리가 앙가르스크-나
홋카 노선을 지지한다고 하여 일본으로 노선이 변경될 가능성을 시사했다.[5] 2004년 5
월에 러시아가 공식적으로 나홋카 노선을 선정하면서 중국은 러시아를 강하게 비난
하였다.[6] 앞에서 언급한 중국과 러시아의 가스관 건설이 정체되고 있는 이유도 푸틴
의 실용주의가 반영된 결과이다.

러시아는 일본이 중간에 개입하자 양측을 경쟁시키면서 투자비용을 높이는데 성
공했다. 사실상 양국은 푸틴의 실용주의에 농락을 당한 것이다. 러시아는 일본으로
노선을 변경하면서 일본(석유 소비 3위)뿐만 아니라 한국(석유 소비 7위), 미국(석유 소비 1위)
까지 수출시장을 확대시킬 수 있으며 극동지방 개발의 가능성도 찾게 되었다. 그러나
중국은 러시아와 동시에 중앙아시아의 카스피해와 카자흐스탄의 석유에도 관심을 두
고 진출하였다. 1997년에 처음으로 중국은 카자흐스탄과 송유관 건설에 합의하였다.
양국은 2003년에 악토베Aktobe 유전에서 아트라우Atyrau까지 1차 공사를, 2005년에 아
타수Atasu에서 알라산코우Alashankou까지 2차 공사를, 그리고 2009년에 켄키약Kenkiyak
에서 쿰콜Kumkol까지 3차 공사를 완공시켰다. 중국은 송유관 건설과 병행해서 2003년
6월에 카자흐스탄과, 2006년 4월에 투르크메니스탄과, 2007년 7월에 우즈베키스탄
과 순차적으로 가스관 공사에 관한 합의를 이끌어냈다. 그리고 2007년에 투르크메니
스탄 구간을, 2008년에 우즈베키스탄 구간을, 2009년 7월에 카자흐스탄 구간의 공사
를 종료시키고 그 해 12월 14일에 중국-중앙아시아 가스관을 완공시켰다.

위의 사건으로 푸틴의 실용주의가 중국을 당혹하게 만들었지만 지금까지의 실익
을 계산해보면 중국이 러시아보다 앞서 있다. 중국이 중앙아시아를 상대로 에너지자
원을 원활히 공급받고 있는 것과 달리 러시아가 선정한 노선은 아직도 공사가 진행
중이다. 특히 중국은 중앙아시아에서 러시아의 에너지자원 수송 독점을 견제하는 세
력으로 성장한 반면에, 나부코Nabucco 가스관과 중국-중앙아시아 가스관으로 가스를
공급하는 투르크메니스탄과 더불어 중국이 가세하면서 러시아는 중앙아시아에서 그

---

5 http://www.koreaexim.go.kr/kr/file/publication/conea200408011.pdf(검색일: 2015. 05. 17)

6 러시아정부는 최종적으로 총 길이가 4,130km에 달하는 .서시베리아의 Tayset에서 극동
   의 Perevoznaya를 잇는 노선이라고 발표하였다. http://www.hani.co.kr/arti/society/
   schooling/7536.html(검색일: 2015. 05. 17)

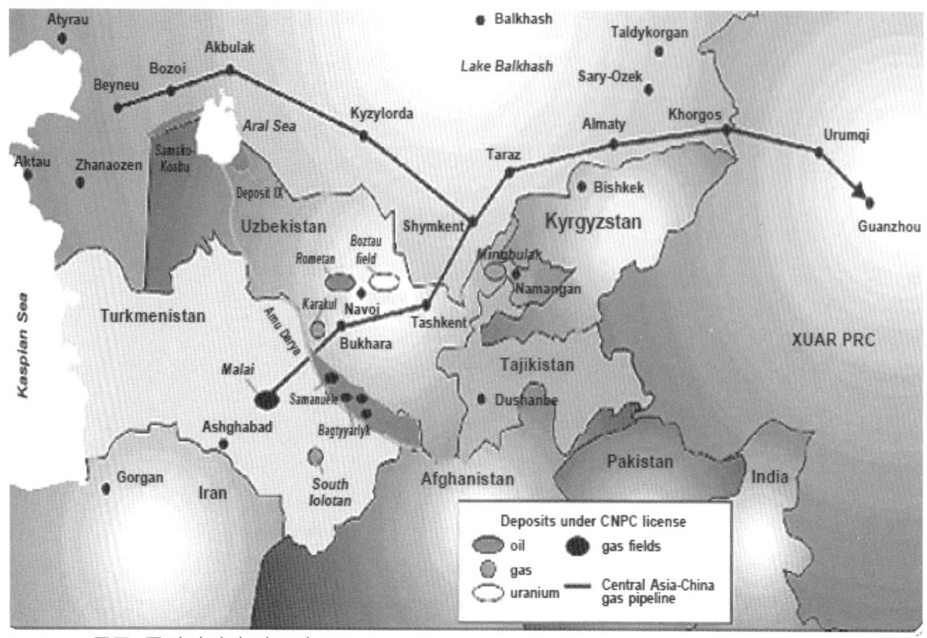

그림 1   중국-중앙아시아 가스관

영향력이 약화되고 있는 실정이다.

현재 우즈베키스탄은 러시아 루블화의 폭락으로 인해 자국 내부이 경제상황이 악화되고 있다. 세계적으로 저유가가 진행되면서 이해 당사국들의 경제상황이 변하고 있다. 특히 석유 생산량 기준으로 세계 2위를 유지하고 있는 러시아는 저유가로 인해 경제 상황이 급속도로 악화되고 있다. 게다가 러시아는 우크라이나 크림반도를 합병한 후 미국을 비롯한 서방의 경제제재를 받고 있기 때문에 경제 회복에 상당한 시간이 필요할 것으로 전망되고 있다.

러시아의 경제 상황은 우즈베키스탄 경제 발전에 직접적인 영향을 미치고 있다. 2014년 12월에 발표된 러시아 연방이민청의 자료에 의하면 이주노동을 하고 있는 우즈베크인은 공식적으로 214만 명에 달한다고 한다. 실제로 불법 노동력을 포함하면 3백만 명에 달할 것이라고 추정되고 있다. 이들이 본국으로 송금하는 금액은 우즈베키스탄 GDP의 10%를 상회하고 있다.

실제로 러시아에서 노동하고 있는 우즈베크인은 루블로 임금을 받기 때문에 달러로 환전하여 본국으로 송금하는 금액은 2013년에 비해서 현재 절반으로 줄어들고 있다.

루블화의 지속적인 평가절하로 인해서 수익이 반으로 줄어든 러시아의 우즈베크 이주노동자들은 최근에 본국으로 귀환하거나 카자흐스탄으로 장소를 옮기려는 경향

표 2　러시아로부터 우즈베키스탄으로 송금한 금액(2006-2012)

년도	송금액(백만 달러)
2006*	1,080
2007	1,693
2008	3,007
2009	2,071
2010	2,858
2011	4,276
2012	5,693

출처: https://www120.secure.griffith.edu.au/research/file/2c0673f3-8067-437f-a2f8-f2b84ac31f68/1/2014-03-estimating-remittances-in-the-former-soviet-union.pdf(검색일: 2015. 02. 02)

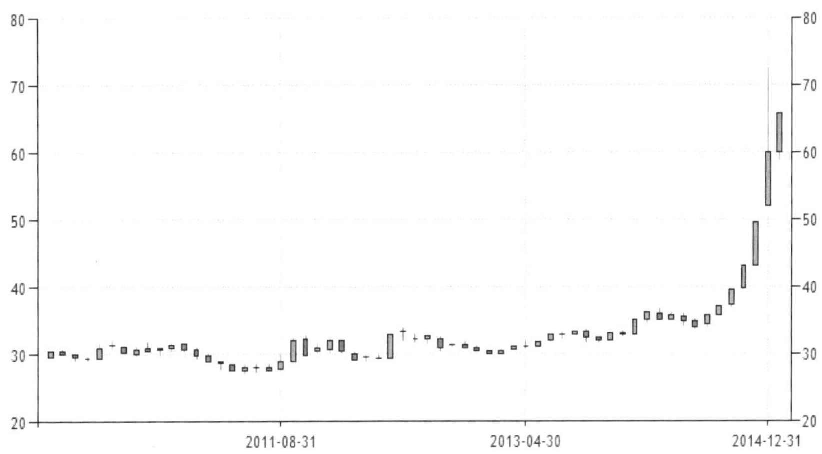

그림 2　루블의 변화 추이(1$)
출처: http://www.tradingeconomics.com/russia/currency(검색일: 2015. 02. 02)

을 보이고 있다. 이처럼 러시아에서 우즈베키스탄으로 송금하는 금액이 급속히 감소하면서 우즈베키스탄 경제 역시 앞으로 영향을 받을 것으로 예상하고 있다. 현재 우즈베키스탄 역시 러시아로부터 송금되는 달러가 줄어들면서 자국 화폐인 숨sum의 가치가 조금씩 절하되고 있다.

이러한 숨sum가치의 하락으로 인해서 수입가격이 상승하면서 조금씩 인플레이션 조짐도 보이고 있다. 최근에 발생한 물가 상승은 이를 반영하는 것이라고 할 수 있다. 그럼에도 불구하고 러시아와 카자흐스탄에 비하면 자국 화폐의 평가절하가 상대적으로 덜 하기 때문에 아직은 크게 우즈베키스탄 경제가 영향을 받지 않고 있다. 여전히

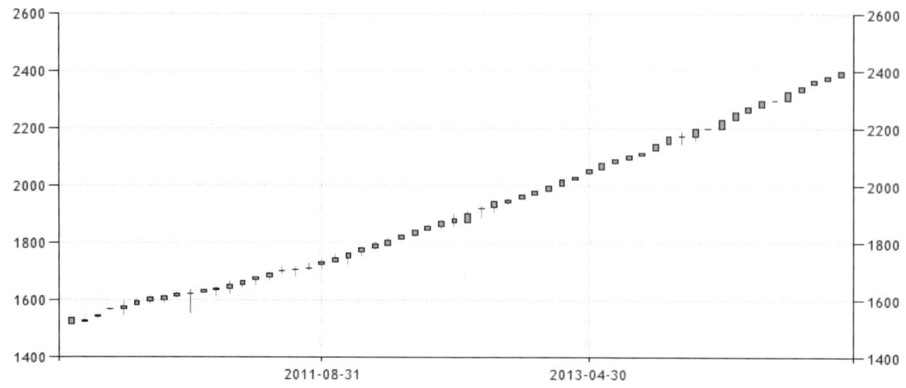

그림 3   숨(sum)의 변화 추이(1$)

출처: http://www.tradingeconomics.com/uzbekistan/currency(검색일: 2015. 02. 02).

중국으로 수출하는 가스 가격이 이를 보전해 주고 있기 때문이다.

결과적으로 우즈베키스탄 경제는 현재도 앞으로도 중국에 의존할 가능성이 높다.

3. 우즈베키스탄과 SCO의 문제점들

우즈베키스탄은 SCO의 기타 회원국들과 달리 중국과 국경을 맞대고 있지 않다. 그럼에도 불구하고 SCO에 가입하여 활동하고 있다. 우즈베키스탄은 SCO의 중앙아시아 회원국들같이 자국의 힘으로 중앙아시아에 산재하는 문제들을 해결할 능력이 없었기 때문에 이 SCO에 참가하여 지원을 받고자 했다. 특히 이슬람 원리주의자들에 의한 테러대응, 카자흐스탄에서 활동하는 위구르 분리운동주의자들, 키르기스스탄의 남부 오쉬Osh에 다수의 거주하는 우즈베크인들의 분리 움직임, 그리고 우즈베키스탄에 타지크인들 등 자국의 힘으로 해결하기 힘든 부분들을 상호간 공조하여 현재의 중앙아시아 질서를 유지하고자 하였다. 흥미로운 것은 우즈베키스탄, 키르기스스탄, 타지키스탄에 자국의 동포들이 각각 다수 거주하고 있으며, 이들의 영향력을 무시하지 못하는 상황이 존재하기 때문에 회원국들은 혹시라도 발생하게 될 분리운동에 대해 현질서의 유지를 상호간 체결한 것으로 간주된다. 이처럼, 중앙아시아 회원국들은 신생국이 가지는 한계를 극복하기 위해서 그리고 경제발전에 필요한 안보를 보장받기 위해서 이 기구에 참가한 것이다.[7]

---

7   중앙아시아의 상하이협력기구 참가의 의미는 시안(Sean, 2000)의 논문 참조.

그러나 SCO는 다음과 같은 문제점을 가지고 있었다.

첫째, 중국과 러시아가 공조체제를 구축하면서 동 기구를 운영하고 있다. 현재는 중국과 러시아가 공조체제를 구축하면서 SCO를 주도하고 있지만 실제로 SCO는 중국이 처음부터 중요한 역할을 해 왔다. 주지하는 바와 같이 SCO는 소련과 중국의 국경문제에서 출발하였다. 중국과 러시아는 과거 국경문제로 1969년 3월 우수리강의 젠바오Zhenbao섬과 헤이샤쯔Heixiazi섬을 두고 무력충돌을 경험하였다.[8] 이후 중국과 소련의 관계는 악화일로로 치달았지만 고르바초프가 등장하면서 양국의 국경문제는 우호적인 관점에서 재차 논의될 수 있었다. 1987년 2월부터 양국은 국경 협상을 재개하면서 1991년 5월 16일에 '중소동부국경협정'을 체결하였다. 그러나 그 해 소비에트 연방이 해체되면서 중국은 자국과 국경을 맞대고 있는 러시아, 카자흐스탄, 키르기스스탄, 타지키스탄과 개별적으로 정식외교관계를 수립하고 다시 국경협정을 재개해야만 했다. 고르바초프 이후 집권한 옐친은 중국과의 국경문제를 승계하여 발전시켰다. 그러나 문제는 중국은 지속적으로 경제성장을 달성하면서 안정적으로 발전하였지만 러시아는 체제전환기의 극심한 혼란을 겪으면서 중국만큼 적극적으로 움직이지 못했다. 중국 입장에서는 새롭게 만나는 4개의 국가들과 국경문제들을 해결해야 하는 상대적으로 더 큰 부담을 안고 있었기 때문에 훨씬 더 적극적으로 회담에 임해야만 했다. 그리고 카자흐스탄, 키르기스스탄, 타지키스탄은 역사적으로 중국에 대한 경계심을 가지고 있었기 때문에 중국과 국경문제부터 먼저 해결하는 것이 자국의 안보에 도움이 된다고 판단했다. 결과적으로 상하이 5국Shanghai Five이 SCO로 발전하기까지 중국이 주도하고 중앙아시아 회원국들이 따라가는 형국이었다. 그러나 푸틴이 집권하고 고유가 현상이 전 세계적으로 발생하면서 러시아는 단기간에 고도의 성장을 달성하였으며 이를 바탕으로 점차적으로 SCO에서 중요한 역할을 하고자 시도하였다. 실제로 SCO에서 러시아가 중국과 공조체제를 구축할 수 있었던 것은 9.11테러 이후 미

---

8   19세기말 러시아제국은 시베리아와 극동으로 동진하면서 아이훈(Aigoun)조약(1858), 베이징조약(1860) 등과 같은 불평등조약을 체결하여 1,040,000km²를, 추가 의정서가 붙은 추구착(Tchugu-chakwhdir)조약(1864)과 상트페테르부르크조약(1881)에 따라 서쪽지역에서 470,000km²를 할양받았다. 이들 조약과 의정서들은 아주 엉성하게 국경을 획정하여 엄밀하고 완전한 획정을 도모하지 않았다. 파미르지역과 같은 몇몇 구역은 결코 경계가 정해지지 않았다. 중국은 1963년 공식적으로 소련 측에 과거 불평등조약들에 대한 문제제기를 하였으며, 1964년 협상에서 1,500,000km²를 반환하라고 요구하였다. 이와 관련된 자세한 내용은 고든(Gordon, 1995: 192-193)의 논문 참조.

국이 탈레반과의 전쟁을 수행하기 위해서 중앙아시아로 군대를 주둔시킨 이후부터이다. 중국과 러시아는 미국에 대응하기 위해서 공조체제를 구축해야만 했으며, SCO를 통해서 중앙아시아에서 미국과의 군사적 균형화를 시도하였다(신범식, 2007: 83). 따라서 중국과 러시아의 공조체제가 가능했던 것은 미국의 중앙아시아 진출에 기인하는 것이기 때문에 2014년 아프가니스탄에서 미군이 완전히 철수하게 되면 양국의 관계가 지금처럼 지속될 수 있을지 장담하기 힘들다. 특히 중국은 G2의 위상을 가지고 있으며, 러시아는 SCO와는 별도로 집단안보조약기구CSTO의 군사적 기능을 점진적으로 강화시키고 있기 때문이다. 키르기스스탄의 사례에서도 나타났듯이 러시아는 CSTO를 중심으로 중국은 SCO를 중심으로 각각 대응하였다는 점에서 양국의 공조체제가 지속될 것이지 의문을 가지게 한다.

둘째, 카자흐스탄과 키르기스스탄은 CSTO에도 가입되어 있다. 양국은 역사적으로 중국에 대한 경계심을 가지고 있었기 때문에 앞에서 언급했듯이 소비에트연방의 해체이후 중국과 국경문제부터 먼저 해결하고자 했다.[9] 카자흐스탄은 1998년 7월 4일에 중국과 논쟁이 되었던 알마티주州 국경지역인 사르이셸다Сарышельда강 주변 지역과 세미팔라틴스크주州의 바이무르즈Баймурз와 차간-오보Чаган-Обо 지역의 47%를 중국에 양도하는 것으로 최종적으로 합의하였다.[10] 이 계약에서 카자흐스탄은 사실상 손해를 보았지만 중국의 10억 달러 투자로 보상을 받았다.[11] 키르기스스탄은 1999년에 최종적으로 중국과 논쟁이 되었던 지역의 국경문제를 해결하였는데, 기존의 영토를 중국에게 30%를 양도하는 굴욕적인 계약을 체결하였다.[12] 이 당시에 키르기스스탄 대통령이었던 아카예프는 자국의 경제발전을 위해 중국과 국경협정을 했다고 주장하였지만 의회의 비준을 받지 않고 계약을 체결하여 강한 저항에 부딪혔다(Sheives, 2006: 208). 결과적으로 카자흐스탄과 키르기스스탄은 독립 이후에 자국의 경제발전을 위해서 중국 자본이 필요하였고 비록 굴욕적인 계약이지만 중국과 국경문제를 해결함으로서 중국과 충돌할 위험요인을 제거하는 목적을 위해서 중국과 협상을 종결지었다.

---

9   카자흐인과 키르기스인은 역사적으로 중국과 충돌했던 돌궐(突厥)의 후예들이며, 18세기에 청의 지배를 받은 경험이 있었기 때문에 중국을 경계할 수밖에 없었다.

10   http://www.neweurasia.info/archive/archives/july/Pol0196.htm(검색일: 2015. 05. 17)

11   http://news.bbc.co.uk/2/hi/asia-pacific/126276.stm(검색일: 2015. 05. 17)

12   http://old.cacianalyst.org/?q=node/468(검색일: 2015. 05. 17)

그리고 중국은 신강 자치구의 지역 안정과 에너지 안보를 해결하기 위해서 양국과 국경협상이 필요하였다. 지금까지도 중국은 카자흐스탄과 키르기스스탄의 중요한 투자국이다. 그러나 양국은 CSTO의 회원국이며 러시아를 항상 고려해야만 하는 국가이기 때문에 지금처럼 중국과 러시아가 공조체제를 구축하고 있으면 외교적으로 어려움이 없겠지만 양국 관계가 악화되면 러시아와 중국 중에서 한 국가를 선택해야만 하는 기로에 설 수도 있다.[13] 그런데 중앙아시아 국가들은 이 지역에 존재하는 강대국들인 미국, 중국, 러시아의 세력균형을 원한다. 따라서 카자흐스탄과 키르기스스탄은 양 기구에 참가해서 러시아와 중국의 균형을 잡으려고 회원이 되었다고도 볼 수 있다. 푸틴 이전까지 중국이 중앙아시아에서 부상하자 이들 국가는 CSTO의 성장을 통해 중국을 견제하려 했다. 반대로 러시아가 중앙아시아에서 세력을 확장시킨다면 중국을 지지할 것이다.

셋째, 러시아는 양 기구에서 중요한 역할을 담당하는 유일한 국가이다. SCO는 비록 다자안보협력기구로 출발하였지만 최근에는 경제 분야까지 그 영역을 확대하고 있다. 러시아 역시 경제 분야에서 유라시아경제공동체Eurasian Economic Community, EurAsEC 그리고 군사·안보 분야에서 CSTO와 같은 다자간협력기구를 통해서 구소련 지역에서 자신의 세력을 확장시키고 있다. 그러나 기대했던 것만큼 성과가 나타나지 않고 있다. 2010년 1월부터 시행되고 있는 러시아, 카자흐스탄, 벨로루스 3국의 관세동맹Customs Union과 CSTO 정도가 소기의 목적을 달성하고 있다. 이처럼 러시아가 추진하고 있는 다자간협력기구가 제 기능을 하지 못하고 정체되어 있는 일차적인 원인은 러시아가 푸틴이 집권한 2000년 이후부터 이러한 기구들을 본격적으로 관리했다는데 있다. 이 시기에는 이미 미국과 중국이 과거 구소련 지역에 영향을 주고 있었기 때문에 이 지역의 맹주였던 러시아가 강대국들 중에서 오히려 후발주자가 된 셈이었다. 잃어버린 러시아로 평가 받았던 지난 옐친 집권기의 혼란은 지금의 러시아가 세력을 회복하고 정책을 추진하는데 여전히 부정적인 영향을 주고 있다. 단기간에 미국과 중국을 쫓아가기 위해서 그리고 과거의 맹주였다는 변하지 않는 사고로 만든 러시아의 전략과 전술은 구소련 지역의 국가들에게 제대로 적용될 수 없었다. CSTO 역시 이러한 과정에서 나타난 결과물이다. 경제 관련 다자간협력기구는 비록 정치적으로 관계

---

13   카자흐스탄과 키르기스스탄은 NATO의 '평화를 위한 동반자'(Partnership for Peace, PfP) 회원국이기도 하다.

가 좋지 못하다고 하더라도 참가할 수는 있다. 그러나 군사·안보 분야의 기구는 편을 가르는 작업과 같은 것이다. 이런 관점에서 러시아는 계속해서 자기편을 잃고 있다. 러시아를 제외하고는 관세동맹에 2국, CSTO에 5국만이 러시아의 남아 있는 자기편이다. 그리고 이러한 기구들로 인해 오히려 구소련 지역에 존재하는 국가들이 확실하게 아군과 적군으로 나누어지고 그 관계가 고착화되고 있다. 따라서 러시아가 CSTO와 SCO에서 중요한 역할을 하는 유일한 국가이지만 G2로 격상된 중국과 지금의 전략과 전술로는 양 기구에서 자신의 목적을 달성하기가 쉽지 않을 것이다. 결국 이 지역에서 러시아가 중국에 도전을 하든지, 기존의 관계를 유지하든지, 러시아가 극단적으로 미국과 협력하든지 3가지 중에서 한 가지가 전개될 것이다. 그런데 선택의 결정권은 모두 러시아에게 있다. 만약에 러시아가 계속해서 국력을 성장시키고 CSTO와 CIS를 중심으로 구소련 지역을 장악했다면 중국에 도전할 수 있겠지만, 그렇지 못하다면 기존의 관계를 유지하거나 자국과 중국이 그랬던 것처럼 미국을 끌어들여서 중국을 견제하려고 할 것이다.[14] 이러한 상황도 러시아 자체만으로는 역부족이고 중앙아시아 국가들의 도움을 받아야만 한다. 앞에서 언급했듯이 중앙아시아 국가들은 이 지역에서 강대국의 세력균형을 원하기 때문에 중국이 강해지면 러시아를 지지할 수 있다. 따라서 러시아는 중국과 기존의 관계를 유지할 수 있는 힘을 얻게 된다. 결과적으로 러시아는 SCO에서 지금처럼 활동하고 CSTO가 가지는 문제점들을 수정하여 중앙아시아 국가들을 포용할 수 있도록 개방적인 기구로 전환시켜야 양 기구에서 지속적으로 중요한 역할을 수행할 수 있을 것이다.

결과적으로 우즈베키스탄 역시 SCO를 통해서 중국과 러시아를 상대로 다자간 외교관계를 추진하고 있지만 양자 관계에 있어서는 중국과 러시아를 상대로 다른 전략을 수립하고 있다. 기본적으로 우즈베키스탄은 독립 이후부터 지금까지 미국과 러시아를 상대로 극단적인 외교정책을 추진해 왔던 경험이 있기 때문에 앞으로도 중국과 러시아를 상대로 예측이 가능한 외교정책을 전개할 지 의문을 가지게 한다.

---

14 냉전시기에 소련이 초강대국으로서 중국에게 위협이 되었을 때 소련에 대한 균형정책의 일환으로 중국은 미국과 협력하여 소련을 견제하는데 동조했던 경험이 있다고 소개하면서 러시아도 중국을 견제하기 위해서 미국과 협력할 것이라는 주장이 있다. 자세한 내용은 신범식(2007: 85)의 논문 참조.

4. 우즈베키스탄의 양자 외교관계 사례 분석

독립 초기에 카리모프 대통령은 신생독립국인 자국을 경제적으로 단기간에 고도 성장시키려는 목적과 러시아를 견제하는 대안세력으로 미국을 끌어들이려는 세력 균형적 질서를 추구하려고 시도하였다. 미국 역시 지정학적으로 우즈베키스탄이 필요하였다. 게다가 러시아가 금융위기를 겪으면서 1998년에 모라토리움을 선언하였다. 이것은 중앙아시아에서 러시아의 정치적·경제적 영향력이 급속도로 추락하는 계기가 되었으며, 우즈베키스탄은 보다 확실하게 러시아로부터 벗어날 수 있는 기회를 잡게 되었다. 해당국은 실제로 1992년 5월 창설된 CIS 집단안보조약CST의 초기 회원국이었지만, 1999년 4월 이 기구를 탈퇴하고 바로 대표적인 친미반러 동맹체라고 할 수 있는 GUUAM에 중앙아시아 국가로서는 유일하게 가입하였다. 게다가 클린턴 행정부 말기에 미국의 대중앙아시아 인식이 전환되는 사건이 연이어 발생하였다. 1999년 이후 중앙아시아 국가들이 이슬람급진주의 물결에 휩싸이게 되면서 이 지역의 안보 문제가 본격적으로 대두되었다. 이를 증명하는 1999년 타슈켄트 폭탄테러, 2000년 8월 미국시민 납치사건이 발생하면서 2000년 9월 미국무성은 '우즈베키스탄이슬람운동IMU' 단체를 테러리스트 명단에 올렸다(이호령, 2003: 242). 미국은 IMU가 오사마 빈 라덴의 알 카에다Al-Qaeda와 연계되어 있다고 판단하였다. 실제로 1990년대 말 IMU의 활동이 위협으로 다가올 때, 미국과 우즈베키스탄 양국은 아프가니스탄에서 발생하는 상황이 심각하다는 것을 공통으로 인식하였다. 이에 대한 미국의 군사적 지원이 IMU의 직접적인 피해국인 우즈베키스탄에 제공되었다. 미국의 대외군사원조프로그램Foreign Military Financing program이 중앙아시아 국가들 가운데 첫 번째로 우즈베키스탄에 제공되었다(Giragosian, 2004: 47). 연이어 2000년 4월 우즈베키스탄을 방문한 올 브라이트 국무장관은 해당국 정부에 3백만 불의 경제 원조를 제공하였다.[15] 이러한 분위기는 9.11테러로 연결되어 발전되었다. 그러나 러시아 역시 2000년 푸틴 정부가 출범하면서 중앙아시아에서의 영향력 회복을 준비하고 있었다.

우즈베키스탄의 친미 성향의 대외관계 노선은 9.11테러가 발생한 2001년부터 본격적으로 나타났다. 주지하는 바와 같이 9.11테러는 유라시아의 국제질서에 대변화를 가져왔다. 미국의 대탈레반 전쟁에 우즈베키스탄과 키르기스스탄이 자국 영토에

미공군을 주둔하도록 약속을 하였으며 실제로 전폭적인 지원을 하였다. 미국이 중앙아시아로 군사진출을 본격화하면서 러시아와 중국을 비롯한 유라시아 대륙전체가 새로운 국제질서와 동맹관계로 재편되어 갔다. 카리모프 대통령은 미국 측에 먼저 공군기지를 제공해 주겠다고 의사를 타진하는 등 미국을 돕는데 적극적으로 나섰다. 미국 역시 중앙아시아의 군사적 진출을 위해 지원을 해 줄 국가를 찾고 있었다.[16] 특히 우즈베키스탄의 미군 지원 이후 해당국에 대한 서방의 경제지원이 상당부분 집중되어 나타났다. 우즈베키스탄 입장에서는 1998년 이후 금융위기로 발생한 자국의 경제적 침체를 미국의 경제적 지원으로 극복할 수 있는 기회를 가지게 되었다(Maynes, 2003: 121). 결과적으로 우즈베키스탄의 적극적인 미국 지원은 상대국으로부터 경제적 지원을 받는 계기가 되었으며, 양국간의 협력적인 관계가 본격적으로 가시화되었다. 세계은행은 2001년 10월 중순 우즈베키스탄에 직원을 파견하였으며, 이는 대규모 경제지원이 뒤따를 것임을 시사하는 것이었다. 서방의 경제지원은 우즈베키스탄의 외환사정을 개선할 뿐만 아니라 경제개혁을 촉발함으로써 교역 및 투자환경을 획기적으로 개선할 수 있을 것으로 기대되었다. 2001년 10월 미국상원 외교분과위 조셉 바이든Joseph Biden은 미국의 중앙아시아 경제지원은 즉각적으로 10억 달러 정도이며, 장기적으로는 훨씬 더 큰 경제발전지원 프로그램이 수립되어 시행될 수 있다고 발표하였다. 러시아 크바쉰 참모총장은 미군 주둔대가로 미국은 우즈베키스탄에 80억 달러 규모의 투자 및 경제지원을 약속했다고 주장한 바 있어 서방의 우즈베키스탄 지원 규모는 작게는 수억 달러에서 많게는 수십 억 달러에 달할 것으로 예상되었다. 2002년 3월 양국은 전략적 동반자관계를 선언하였다. 그리고 실제로 소문만 무성하던 미국의 우즈베키스탄에 대한 경제적 지원정도를 가늠할 수 있게 하는 우즈베크 정부의 공식 발표가 있었다. 2002년 5월 1일 우즈베크 정부와 중앙은행은 완전 태환으로 가는 전 단계로서 환전 자유화 조치를 실시하였다. 우즈베크 국적의 개인은 1인당 1천불씩, 분기에 한 번씩 숨soum화의 달러화로의 환전이 가능해졌다. 우즈베크 정부의 이 같은 환전자유화 조치는 전면적인 태환으로 가는 중요한 예비단계로 평가되었다. 그러나 대탈레반 전쟁에서 소기의 목적을 달성한 미국은 다시 우즈베키스탄의 민주화와 인

---

16 실제로 우즈베키스탄과 키르기스스탄뿐만 아니라 카자흐스탄, 타지키스탄도 미국에게 공군기지를 제공하겠다고 알렸다. 그러나 미국은 양국에 미치는 러시아의 영향력을 고려하여 이들의 제안을 거절하였다. 자세한 내용은 다음의 사이트 참조.
http://www.rferl.org/nca/features/2002/01/11012002091651.asp.(검색일: 2015. 05. 17)

권문제의 변화를 요구하면서 약속된 지원규모를 감축하겠다는 통보를 하였다. 실제로 2002년 8월 30일 우즈베키스탄을 방문한 50여 명의 미국의 의원들은 해당국의 인권 개선을 촉구하는 발언을 하였다.[17] 이에 대응하여 2002년 9월 우즈베키스탄 외무장관이 공식적으로 GUUAM을 탈퇴하겠다고 발표하였다.[18] 이러한 과정 이후 2002년 2억 1,980만 불의 지원금이 2004년 5,060만 불로 축소되었다. 현재 우즈베키스탄에서 환전자유화 조치는 실제로 명문화되어 있을 뿐 실질적인 태환은 이루어지 않고 있다. 이것은 결국 미국을 지원함으로서 이 문제를 해결하려는 우즈베키스탄의 목표가 실패하였음을 의미한다.

그러나 근본적으로 미군의 우즈베키스탄과 키르기스스탄에 주둔은 중앙아시아를 중심으로 새로운 국제질서를 형성하는 계기가 되었으며, 이해관계를 공유하는 새로운 동맹체제가 나타나는 계기가 되었다. 여기의 중심에는 미국에 대한 러시아와 중국의 도전이 있었다. 러시아는 미국의 대탈레반 전쟁을 자국의 체첸 문제와 연관시켜 우호적인 입장을 견지하였다. 따라서 자국의 분열된 의견을 과감하게 정리하고 미국의 중앙아시아로의 군사적 진출을 용인하였다(이홍섭, 2006: 134). 실제로 미국과 러시아는 각각 탈레반과 체첸이라는 자국의 적을 상대로 무력 진압하는데 상호간 암묵적 지지를 하였다.[19] 그러나 전쟁이 사실상 종결되고 난 후 양국은 중앙아시아에서 자신의 영향력을 향상시키기 위해 본격적인 경쟁을 시작하였다. 무엇보다 러시아가 단기간에 고유가를 통해 경제성장을 달성하고 정치적 안정을 찾으면서 미국은 달라진 상대와 경쟁을 치러야 했다. 그럼에도 불구하고 러시아는 여전히 미국을 단독으로 상대하기에는 어려움을 가지고 있었다. 이를 극복하기 위해 중국을 파트너로 선택하였다. 이러한 흐름은 중앙아시아를 중심으로 새로운 동맹 체제를 구축하는데 바탕이 되었다.

실제로 9.11테러 이전부터 러시아는 일차적으로 CIS 회원국들에 대한 영향력 강화에 나서고 있었다. 이를 위해 러시아는 자국의 에너지자원을 무기화 하였다. 먼저 카스피해와 카자흐스탄에 석유를 대륙 밖으로 운반하는 송유관인 CPC라인이 러시아 영토를 지난다는 것을 무기로 이해당사국들을 자신의 영향권 아래 두었다. 그리고 지

---

17 Asia Africa Intelligence Wire, U.S envoy congratulates Uzbek people on Independence Day, 30. 08. 2002.

18 보다 자세한 내용은 강봉구(2007: 66)의 논문 참조.

19 클린턴 행정부는 러시아의 체첸 무력 진압을 강력하게 반대해 왔었다.

속적으로 반러 성향을 보였던 우즈베키스탄에 대해 대외관계 노선을 수정하도록 요구하였다. 푸틴이 대통령으로 당선된 후 중앙아시아 첫 방문지로 우즈베키스탄을 선택한 것도 이러한 이유에 기인한다. 그리고 중국과 국경문제, 테러방지, 분리주의 방지 등의 지역적 이슈로 유지되었던 '상하이 5국'을 2001년 6월 기구로 격상시켜 SCO로 출범시켰다.[20] 또한 벨로루시, 카자흐스탄, 키르기스스탄, 타지키스탄을 포함하는 유라시아경제공동체EurAsEC를 2000년 10월 창설하였으며, 과거 CIS의 집단안보조약Collective Security Treaty으로 발족하였으나 유명무실해진 것을 기구로 승격하여 CSTO로 재창설하여 '신속 대응군'을 만들었다.[21] 그러나 우즈베키스탄은 2001년 6월 SCO 정식가입 했을 뿐 위의 다른 기구에는 2005년 이후 가입하였다.

2003년 그루지야의 장미혁명, 2004년 우크라이나의 오렌지혁명, 그리고 2005년 키르기스스탄의 레몬혁명은 구소련 지역에 민주주의의 도미노를 형성하는 거대한 시대적 흐름으로 인식되었으며, 이러한 사건들이 유라시아 전반에 미치는 영향이 다각도로 분석되었다. 특히 카리모프 대통령은 키르기스스탄의 정권퇴진 배경에 미국의 영향이 존재한다는 우려 속에 2005년 5월 5일 GUUAM의 탈퇴를 선언하였으며 2006년 3월 10일 완전히 탈퇴하였다. 게다가 2005년 5월 13일 안디잔 사태를 통해 우즈베키스탄은 보다 강력하게 미국의 내부간섭을 비난하고 적대적 행동을 실천에 옮겼다. 그해 8월에 해당국은 자국 주둔 미군의 역할 종료 등에 따른 철군(6개월 이내)을 요구하였으며, 11월 21일 하나바드 기지내 미군 잔류 병력(90명)의 최종철수가 이루어짐으로써 미국은 우즈베키스탄으로부터 완전 철수하였다. 그런데 이러한 일련의 과정들에서 미국은 우즈베키스탄에 별다른 대응 없이 요구를 수용하였다. 실제로 미국은 해당국에서 철수하면서 해당국에 강력한 항의나 후속 조치를 취하지 않았다. 이러한 행동은 키르기스스탄 마나스 공군기지를 여전히 사용하고 있다는 안도감에서 비롯될 수 있으며, 아프가니스탄을 기반으로 미군 병력이 중앙아시아에 장기적으로 주둔하여 소기의 목적을 달성하였기 때문에 그랬을 것이라고 예상된다.

동시에 러시아는 고유가를 통한 안정적인 경제성장과 우즈베키스탄에서 미군이 철수한 틈을 이용하여 해당국과 정치적·경제적 관계 개선을 추진하였다. 우즈베키스

---

20   SCO의 형성과 발전에 관해서는 류동원(2004: 132-134)의 논문 참조. SCO의 노선에 대해서는 박시(Bakshi, 2002: 265-276)의 논문 참조.

21   두 기구에 대한 자세한 정보는 우즈베키스탄주재 한국대사관(2008: 12-15)의 보고서 참조.

탄 역시 미국과의 관계 악화를 통해 이슬람 테러단체로부터의 안보문제를 해결하고 에너지 자원 개발을 위해 러시아와 새로운 관계를 설장하였다. 특히 우즈베키스탄은 독립 초기부터 주변의 국가들과 달리 자원개발을 통한 성장이 아니라 2차 산업을 통한 성장을 지속해 왔다. 그러나 1998년 금융위기와 한국의 대우를 비롯한 대기업들의 철수로 2차 산업의 육성에 어려움을 가지게 되었다. 게다가 21세기 들어서 에너지 자원의 가격이 급성승하면서 자국의 경제발전 방향에 변화를 줄 필요가 있었다. 그렇지만 자국의 왜곡된 경제시스템으로 인해 서방의 기업들이 투자를 꺼리고 있었고 카리모프 대통령의 정권 유지를 위해 미국 자본의 침투는 아예 봉쇄하고 있었기 때문에 최근 단기간에 고도의 성장을 달성한 러시아를 적합한 파트너로 인식하였다. 이를 파악한 러시아는 자국의 에너지 회사를 동원하여 우즈베키스탄의 천연가스 분야에 진출하였으며 이와 함께 러시아의 자본이 단기간에 유치되었다.[22] 그리고 우즈베키스탄은 독립 초기에 중국의 진출을 일정 수준으로 경계하였던 과거의 태도를 버리고 해당국의 직접투자를 적극적으로 유치하는 등 SCO를 통해 양국은 정치·경제적으로 밀접한 관계를 구축하기 시작하였다.

이러한 과정을 역으로 분석하면 우즈베키스탄의 대외관계 변화에 미국이 제공한 원인도 있다. 만약에 미국이 우즈베키스탄의 내부문제를 수정하도록 요구하지 않고 약속된 경제적 지원을 했다면 우즈베키스탄은 미국과 발전적 노선을 유지하였을 것이다. 미국은 아제르바이잔의 총선에서 보여준 이중적 태도를 우즈베키스탄에는 적용하지 않았다. 마찬가지로 우즈베키스탄 역시 미국에 대한 외교적 이익이 한계에 다다르면서 보다 적극적인 외교발전을 위해 미국의 요구를 수용하기 보다는 러시아를 선택해 미국으로부터 벗어나는 작업을 전개하였다. 2005년 11월 카리모프 대통령은 러시아를 방문하여 푸틴 전 대통령과 "상호 군사보호 동맹조약" 체결하여 우즈베키스탄의 대외관계 축을 미국보다는 러시아에 둘 것임을 공식적으로 알렸다. 이미 2004년부터 러시아 자원개발 기업들이 우즈베키스탄에 진출하였으며 이후 공교롭게도 우즈베키스탄은 평균 7%대의 경제발전을 달성하였다. 실제로 2005-2006년 해당국의 경제성장은 러시아 기업의 석유·가스부문의 투자에 기인하며 전체적으로 세계적인

원자재 가격의 상승효과를 보았다.[23]

우즈베키스탄은 2006년 6월에 CST를 재구성한 CSTO에 재가입하여 현재까지 유지하고 있다. 결과적으로 이 시기에 우즈베키스탄은 미국과 관련된 이 지역의 다자간 지구에서 완전히 탈퇴하여 러시아 중심의 다자간기구로 갈아탔다. 이 시기에 우즈베키스탄이 미국으로부터 취할 수 없었던 이익을 러시아가 대체해 주었다. 러시아 역시 미국의 중앙아시아 군사진출과 그 영향력의 확산을 차단하기 위해 중국과 SCO를 통한 견제를 본격화 하였으며 우즈베키스탄과 관계 개선을 통해 정치적·경제적 상호 이익을 창출할 수 있었다. 여기서 한 가지 주목해야 하는 것은 러시아가 카리모프 정권에 대한 안전을 보장하였기 때문에 양국의 관계가 급속도로 가까워졌다고 판단된다.

카리모프 대통령은 2008년 발생한 세계 금융위기와 미국과 러시아의 충돌로 급박하게 돌아가는 새로운 질서에 직면하게 되었다. 최근 몇 년 동안 우즈베키스탄의 경제발전과 안보에 도움이 되었던 러시아가 금융위기로 흔들리면서 해당국에 투자하기로 약속했던 경제적 지원을 담보상태로 두거나 취소하는 사태가 발생하였다.[24] 또한 미국은 오바마 정권 출범 이후 대외관계 틀을 대폭 수정하고 있었다. 그의 장기적인 전략은 이라크의 미군을 철군시켜 아프가니스탄으로 파병한다는 계획이었다. 그러나 미국의 이러한 대외관계 수정이 발표됨과 동시에 키르기스스탄이 2009년 2월 3일 러시아의 재정지원을 받기 위해 마나스의 미공군 기지를 폐쇄한다고 결정을 내렸다.[25] 다급해진 미국은 기지 사용료를 인상하는 등의 조건으로 지난 6월 22일 간신히 마나스 공군기지를 아프가니스탄 작전용 병참화물수송센터로 전환한다고 키르기스스탄

---

23 2005년 우즈베키스탄 국영석유가스회사인 우즈네프트가스(Uzbekneftegaz)가 러시아 루코일(LUKoil), 가스프롬(Gazprom)과 자국 석유·가스부문 개발과 관련한 협정을 체결하였다. 가스프롬은 2004년 4월 우즈네프트가스와 15년간 샤흐파쿠투(Shakhpakyty) 가스전 개발과 관련한 생산물분배협정(PSA)을 체결하는 등 우즈베키스탄 가스전 개발에 향후 10억 달러를 투자할 계획이며, 루코일도 2004년 6월 하우작(Khauzak)-샤디(Shady), 칸딤(Kandym) 가스전 개발과 관련하여 35년간 PSA를 체결하고 2007년부터 가스를 생산한다는 계획을 발표하였다, 이 프로젝트의 총 투자액은 운송 파이프라인 및 관련 인프라 건설 등을 감안하면 10억 달러에 달한다(한국수출입은행 2005년 3월 보고서).

24 LUKoil은 최근 우즈베키스탄에서 투자를 중단한다고 발표하였다.

25 http://news.chosun.com/site/data/html_dir/2009/02/04/2009020400583.html(검색일: 2015. 05. 17)

정부와 합의하였다.[26] 미국은 또한 러시아와의 관계 개선을 시도하고 있다. 러시아가 먼저 미국의 어려움을 해결해 주었다. 러시아는 미국의 아프가니스탄 군수물자 수송에 미국 민간항공기가 자국을 지나가도록 허락하였다(조선일보 2009/03/03). 비록 러시아가 미국의 미사일 방어체제[MD]에 불만을 표출하여 신냉전 관계로 상황을 몰고 갔지만 공공의 적으로 간주되는 탈레반의 제거가 자국에게도 중요한 의미를 가지기 때문에 이 부분에서 미국과 공조체제를 갖추기로 결정한 것 같다.

이와 같이 러시아의 내부적 경제 상황 악화, 미국의 대외관계 노선 변경, 그리고 미국과 러시아의 부분적 공조체제에 따라 우즈베키스탄은 새로운 대외관계 전환을 모색하고 있다. 먼저 우즈베키스탄은 최근에 아프가니스탄 문제에 적극적으로 개입하는 태도를 보였다. 카리모프 대통령은 기존의 UN 중심의 '6+2 평화그룹'을 NATO를 포함한 6+3으로 확대해야 한다고 주장하였다.[27] 그의 주장은 상당한 파장을 몰고 왔다. 러시아가 주도하는 CSTO 재가입, EurAsEC 가입 등으로 친러성향의 대외관계를 구축하였던 우즈베키스탄이 NATO의 참여를 요구한 것은 명백히 러시아와 상반되는 입장의 표현으로 이해된다. 다음으로 우즈베키스탄은 2008년 10월 Eurasec에서 잠정적으로 탈퇴한다고 발표하였다. 게다가 해당국은 자국의 가스와 목화를 수출하기 위해 그 동안 소원했던 투르크메니스탄과 파키스탄과의 관계를 회복하는데 집중하고 있다. 이는 카리모프 대통령이 적극적으로 지역 정치에 관여하겠다는 의지를 표출한 것인데, 보다 큰 의미는 러시아를 고려하지 않고 독자적인 대외관계를 구축하겠다는 신호로 간주되는데 있다. 그러나 러시아가 우즈베키스탄에 심어 놓은 경제적 규모나 동맹 관계 등을 고려할 때 극단적인 탈러시아를 다시 추진하기는 부담스러울 것이다.

5. 우즈베키스탄과 중국의 관계 전망

위와 같이 우즈베키스탄은 자국의 정치적, 경제적 상황을 고려하여 미국과 러시아를 상대로 극단적인 대외관계를 진행시켜왔다. 이 당시에 중국은 양국과 비교해서 우즈베키스탄과 관계가 그렇게 중요하지 않았던 상황이었다. 그러나 현재 중국은 미국

---

26 http://www.yonhapnews.co.kr/bulletin/2009/06/23/0200000000AKR20090623142700009.HTML(검색일: 2015. 05. 17)

27 http://www.cacianalyst.org/?q=node/4889(검색일: 2015. 05. 17)

의 자리를 차지하고 있다. 러시아를 견제하기 위해 미국을 필요했던 것처럼, 그리고 미국을 견제하기 위해서 러시아가 필요했던 것처럼 현재 미국이 빠진 자리에 중국은 미국의 역할을 대신할 수 있는 것이다.

그러나 기본적으로 중국이 미국을 역할을 하더라도 기존에 미국과 러시아가 우즈베키스탄에 가졌던 정치적, 경제적 의미와는 다르다.

첫째, 미국은 정치적 목적으로 우즈베키스탄이 필요했었다. 미국은 중앙아시아 지역에서 러시아를 견제하고 자국의 영향력을 높이려고 우즈베키스탄에 접근했다. 특히 9.11테러는 미국이 이 지역에서 중요한 위치를 차지하는데 좋은 기회를 제공했었다. 그러나 중국은 정치적 목적으로 우즈베키스탄에 접근하지 않았다. SCO를 통해서 정치적 영향력을 높이려고 시도할 수 있었지만 역사적으로 우즈베키스탄을 비롯한 중앙아시아 국가들이 중국을 경계하고 있기 때문에 쉽지 않는 것이 사실이다.

둘째, 러시아는 미국과 대립적인 관계를 유지하면서 중앙아시아에 영향력을 확보하려고 했다. SCO와 GUAM이 대표적인 사례이다. 그러나 러시아는 중국과 SCO라는 동일한 기구의 회원국이다. 비록 러시아가 CSTO를 통해서 이 지역에서 중국을 견제하려고 시도하고 있지만 과거 미국을 상대로 했던 대립적인 관계는 만들 수 없는 실정이다. 따라서 우즈베키스탄 역시 양국과 동일한 기구에 속해있기 때문에 과거와 같이 극단적인 선택은 할 수 없을 것으로 예상된다.

셋째, 미국은 우즈베키스탄에 경제적으로 원조를 제공하는데 그쳤지만 중국은 적극적으로 투자를 단행하는 차이점을 보이고 있다. 그리고 현재 러시아가 저유가와 우크라이나 사태를 통해 루블화 폭락을 겪으면서 중국은 우즈베키스탄에 더 중요한 국가로 부상하고 있다.

중국은 미국이 빠져나간 자리를 차지하면서 이 지역에서 자국의 영향력을 확대시킬 수 있는 좋은 기회를 잡았다. 그리고 러시아와 크게 불협화음 없이 관계를 유지하고 있기 때문에 현재의 상태를 유지하면서 점진적으로 영향력을 높일 수 있다. 우즈베키스탄은 미국과 러시아를 오가던 극단적인 대외관계를 중국과 러시아를 상대로 전개할 수 없게 되었다. 러시아가 현재 정치적, 경제적으로 힘든 상황이지만 중국의 영향력 확대를 견제하는데 러시아가 필요한 상황이기 때문이다.

결과적으로 우즈베키스탄은 중국의 경제적 진출을 받아들이면서 자국의 경제발전을 추구하는 수준에서 중국과의 관계를 유지하면 된다. 반대로 중국은 현재 정치적 목적이 아닌 경제적 진출에 국한해서 관계를 향상시켜 가고 있지만 러시아의 상황을 지켜보면서 이 지역에서 정치적 영향력을 새롭게 구축할 가능성도 고려하고 있을 것이다. 과거 9.11테러와 같은 사건을 통해서 미국이 중앙아시아에서 정치적 영향력을 확보했던 것처럼 아마도 중국은 이러한 사건을 기다리고 있을지도 모른다.

Ⅲ. 결론

2014년 미국이 아프가니스탄에서 철수하면서 중앙아시아에서 영향력을 가지고 있는 국가는 중국과 러시아이다. 중국은 SCO를 통해서 간접적으로 경제적 진출을 추진하였지만 최근에는 직접적인 투자를 대대적으로 단행하면서 자국의 영향력을 보다 높이려고 시도하고 있다. 반대로 러시아는 우크라이나 사태와 저유가 상황에 직면하면서 루블화가 폭락하고 경제적 어려움을 겪고 있다. 러시아 내부의 경제상황은 우즈베키스탄을 비롯한 중앙아시아 국가들에게 직접적으로 영향을 주고 있다. 따라서 현재 우즈베키스탄의 입장에서 보면 중국만큼 더 좋은 국가는 없을 것으로 판단된다. 그럼에도 불구하고 중국은 다음과 같은 한계를 가지고 있다.

첫째, 중국은 러시아와 SCO를 통해서 활동하고 있기 때문에 러시아와 대립하면서까지 자국의 영향력을 이 지역에 높일 수 없다. 현재 우즈베키스탄을 비롯한 중앙아시아 국가들은 중국의 적극적인 경제적 진출을 통해서 경제적 혜택을 받고 있기 때문에 이를 발판으로 중국은 자국의 정치적 영향력을 확대시킬 가능성이 높다. 그러나 러시아와 관계를 고려하면 그렇게 쉽게 자국의 목적을 달성하기 힘들다.

둘째, 역사적으로 중앙아시아 국가들은 중국의 정치적 야욕을 경험했기 때문에 일정한 선에서 중국과 교류하기를 원한다. 소비에트연방의 붕괴 이후 중앙아시아 국가들이 먼저 중국과 국경 문제를 해결하려고 시도했던 것은 이를 대변하고 있다. 현재도 카자흐스탄과 키르기스스탄은 자국으로 들어오는 많은 중국인들을 경계하고 있다. 우즈베키스탄에도 최근에 중국 기업들이 진출하면서 타슈켄트에서 중국인들을 쉽게 볼 수 있다. 이러한 역사적 유산을 중국이 어떻게 해결하면서 자국의 영향력을 이 지역에서 높여갈지 두고 봐야 한다.

셋째, 미국과 러시아가 9.11테러, 색깔혁명, 안디잔 사태와 같은 사건들을 통해서 자국의 영향력을 우즈베키스탄에 확대시켰다. 그러나 중국의 입장에서 보면, 현재 이 지역에서 별 다른 이슈가 되는 사건들이 없다. 특히 미국이 아프가니스탄에서 빠져나 갔음에도 불구하고 현재까지 지역안보와 관련된 사건들이 나타나지 않고 있다. 러시 아가 우크라이나 사태를 통해서 국제사회에서 비난을 받고 있기 때문에 만약에 이 지 역에서 안보 문제가 발생한다면 중국만이 적극적으로 해결할 수 있은 좋은 기회가 될 수 있다.

결과적으로 중국은 우즈베키스탄과 지금보다 더 좋은 관계를 가진 적이 없었다. 그럼에도 불구하고 이러한 호기를 통해서 중국이 우즈베키스탄과 중앙아시아에서 자 국의 영향력을 더 높일 수 있지만 전체적인 상황은 그렇게 진행되지 못하고 있다. 앞 으로 러시아가 우크라이나 사태와 자국의 경제문제를 어떻게 해결하느냐에 따라서 이 지역의 국제관계는 달라질 수 있다. 그러나 러시아의 상황이 극도로 나쁜 상황임 에도 불구하고 중국이 더 이상 자국의 영향력을 이 지역에서 확대키지 못하고 있기 때문에 앞으로도 큰 변화는 없을 것으로 예상된다.

:::참고문헌

강봉구. 2007. "우즈베키스탄 대외정책의 노선 전환: 미국과 러시아 사이에서."『슬라브학보』22권 1호.

류동원. 2004. "중국의 다자안보협력에 대한 인식과 실천: 상하이협력기구(SCO)를 중심으로."『국제정치논총』44권 4호.

신범식. 2007. "러시아-중국 안보, 군사 협력의 변화의 전망."『중소연구』30권 4호.

이호령. 2003. "미국의 대 중앙아시아 정책 분석."『평화연구』11권 2호.

이홍섭. 2006. "중앙아시아의 부상과 미-러 관계: 에너지 자원과 9.11테러를 중심으로."『중소연구』30권 2호.

Gordon, Anne. 1995. "중소 국경분쟁 조정에 관한 고찰."『중소연구』19권 3호.

우즈베키스탄주재 한국대사관. 2008.『우즈베크 대외관계』.

한국수출입은행 2005년 3월 보고서.

Bakshi, Jyotsna. 2002. "Shanghai Co-operation Organization(SCO) Before and After September 11." *Strategic Analysis* 26-2.

Giragosian, Richard. 2004. "The US Military Engagement in Central Asia and the Southern Caucasus: An Overview." *Slavic Military Studies* 17.

Maynes, Charles William. 2003. "America Discovers Central Asia." *Foreign Affairs* 82-2.

Sheives, Kevin. 2006. "China Turns West: Beijing's Contemporary Strategy Towards Central Asia." *Pacific Affairs* 79-2.

Asia Africa Intelligence Wire. 2002. "U.S Envoy Congratulates Uzbek People on Independence Day."(August 30)

Mallet, Victor. 2004. "China Unable to Quench Thirst for Oil." *Financial Times*(January 21).

Page, Jeremy. 2003. "Russia, China to Step up Oil Cooperation." *Reuters Wire Service* (May 27).

http://www.state.gov/e/eb/rls/othr/ics/2013/204758.htm(검색일: 2015. 05. 17)

http://www.koreaexim.go.kr/kr/file/publication/conea200408011.pdf(검색일: 2015. 05. 17)

http://www.hani.co.kr/arti/society/schooling/7536.html(검색일: 2015. 05. 17)

https://www120.secure.griffith.edu.au/research/file/2c0673f3-8067-437f-a2f8-f2b84ac31f68/1/2014-03-estimating-remittances-in-the-former-soviet-union.pdf(검색일: 2015. 05. 17)

http://www.tradingeconomics.com/russia/currency(검색일: 2015. 05. 17)

http://www.tradingeconomics.com/uzbekistan/currency(검색일: 2015. 05. 17)

http://www.fas.harvard.edu/~asiactr/haq/200204/0204a003.htm(검색일: 2015. 05. 17)

http://www.neweurasia.info/archive/archives/july/Pol0196. htm(검색일: 2015. 05. 17)

http://news.bbc.co.uk/2/hi/asia- pacific/126276.stm(검색일: 2015. 05. 17)

http://old.cacianalyst.org/?q=node/ 468(검색일: 2015. 05. 17)

http://www.worldpolicy.org/journal/articles/wpj02-1/Feifer.pdf(검색일: 2015. 05. 17)

http://www.rferl.org/nca/features/2002/01/11012002091651.asp.(검색일: 2015. 05. 17)

http://www.eurasianet.org/departments/insight/articles/pp120605.shtml(검색일: 2015. 05. 17)

http://news.chosun.com/site/data/html_dir/2009/02/04/2009020400583.html(검색일: 2015. 05. 17)

http://www.yonhapnews.co.kr/bulletin/2009/06/23/0200000000AKR20090623142700009.HT-ML(검색일: 2015. 05. 17)

http://www.cacianalyst.org/?q=node/4889(검색일: 2015. 05. 17)

http://monthly.chosun.com/(검색일: 2015. 05. 17)

http://uz2.mofcom.gov.cn/article/aboutus/addressofcommercialcounsel-or/201212/20121208475810.shtml(검색일: 2015. 05. 17)

http://news.xinhuanet.com/english/china/2013-09/09/c_132705632.htm(검색일: 2015. 05. 17)

키르기스스탄의 외교정책과 대 중국 관계발전
: 새로운 도전과 기회

윤익중

I. 서론

구 소연방 붕괴 이후 1990년 대 내내 키르기스스탄을 비롯한 중앙아시아 지역 국가들에게는 역사상 처음으로 '국가건설state-building'과 '국민건설nation-building'이라는 현대국가존재의 근본적인 도전이 제기되었다. 이후 2000년 대 초부터는 중앙아시아 지역에서 기존의 지배세력이었던 러시아 이외에 미국과 중국의 세력 확장으로 인한 새로운 형태의 도전이 제기되었으며, 특히, 러시아-중국의 동반자관계 협력이 강화되어진 2004-5년 이후 동지역에서는 중국의 급격한 부상으로 이한 또 다른 차원의 새로운 '도전challenge'이 이루어지고 있다.

탈냉전 이후 중앙아시아 지역의 강대국 간 역학관계는 기본적으로 러시아의 지역 헤게모니에 미국이 영향력을 확대해 나가는 형국이었다. 그러나, 최근 중앙아시아 지역 강대국들 간 역학구도에 있어 중국의 중요성이 정치·경제·안보·사회적인 측면

---

* 이 글은 『국제지역·연구』 24-1 (2015)에 게재된 논문입니다.

에서 급격히 증가되어짐에 따라, 동지역 국가들의 대외정책에도 커다란 변화가 나타나기 시작하였다. 즉, 중앙아시아 지역은 '미국의 새로운 전략', '중국의 급격한 부상', 그리고 '러시아의 적극적인 간여정책' 등 향후 세계 강대국 패권의 향방을 결정지울 수 있는 점점 더 중요한 지역이 되고 있다(박상남, 2010; 박창규, 2009).

이러한 맥락에서, 키르기스스탄의 대외정책에 있어 중국의 중요성은 최근 급격히 증대되어지고 있다. 즉, 중국이 키르기스스탄 외교정책 다변화의 핵심국가로서 급부상되어지고 있다. 중앙아시아 지역에서 이러한 중국의 급부상은 키르기스스탄에게 분명히 새로운 '도전'이 되고 있다. 이러한 동지역의 도전, 특히, 최근 중국과의 관계 및 대 중국 정책이 키르기스스탄에게 '위기'로 작용하는가 아니면 새로운 '기회opportunity'가 되는가?

한편, 중앙아시아 지역에 대한 중국의 관심과 대외정책도 동지역의 변화 속에 전반적으로 그리고 점진적으로 증가하고 있다. 특히, 2013년 3월 시진핑 정권 등장 이후 동지역에 대한 중국의 관심과 대외정책은 이전 정권의 그것 보다 상당히 구체적으로 제시되어지며 강화되어지고 있으며, 동지역에서 중국의 다각적인 영향력 확대정책은 동지역의 기존 국제질서에 강력하고도 중요한 도전적인 변수로 급부상하고 있다. 예를 들면, 최근 중앙아시아 지역에서 CIS 국가들과의 전향적인 경제협력체제유라시아경제통합[Eurasian Economic Cooperation]의 출범 등 러시아의 지속적인 영향력 확대와 아프가니스탄에서의 철군결정 등 미국의 새로운 전략수립 등은 동지역에서 '신실크로드경제권New Silk Road Economic Belt' 구축을 추구하는 중국에게 새로운 전환점이 형성되어지고 있음을 의미한다. 이러한 대외 조건들은 키르기스스탄 등 중앙아시아 지역 국가들에게 새로운 '도전'이 되는 동시에, 한편으로는 강대국들을 상대로 한 등거리 외교 등을 포함한 다양한 외교적 옵션 등의 새로운 '기회'가 되고 있다.

본 논문의 목적은 키르기스스탄의 대외관계 발전을 러시아와 미국 사이에서 부상하고 있는 중국에 초점을 맞추어 각 정권별로 고찰하고 분석하는 것이다. 방법적으로 본 논문은 키르기스스탄의 대 중국정책을 '접경국가' 관점과 '약소국 외교' 관점에서 고찰하고 이해하여야 하고자 한다. 더불어, 본 논문에서는 키르기스스탄의 지정학적인 중요성이 '새로운 차원new level' 에서 중요해 지고 있다는 점을 강조한다. 궁극적으로 본 논문은 중앙아시아 지역에서 중국의 부상이 키르기스스탄에게 기회와 도전이 되고 있는지에 대한 분석을 목적으로 한다. 또한, 본 연구는 러시아와 미국 그리고 중국 등 세계 강대국들의 경쟁 사이에서 지정학적인 전략적 가치를 지닌 국가가 어떻게 국익을 증진하는가에 대한 유용한 연구가 되기를 기대한다. 본 논문은 이러한 측면에서 초보적이고 개괄적인 수준이나마 공헌하고자 한다.

　중앙아시아의 소국인 키르기스스탄의 외교 및 대외정책 일반을 구체적으로 심도 있게 고찰한 국내연구 논문은 드물다(강봉구, 2009; 김인, 2009). 더구나, 키르기스스탄의 대외정책에 있어 중국에 초점을 맞추어 연구한 국내외 연구들을 아직까지 찾아보기 쉽지 않다. 사실, 그 동안 키르기스스탄의 외교정책은 일반적으로 중앙아시아 지역 국가들의 외교정책과 목적 등을 고찰할 때 일부분으로 분석되어지거나 또는 '비교연구'(엄구호, 2009; 안성호, 2008) 되어져왔다. 따라서, 그동안 키르기스스탄 외교정책에 대한 연구는 중앙아시아 지역의 일부 국가로서 연구되어진 것으로서 키르기스스탄 외교정책 자체에 대한 심화연구라고 보기 어렵다. 그러나, 중앙아시아 지역에서 강대국들 간 새로운 세력구도 형성이 이루어지고 있는 요즘 시대적으로 키르기스스탄 외교정책 대한 전문적인 연구가 필요한 시점이 되었다. 왜냐하면, 탈냉전시대 키르기스스탄의 전략적 가치는 지속적으로 상승하고 있으며 강대국들의 경쟁무대인 중앙아시아 지역 키르기스스탄의 국제정치·경제적인 가치를 제대로 분석하여야 동지역의 국제관계 동학에 대한 이해가 가능하기 때문이다. 더불어, 키르기스스탄은 여타 중앙아시아 지역 국가들과는 국내정치적인 측면과 자원경제적인 측면에서 상당히 상이한 점이 많으므로 독립적으로 다루어져야 할 충분한 필요성도 있다.

　본 논문의 목적을 위하여 2장에서는 키르기스스탄 외교정책의 일반적인 특징과 결정과정 등을 약소국 외교정책 측면에서 고찰하고자 한다. 3장에서는 1990년 대 이후 키르기스스탄의 대외정책의 발전과 방향을 대 중국정책 중심으로 각 정권별(아카예프: 1992-2004, 바키예프: 2005-2010, 아탐바예프: 2010-2014)로 그 특징과 의미를 고찰하고자 한다.[1] 4장에서는 키르기스스탄-중국 간 주요 이슈를 중심으로 분석하고자 한다.

II. 키르기스스탄 외교정책의 이해

1. 키르기스스탄의 외교목적과 결정과정

　탈냉전시대 키르기스스탄은 온건한 현실주의적 세계인식을 하고 있으며, 사안에

1　일반적으로 키르기스스탄의 외교 및 대외정책의 방향성(direction)은 2005년의 레몬혁명과 2010년 정치변동 등을 겪으면서 상당한 정도 변화를 겪게 되었다.

따라 미국과 단기적인 이익을 취하는 한편 기본적으로 러시아와의 관계강화 정책을 추구하고 있다(장병옥, 2001: 241-247; 이문영, 2005: 754-755). 일반적으로 키르기스스탄 외교정책의 주요목표는 '주권독립'과 '경제원조'의 확보, 그리고 러시아 등 '강대국들과의 관계강화' 등이다.[2] 한편, 키르기스스탄의 외교정책은 국내정책과 유기적으로 연계되며, 공화국의 다민족 구성원의 이해를 반영하고 주권 보장을 지향하며, 또한 민주적 방향의 정치·경제적 개혁을 위한 양호한 환경의 조성을 지향하고 있다.[3]

구체적으로 키르기스스탄의 외교정책의 국익은 1) 발전적 관점의 국가안정 유지; 2) 지역안정과 안보; 3) 인접국과 선린 관계 발전 및 중앙아시아 통합과정 강화; 4) CIS의 강화 지원; 5) 선진국 및 개발도상 국가와의 우호관계 강화; 6) UN기구와의 협력 증진 등을 포함한다(김인, 2007: 79-93). 또한, 키르기스스탄의 외교활동은 유럽과 아시아 양 지역 국가들의 정부와 양자 간 및 다자간 협력(지역적 수준)의 능동적인 발전을 지향하고 있다. 이에 따라 키르기스스탄은 안보와 경제적인 위상 강화를 위하여 CSTO, SCO, GUUAM, CACO 등 여러 지역 안보기구에 가입하였다. 그러나 이러한 기구들이 키르기스스탄측이 기대한 효과를 나타내지 못했기 때문에, 키르기스스탄에게 의미있고 실질적인 외교관계는 여전히 대부분 양자관계이다. 특히, 러시아와의 관계는 키르기스스탄 외교에게 여전히 최우선 순위top priority를 차지한다.

일반적으로 키르기스스탄의 대외정책 고찰 시 다음 두 가지 사항을 고려하여야 한다(장병옥, 2000: 55). 첫째, 키르기스스탄은 '외부경제원조foreign economic assistance' 없이는 경제적으로 지탱하기가 너무 약하고 가난하다는 점이다.[4] 둘째, 키르기스스탄은 지정학적으로 '너무 외진too much remote' 곳에 위치하고 있다는 점이다. 잘 알려져 있다시피, 중앙아시아 지역의 한 가운데에 위치하고 있으나 키르기스스탄의 지정학적인 가치가 급부상한 것은 2001년 911 테러 사건 이후 미국이 아프가니스탄에서 대 테러전을 수행하면서 부터이다. 즉, 키르기스스탄에 대한 국제사회의 관심은 비교적 최근의 일이며, 그 이전에 키르기스스탄이 국제관계를 활발히 발전시키기에는 지정학적으로 너무 외진 곳에 위치하고 있다.

---

2 기본적으로 키르기스스탄은 러시아, 미국, 그리고 중국과의 기존의 높은 수준의 동반자적 논의를 더욱 발전시키고자 한다(김인, 2007: 86).

3 키르기스스탄의 외교정책과 국내정치문화와의 상관관계는 다음을 참조할 것. Achylova (1995).

4 1991년 독립 후부터 키르기스스탄의 정치엘리트들은 자국의 안정적인 통치를 위하여 외부원조를 끌어들일 수 있는 외교정책을 추구하였다(Dawisha & Parrot, 1994: 218)

1990년 대 초 독립한 (1991년 8월 독립선언)키르기스스탄 외교정책의 구조는 러시아의 그것과 매우 유사하다. 일반적으로 '외교부A Ministry of Foreign Affairs'는 외교정책의 실현, 행위, 임무의 관리 등 외교정책 전반을 관장하고 있다. 더불어, 대통령 행정실 산하에 외교정책 업무를 담당하는 '국제부서International Department of the Presidential Administration'가 있다. 비록 대통령이 국가의 외교정책 방향을 결정하지만, 이 두 기관들은 정책형성 등에 있어 경쟁관계를 형성하고 있으며, 외교정책 집행에 있어 공동의 책임을 지고 있다. 그 밖에 외교정책에 연관되는 조직은 '국방안보부Ministries of Defence and Security', '의회Parliament : Jogorku Kenesh' 등이 존재한다. 그러나, 키르기스스탄의 경우, 외교정책 결정과정에 참여하는 기준이 제도화되어 있지 않고 분명하게 명시되어 있지도 않다. 예외적으로, 국회가 헌법에 의하여 국내외 정책의 기본방향을 정해야 하며 외무장관 등도 국회의 비준을 받아야 한다. 키르기스스탄 외교정책의 결정은 주로 대통령과 외교부 주도로 하고 있다. 키르기스스탄 헌법에는 '외교에 관한 법률Law on the Diplomatic Service'로서 외무성에 대한 외교정책 결정과 수행에 관한 법적 지위를 규정하고 있다(Sari, 2012: 135).

일반적으로 중앙아시아 지역 국가들은 지도자의 정치권력이 국가 메커니즘 조직의 권력보다 우월하다. 이에 따라, 외교정책 결정과정은 거의 전적으로 지도자들에 의하여 결정되어진다. 즉, 중앙아시아 지역 국가들에서는 극소수의 신임을 받는 개인들이 외교정책 결정과 수행을 일반적으로 책임지고 있다. 때로는 지도자 단독으로 결정하는 것이 더욱 효과적인 경우도 있다. 그러한 실제적인 경우가 중앙아시아 지역 국가들에서는 공통으로 증가되어지고 있다. 아카예프와 바키예프 전 대통령들도 분명히 키르기스스탄의 외교정책 결정 등에 있어서 상당히 개인적인 권위를 앞세우며 거의 독단적으로 실행하였다(Sari, 2012: 136).

2. 키르기스스탄 외교정책의 특성

일반적으로 약소국의 안보는 지역수준에서 즉각적인 '민감성sensitivity', '취약성vulnerability', '의존성dependence' 등을 나타내는 한편, 동시에 일반적인 국제환경에도 커다란 영향을 받는다(Keohane & Nye, 1977). 키르기스스탄의 외교정책은 일반적인 약소국의 외교정책의 특징과 같이 외부요인 보다는 국내 위협요인 등에 보다 직접적인 영향을 받는다.

1) 취약성 (Vulnerability)

국제사회에서 키르기스스탄의 독특한 역할 이해의 핵심은 약소국의 경제적, 지리적, 정치적인 '취약성'에 기인한다. 주지하다시피, 1991년 독립할 당시 키르기스스탄은 지구상에서 가장 가난한 약소국가들 중의 하나이었다. 키르기스스탄은 경제발전 정도가 매우 뒤떨어져 있었으며 서방세계와 접촉하기에는 너무 고립되어 있었다(Huskey, 2008: 6). 중앙아시아 지역에서 지리적으로 고립된 약소국가인 키르기스스탄은 자국의 국민과 상품이 국경선을 자유롭게 이동할 수 있게 하는 지역협력조약이 절대적으로 필요하였다. 허스키Huskey가 지적하듯이, 키르기스스탄은 정치·경제 발전의 속도와 방향에 있어 인근 국가들의 '인질'로 남아있었다(Huskey, 2008: 17).

2) 러시아 요소 (The Russian Factor)

키르기스스탄 외교정책 이해의 가장 중요한 요소 중의 하나는 '러시아'이다. 일반적으로 키르기스스탄 정부는 독립 이후부터 현재까지 상당히 일관성 있게 -물론 다소 굴곡이 있었지만- 러시아와의 관계를 강조하여 왔다.

키르기스스탄과 러시아 양국은 1992년 상호간의 이익과 평화를 위한 정치·경제 문제와 관련된 조약을 체결하였다. 2003년 이후 키르기스스탄은 이전의 '전략적 균형strategic balance' 정책으로부터 러시아와의 더욱 밀접한 정치·경제적으로의 '통합integration' 정책으로 선회하였다. 나아가, 2010년 봄 키르기스스탄의 정치적 변동 이후 오튠바예바 임시 수반과 그 이후 아탐바예프 정권은 지속적으로 일관되게 키르기스스탄이 이전보다 더욱 강력한(?) 친러시아 정책을 오늘날(2015년)까지 추구하고 있다. 키르기스스탄 외교정책의 친러시아적인 요소는 대략 다음의 이유에 기인한다. 첫째, 키르기스스탄의 사회경제 시스템은 소연방 시절에 형성되었던 것으로 러시아적인 요소에 대한 거부가 별로 없고 여전히 키르기스스탄의 친러시아적인 정서는 여타 CIS 국가들보다 강하게 남아있다. 둘째, 키르기스스탄은 상대적으로 여타 중앙아시아 국가들보다 민주화가 진전되어 있지만, 1990년 대 중반 이후 점차 키르기스스탄 지도자들은 사회 안정을 위한 질서 등의 가치를 잘 이해하는 러시아 지도자들에게 서방

지도자들 보다 친근감을 가지는 방향으로 선회하였다.[5]

3) 다방향성 정책 (Multi-Vector Policy)[6]

소연방 붕괴 이후 독립한 키르기스스탄은 1990년 대 초 한동안 친서방정책을 추구하였으나, 약소국이 처한 국내외 현실을 받아들이며 1994년 이후 다방향성 정책을 채택하고 추구하고 있다. 즉, 1994년 말 이후 키르기스스탄은 친서방주의 대신, 유라시아적인 독특한 색채를 강조하면서 세계 강대국들과의 관계설정에 있어 적당한 거리를 두기 시작하였다(Huskey, 2008: 9). 나아가, 1990년 대 후반 키르기스스탄은 지역 강대국들과 세계강대국들의 경쟁 사이에서 교묘히 책략maneuver을 쓰는 정책을 추구하기 시작하였다. 그 결과, 키르기스스탄은 1998년 9월 17일 상당히 '모순적인'[7] "실크로드 외교The Diplomacy of the Silk Road" 독트린을 채택하였다.[8] 이러한 맥락에서, 911 테러 이후 아카예프 전 키르기스스탄 대통령은 역사적으로 키르기스스탄이 외부세계에 문호를 개방하였듯이, 중앙아시아 지역에서 러시아 세력에 균형을 맞출 수 있는 미국 세력에 문호를 개방하였다고 역설하였다. 결과적으로 키르기스스탄은 실크로드 외교 독트린의 원칙과 목적에 극명하게 부합(?)되는 상황이 연출되었다. 즉, 2000년 대 초 키르기스스탄의 간지Gansi에는 NATO 군대가, 그리고 칸트Kant에는 CSTO군대가 주둔하게 되는 '줄타기 외교' 상황이 연출되었다. 그러나, 국제정치의 현실은 때때

5　특히, 2005년 레몬혁명 이후 키르기스스탄 사회는 점차 더욱 독재적이고 친러시아적인 외교정책을 추구하였다. 키르기스스탄 정부는 상당한 정도 개인의 프라이버시를 제한했다. 그리고, 발언과 언론의 자유도 상당한 정도 제한하였다. 나아가, 키르기스스탄 정부는 비정부기구, 독립 언론, 그리고 야당에 대한 관료적 방법을 사용하며 압력을 가하였다(http://www.state.gov/g/drl/rls/hrrpt/2002/18374.htm[검색일: 2014.10.19]).

6　기본적으로 이것은 키르기스스탄이 직면한 경제성장 문제를 외부로부터 해결하려는 전략이다(Gregory Gleason et al., 2008: 44-45).

7　키르기스스탄이 러시아, 미국, 그리고 중국 등 여러 강대국들과 동시에 동등한 수준의 좋은 관계를 맺는다는 것은 사실상 불가능하기 때문에 본문에서 모순적이라는 표현을 사용하였다.

8　'실크로드 외교' 개념에 기초한 아카예프 정부의 대외정책 정향은 영토적 완전성 보장, 안보 및 경제발전을 위하여 무엇보다 먼저 이웃 중앙아시아 국가들에 우선순위를 두는 정책을 펼치며, 중국, 이란, 터키, 인도 등 고대 실크로드 주변 국가들과의 관계를 강화해 나가야 함을 강조하였다(http://www.nationsencyclopedia.com/world-leaders-2003/kyrgyzstan-foreign-policy.html[검색일: 2014.11.19]). 강봉구 (2009: 186)에서 재인용.

로 여전히 '제로섬zero-sum' 결과를 낳을 수 있고 모든 국가를 맞춘다는 것은 비효율적이며 다른 상대에게는 적대적인 행위가 되는 것이다. 다시 말해, 어느 강대국과는 비동맹을 하면서 동시에 다른 강대국과는 동맹적인 관계를 제대로 유지한다는 것은 사실상 불가능한 일이다(Huskey, 2008: 9-10).

4) 전략적인 가치 (Strategic Value)

만일 2001년 911 테러 사건이 일어나지 않았다면, 당시 키르기스스탄은 러시아와의 관계를 더욱 강화하는 대외정책으로 재조정하여 자국의 외교정책을 추구하였을 가능성이 높았다. 그러나, 911 테러 사건으로 인한 미국의 대 테러전쟁 선포 이후 서방국가들에게 키르기스스탄의 전략적 위치와 그 가치는 극적으로 증가되었다. 키르기스스탄은 중앙아시아 지역의 중심부에 위치하고 있으며, 아프가니스탄으로부터는 불과 200마일 정도 밖에 떨어져 있지 않다. 이러한 국제상황과 키르기스스탄의 전략적 가치는 2000년 대 초반부터 서방세계가 강력히 키르기스스탄과 연관되어지는 관심을 가지게 되는 주요 배경이 되었다(Blank, 2007: 312-334).

2001년 말 키르기스스탄이 미군의 간지 주둔을 허용하며, 미국과 새로운 동반자관계를 형성하였던 것은 실크로드 외교 독트린 원칙에 입각하여 동East과 서West의 교차로 역할을 강조하며, 실현하는 것으로, 한편으로는 동시에 부가적으로 기지사용료를 획득하는 것이기도 하였다. 이러한 키르기스스탄의 대 미국정책에 대한 러시아의 불만을 완화시키려는 목적으로 키르기스스탄 정부는 러시아에게 2003년 가을 칸트 시 근처에 기지를 개장할 수 있도록 허용하였다. 이러한 맥락에서, 중앙아시아 지역의 국제적 관심과 영향력이 확대될수록 키르기스스탄의 외교정책 행위는 주로 대외적인 전략적 가치의 변수에 의하여 결정되어졌다.

Ⅲ. 키르기스스탄의 대외정책 발전과정과 중국

1. 신생 독립약소국과 아카예프 정권 (1992-2005)

아카예프 집권시절 키르기스스탄의 대외정책은 크게 두 시기로 구분되어질 수 있다. 첫째, 1992년부터 2000년까지로서 당시 키르기스스탄의 대외정책은 초기의 친서방정책으로부터 점차 다방향성^{다중벡터} 정책으로 전환하였다. 일반적으로 동시기 (1992-2000) 키르기스스탄 대외정책의 주요목적은 1) 독립과 주권의 강화^{consolidation}; 2) 국익 확보^{securing}를 위한 정치·외교적 방법 강구; 3) 정치·경제 개혁을 위한 유리한 환경조성 등이었다(Sari, 2012: 138-139).

1990년 대 초 아카예프 전 대통령은 외국의 관심과 경제원조를 끌어들이는 데에 있어서 키르기스스탄이 직면하고 있는 문제를 잘 인식하고 있었다. 이에 따라, 아카예프 전 대통령은 자신이 추진하였던 정책이 실현될 수 있도록 지구촌의 관심을 끌어들이기 위하여 노력하는 한편, 일관성 있게 키르기스스탄의 정치적인 '잠재력^{potential}'을 강조하였다.[9] 한편, 정치적인 측면에서, 1990년 대 초 키르기스스탄은 상당한 정도 민주적인 체제로의 전환을 시도하였다. 이러한 정치·경제적인 개혁상황은 키르기스스탄의 친서방 대외정책 노선에 큰 영향을 끼쳤으며, 기타 CIS 국가들보다 키르기스스탄은 서방국가들의 긍정적인 반응을 얻을 수 있었다. 심지어, 1994년에 키르기스스탄은 나토^{NATO} 평화동반자 프로그램에 협력하기 시작하였다. 이것은 1990년 대 초 키르기스스탄이 극명하게 친서방정책을 추구하였던 반증이었다. 즉, 독립 직후부터 1994년 경 까지 키르기스스탄의 아카예프 정권은 러시아와 서방 사이에서 균형적인 정책을 추구하였다고 평가할 수 있지만, 실지로는 서방과의 적극적인 협력을 모색한 반면, 러시아와는 다소 소극적인 관계발전을 추구하였다고 평가할 수 있다.[10] 이러한

---

[9] 1990년 대 초반 키르기스스탄은 독립한 구소연방 국가들 중에서 정치·경제적으로 급격한 개혁을 시도하였던 몇 안 되는 국가들 중의 하나이었다. 경제적으로는 1993년 자국 통화인 솜(som)을 발행하기 시작하였으며, 1998년에는 WTO 회원국이 되었다.

[10] 1990년 대 초 키르기스스탄의 친서방적인 대외정책이 초래한 문제점들을 심각하게 인식하기 시작한 시점은 대략 1994년 말경 아카예프 정부의 위로부터의 체제개혁 능력이 전반적인 한계에 부딪히면서부터이다(강봉구, 2009: 184).

평가의 배경에는 당시 (1990년 대) 러시아 사회는 체제전환의 극심한 혼란으로 인하여 CIS국가들에 대한 경제적 지원 및 영향력 확보에 신경을 쓸 여력이 없었음 데도 기인하다.

1990년 대 아카예프 정권은 키르기스스탄에게 큰 영향을 끼치는 이웃 강대국인 중국과의 새로운 발전관계를 정립하기 시작하였다. 1990년 대 이미 중국은 키르기스스탄에게 CIS 국가를 제외하고는 가장 큰 무역상대국이 되었으며, 중국 또한 경제적인 측면에서, 그리고 군사적인 측면에서 키르기스스탄과의 관계강화를 시도하였다 (Sari, 2012: 139). 더불어, 이 시기 키르기스스탄은 러시아 뿐 만 아니라, 중국과의 지역 안보 협력에 대한 절실한 필요성을 깨닫고 러시아-중국과의 관계발전을 추구하였다. 특히, 1999-2000년 바트켄Batken 지역 국경분쟁 사태는 키르기스스탄이 중앙아시아 지역 안보협력기구인 SCO와 CSTO 등의 필요성을 절감하며 중국과의 지역 안보협력을 추구하는 중요한 계기가 되었다(Sari, 2012: 141).

그러나, 1990년 대 내내 중국은 키르기스스탄에게 -당시 키르기스스탄에게 가장 절실했던- 경제원조를 제공하는 국가는 아니었다. 이러한 상황은 중국이 1990년 대 키르기스스탄 외교정책에 있어 핵심국가가 아닌 러시아와 서방국가들 사이에서 키르기스스탄의 다방향성 정책 추구의 실용적인 '대안alternative'으로서 간주되어졌다. 결과적으로, 1990년 대 키르기스스탄 외교정책에 있어 중국의 중요성은 러시아나 미국 등 다른 강대국들보다 그리 크지 않았다고 평가되어진다.

둘째, 2001년부터 2005년까지 아카예프 정권의 대외정책은 다방향성 정책 추구의 절정이었다. 주지하다시피, 2001년 9·11 테러사건은 국제적으로 중앙아시아 지역의 중요성이 큰 관심을 받는 결정적인 계기가 되었으며, 동시에 키르기스스탄 외교정책 방향에도 큰 영향을 끼치게 되었다.[11] 2001년 말 키르기스스탄이 자국의 영토에 미국이 아프가니스탄에서 대 테러 작전 수행과 가능성 있는 이란에 대한 군사적 공격을 위한 미국의 공군기지 설치의 허용은 키르기스스탄 대외정책에 커다란 영향을 끼치는 중요한 전환점이었다.[12] 즉, 서방의 주요 강대국들이 키르기스스탄을 지정학적인

---

11 키르기스스탄의 대외정책은 1990년 대 말과 21세기 초 전략적 균형을 강조하던 다방향성(다중벡터론)보다 친러시아적인 경향이 나타났었으며, 2001년 9·11 사건과 연관하여 당시의 친러시아 경향이 다시 주춤하며 다중벡터론의 효용성과 실용성이 강조되기 시작되었으며, 이에 입각한 균형외교를 추구하게 되었다(강봉구, 2009: 187-188).

12 아카예프 키르기스스탄 전 대통령의 대 러시아 정책은 이문영 (2005: 735-759)을 참조할 것.

측면과 전략적인 측면에서 그 가치를 높게 평가하기 시작하였으며, 아카예프 정권은 이러한 상황을 자국의 경제발전과 연관하여 활용하고자 하였다. 그러나, 곧 2003년에 칸트 지역에 CSTO 차원에서 러시아에게 공군기지 사용을 허용한 것은 키르기스스탄 외교정책의 주요 특징인 다방향성 정책을 극명하게 나타낸 사례이었다. 아카예프 전 대통령은 2000년 대 초 중앙아시아 지역에서 러시아를 여전히 지배세력dominant power 국가로 인정하였다. 즉, 이 시기 아카예프 전 대통령 집권시절 키르기스스탄은 러시아와 미국 사이에서 전략적 균형정책을 추구하였지만, 키르기스스탄의 다방향성 정책이 결코 성공적이었다고 평가되어지기는 쉽지 않다. 이미 앞서 2장에서 언급하였듯이, 2000년 대 초 키르기스스탄의 간지Gansi에는 NATO 군대가, 그리고 칸트Kant에는 CSTO군대가 주둔하게 되는 '줄타기 외교' 상황이 연출되었던 것이 궁극적으로 키르기스스탄 국익에 도움이 되었다고 평가하기에는 다소 무리가 있다.

2003년부터 2005년 레몬혁명이 발생하기 전까지 아카예프 전 대통령은 미국과 서방국가들보다는 러시아와 중국과의 관계발전 및 강화에 보다 진력하기 시작하였다. 대외적인 측면에서, 러시아 푸틴 대통령의 CIS국가 중시정책과 국제사회에서 중국의 급격한 부상Rising of China 등은 키르기스스탄의 대외정책 방향에 큰 영향을 끼쳤다. 반면, 키르기스스탄의 대 미국관계는 점차 균열이 나타나기 시작하였다. 심지어, 2005년 2월 키르기스스탄 의회선거를 치르고 나서, 당시 키르기스스탄 주재 미국대사 스테판 영Stephen Young은 아카예프 전 대통령을 공개적으로 비난하였으며, 키르기스스탄의 많은 전문가들이 2005년 아카예프 정권이 몰락한 것은 미국의 반anti 아카예프 세력에 대한 지원이라고 믿을 정도이었다(Sari, 2012: 141).

사실, 1990년 대 초부터 키르기스스탄은 외교정책의 다방향성 정책 원칙에 입각하여 중국과의 관계발전을 강조하며 발전을 추구하여왔으나, 아카예프 전 정권이 중국과의 관계발전을 실질적으로 중요시하기 시작한 것은 유라시아 국가로서 자국의 역사적, 문화적, 지리적 특수성을 강조한 1998년 실크로드 외교개념 설정 이후부터이다. 키르기스스탄과 중국은 약 1,100km의 긴 국경을 맞대고 있으며, 키르기스스탄의 주요 국경지역인 이르케스탄Irkestan과 토루가트Torugart 지역은 중국의 신장위구르 자치구와 직접 연결되어 있다. 따라서, 키르기스스탄 입장에서도 중국과의 국경 및 영토분쟁을 피하는 것을 대 중국정책의 기본전략으로 인식하였다. 이러한 맥락에서, 1999년 당시 아카예프 전 정권은 다소 불평등한 조약에 의거하여 국경획정(중국에게 약 10만 헥타르에 해당하는 영토를 이양)을 하여 당시 정부의 권위를 약화시킨 적이 있었다(Huskey, 2008: 15).

　2003년 이후 키르기스스탄의 대 중국정책은 더욱 강화되어지기 시작하였다. 무엇보다, 2000년 대 들어 국제사회에서 중국의 급격한 부상이 가장 큰 이유이었지만, 다른 한편, 키르기스스탄이 최우선시 하는 러시아가 중국과의 관계를 급격히 발전시켰던 것에도 기인한다. 특히, 러시아와 중국은 '전략적 동반자관계Strategic partnership'를 급격히 발전시키며, 중앙아시아 지역에서 미국의 영향력 강화 차단에 전례가 없을 정도로 서로 협력하였다. 당시 아카예프 정권으로서는 선택의 여지없이 안보·경제적인 측면에서 중국과의 관계발전을 본격적으로 그리고 적극적으로 추진하기 시작하였다. 더불어, 1990년 대 후반 이후 아카예프 정권은 점차 권위주의적으로 변해갔으며, 키르기스스탄에서 민주적인 체제의 후퇴와 권위주의적 정권의 재등장은 중국과의 관계발전에도 중요한 요소로 작용하였다. 중국은 여전히 국가통제의 권위주의적 정치체제로서 1990년 대 초반의 민주화가 진전되었던 키르기스스탄보다 이후의 민주주의가 후퇴되어진 키르기스스탄을 선호하였던 것이 분명하다.

2. 레몬혁명과 바키예프 정권 (2005-2010)

　2005년 3월 말 레몬혁명으로 쿠르만벡 바키예프가 키르기스스탄의 새로운 지도자가 되었으나, 그의 외교정책 개념은 그 이전의 그것과 크게 다를 것이 없었다. 2007년 1월 바키예프 전 대통령은 키르기스스탄의 신대외정책 개념을 발표하였다. 키르기스스탄은 자국의 국익에 기초하여 다중벡터적이며 균형있고balanced 실용적인practical 대외정책을 수행하여야 한다는 것이다. 신대외정책의 초점은 러시아와 중국 등 이웃 국가들과 협력과 통합을 강화해 나가는 것이었다. 신외교정책 개념에서 강조되어진 사항은 다음과 같다. 1) 대외 정치적 수단과 방법으로서 국가안보의 강화; 2) 국가발전 전략에서 우선순위의 수립; 3) 국제무대에서 키르기스스탄의 긍정적인 이미지 제고; 4) 효율적인 대외정책 시스템의 형성 등이다. 동시에, 새 외교정책 개념은 다음 3가지 협력범주에 초점을 두고 있다. 1) 인근 국가들 및 지역협력기구와의 협력 강화; 2) 러시아, 미국, EU, 중국, 일본, 터키, 파키스탄, 동남아 및 아랍 국가들과 관계강화; 3) UN에서 적극적인 활동하는 것 등(강봉구, 2009: 191).

　기본적으로 바키예프 집권시절 키르기스스탄은 지속적으로 러시아, 미국, 중국 등 강대국들과의 관계강화를 기본원칙으로 하는 다방향성 정책을 지속하였다. 그러나, 이러한 다방향성 기본원칙에도 불구하고, 사실상 바키예프 정권은 '러시아 우선주의' 의 방향을 선택하였다. 당시 바키예프의 대외정책을 친러시아 성향으로 변화시킨 동인을 요약·정리하면 대략 다음과 같다. 1) 러시아와 중국의 경제력 및 역할 증대; 2) 두 번의 전쟁으로 미국의 국력 소모 등으로 인해 초래된 중앙아시아 지역 세력관계의 변화; 3) 바키예프 전 대통령 개인의 정치적 성향과 국내정치의 권위주의화; 4) 차관 제공, 부채 탕감 및 막대한 자금 소요되는 건설 사업을 지원한 러시아의 재정적 유인 책 등(강봉구, 2009:198).

2005년 7월 대통령 취임 이후 바키예프 전 대통령의 첫 친러시아 행보는 2005년 9월 러시아와 키르기스스탄의 협력강화를 위한 양자협정 체결이었다. 이후 러시아의 군사원조, 무기판매, 에너지 인프라 건설 지원 등 러시아의 대 키르기스스탄 영향력 이 현저히 증가되기 시작하였으며, 반면 키르기스스탄에 대한 미국의 영향력은 약화 되기 시작하였다(강봉구, 2009: 190). 이후 바키예프 전 대통령의 친러시아적이며 권위 주의적인 성향은 러시아측의 환영을 받으며 양자관계는 지속적으로 더욱 확대되고 발전하였다. 예를 들면, 2006년 바키예프 대통령은 '러시아는 키르기스스탄의 영원 한 친구인 반면, 미국은 키르기스스탄의 단지 협력자이다'라고 선언하였다(Sari, 2012: 143). 2006년 여름에는 키르기스스탄과 러시아는 합동군사훈련을 할 정도의 관계로 발전하였다. 동시에, 2006년 키르기스스탄 정부는 마나스 미군기지의 임차료 재협상 을 선언하였으며, 미국과의 임대료 갈등과는 대조적으로 칸트 러시아 공군기지에 대 하여서는 러시아가 사용료를 전혀 지불하지 않게 그 사용을 허용하였다(강봉구, 2009: 190).

바키예프 전 대통령 집권 시기 키르기스스탄은 러시아와 중국 주도의 SCO와 CSTO를 중앙아시아 지역의 핵심 지역안보기구로 간주하며 적극 협력하기 시작하였 다.[13] 2005년 7월 카자흐스탄 SCO정상회의에서 회원국들은 키르기스스탄을 비롯하 여 중앙아시아 지역에 주둔 중인 미군의 철군 시한을 명백히 제시할 것을 요구하였 다. SCO가 지역 외 타국(미국)에 대해 정치적 요구를 한 것은 이 경우가 처음이었다. 즉, 러시아와 중국이 주도하여 미국의 중앙아시아 지역 내 영향력이 확대 강화되어지

---

13 SCO는 느슨한 형태의 안보기구로서 키르기스스탄 '국가 자주권' 유지에 도움이 된다(김선래, 2011: 33).

는 것을 억제하기 위한 조치이었다.[14]

2007년 8월 키르기스스탄의 수도 비쉬켁에서 SCO 정상회담이 개최되었다. 정상회담 직전 중국의 후진타오 주석이 키르기스스탄을 공식 방문함으로써 키르기스스탄-중국 양자 간 회담이 키르기스스탄의 수도 비쉬켁에서 개최되었다. 회담을 통하여 양국은 10항 이상의 양자 간 문서에 조인하였다. 협상 과정에서 바키예프 전 대통령은 중국이 키르기스스탄에게 중요한 정치적, 경제적 동반자이며, 양자관계를 발전시키는 것은 키르기스스탄 대외정책에서 핵심적인 우선순위들 중의 하나임을 강조하였다. 후진타오 당시 중국주석은 안보문제가 양자관계에서 최우선순위가 되어야 한다고 강조하였다. 또한 후 주석은 키르기스스탄이 소위 '삼악three evil'으로 불리는 테러리즘, 분리주의 및 극단주의와 투쟁하는 것을 적극 지원하겠다고 밝혔다.[15] 키르기스스탄이 중국과 우선적으로 양자회담을 한 것은 바키예프 전 정권의 친러시아적인 행보가 중국을 조금이라도 홀대하는 것이 아니라는 인상을 주고, 카자흐스탄과 우즈베키스탄 사이에서도 그렇게 노력하는 것처럼, 모스크바와 베이징 사이에서도 균형을 잡으려는 시도였던 것으로 평가되어진다(강봉구, 2009: 193).

2007년 8월 SCO 합동군사훈련에서 러시아와 중국이 주장하는 중앙아시아 지역에서의 미군 철수요구는 키르기스스탄의 자주권에 대한 영향력 행사라는 측면에서 그 의미가 중요하다. 미군과 나토군을 위시한 다국적군, 안보협력기구군, 긴급배치군이라는 러시아와 미국의 군대가 모두 동시에 주둔하는 키르기스스탄의 상황에서 중앙아시아 소국의 자주권 확보는 양날의 칼과 같다(김선래, 2011: 46). 중국으로서는 러시아와 연합하여 동지역에서 미국의 영향력 강화를 억제하는 데에 성공한 만큼, 이제는 키르기스스탄 뿐 만 아니라 자국의 신장/위구르 자치구의 안정을 위협하는 삼악을 최대의 위협요인으로 지목하고 안보문제의 중요성을 강조한 것이다. 정상회담의 결과는 중국의 관심이 우선적으로 극단주의 척결에 쏠려있다는 사실을 보여준다. 정상회담을 주최하는 키르기스스탄 정부의 열악한 재정 사정을 감안하여 중국정부는 SCO 정상회담의 조직 및 운영을 위하여 약 5천만 위안을 지원하였다.[16] 이것은 중국

---

14   http://www.cacianalyst.org/?q=node/4017/print(검색일: 2014.11.18).

15   http://www.ipp.kg/files/quarterly%20on%20FP%20july_septembereng.pdf(강봉구, 2009: 192)에서 재인용.

16   Ibid.

이 키르기스스탄에게 일종의 경제원조를 하는 관계로까지 발전하였다고 평가할 수 있다. 즉, 키르기스스탄의 안보딜레마-취약한 국경수비문제, 급진이슬람세력의 침투, 마약운송과 불법무기운반 등-와 중국의 안보중시정책의 이해관계가 맞아 떨어지는 것이었다.

바키예프 집권 시절 중국의 중앙아시아로의 출구전략으로서 키르기스스탄의 가치가 점진적으로 증대하는 가운데 키르기스스탄-중국 관계는 '점진적인steadily' 약속의 관계로 발전하였다고 평가할 수 있다. 키르기스스탄의 대외정책에서 중국의 중요성이 그 이전 아카예프 정권에서 보다 훨씬 더 중요해졌음 물론이다.

3. 2010년 정치변동과 아탐바예프 정권 (2010-2014)

2010년 4월 유혈사태로 키르기스스탄 정국이 불투명해지자 중앙아시아 지역의 강대국들인 러시아, 미국, 그리고 중국 등은 키르기스스탄 사태 추이를 주시하였다. 반정부 시위 사태 발생 후 키르기스스탄 주재 미국 대사관과 러시아 외교부는 거의 동시에 키르기스스탄 사태에 대하여 우려를 표시하고 평화적인 사태 해결을 골자로 하는 내용의 성명을 발표하였다. 그 중에서도, 특히, 러시아는 키르기스스탄에서의 급격한 정치변동에 매우 민감하고 신중하게 반응하였다. 왜냐하면, 구소연방 국가의 일원으로서 키르기스스탄의 급격한 정치적인 변동은 21세기 푸틴이 추구하는 러시아의 대 CIS 외교정책과 그 목적에 부정적인 영향을 끼칠 수 있기 때문이었다(Jackson, 2003: 76-80).

한편, 미국도 중앙아시아 지역의 한가운데에 위치한 키르기스스탄에서의 급격한 정치변동에 대하여 신중하게 반응하였다. 무엇보다도, 미국 입장에서는 대 아프가니스탄 전쟁을 수행하는 데에 있어 중간 수송기지 역할을 하는 키르기스스탄의 지정학적인 전략적 가치가 매우 중요하기 때문이었다.[17] 이에 따라, 키르기스스탄에서 반정부 시위 사태 발생 이후 미국은 운용 중인 마나스 공군기지의 미래에 관심이 집중되

---

17 키르기스스탄 수도 비슈케크 남쪽 23km에 있는 마나스 기지는 아프가니스탄에 배치된 나토군에 대한 군수 지원을 담당하고 있다. 미국은 한해 약 6천만 달러의 임차료를 지불하고 있다(연합뉴스: 2010.4.8).

어왔다. 결과적으로 2010년 4월 발생하였던 키르기스스탄에서의 정치변동은 중아아시아 지역에서 미국과 러시아와의 새로운 관계설정 및 역학구도에도 중요하고 큰 영향을 끼쳤다.

한편, 중앙아시아 지역에서 '지역안보'와 '자원외교'를 강화해온 중국 역시 키르기스스탄의 2010년 반정부 시위에 촉각을 곤두세우고 있었다. 중국 또한 키르기스스탄 국내의 급격한 정치적 변동이 민족갈등과 국경분쟁 등으로 확대되어지는 상황을 경계하였다. 중국은 키르기스스탄의 접경국가로서 무엇보다 키르기스스탄의 정치적 안정을 원하였다. 주지하다시피, 중국정부는 신장자치지구가 키르기스스탄과 인접해 있는데다 파키스탄과 아프가니스탄 등 지역 이슬람 무장 세력의 침투를 막는 완충지대로서 중요한 키르기스스탄에서의 정치적 혼란을 강력하게 원치 않았다. 이것은 키르기스스탄에서의 정치적 불안이 중국의 국경지역에 부정적인 영향을 끼칠 수 있고, 나아가 티베트 및 신장위구르 자치구 등 독립 분위기로 연결될 수 있으며, 결국 서부 지역 개발에 장애가 될 수 있다는 데에 기인하는 것이었다.

기본적으로 오튠바예바 당시 키르기스스탄 과도정부 수반은 자국의 외교정책의 골간이 변하지 않을 것이라면서 러시아와 중국은 물론 중앙아시아 지역 국가들과도 선린관계를 유지하고 유럽연합과 미국과도 동반자관계를 계속 유지할 것이라고 천명하였다. 당시 안보는 물론 경제난과 실업문제 해결 등을 위해서도 러시아와 미국, 유럽 등의 지원이 절실한 키르기스스탄으로서는 어느 한 쪽에 치우치지 않아야 함을 의식한 발언이었다. 그러나, 2010년 4월 정치변동 이후 출범한 오튠바예바 과도정부 수반은 극심한 정국 불안정에도 불구하고 동년 5월 9일 러시아의 모스크바에서 행하여졌던 제2차 세계대전 승전 65주년 기념행사에 참석하며 러시아와의 관계강화를 극명히 나타내었다. 당시 오튠바예바의 '줄타기 외교'는 마나스 공군기지 문제 등을 둘러싼 러시아-미국 간 갈등 속에서 어려움을 겪었다. 이미 러시아는 미국의 마나스 기지에 미군의 영구 존속을 반대하는 입장이었으며, 여전히 당시 키르기스스탄은 오튠바예바 체제에서도 러시아의 지원과 협력 없이는 독자적으로 생존하기 어려운 실정이었다.[18]

2013년 오바마 미국 대통령은 마나스 기지 폐쇄 결정을 앞두고 알마즈벡 아탐바예프 키르기스스탄 대통령에게 직접 서한을 보내 "양국은 믿을 수 있는 동맹국"임을

---

18 키르기스스탄의 대 러시아 의존성 및 유사성에 대하여서는 McMann(2006)를 참조할 것.

강조하며 러시아에 맞섰다. 그러나 키르기스 정부는 마나스 기지의 폐쇄를 확정하여 더욱 확고하게 친러시아정책을 추구하였다.

중국은 아프가니스탄에서 미국의 공백을 메울 수 있는가? 러시아와 중국은 이러한 상황을 어떻게 인식하며 양국이 서로 협조할 것인가? 아프가니스탄에서 미군과 나토군의 철수는 기존의 키르기스스탄 외교정책의 변화가 불가피한 것을 의미하는가? 이러한 질문 아래 아탐바예프 정권에서의 대 중국정책을 이해함이 타당할 것이다.

IV. 키르기스스탄-중국의 관계발전

키르기스스탄은 중국의 '신실크로드 경제권구축' 전략이라는 중앙아시아 지역으로의 창구 또는 가교 역할을 하기 때문에 기타 동지역 국가들보다도 더욱 중요한 지정학적인 가치를 지닌다. 일반적으로 중국의 중앙아시아 지역에 대한 주요 관심과 이해는 대략 다음과 같다. 첫째, 중국지도부는 중앙아시아 지역을 역사적으로나 지정학적(안보적인 측면)으로 중국의 중요한 세력권으로 간주하고 있다. 둘째, 중국지도부는 중국의 서부지역과 접경을 이루고 있는 -특히, 키르기스스탄- 중앙아시아 지역이 중국의 '서부대개발' 전략의 실행과 범 중화권 신실크로드 경제권 구축전략(경제적인 측면) 등에 있어 핵심적인 역할을 하기 기대한다. 즉, 중국은 중앙아시아 지역을 안보·경제적인 측면에서 자국 발전전략의 중요지역으로 간주하고 있다. 이러한 맥락에서, 중국의 외교정책에 있어 키르기스스탄은 지속적으로 중요해지고 있다.

중국이 키르기스스탄에 관심을 갖는 이유는 중국이 기타 동지역 국가들에게 갖는 관심과는 다소 구별된다. 키르기스스탄은 동지역 국가들 중 타지키스탄과 함께 비교적 자원빈국에 속한다. 즉 키르기스스탄은 '지경학'적인 중요성보다는 '지정학적'인 중요성이 더 많은 국가이다. 하지만, 동지역의 지경학적인 중요성은 -특히, 중국에게- 키르기스스탄의 지정학적인 중요성을 담보로 한다. 즉, 중국정부는 지정학적인 측면에서 21세기 그 '전략적'인 가치가 국제적으로 급부상하고 있는 키르기스스탄을 적극 활용하여 중앙아시아 지역의 새로운 국제질서 형성에 있어 -기본적으로 러시아와 협조하면서- 유리한 고지를 차지하고자 한다. 이러한 맥락에서, 최근 동지역에서 중국의 협조 없이 대 테러 전을 성공적으로 수행한다는 것은 사실상 가능하지 않은 일이 되었다. 특히, 미군과 나토군의 철수로 생기는 동지역의 새로운 지역질서 형성에 있어 키르기스스탄은 중국에게 전략적 요충지 역할을 한다.

키르기스스탄-중국 관계에 있어 가장 중요한 요소 중의 하나는 양국이 서로 국경을 맞대고 있는 접경국가라는 것이다. 이것은 양국이 지리적으로 가깝지만, 동시에 양국 간 국경과 영토에 대한 분쟁의 소지가 많다는 것을 의미한다. 반면, 키르기스스탄과 러시아는 국경을 맞대고 있는 접경국가가 아니다. 이러한 맥락에서, 중국은 키르기스스탄과의 관계발전을 중앙아시아 '지역적 수준regional-level'에서 도모하면서, 동시에 인근 접경국가로서 하나의 개별적인 '양자 수준bilateral-level'에서 그 관계발전을 추구하고 있다. 향후 양국 간 후자의 관계발전이 전자의 그것보다 더 중요해 질 가능성이 많다.[19]

그러나, 중국에게 키르기스스탄은 동지역으로의 창구역할을 하는 접경국가이지만, 한편 상대적인 키르기스스탄의 민주화로 인하여 중국이 정치적으로 접근하기에는 여전히 그리 용이하지 않은 국가이다. 따라서, 중국정부의 효과적인 대 키르기스스탄 관계발전은 중국 국내문제의 핵심인 신장위구르 지역에 대한 '장악력'을 높일 수 있느냐와 매우 밀접하게 연관되어 있다. 동시에 중국의 이러한 장악력은 중아아시아 지역으로의 진출에 더욱 집중할 수 있는 환경을 만드는 것이다. 키르기스스탄-중국 양국 간 중요한 현안 문제는 대략 다음과 같다.

1. 국경 및 영토 이슈

국경선 문제는 중앙아시아 지역 내부에 존재하는 '잠재적 뇌관'이라고 표현될 정도로 분쟁의 핵심요소이다. 키르기스스탄은 국경을 접하고 있다. 자연스럽게 키르기스스탄은 1990년 대 초 독립 이후 우즈베키스탄, 타지크스탄, 그리고 중국 등 인근 접경국가들과의 국경선 획정문제를 주요 외교 아젠다로 설정하였다. 주지하다시피, 키르기스스탄은 구소연방 붕괴 이후 등장한 신생 주권국가로서 인근 국가와의 국경선

---

19   반면, 러시아는 키르기스스탄을 지역적 차원에서 그리고 CIS국가차원에서 접근하는 것이 개별 양
      자 (bilateral)간 관계발전의 관점보다 강하다고 할 수 있다.

획정 문제가 명확하지 않은 부분이 있을 수밖에 없었다. 사실, 키르기스스탄에게 국경을 맞대고 있는 접경국가와의 국경문제는 매우 복잡한 문제이다. 이미 키르기스스탄은 이웃국가인 우즈베키스탄과 심각한 국경문제를 경험하였다.

접경국가이며 동시에 강대국인 중국과의 국경분쟁은 키르기스스탄이 자국의 국익을 위하여 가장 피하는 시나리오 중의 하나이다. 한편, 중앙아시아 지역에서 중국이 원하는 가장 중요한 것 중의 하나는 러시아와 키르기스스탄 등 중앙아시아 국가들이 중국의 '안정적인 파트너stable partner'가 되는 것이다. 이를 위한 선결조건으로 중국은 중앙아시아 지역 국가들과 국경문제를 빚으면 안 되는 것이다. 이미 중국은 영토분쟁으로 베트남, 일본 등 여러 주변국들과 갈등을 빚고 있는 가운데 중앙아시아 지역에서 국경을 맞대고 있는 키르기스스탄과의 국경문제 발생은 중국이 가장 원하지 않는 시나리오이다.

키르기스스탄-중국 양국은 약 1,100km 달하는 국경선을 맞대고 있으며, 특히, 키르기스스탄의 주요 접경지역인 이르케스탄rkestan과 토루가트Torugart 지역은 중국의 신장위구르 자치구와 직접적으로 연결되어 있다. 중국지도자들은 키르기스스탄에 살고 있는 약 5-25만 명에 이르는 위구르인들의 불안정성이 키르기스스탄과 국경을 맞대고 있는 신장위구르 지역의 과격한 분열을 초래할 가능성에 대하여 항상 경계하고 있다. 이러한 양국의 접경지역의 문제는 중앙아시아 지역으로부터 신장지역으로까지 연결되어지는 도로, 철로, 파이프라인 등 광대한 네트워크 인프라에 대한 위험이 중국에게 증가되어질 수 있는 것을 의미한다.

1999년 키르기스스탄은 불평등하게 중국에게 영토이양을 통한 국경획정을 하여 당시 아카예프 정권의 권위를 약화시켰던 적이 있다. 이러한 양국 간의 영토이양 및 국경획정 문제는 단지 양국 간 정부차원governmental-level에서 종결되어졌던 것이다. 1999년 이후 키르기스스탄의 많은 일반인들이 때때로 여전히 중국과의 영토 및 국경획정 문제를 제기하고 있다. 양국 간 영토 및 국경획정 문제는 향후 키르기스스탄에서 반중적인 정권이 등장하게 되면 다시 표면화되어 양국 간 관계를 악화시킬 수 있는 핵심적인 요소이다. 요약하면, 키르기스스탄-중국 양국 간 관계발전 및 교류에 있어서도 국경 및 영토에 관한 문제는 가장 핵심이 되는 동시에 여전히 분쟁의 소지가 될 수 있다.

2. 교통 · 물류 · 통신망 네트워크 이슈

최근 중앙아시아 지역은 유라시아 대륙의 육로 교역로를 연결하는 교통, 물류, 통신망 등이 교차하는 지역으로 전통적인 실크로드 물류의 중심지 지위를 최근 급속히 회복하고 있다. 중앙아시아 지역의 지정학적 요충지에 위치한 키르기스스탄과 그 이웃 강대국인 중국은 교통/물류/통신망 네트워크 등 사회발전 인프라 구축과 그 활용에 매우 적극적이다. 따라서, 교통/물류/통신망 인프라의 건설은 향후 키르기스스탄-중국 양국 간 관계발전의 가장 중요한 요소로 작용할 것이다. 이것은 양국 간 경제적인 연결고리 역할 뿐 만 아니라 중앙아시아 지역이 동과 서의 교차로 역할을 하며 세계 정치경제의 성장발전의 중심으로 등장한다는 것을 의미한다.

중앙아시아 지역에서 새로운 교통물류 네트워크의 출현은 키르기스스탄이 유럽과 아시아 사이의 무역을 활성화시키는 역할을 하는 것이다. 이러한 맥락에서, 최근 중앙아시아 지역의 키르기스스탄은 중국의 고부가가치 상품들이 유럽으로 향하는 필수적인 중요한 길목 역할을 하고 있다(Weitz, 2013: 10). 이것은 키르기스스탄이 유럽으로 향하는 중요한 교차 길목에서 중국 대 유럽 무역의 무역 허브역할을 하고 있다는 것을 의미한다. 중국이 키르기스스탄을 제외한 기타 중앙아시아 국가들, 러시아, 그리고 그 외 지역으로 수출하려는 물품의 약 80% 정도를 키르기스스탄의 시장으로 유입한 다음, 키르기스스탄에서 완성품을 만들어 이들 국가들에게 수출하고 있다(Cooley, 21012: 86).

그 중에서도 가장 중요한 것 중의 하나는 키르기스스탄 남부를 통과하여 우즈베키스탄과 중국을 연결하는 철로이다. 이 철로의 건설과 연결은 키르기스스탄의 상업적인 고립을 경감해 줄 수 있는 유용한 방편이 될 것이다. 키르기스스탄의 두 주요 도시인 Jalal-Abad와 Osh를 연결하는 주요도로는 우즈베키스탄을 우회하여 연결되어 있어 비용과 시간이 많이 든다. 키르기스스탄 남부에서의 상업 활동을 위하여서는 키르기스스탄 국내에서도 낙후되고 간접적인 도로를 이용할 수밖에 없다. 심지어 키르기스스탄과 가장 가까운 카자흐스탄의 국경에서 키르기스스탄의 수도 비쉬켁까지는 3시간 30분이 소요되며, 비쉬케크에서 카자흐스탄의 최대 도시 알마티까지는 국경통과 문제 등으로 인하여 약 7시간 정도 소요된다(Huskey, 2008: 16).

3. 무역 및 경제활동 이슈

키르기스스탄-중국 간 무역 및 경제활동은 공식적인 무역과 비공식적인 지하경제 상업 활동으로 구분하여 고찰하여야 한다. 아래의 〈표 1〉에서 나타나듯이 중앙아시아 지역 국가들 중 키르기스스탄은 중국에게 있어 그리 무역량이 많은 국가가 아니다. 2008년을 정점으로 중국의 대 키르기스스탄 무역량은 다소 기대에 미치지 못하고 있다.

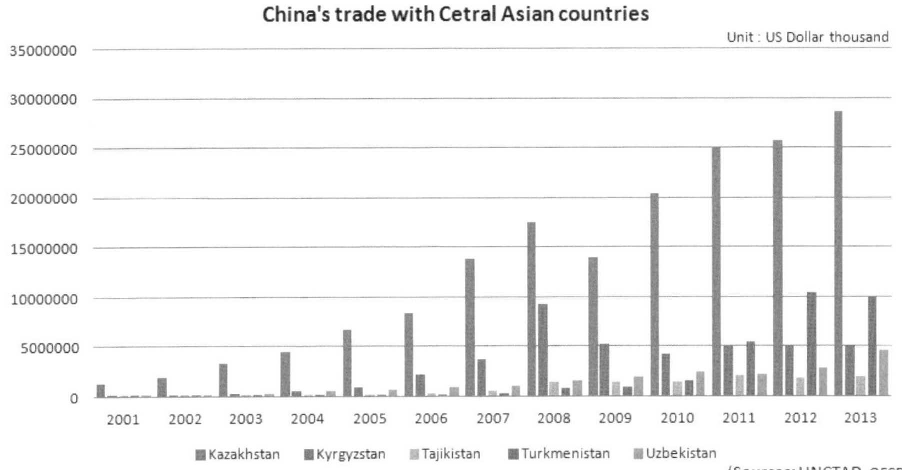

그림 1   중국의 대 중앙아시아 국가들과의 무역 (2001-2013)

그럼에도 불구하고, 키르기스스탄은 중국산 제품의 대 중앙아시아 지역 전체에서 도매wholesale 시장 역할을 하고 있다. 한편, 다음의 〈표 2〉에서 볼 수 있듯이, 키르기스스탄의 대 중국 무역은 2005년 이후 지속적으로 증가하고 있으며, 이는 키르기스스탄의 대 러시아 무역량에 이어 2위에 해당한다.

잘 알려져 있다시피, 중앙아시아 지역 국가들의 올리가히들은 중국과의 관계에 관심을 가지며 영역을 확대하고 있다. 때때로 그들은 그들 국가의 친중국 정권 지지자들로 나타나곤 한다. 키르기스스탄의 경우, 비쉬켁의 도르디dordoi 시장을 소유하고 있는 살림베코프Salymbekov 가문이 나린Naryn을 통과하는 중국과의 무역을 관장하며 중국과의 우호적인 키르기스스탄-중국 양국 간 경제활동은 정부 간 차원에서의 뿐 만 아니라, 사적private이며 부족·씨족clan 차원 등 다각적인 측면에서 지속적으로 증대되어질 것이다. 왜냐하면, 여전히 키르기스스탄 사회는 국익보다 씨족의 이익이 훨씬

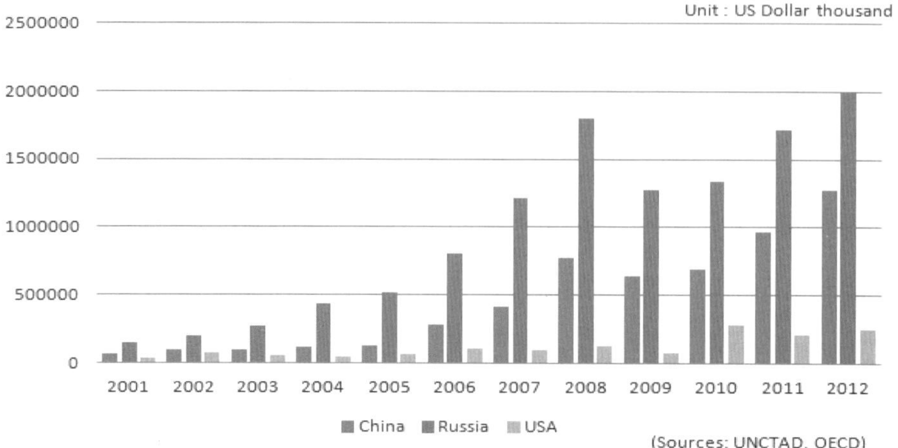

그림 2 키르기스스탄의 대 강대국 무역 (2001-2012)

우선시 되는 사회이기 때문이다. 키르기스스탄의 도로도이Dordoi와 카라수Karasu는 중앙아시아 지역에서 값싼 중국의 상품들을 구할 수 있는 가장 큰 시장bazar이 되었다. 이곳에서는 약 3/4에 해당하는 키르기스스탄의 대 중국 수출 상품들이 거래되고 있다.[20]

2008년 공적·사적인 양방향의 중국의 대 키르기스스탄 수출은 약 93억 달러에 이르렀는데, 이는 그 해 키르기스스탄 GDP의 거의 약 2배에 해당하는 수치이다.[21] 양국은 WTO 가입 회원국으로서 관세에 대한 장벽이 없으므로 서로 무역량 증대시키는 데에 상당히 유리한 입장이다. 이에 따라, 중국의 대부분의 대 중앙아시아 지역으로의 수출이 키르기스스탄을 거점으로 이루어지고 있다. 즉, 키르기스스탄으로 수출되어진 중국 상품을 키르기스스탄으로부터 기타 동지역 국가들에게 재수출하는 방식이다. 그러나, 스페클러가 주장하듯이, 이렇듯 양국 간 무역이 활발하지만, 정작 중요한 조직된 사적 무역 행위는 거의 존재하지 않는다(Spechler, 2009: 3-15).

20 http://www.tol.org/client/article/22378-chinas-economic-influence-fostering-resentment-in-kyrgyzstan.html(검색일: 2015.2.3).

21 http://www.washingtonpost.com/wp-dyn/content/article/2010/09/07/AR2010090707448.html(검색일: 2015.2.5).

4. 이주 노동자 이슈

키르기스스탄에는 약 3만여 명의 중국인이 거주하고 있다. 키르기스스탄에서 중국인 이주자와 키르기스스탄 사회와의 상관관계는 경제 부문 등에서 상당히 주목할 만한 수준이다. 2008년 약 6천여 명의 중국인들에게 키르기스스탄 정부는 노동 이주 허가를 하였다. 중국인 이주자들 중 상당수는 차이니스 레스토랑과 식품 영업권에 연관된 일에 종사하고 있다. 적지 않은 수의 키르기스스탄 이주 중국인들은 키르기스스탄의 환경이 러시아보다 안전하다고 여기고 있다. 그들 중 일부는 현지 키르기스스탄 대학에서 학업을 하며, 러시아어와 터키어 등 키르기스스탄인들이 선호하는 언어를 습득하고 있다(Tokbaeva, 2009).

그러나, 알려져 있다시피, 키르기스스탄에서도 키르기스인과 중국인 이주자 사이에서 종종 폭력적인 갈등이 발생하곤 한다. 기타 중앙아시아 지역 국가들과 마찬가지로 키르기스스탄에서도 중국의 점증하는 영향력과 중국인 이주자의 증가 등에 대하여 상당히 경계하고 있다. 대부분의 키르기스스탄 이주 중국인들은 '보따리 무역shuttle trade industry'에 연관되어져 있다.

한편, 약 4만 6천여 명의 위구르인들과 약 7만 여명의 둔간dungan인들이 키르기스스탄에 존재하고 있다. 키르기스스탄에 이주해 있는 약 4만 6천여 명의 위구르인들은 중앙아시아 지역 전체 30만 여명의 위구르 diaspora 중 가장 많은 숫자이다(Laruelle & Peyrouse, 2012: 20-21). 따라서, 키르기스스탄의 이주 노동자 문제는 위구르 민족문제와 깊은 연관이 있다.

많은 학자들이 지적하듯이, 키르기스스탄 인들을 비롯한 대부분의 중앙아시아 지역 국민들은 중국에 대한 비우호적인 태도 및 민족감정이 여전히 남아있다. 예를 들면, 당나라 시대 페르가나 계곡에서의 중국의 영향력과 압도적인 중국 인구에 대한 두려움이 여전히 존재한다(Spechler, 2009: 12).

V. 결론

    일반적으로 강대국에 대한 키르기스스탄 대외정책의 행위와 반응은 주로 강대국의 헤게모니에 대한 공포보다는 중앙아시아의 '지역 불안정성', '극단주의', '테러리즘'과 '경제적 지원'에 대한 필요에 의하여 결정되어져 왔다. 이러한 맥락에서, 2000년 이후 최근까지 키르기스스탄 정부는 무엇보다 '러시아와의 관계 강화'를 외교정책의 최우선 과제로 설정하며 생존차원의 다방향성 외교 전략을 구사하여왔다. 그러나, 중앙아시아 지역에서 중국의 급부상으로 인하여 키르기스스탄 정부는 앞으로 러시아와 중국 사이에서 다방향성 정책의 전략적 효율성과 유연성이 절실히 필요하게 될 것이다. 왜냐하면, 향후 키르기스스탄의 외교정책에 있어 중국의 중요성이 더욱 증대되어질 것이 자명하기 때문이다.

    다시 말해, 기본적으로 중국은 키르기스스탄의 대외정책에서 러시아와 미국(서방) 사이에서 그 위치를 확립해 나가고 있다. 특히, 2004-05년 이후 키르기스스탄 대외정책에서 차지하는 중국의 비중이 점진적으로 증대되어지고 있다. 그리고 미군과 나토군이 아프가니스탄에서 철수를 완료하는 2014년 말 이후부터 중앙아시아 지역에서의 중국의 행보와 그 역할은 국제사회에서 더욱 중요해 질 것이다.[22] 2013년 3월 시진핑 체제 등장 이후 중앙아시아 지역에 대한 중국의 관심이 더욱 고조되고 있음은 물론이다.

    중국은 아프가니스탄에서 미국의 공백을 메울 것인가? 러시아와 중국은 이러한 상황을 어떻게 인식하며 양국이 서로 협조할 것인가? 키르기스스탄은 국제관계와 중앙아시아 지역의 세력균형의 질적인 변화가 없는 한 앞으로 상당기간 상하이협력기구(SCO)와 집단안보협력기구(CSTO)의 틀 속에서 중국과 러시아와의 협력을 강화하는 한편 미국과 서방보다는 러시아의 지원을 최대화하는 친러시아 정책을 기본으로 하는 다방향성 정책을 추구할 것이다.

    한편, 아프가니스탄에서 미군과 나토군의 철수는 키르기스스탄 외교정책의 변화가 불가피하다 것을 의미한다. 중앙아시아 지역이 강대국 경쟁의 장으로 남는다면,

---

22 미국은 2014년 아프가니스탄 철군 이후 중앙아시아 국가들과 인도, 파키스탄, 아프간스탄 등을 연결하는 신실크로드를 구축함으로써 영향력 유지하려는 전략을 추구하고 있다.

향후 러시아와 중국이 유라시아경제연합권과 신실크로드경제권이 서로 경쟁하거나 상충되어질 가능성이 많다. 그럴 경우 키르기스스탄은 중국에게 가장 중요한 지역 접경국가로 급부상되어질 것이다. 따라서, 키르기스스탄-중국관계는 미군과 나토군이 아프가니스탄에서 철수를 완료하는 2014년 이후부터 더욱 중요해 질 것이다. 이러한 맥락에서, 향후 키르기스스탄의 대 중국정책을 이해함이 타당할 것이다.

　총체적으로 중앙아시아 지역은 러시아와 중국이 주연이 되는 새로운 거대한 게임에 진입하고 있다. 동지역에서 기본적으로 양국은 이전과 마찬가지로 상호 협력을 지속하겠지만, 향후 양국 간 경쟁도 새로운 형태로 진행되어질 것이다. 다시 말해, 당분간, 동지역에서의 '지배세력dominant power'은 러시아가 되겠지만, 중국은 러시아의 지배에 대한 '평화적인 도전peaceful challenge'을 하게 될 가능성이 많다. 이러한 상황이 키르기스스탄에게는 새로운 '도전'과 동시에 '기회'가 될 것이다.

:::참고문헌

강봉구. 2009. "세계로부터 천산(天山)으로: 키르기스스탄 대외정책 정향의 변화."『슬라브연구』제
25권 1호.
김선래. 2011. "국가건설과정에서 키르기스스탄의 국가안보와 자주국방의 딜레마."『국제지역연구』
(한국외국어대학교) 제14권 제4호.
김인. 2007. "키르기스스탄의 대외정책과 관계."『아·태: 쟁점과 연구』(경희대학교) 여름호.
박상남. 2010.『현대 중앙아시아』. 서울: 한신대학교 출판부.
박창규. 2009.『중앙아시아의 이해』. 서울: 씨네스트.
안성호. 2008. "독립국가연합(CIS)의 민주화과정에 대한 비교연구: 중앙아시아 5 개국을 중심으로."
『한국동북아논총』, 제13권 제3호 통권48집.
엄구호. 2009. "중앙아시아의 민주주의와 씨족 정치."『세계지역연구논총』. 제27집 3호(12월 겨울
호).
이문영. 2005. "포스트 소비에트 시기 러시아와 중앙아시아의 관계."『국제지역연구』(한국외국어대
학교) 제9권 제3호(11월호).
______. 2003. "러시아의 대 중앙아시아 관계의 역사와 전망."『평화연구』제11권 2호.
장병옥. 2001.『중앙아시아 국제정치의 이해: 신실크로드의 정치·경제』. 서울: 한국외국어대학교출
판부.

Achylova, R. 1995. "Political Culture and Foreign Policy in Kyrgyzstan." in V. Tismaneanu,
ed. *Political Culture and Civil Society in Russia and the New States of Eurasia*.
Armonk: M. E. Sharpe.

Blank, Stephen. 2007. "US Interests in Central Asia and their Challenges." *Demokratizatsiya* 3.

Cooley, A. 2012. *Great Games, Local Rules: The New Great Power Contest in Central Asia*.
New York: Oxford University Press.

Dawisha, Karen & Bruce Parrot. eds. 1994. *Russia and the New States of Eurasia: the politics
of upheaval*. Cambridge: Cambridge University Press.

Gleason, Gregory, Asel Kerimbekova, and Svetlana Kozhirova. 2008. "Realism and the Small
State: Evidence from Kyrgyzstan." *International Politics* No(45).

Huskey, Eugene. 2008. "Foreign Policy in a Vulnerable State: Kyrgyzstan as Military Entrepot
between the Great Powers." *China and Eurasia Forum Quarterly*, 6(4), 1-35.

Jackson, Nicole J. 2003. *Russian Foreign Policy and the CIS: theories, debates and actions*.
London: Routledge.

Keohane, Robert O. and Joseph S. Nye. 1997. *Power and Interdependence: World Politics in
Transition*. Boston: Little Brown.

Laruelle, Marlene & Sebastien Peyrouse. 2012. *The Chinese Question in Central Asia*. London: Hurst & Company.

McMann, Kelly M. 2006. *Economic Autonomy and Democracy: hybrid regimes in Russia and Kyrgyzstan*. Cambridge: Cambridge University Press.

Nygren, Bertil. 2008. *The Rebuilding of Greater Russia: Putin's foreign policy towards the CIS countries*. New York: Routledge.

Olcott, M. B. 2005. *Central Asia's Second Chance*. Washington, DC: Carnegie Endowment for International Peace.

__________. 1996. *Central Asia's New States*. Washington DC: United States Institute of Peace Press.

Pantucci, Raffaello and Alexandros Petersen. 2011. "China's Slow Surge in Kyrgyzstan: A View from the Ground." *China Brief* 11(21).

Sari, Yasr. 2012. "Foreign Policy of Kyrgyzstan under Askar Akayev and Kurmanbek Bakiyev." *Perceptions* 17(3).

Spechler, Martin C. 2009. "Why Does China Have No Business in Central Asia?." *China and Eurasia Forum Quarterly* 7(2).

Swanstrom, Niklas. 2007. "China's Role in Central Asia: Soft and Hard Power." *Global Dialogue*, 9(1-2).

Tokbaeva, Dina. 2009. "The Chinese Connection." *Transition Online*.

Weitz, R. 2013. "Sino-Kazakh Ties on a Roll." *Jamestown Foundation China Brief* 13(2).

http://www.cacianalyst.org/?q=node/4017/print(검색일: 2014.11.18)

http://www.tol.org/client/article/22378-chinas-economic-influence-fostering-resentment-in-kyrgyzstan.html(검색일: 2015.2.3).

http://www.washingtonpost.com/wp-dyn/content/article/2010/09/07/AR2010090707448.html(검색일: 2015.2.5).

http://www.ipp.kg/files/quarterly%20on%20FP%20july_septembereng.pdf(검색일: 2014.11.18)

http://www.cacianalyst.org/?q=node/4017/print(검색일: 2014.11.18)

http://www.nationsencyclopedia.com/world-leaders-2003/kyrgyzstan-foreign-policy.html(검색일: 2014.11.19)

연합뉴스. 2010.4.8

8장

중국과 타지키스탄 관계
: 자원과 개발의 맞교환?

현승수

I. 들어가면서

　　2000년대 이전까지 중앙아시아는 서방과 러시아의 패권다툼의 장이었다. 그러던 것이 푸틴 집권 이후 강력한 제국의 부활을 꿈꾸는 러시아가 중앙아시아에서도 과거 종주국의 역할을 되찾고 있는 것처럼 보였다. 아프가니스탄 전쟁에서 러시아의 협력을 끌어내는 데 성공한 미국과 서방은 그러나 중앙아시아 국가들로부터의 협력을 얻어내는 데는 실패했다. 유라시아의 거대한 체스 판에서 푸틴의 러시아가 유리한 게임을 전개하는 동안 미국과 서방의 존재감은 날로 줄어들었다. 2000년대 후반이 되자 이제 중앙아시아 국가들이 막대한 양의 석유와 천연가스를 어디에 내다 팔 것인지에 대해 의문을 제기하는 이들은 별로 없었다. 러시아가 이 지역 에너지 인프라와 시장을 독점하고 있었기 때문이다. 그러나 최근 들어 새로운 유전과 가스전이 개발되면 그곳에서 뻗어 나온 파이프라인은 동쪽으로 향한다. 즉 중국으로 흘러가는 것이다.

　　중앙아시아에서 중국의 존재감은 비단 경제 분야에만 머물러 있지 않다. 2014년 아프가니스탄에서 미군 중심의 나토 군이 철수하면 중앙아시아 지역의 안보가 불안해질 것이라고 예측하는 국제사회의 우려는 결코 과장이 아닌데, 그 안보의 공백을 러시아와 함께 중국이 메울 것이라는 관측이 나돌고 있다. 중앙아 국가들과 중국의 안보 협력이 급속히 확대되고 있는 것이 그 단적인 증거가 되고 있다.

중국의 대 중앙아 외교는 경제와 자원을 뛰어넘어 안보 분야로 확대되고 있으며 미국과 러시아가 중동과 우크라이나에서 힘겨루기를 하고 있는 동안 중국은 착실하게 중앙아시아를 자국의 이해지대로 변모시키는 작업을 묵묵히, 그러나 공격적으로 진행시켜 오고 있다. 특히 전 세계가 중앙아시아에서 자원 부국인 카자흐스탄이나 투르크메니스탄과의 교류에만 관심을 갖고 있을 때, 중국은 별로 주목 받지 못하는 타지키스탄과의 협력 관계 구축에도 대단히 적극적이다. 주지하다시피 타지키스탄은 중앙아시아는 물론 옛 소연방 안에서도 경제적으로 가장 낙후된 국가이며, 이 나라의 지리적 여건은 대단히 척박하고 주변국들과 같은 자원의 보고도 아니다. 그럼에도 불구하고 중국의 대 타지키스탄 외교 공세는 이미 10년 이상 지속적으로 증가하는 추세에 있으며 2013년 5월, 양국이 전략적 동반자 관계를 구축함으로써 질적으로 새로운 관계에 진입했다는 평가를 받고 있다. 다만 타지키스탄 국내뿐 아니라 국제사회 일각에서 타지키스탄이 중국에 '매각'되었다고 평할 정도로 두 나라 관계는 긴밀하면서도 또한 적지 않은 문제들을 내포하고 있다.

이 글은 중국과 타지키스탄의 관계를 시계열순으로 되짚어 보고, 2000년대 들어 급증하기 시작한 양국 협력 관계를 두 개의 단계 및 몇 가지 분야로 나누어 고찰한 후, 양국 관계 발전 과정에서 향후 노정될 가능성이 있는 문제들을 검토할 것이다.

Ⅱ. 중국과 타지키스탄, 관계의 역사

오늘날 타지키스탄이 들어서 있는 지역은 파미르 고원을 중심으로 한 산악지대로서 역사적으로 중국인들에게는 서역의 일부로 인식되고 있었다. 사서에 따르면 파미르 지역을 밟은 최초의 중국인(한인)은 장건張騫으로서 기원전 140-135년에 파미르 지역과 다반Davan, 현재의 페르가나 Fergana, 토하리스탄Toharistan, 지금의 다히 Dahi, 강국Kang, 호라즘 Khorazm, 안식국Ansi, 파르티아 Parthia 등을 방문하고 그에 관한 기록을 남겼다(Dubovitsky,

2007). 당나라 시기에 실크로드 무역이 번성하면서 파미르 지역과 중국의 교역 관계가 활발한 시기도 있었으나 751년 탈라스 전투에서 당이 아랍군에게 패하면서 파미르를 비롯한 중앙아시아 지역 일대는 이슬람 세력권에 편입되고 중국과의 교역관계도 쇠퇴하게 된다. 이후 몽골 제국과 명조 시기에 다시 파미르 지역이 중국 문명권과 접촉을 할 기회도 있었지만 과거의 실크로드가 재현되는 일은 없었다. 오늘날 타지키스탄의 북부에 해당하는 후잔드, 이스파라, 우라투베^{이스타라브샨} 등 도시는 중앙아시아가 러시아제국에 병합되기 전인 19세기 중반까지 코칸드 칸국과 부하라 에미르국에 속해 있었으며 동투르키스탄^{신장위구르자치구}을 매개로 청나라와 교류하기도 했으나, 오늘날 타지키스탄 중부와 남부에 해당하는 부하라 동부와 파미르 지역, 바다흐샨 지역은 17-19세기에도 중국과 접촉한 기록은 없다. 그 이유는 주로 고산준령으로 이루어진 이 지역의 험준한 지형이 중국과 지금의 타지키스탄 지역 사이를 가로막는 장애물로 역할 했기 때문이었다.[1]

소비에트 시기에 타지크사회주의연방공화국과 중화인민공화국 사이에 직접적인 교류는 전무했다. 문제는 소련이 해체되고 타지키스탄이 독립한 직후 불거져 나왔다. 중국과 타지키스탄의 국경은 430Km에 달하며 파미르 고원에 그어져 있는 동 경계는 이미 18세기 제정 러시아와 청나라 사이에 이루어진 수 차례에 걸친 협상의 산물이었다. 그러나 양자 간에 합의가 이루어지지 못한 영역이 세 군데 존재했다. 즉 동부 파미르의 우즈-벨^{Uz-Bel'} 고개에서 약간 남쪽으로 내려온 지역과 카라자크^{Karazak} 고개 그리고 마르칸수^{Markansu} 강 유역이었다.

소련 시기에 중국 측은 3개 계쟁 지역의 영유권을 지속적으로 주장했으나 동아시아 지역에서 심각했던 중·소 간 국경분쟁으로 인해 실질적인 협상은 불가능했다. 중국은 19세기 말, 청일 전쟁의 패전으로 중국이 열세에 빠져 있는 동안 제정 러시아가 이 지역을 침략해 빼앗은 것이지 원래는 '중국 고유의 영토'라고 주장했다. 국경 획정 문제는 소련의 해체와 함께 타지키스탄의 소관으로 넘어갔다. 타지키스탄은 독립 당시인1991년, 중국과 국경에 관한 명확한 합의를 하지 않았고 뒤이은 7년간의 내전으로 인해 1997년까지 국경 문제를 논의할 형편도 되지 못했다. 내전 종식 이후 국경 협상이 재개되었고 계쟁 중이던 3개 영역 가운데 두 개 영역은 1999년 양자 간 합의

---

1 19세기까지 타지키스탄 지역과 중국과의 역사적 관계에 관한 상세는 Olimov and Olimov, 2010: 9-11 참조.

에 따라 협상이 마무리되었다. 즉 카라자크 고개 지역은 타지키스탄의 관할 하에 들어갔으며 마르칸수 유역은 중국으로 넘어갔다(Курбонова, 2009: 1). 하지만 가장 넓은 영역인 우즈-벨의 관할권은 내전의 후유증으로 시달리던 타지키스탄의 국내 사정을 감안하여 협상이 연기되고 있었다.

Ⅲ. 포스트소비에트 시기 중국과 타지키스탄 관계의 추이

2000년대 들어 중앙아시아에 대한 중국의 관심이 눈에 띄게 증가했다. 그 원인은 국내적으로 신장위구르 자치구 문제가 심각해진 점, 대외적으로는 2001년 9·11 테러와 그로 인한 중앙아시아 지역 안보 환경이 급변한 점 등을 들 수 있다. 이에 따라 중국은 중앙아시아 국가들과의 국경 관리가 중요해졌으며 타지키스탄은 국경을 맞대고 있는 국가들 중 하나였다. 중국의 대 타지키스탄 외교의 시작은 국경 획정에 종지부를 찍는 작업이었다.

2001년부터 본격화된 중국의 타지키스탄에 대한 관계 증진은 2006년을 경계로 나누어 볼 수 있을 것 같다. 우선 2001년부터 2005년까지의 1단계는 양국 간 국경 획정 문제가 해결됨으로써 중국의 대 타지크 수출이 증가 추세를 보이기 시작한 시기라고 할 수 있다. 뒤이은 2단계는 2006년부터 2012년까지의 시기로서 중국이 타지키스탄의 인프라와 희귀금속, 에너지 부문에 대한 투자를 증가시키면서 본격적인 경제 협력 공세를 강화한 시기로 평가할 수 있다. 더욱이 이 시기부터 중국의 협력은 경제의 틀을 벗어나 정치와 안보 분야로까지 확대되기 시작했다. 아직 시간을 두고 관측해 보아야 하겠지만 2013년부터의 3단계는 2014년 말 아프가니스탄에서 국제안보지원군(ISAF) 즉 미군과 나토 군이 완전 철수한 이후 중국이 러시아와의 관계 조율 속에서 대 타지크 안보 협력을 가속화하는 한편 타지키스탄에 대한 전방위적 협력을 구체화해 나갈 것이 예상된다. 중국과 타지키스탄 관계가 2014년 이후 완전히 새로운 국면으로 접어들 가능성도 적지 않다.

이하에서는 2001년부터 본격화된 중국과 타지키스탄 양국 관계를 2006년과 2013년을 경계로 시계열과 협력 분야에 따라 구체적으로 분석해 본다.

1. 1단계(2001-2005년)

2001년 9·11 테러가 발생하자 아프가니스탄 사태와 관련하여 중앙아시아의 안보 문제가 국제적 초미의 관심사로 부상했다. 중앙아시아와 역사적, 경제적 연계를 갖고 있는 중국 역시 이 문제에서 자유로울 수 없었다. 특히 위에서 언급한 것처럼 타지키스탄은 중국과의 국경 획정 문제를 안고 있었다.

2001년 10월, 미군과 나토 병력이 아프가니스탄에서 작전을 개시하자 타지키스탄의 두샨베 공항에는 소수의 프랑스 군 병력이 배치되었으며 2002년 2월부터 타지키스탄은 나토의 '평화를 위한 파트너십' 프로그램에 들어가게 되었다(NATO, 2002). 중앙아시아 지역에 미국과 서방의 프레젠스가 강화되면서 중국 정부는 서둘러 국경협정을 마무리 지어야 할 필요성을 절감했으며 이에 따라 2002년 5월, 중국과 타지키스탄은 양국 국경에 관한 추가합의를 체결함으로써 오랫동안 지속되어 온 두 나라 사이의 국경 획정 문제를 해결하는 성과를 이루어냈다. 그 해에 비준된 공식 문서에 따르면 계쟁 중이던 동부 파미르의 약 28,000평방킬로미터의 지역 가운데 1,000평방킬로미터가 중국의 관할권으로 넘어가게 된다(Алимов, 2012: 63). 그러나 동 문서가 타지키스탄 하원의 승인을 받아 최종 확정된 것은 2011년 1월이었다. 그만큼 타지크 사회 내에서 반발이 거셌던 것이다. 문제의 국경선이 걸쳐 있는 타지키스탄의 고르노-바다흐샨 자치관구 주민들의 반대가 특히 만만치 않았다. 자신들의 생계와 직결되는 목초지가 상실될 것을 우려하는 이들도 있었고 랑쿨Rangkul 광산이 중국에 넘어가는 것을 반대하는 이들도 있었다(Olimov and Olimov, 2010: 12).

어찌됐건 130년 간 경색되었던 국경 협상이 최종적으로 타결 국면으로 접어들면서 두 나라 사이의 안보 협력이 가속화하는 발판이 마련된 것은 사실이다. 아프가니스탄으로부터 확산되는 마약과 이슬람 급진주의의 문제는 양국이 안고 있는 가장 심각한 위협이었다. 2003년 9월, 중국과 타지키스탄은 테러리즘과 분리주의, 과격주의에 맞서 싸우기 위해 협력할 것에 관한 무기한 협정을 체결하였다. 이는 상하이협약의 보족문 성격을 띠고 있는바, '3개 악'의 애매한 정의를 명확히 하고 국제 및 정부 기구들의 상호관계를 규정하며 정보교환의 구체적 내용에 관해 언급하고 있다(Алимов, 2012: 218－221).

또한 2004년에서 2005년에 걸친 시기 동안 러시아의 국경수비대가 타지키스탄으로부터 철수하고 국경수비 임무가 타지크 국경수비대에 이관된 사건은 타지크-

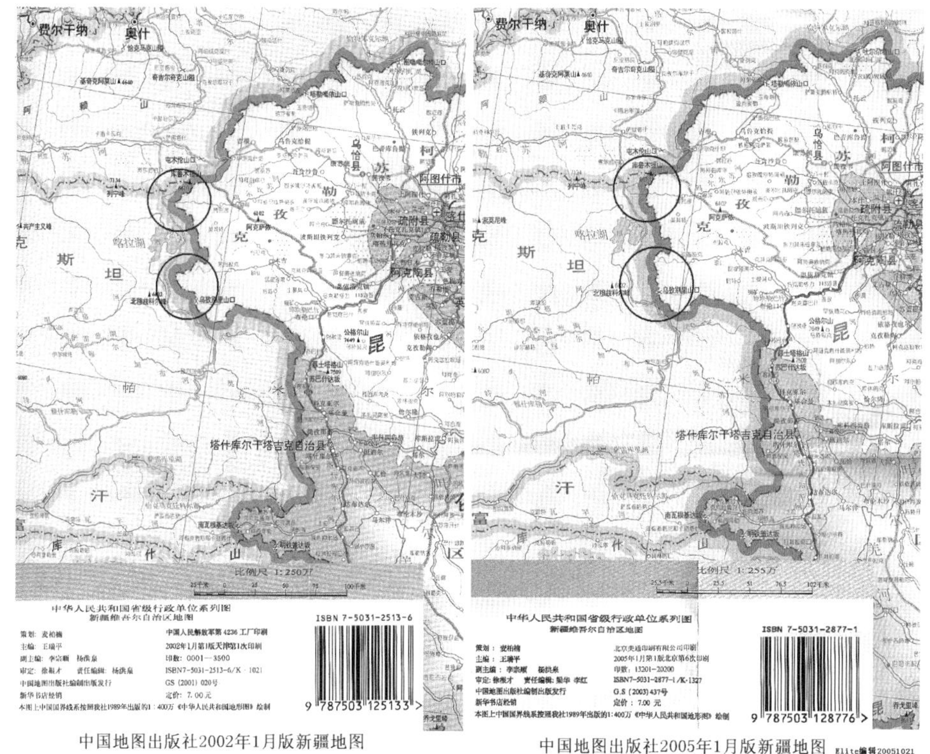

그림 1　2002년과 2005년의 중국-타지키스탄 국경을 비교한 중국 측 지도

출처: http://sun-bin.blogspot.kr/2005/11/map-no-more-border-dispute-between.html

아프간 국경은 물론 타지크-중국 국경의 안보를 크게 저하하는 일대 사건이었다 (Богатуров, 2011: 289). 중국의 입장에서는 타지키스탄과의 국경 경비가 자국 북서지역의 안보와도 직결되는 과제였다. 이에 따라 중국은 타지크 군에 대한 재정 지원을 강화하는 조치를 취하였는데 일례로 2000년대 중반, 타지키스탄 국방부는 중국으로부터 1,000만 달러의 무상지원을 받게 된다(Ниятбеков и Додихудоев, 2006: 54).

한편 2001년 무렵의 양국 무역 및 경제 협력은 1990년대에 지속된 불안정한 상품 교환 수준을 벗어나지 못하고 있었다. 중국 측은 저렴한 자국 상품을 내다팔고 그 대가로 타지크 산 원료를 사오는 것이 고작이었다. 타지크 정부의 관세청 통계에 따르면 2001년 타지키스탄에서 중국으로 수출된 품목은 대부분 알루미늄, 면화, 비가공 가죽 따위의 원료였으며 중국으로부터는 생활용품, 원동기, 발전기, 강철 파이프, 차 등이 타지키스탄으로 수출되었다. 이 당시 중국은 타지키스탄의 주요 경제 파트너가 아니었다. 중국 역시 중앙아시아 지역에서 수출을 확대할 필요성이 '해외로의 출구'나 '서부대개발' 등의 국가전략 속에서 검토되었지만 대 타지크 무역의 최대 장벽은 카자흐스탄과 키르기스스탄, 우즈베키스탄 등 국가들을 경유하여 상품을 운송해야 한다는 점이었다.

그러던 것이 양국 사이에 국경문제가 해결된 후 2002년부터 양측 간 교역량이 3배 증가함으로써 처음으로 가시적인 도약을 보여주었다. 중국의 무역수지도 개선될 조짐을 보이기 시작했다. 2003년 9월에는 통행통제소에 관한 협정이 정식으로 발효됨으로써 중국과 타지키스탄 사이의 화물 수송이 사리콜Sarykol 산맥의 '카라수Karasu-쿨마Kul'ma' 통행통제소를 통해 가능해졌다. 2004년 하반기에는 '타시쿠르간Tashkurgan-호로그Khorog' 자동차도로가 개통됨으로써 이웃 국가들을 경유하지 않고 직접 화물 수송이 가능해졌다. 그러나 열악한 지리적 여건(쿨마 고개는 해발 4,363 미터)과 도로 사정, 기후 그리고 통행통제소가 한 달에 15일 동안만 그것도 여름에서 가을 사이에만 운영되는 등의 이유들로 인해 두 나라 사이의 무역은 여전히 불안정한 상황에 놓여 있었다.

한편 2004년 중국이 상하이협력기구SCO의 틀 안에서 타지키스탄에 제공한 미화 6억 달러에 달하는 대규모 첫 구매 융자와 2005년 1,000만 달러의 장기 무이자 융자로 인해 2005년 중국의 대 타지키스탄 수출은 9배나 급성장하는 결과를 낳았다. 하지만 이 때문에 타지키스탄은 매년 의복과 농산품, 건축자재, 생활용품을 의무적으로 중국으로부터 수입해야 했는바, 이후 중국에 대한 경제적 종속이 더욱 심해지는 결과로 이어졌다. 다만, 양국 간 교역 품목을 고려할 때 여전히 타지키스탄은 중국의 대 중앙아 교역시장에서 중요한 위치를 차지하지 못할 뿐만 아니라 매력적인 투자 대상이 되지도 못한 상태였다. 또 하나의 문제는 이 기간에 발표된 양국 간 무역에 대한 통계를 신뢰할 수 없다는 점이다. 타지키스탄은 1999년까지 관세청이 없었고 따라서 신뢰할 만한 통계치를 제시하지 못했으며, 반면 중국 측 통계는 과장되어 있고 중앙아시아 국가들과의 무역 관계에서 자국의 비중이 크다는 점을 강조하기 위해 조작되었을 가능성도 있어 보인다는 것이 연구자들의 지적이다.

2. 2단계(2006-2012년)

1) 정치 교류와 안보 협력

2006년부터 양국의 정치 교류와 안보 협력도 점차 활성화되었다. 고위급 관료의 공식 상호방문이 증가하고 양국 간 협정 체결도 늘어났다. 여기에는 타지크 영내에 주둔하는 나토 군의 병력 확대 문제를 둘러싸고 타지키스탄과 나토가 협상을 재개한 사실이 영향을 미친 것으로 평가된다. 당시 우즈베키스탄 역내 공군기지가 폐쇄되고 키르기스스탄에서 국내 불안정이 확대되고 있었기 때문에 나토는 타지키스탄의 도움을 필요로 했다(The Washington Post, 2006). 중국은 이러한 정세 변화에 신속하게 대처하면서 타지크 군과 국경수비대에 대한 재정 지원을 발표하였으며 두 나라 국방부 사이의 접촉도 더욱 빈번해졌다. 일례로 2006년 4월, 베이징에서 양국 국방부 장관이 회동하고 군사협력을 확대할 것과 합동 군사 훈련의 실시, 1,500만 위안에 달하는 재정 및 기술 원조를 타지크 군에 지원할 것에 합의했다. 뒤이어 6월에는 SCO 정상회의에서 중국이 타지키스탄 국경수비대에도 유사한 액수의 재정 지원을 제공할 것이 확정되었다(Сайдалиев, 2006: 45). 9월에는 중국 원자바오溫家寶 총리가 두샨베를 방문한 자리에서 중국 사회안보부와 타지키스탄 대통령 직속 마약통제국 사이에 마약류와 향정신성 의약품의 불법 거래에 대한 단속에서 상호 협력할 것에 관한 협정이 조인되었다. 중국은 SCO에서도 타지크 영내에서 마약 단속의 필요성과 협력 의사를 거듭 표명했다(新华网, 06/09/16).

양국 관계가 질적으로 새로운 수준에 접어든 계기는 2007년 1월, 베이징에서 두 나라 사이에 선린우호협력 조약이 체결된 일이다. 동 조약문은 중국과 타지키스탄이 처음으로 장기적인 관계를 설정한 문서로서 무역, 인프라, 에너지, 산림자원 채취 등 새로운 관계 발전 분야를 제시하고 있을 뿐만 아니라(Алимов, 2012: 9) 중국의 대 타지키스탄 외교의 과거를 종합하고 새로운 관계를 설정한 것으로 평가된다. 더 나아가 2008년에는 이 문서에 추가 조항이 삽입되는 공동성명이 채택되는 한편, 후진타오胡錦濤 주석의 타지키스탄 공식방문 시, 전기통신, 경공업 및 식품산업, 우란 및 기타 광물의 채굴과 이용, 화력발전소 건설 등 분야에서 상호협력하자는 데 합의가 이루어졌다(Зарифи, 2009: 90).

또한 2006년 6월부터 2008년 9월 사이에 두 나라는 지리적 경계설정에 관한 합동 조사를 실시하였다(Ховар, 08/09/24). 2002년 작성된 국경 획정에 관한 협정을 둘러싸고 그 동안 타지크 정부 안에서는 반대의 목소리가 적지 않았고 의회의 승인을 받지 못한 상태가 계속되고 있었다. 하지만 동 협정은 2010년 4월 조인을 거쳐 이듬해 1월 비준되었으며 예상했던 것과 같은 큰 저항은 없었던 것으로 보도되었다. 협상 과정이나 구체적인 결과에 관한 정보 공개가 이루어지지 않았기 때문이라는 분석도 있다.

어찌 됐건 동 협정으로 인해 타지크 측은 계쟁 중이던 동부 파미르의 영토 일부를 중국에 양보할 수밖에 없었는데, 이는 중국과의 관계 발전에 대한 타지크 정부의 열망을 반영하는 것이었다고 판단된다. 즉 우즈베키스탄과의 관계가 악화되어 타지키스탄으로 들어가는 교역로가 봉쇄당한 상황에서, 신장위구르 자치구의 카라코룸 도로로 나오는 출구를 확보하기 위해서는 중국에 양보할 수밖에 없었다는 것이다.

반면 중국에서는 계쟁 중이던 28,000평방킬로미터의 영역 가운데 1,000평방킬로미터만 돌려받게 된 협정이 '비참한 승리'라는 비판의 목소리도 적지 않았다. 하지만 중앙아시아를 둘러싸고 전개되는 지정학적 상황 변화를 중국이 자국에 유리하도록 이용했다는 것이 국제사회의 평가였다.

2011-12년 기간 동안 나토가 아프가니스탄에서 철수할 가능성이 농후해짐에 따라 중국과 타지키스탄의 안보 협력 움직임은 더욱 가속화되었다. 양국 군사기구 간 접촉과 중국의 대 타지크 군사 원조도 증가했다. 2011년 4월, 멍지앤주(孟建柱) 중국 공안부 부장의 타지키스탄 공식 방문 당시, 중국은 타지크 치안기구가 대 테러, 대 마약 단속을 수행하는 데 도움을 주고자 46만 달러의 설비를 지원하기로 약속했다. 더 나아가 2012년 11월 말, 양국 내무부 장관 사이에 국경 경비 협력에 관한 각서가 체결되었고 SCO 틀 안에서 타지크 영내에서 대 테러 훈련인 '평화 미션 2012'가 실시되었으며 여기에 중국 군이 참가했다. 이 훈련은 산악지역에서의 군사 작전과 2014년 이후 초래될 중앙아시아 안보 환경의 변화에 대처하기 위해 마련된 것이었다. 동 훈련은 미군과 나토 군이 물러간 후 SCO가 이 지역의 안보를 책임질 가능성도 있음을 시사하는 것이었다.

2) 무역 교류

한편 2006년부터 양국 간 교역량은 더욱 증가하고 중국에게 있어 무역 불균형도 가일층 개선되면서 2008년에는 중국이 타지키스탄의 최대 교역 국가로 부상했다(Алимов, 2012: 85). 특히 2011년, 국경획정에 관한 협정이 타지크 의회에서 최종 비준되면서 양국 무역량이 비약적으로 증가했다. 2012년에도 중국은 타지키스탄 대외 수입의 46%를 차지함으로써 3대 교역국의 지위를 유지하였다. 이 시기 양국의 경제 관계가 크게 발전한 데에는 2010년 5월, 중국공산당 중앙위원회와 중화인민공화국 국무원이 소집한 신장 지역 발전을 위한 중앙공작회의에서 카슈가르에 자유경제지대를 창설할 것이 결정됨으로써 중국과 중앙아시아 국가들의 무역이 힘을 받은 데에 따른 측면도 있다. 또 중국이 카라수(카라수-쿨마 검문소 주변)에 자유무역지대를 만든다는 계획을 발표한 것도 긍정적으로 작용한 것이 사실이다. 다만 2012년 말까지 중국은 카슈가르 자유경제지대를 발전시키는 데에만 힘을 쏟았다는 사실도 간과할 수 없다. 2011년부터 카라수-쿨마 검문소가 연중무휴 체제로 전환했지만 험준한 자연환경 때문에 물동량의 증가로 이어지지는 못했다. 상당량의 중국 상품은 여전히 카슈가르로부터 중국과 키르기스스탄 국경의 이르케슈탐Irkeshtam 검문소를 경유해 남부 키르기스스탄을 지나 타지키스탄으로 운송되고 있다(Данилович, 2014: 127-128).

3) 투자 협력

이 시기 동안 중국의 대 타지크 투자에서 운송 및 교통 분야가 중심으로 떠올랐다는 사실도 주목할 만하다. 중국은 타지키스탄에 차관과 기술을 제공함으로써 고속도로 복구와 교량 및 터널의 건설에 적극적으로 참여했다. 2006년 열린 SCO 정상회의에서 두샨베-후잔트-부스톤-차나크 구간 도로의 복구를 위해 자금을 공여한다는 합의가 도출되었고 이에 따라 2억8천만 달러가 중국 수출입은행으로부터 장기 특혜 차관의 형태로 타지키스탄에 제공되었는바, 이는 프로젝트에 투입된 전체 자금의 94%에 상당하는 액수였다. 중국로교공정유한책임공사China Road and Bridge Corporation, CRBC가 맡은 이 공사의 결과, 도로는 2009년 12월 개통되었다. 또한 2006년에는 중국 중국철로공정총공사Chinese Railway Engineering Cooperation, CREC가 두샨베-쿨랴브 구간 고속도로의 샤르-샤르 터널의 입찰을 따냈다. 공사는 2009년 8월 완료되었으며 중국의 투자 총액은 4천만 달러에 달했다. 같은 해, 중국은 두샨베-단가르 구간 자동차 도로의 복구에 참가할 뜻을 표명했다. 이 구간은 타지키스탄과 중국을 잇는 두샨베-단가르-쿨랴브-호로그-쿨마-카슈가르 구간 자동차 도로의 첫 구간에 해당한다. 동 프로젝트는 2011년 11월부터 중국 수출입은행으로부터 장기 특혜 수출 융자(5,100만 달러)를 받아 CRBC가 건설 중이며, 2012년 말 현재 도로의 마지막 세 번째 구간 건설이 시작되었다(Данилович, 2014: 128).[2]

---

2 두샨베-후잔트-부스톤-차나크 구간 고속도로는 타지키스탄과 우즈베키스탄 사이를 잇는 역할을 하며, 이 밖에도 샤흐리스탄(Shahristan) 터널 공사, 안조브(Anzob) 도로 공사 등에 중국 자본이 투입되었다. 특히 안조브 도로 공사에는 이란도 참여했다(Olimov and Olimov, 2010: 13).

자동차 도로 이외에도 중국 측은 2009년부터 두샨베-카라미크 구간(키르기스스탄 국경 인접) 철도 부설 프로젝트에도 관심을 보였다. 타지크 측이 중국을 끌어들이는 데 더욱 열의를 보이는 동 철도 프로젝트가 성공하게 되면, 중국은 아프가니스탄을 거쳐 이란으로 빠지는 서쪽 방면의 출구를 확보하는 한편, 철도를 남부 키르기스스탄을 거쳐 신장위구르 자치구의 카슈가르와 연결할 수도 있게 될 터였다. 하지만 2012년경 중국은 1990년대 말부터 구상해 오던 또 다른 중국-키르기스스탄-우즈베키스탄 철도 노선을 우선 완공시키려 시도하였다. 키르기스스탄 부총리의 발언에 따르면 2013년 초 경, 중국 측은 이 프로젝트에 참가를 결정했다. 대신 타지키스탄은 이 노선에서 제외되는바, 그것은 불안정한 아프간 정세가 타지키스탄에 미칠 부정적 여파 그리고 중국이 중앙아 지역에서 가장 중요시하는 우즈베키스탄과의 관계 등이 고려된 결과였다. 따라서 듀샨베-카라미크 구간 철도의 부설 가능성은 아직 요원하다. 중국으로서는 철도보다 당장 타지키스탄의 자동차 도로 건설이 양국 교역 관계 발전과 중국의 위상 제고를 위해서 더 중요하다고 판단했던 듯 하다(Данилович, 2014: 128).

중국의 두 번째 투자 집중 분야는 자원이다. 2006년 4월, 타지키스탄의 국영에너지 회사인 '바르키 토치크Barki tochik'와 '터비앤전공Tebian Electric Apparatus Stok Co., Ltd., TBEA'은 롤라조르-하틀론 전송선(220킬로와트, 5800만 달러)과 남-북 전송선(500 킬로와트, 2억8100만 달러)을 설치하기 위한 융자 협정을 체결했다. 특혜 융자는 SCO의 틀 안에서 중국의 수출입은행을 통해 타지크 측에 제공된다. 동 프로젝트는 각각 2008년 중반과 2009년 말에 가동되었다. 또 2007년 1월, 중국의 '중국수리수전건설집단공사Sinohydro'는 '바르키 토치크'와 자라프샨 수력발전소(150 메가와트) 건설 계약(2억6천만 달러)을 체결했다. 하지만 제라브샨 강의 수량 감소를 우려한 우즈베크 측의 반대로 그 해 중반 무기한 연기되었다. 중국으로서는 천연가스의 수입 필요성이 절실한데다가 투르크메니스탄-중국 가스관 부설을 위해서는 우즈베키스탄 정부의 합의가 중요하기 때문에 중앙아시아 국가들과의 협력에서 우선권 배분에 신경을 쓰고 있다(Данилович, 2014: 128-129).

한편 2009년 6월, 왕레추안을 단장으로 하는 중국공산당 중앙위원회 정치국 사절단이 타지키스탄을 방문했을 때 중국 TBEA와 타지크 전기산업부 사이에 전력에 관한 새로운 협정이 체결되었다. 이를 통해 롤라조르-할톤과 남-북 송전선(6100만 달러의 추가 투자)에 관한 합의가 이루어졌을 뿐만 아니라 중국 측은 힌고브 강에 '누라바드-1' 수력발전소(350 메가와트) 건설을 위해 5억6천 달러를 투입하기로 약속했다. 또 두샨베에 200메가와트 급의 화력발전소 건설하기 위해 4억 달러가 투입되기로 결정되었다. 당시 타지크 언론들은 이들 협정이 "투자와 자원을 맞바꾼" 결과라고 보도했는데 파미르에 있는 석유·가스 산지를 중국에 넘겨주는 대가로 각종 발전 시설을 건설한다는 것이다. 하지만 교섭 과정에서 문제가 발생했다. 2011년, 중국 측은 두샨베 화력발전소 건설을 완공한 후 누라바드에 수력발전소를 만들어야 한다는 조건을 제시했던 것이다. 화력발전소 건설은 2012년 10월 착공되어 2013년 말 완공되었다(Avesta.tj, 2012). 이 밖에도 2010년 6월, 타지키스탄 대통령의 신장위구르 자치구 실무방문 과정에서 200킬로와트 급 후잔드-아이니 송전선 건설이 합의되었다. 공사는 3,700만 달러의 수출입은행 특혜 수출 융자를 받아 중국 TBEA가 시행했으며 예정에 따라 2011년 9월 가동되었다.

중국의 세 번째 투자 중점 분야는 타지키스탄의 천연자원 개발이다. 2006년 9월부터 중국 투자회자는 납·아연 산지인 '자르니소르소그드 주'의 채굴을 개시했다. 2007년부터 타지키스탄의 납·아연 탐사 및 채굴은 '타지크·중국광업TK Gorprom' 사가 맡고 있는데 그 주요 투자자는 '차이나글로벌뉴테크놀러지China Global New Technology'였다. 또 2007년 합자회사 '자라브숀Zaravshon, 소그드 주 소재'의 지배주식을 중국 회사인 '즈진광업집단Zijin Mining Group'이 사들였다. 2011년에 이 회사로 타지키스탄 전역에서 채굴된 금과 은의 절반이 흘러 들어 왔으며 2012년에는 금 채굴량이 더욱 증가했다.

중국의 투자는 타지크 언론이 지적한 것처럼 투자와 자원의 맞교환 방식으로 추진되는 경우가 많다. 앞에서 언급한 두샨베 화력발전소와 누라바드 수력발전소의 건설은 2012년 중국 회사인 중국석유총공사CNODC, 중국 석유가스집단공사(CNPC)의 자회사가 보흐타르의 석유·가스 산지에서 채굴한 석유와 가스(매장량 270억 배럴 추산)의 33%를 소유하게 된 것과 관련이 있다. 또 하나의 거대 중국 광물자원 기업인 '중국유색광업집단유한공사China Nonferrous Metal Mining Co. Ltd.'는 타지키스탄의 유색금속 분야에 투자했다. 2010년, 두샨베에서 중국 지리국과 타지키스탄 지리총국 사이에 체결된 국경지대 공동 조사 실시에 관한 협정은 중국이 양국 국경 지역에 매장된 광물에도 눈독을 들이고 있다는 증거로 받아들여졌다(Данилович, 2014: 129).

4) 합자기업 설립

합자기업 설립에 관한 두 나라의 협력도 주목할 만하다. 2006년 당시 타지키스탄에서는 10개 이상의 중소 합자기업이 운영되고 있었다. 하지만 이들 기업의 대다수는

'티케이모바일TK Mobile', '엠테코M-Teko' 등 통신 관련 기업이거나 '드루지바Druzhba', '중국상품', '리슈타Rishta'와 같은 무역 관련 업체들로서 제조업 분야는 아니었다. 그러던 것이 2007년부터 대규모 합자기업들이 등장하기 시작했다. 유한책임회사 '자라프숀Zarafshon', '타지크·중국광업TK Gorprom', '쇼흐로히 아브레심Shokhrokhi Abreshim' 등이며, 모두 중국과의 합자로 만들어진 기업들이다. 이로써 중국은 타지크 내 합자기업 수에서 최고를 달성했다. 2012년에는 중국 국영 건설자재 회사와 타지크 기업 '탈코TALKO' 사이에 타지키스탄 남부에 시멘트 공장을 건설하는 협정이 체결되었는바, 2015년 프로젝트가 가동하면 공장은 연간 300만 톤의 시멘트를 생산하게 된다.

2011년 현재 중국은 타지키스탄에 대한 직접 투자에서 약 4%를 차지하는데, 이는 러시아와 이란 그리고 키프로스에도 미치지 못하는 액수이다. 하지만 기타 투자(무역 융자, 현금 거래, 대출, 차관 등)의 경우, 중국은 5억7천만 달러로서 타지키스탄 전체 투자의 50%를 차지한다. 중국의 수출입은행은 2011년 현재 타지키스탄의 최대 채권 은행으로서 그 규모는 타지키스탄이 안고 있는 대외 채무의 36%에 해당하는 8억 7,850만 달러에 상당한다. 다만 중국의 투자와 융자는 중국 건설 회사들이 청부 회사로 참여한다는 조건 하에서 이루어진다. 다시 말해 중국인 노동 인력과 기술이 투입되고 중국 측이 현장의 모든 것을 책임지는 형식으로 공사가 이루어진다. 따라서 많은 전문가들이 지적하는 것처럼, 양국 경제 관계에서 일방적인 중국의 우위를 부추기는 결과를 초래할 수 밖에 없다(Мигранян, 2012).

5) 문화·인적 교류

한편 2006-2012년 기간 동안 중국과 타지키스탄의 문화·인적 교류도 그 이전 시기보다 눈에 띠게 활발해졌다. 중국어는 물론 경제, 외교, 언론학, 전기통신 등의 학문을 위해 중국에 유학하는 타지크인 유학생의 수가 증가했다. 2001-2005년 동안 중국의 장학금으로 중국에서 공부하는 타지크인 유학생 수가 연간 20-60명 규모였던 데 반해, 2006년에는 그 수가 140명으로까지 늘었다. 2006-2011년 동안 중국에서 중국어 교육을 받은 타지크 학생은 모두 1,631명이었다. 타지키스탄의 중국어 교육도 발전하고 있다. 2008년 타지크국립국가대학과 해외중국어교육국가위원회 사이에 문화 교육센터 설립에 관한 협력 협정이 체결되어 2009년, 타지크국립국가대학 내에 '공자학원'이 설치되었다(Алимов, 2012: 186). 2009년부터는 페지켄트교육대학(중국이 광물자원 개발에 참여하고 있는 자라브샨 지역에 소재)에서 중국어 교육이 시작되었다.

이러한 협력은 타지크 젊은이들 사이에 중국의 소프트 파워를 확산시키고 중국 위협에 대한 현지인들의 우려를 불식시키려는 의도 하에 추진되고 있다.

6) 중국인 노동 이주 문제

이 시기 동안 확산된 중국으로부터의 노동 이주 문제에 주목할 필요가 있다. 2000년대 중반, 신장에는 4만4,000명의 타지크인들이 거주하고 있었으며 2009년에는 그 수가 4만7,000명으로 늘었는바, 이 숫자는 신장위구르 자치구 내 소수민족의 0.4%를 차지하고 있었다. 신장의 타지크인들은 키질수-키르기스 자치주와 카슈가르 관구에 주로 거주하며 그 70%는 타슈쿠르간 타지크인 자치군에 산다. 하지만 타지크 내 중국인 노동 이주민들의 대다수는 한인들이다. 그 수는 2000년대 후반부터 눈에 띄게 증가하였는데, 이는 위에서 언급한 중국의 재정 지원 및 대규모 프로젝트의 추진 때문이었다. 이 시기 타지키스탄 국적을 갖는 중국인들의 수도 늘어나 공식 통계에 따르면 그 수는 33배나 증가했다. 즉 2000년에 24명이던 것이 2010년에는 801명으로 늘어난 것이다. 중국인의 대 타지크 이주가 증가했음을 보여준다.

한편 일부 연구에 따르면, 2007-2008년에 중국으로부터 온 노동자들에게 내어준 비자는 약 4,000개에 달한다(Olimov and Olimov, 2010: 13). 타지크 연구자들은 2008년에 중국으로부터 온 노동자들의 숫자를 최고 3만 명으로 추산한다. 타지크 정부 이민국의 공식 통계는 2011년 타지키스탄에서 일하는 중국 국적자를 2,000명 이상으로 집계한다. 타지크 정부는 불법 노동이주의 존재를 부정하지는 않고 있지만 공식 통계에 반영하지는 못하고 있다(ARIANA, 2011). 전문가들은 중국인들이 대규모로 유입되고 그들이 건설과 무역 분야에 투입되는 문제는 앞으로도 장기간 계속될 것으로 전망한다. 이민국에서 횡행하는 부패로 인해 타지크 정부의 공식 통계는 별로 의미가 없다. 그렇지 않아도 사회 전체적으로 실업이 심각한 타지키스탄에서 중국 노동이주의 증가로 인해 반중국 정서가 날이 갈수록 더욱 거세질 것이라는 게 전문가들의 공통된 견해다.

3. 3단계(2013-현재)

1) 중·타 전략적 동반자 관계의 선언

2013년 5월, 타지키스탄의 라흐몬 대통령의 방중 기간 동안 중·타 양국 간 전략적 동반자 관계를 선언하는 공동성명이 채택되었으며 이와 동시에 두 나라의 협력과 관련된 일련의 협정도 체결되었다. 양국의 전략적 관계 격상에 대해서는 타지크 측이 더욱 적극적이던 것으로 알려져 있다. 라흐몬 대통령은 이를 위해 '2014-2019년 양국 간 협력 프로그램'을 작성하고 시행할 것을 중국 측에 제안한 바 있다. 시진핑 주석과의 회담에서 라흐몬 대통령은 "양국의 경제 및 무역 관계가 안정적으로 발전하고 있으며 2011년 무역액은 20억 달러를 넘었다. 현재 중국은 타지키스탄의 3대 무역 상대국 가운데 하나"라고 평가했다.

타지크 대통령 홍보실은 5월 21일, "타지키스탄과 중국의 관계가 새로운 단계로 진입했다. 러시아가 라군 수력발전소 등에 대한 투자를 철회한 후, 타지키스탄과 중국은 21세기 초부터 적극적으로 양국 간 협력을 전개하기 시작했다"는 성명을 발표했다. 이는 타지키스탄이 러시아에 대해 갖고 있던 불만을 직접적으로 표현한 것이었다. 러시아 전문가들은 중·타 전략적 동반자 관계 구축 시점부터 타지키스탄이 러시아나 서방으로부터 완전히 눈을 돌려 최종적으로 중국을 바라보게 되었다고 평가했다(Независимая газета, 2013/05/22). 러시아전략연구소는 분석을 통해, 중국이 세계와 지역의 정세를 이용하여 중앙아시아 지역에서 지위와 영향력을 확대하는 데 탁월한 능력을 발휘해 왔다고 지적하면서, "유감스럽게도 러시아는 중국의 적극적인 공세에 제동을 걸 수 없다. 두샨베가 중국과의 협력을 선택한 것에 대해 러시아는 우려를 갖고 있다. 왜냐하면 타지키스탄이나 키르기스스탄은 관세동맹과 단일경제공간에 가입할 잠재적 후보자로 인식되고 있기 때문이다. 그러나 중국은 타지키스탄 시장에서 자국의 이익을 지켜내야 하기 때문에 타지키스탄이 관세동맹 같은 조직에 가입할 가능성은 크지 않다"고 주장했다.

2) 중국향 가스관의 경유지로서 타지키스탄

2014년 9월, 중타 양국은 투르크메니스탄에서 타지키스탄을 경유해 중국으로 들어가는 가스관 건설을 개시했다. 현재 중국은 중앙아시아 국가들과 4개의 천연가스 파이프라인을 건설하는 계획을 추진 중이다. 이 가운데 A라인과 B라인 그리고 C라인은 이미 완공되어 천연가스를 실어나르고 있다. 2011년 11월, 중국과 투르크메니스탄은 매년 250억 입방미터의 천연가스 공급 계약을 체결했으며 이를 계기로 중앙아시아 천연가스 파이프라인의 D라인을 건설할 계획에 착수했다. 2016년 완공을 목표로 하는 D라인은 투르크메니스탄과 우즈베키스탄 사이의 국경지역을 출발하여 우즈베키스탄, 타지키스탄, 키르기스스탄을 경유한 후 최종 목적지인 중국의 신장위구르 자치구 남부 우하이에 도달하게 되는바, 동 가스관이 완공되어 가동될 경우, 3억 달러를 넘는 중국의 투자액이 타지키스탄으로 들어오게 된다. 2014년 9월 13일, 기공식에 참석한 라흐몬 대통령은 이 프로젝트가 갖는 정치적, 경제적 그리고 역사적 중요성이 실로 방대하다고 평가했고 이 자리에 참석한 시진핑 주석은 동 가스관이 중국과 타지키스탄의 우호를 보여주는 상징이라고 추켜세웠다(EURASIANET.org, 2014/09/14).

Ⅳ. 나가면서

본문에서 살펴본 것처럼 2006년과 2013년을 경계로 중국과 타지키스탄 관계는 새로운 수준으로 격상되었다고 평가할 수 있다. 두나라의 관계 발전은 130여년 간 지속되어 온 두 나라 사이의 국경 획정 문제가 타결된 것과 무관하지 않다. 그 결과, 타지키스탄에 대한 중국의 대규모 투자가 활발해졌고 타지크 측도 중국으로부터 상품과 융자를 끌어내기 위해 노력을 아끼지 않았으며 문화와 인적 교류도 질적, 양적으로 확대되었다. 또 이 시기부터 중국의 타지크 천연자원 개발에 대한 관심과 참여가 증가하는 한편, 양국 협력이 안보 분야로까지 확대되었는데 이는 2014년 아프가니스탄으로부터 미군과 나토 병력이 철수한 후의 중앙아시아 상황 변화에 중국이 적극적으로 발벗고 나선 결과라고 할 수 있다.

본문에서 고찰한 2001년부터 현재까지의 양국 관계를 정리하면 다음과 같다. 2001-2005년은 국경문제 해결과 무역 및 융자의 증가. 2006-2012년은 인프라와 광물, 에너지 자원에 대한 중국의 투자가 활발해지고 양국 관계가 전략적 수준으로 격상되었으며 타지키스탄에서 중국의 경제적 위상이 제고되었다. 이러한 성과를 바탕으로 2013년부터는 세 번째 단계로 진입했다고 보여지며 이는 2013년 5월, 양국 사이에 구축된 전략적 동반자 관계로 상징된다. 2014년 이후 가능한 중앙아시아의 정치 정세 변화에 대한 중국의 대응이 더욱 적극화될 것이며 러시아 주도의 유라시아경제동맹에 대한 중국의 대처도 더욱 전략화할 것으로 전망된다.

중앙아시아의 다른 국가들과 비교할 때 아직 타지키스탄이 중국의 중앙아 지역 진출 전략에서 최중요 국가라고 할 수는 없다. 그러나 타지키스탄 경제 규모가 그다지 크지 않기 때문에 향후 중국에 대한 경제적 종속은 더욱 심화될 것이다. 이와 더불어 심각해질 수 있는 것이 중국인들의 대 타지크 노동 이주 문제다. 아직 중국의 대 타지크 노동 이주는 그렇게 심각한 수준은 아니다. 하지만 양국 간 무역의 확대와 타지크 내 인프라의 강화가 진행될수록 이 문제는 자주 도마에 오르내릴 것으로 보이며, 타지크 사회 내의 반중국 정서 관리가 중국에게는 피할 수 없는 과제라고 할 수 있다.[3]

현재와 같은 추세를 감안할 때 앞으로도 중국의 대 타지키스탄 재정 원조는 계속될 것으로 전망되는데, 문제는 중국이 시행하고 있는 재정 지원 정책이 국제사회와의 협조 없이 이루어지고 있다는 점이다. 따라서 타지키스탄의 대외 채무를 증가시킬 수밖에 없고 이는 이 나라의 거시경제를 불안정하게 할 가능성이 크다. 뿐만 아니라 타지키스탄에서 중국의 에너지와 천연자원 개발 참여가 가열되며 안보 개입이 표면화하게 되면 러시아와 중국 간 패권 경쟁이 재현될 가능성도 다분하다. 아직까지 타지키스탄의 안보는 러시아에 의존하는 부분이 크며,[4] 라흐몬 대통령이 개인적으로 집권기반을 강화하게 된 데에는 러시아의 역할이 적지 않았다.

그렇다고 해서 타지키스탄에 대한 중국의 일방적이고 전략적인 공세로만 두 나라 관계를 평가하는 것은 온당하지 않다. 일부 전문가들이 지적하는 것처럼 타지키스탄은 기꺼이 "중국의 일 개 성省처럼 대우받으려는 노력efforts to gain the status of a Chinese province"을 마다하지 않고 있기 때문이다(Gusarov, 2011). 중국은 중앙아시아의 다른 나라들에 대해서도 그런 것처럼, 타지키스탄의 국내 정치나 정권의 운명에는 별로 관심이 없다. 혹여 라흐몬 대통령이 아닌 다른 인물이 정권을 승계하더라도 중국과의 관계를 중시할 수밖에 없을 것이라고 생각한다. 이미 중국의 경제협력과 투자 없이는 타지키스탄 경제가 지탱하기 어렵다는 것을 모르는 타지크인들은 거의 없다.

---

3 타지키스탄의 연구기관인 샤르크(SHARQ)의 여론 조사 결과에 따르면, 타지크인들의 대중국 인식은 아직은 그다지 부정적이지 않은 것으로 보인다. 중국의 정치적, 군사적 세력 확대에 대한 경계심도 크지 않다. 특히 엘리트들의 대중 이미지는 상당히 좋은데, 그 이유를 타지크인 전문가는 이란 계통 민족인 타지크인들이 우즈베키스탄이나 카자흐스탄과 같은 투르크계 주변 국가들에 대해 갖는 위협 때문으로 분석한다. 다시 말해 투르크계 민족들의 범투르크주의에 대한 경계심으로 인해 타지크인들은 중국에 더욱 의존하게 된다는 것이다(Olimov and Olimov, 2010: 14-16).

4 2004년부터 이 나라에 주둔하고 있는 러시아의 201 차량화 보병사단은 타지키스탄과 우즈베키스탄 그리고 아프가니스탄 국경을 수비하는 주요 업무를 수행한다.

:::참고문헌

新华网. 2006. "中国和塔吉克斯坦发表联合公报(全文)" http://news.xinhuanet.com/world/2006-09/16/content_5098655.htm (검색일: 2014. 05. 10).

Dubovitsky, Viktor. 2007. "The Tajik-Chinese relations: the period of wariness over, the era of cooperation begins." http://enews.fergananews.com/articles/1810 (검색일: 2014. 09. 01).

Gusarov, M. 2011. "Acquired Tajik Deficiency Syndrome." *Central Eurasia* (February 23).

NATO. 2002. "Tajikistan signs the Partnership for Peace Framework Document." http://www.nato.int/cps/en/SID-756FB643-BA273361/natolive/news_19493.htm (검색일: 2014. 05. 10).

"Rumsfeld Arrives in Kabul after Talks in Tajikistan." *The Washington Post.* July, 10, 2006.

Olimov, Muzaffar and Saodat Olimov. 2010. "Tajikistan and China: Changing Images." The *Journal of Central Asian Studies*. Vol. XIX.

EURASIANRET.org. 2014. "Tajikistan, China Break Ground for Landmark Gas Pipeline." http://www.eurasianet.org/node/69976 (검색일: 2014. 08. 20).

Ariana. 2011. "Китайские нелегалы-мигранты заполняют Таджикистан." http://www.ariana.su/?S=8.1112101711 (검색일: 2014. 05. 10).

Avesta.tj. 2012. "Китайская компания начала строить в Душанбе ТЭЦ-2." http://www.avesta.tj/business/14517-kitayskaya-kompaniya-nachlastroit-v-dushanbe-tec-2.html (검색일: 2014. 05. 11).

Алимов, Р.К. 2012. *Таджикистан-Китай: на пути друг к другу. Возможен ли равноправный и взаимовыгодный диалог?* М.: ИДВ РАН.

Богатуров, А.Д. ред.. 2011. *Международные отношения в Центральной Азии: События и документы: учеб. пособие для студ. вузов.* М.: Аспект Пресс.

Данилович, М.В. 2014. "Китайско-таджикские отношения в 2001-2012 годах: политический и экономический аспекты." *Вестник Полоцкого государственного университета* No 1, 125-133.

Зарифи, Хамрохон. 2009. "Дипломатия Таджикистана: 2008 г." *Внешняя политика Республики Таджикистан: хроника и документы. Душанбе:* МИД Респ. Таджикистан.

Курбонова, З.М. 2009. "Политические аспекты процесса урегулирования государственной границы между Таджикистаном и Китаем." автореф. диссертации на соискание ученой степени кандидата политических наук. М.: ДИПЛОМАТИЧЕСКАЯ

АКАДЕМИЯ МИД РОССИИ.

Мигранян, А.А. 2012. "Инвестиционная ловушка или пределы экстенсивного роста." Материк. http://www.materik.ru/rubric/detail.php?ID= 15408&print=Y (검색일: 2014. 05. 11).

Незаввисимая газета (май 22, 2013).

Ниятбеков, В.Я., Х.А. Додихудоев. 2006. *Таджикистан и современный мир. Душанбе*: Центр стратегических исследований при Президенте Респ. Таджикистан.

Сайдалиев, У. 2006. "Таджикистан и Китай: проблемы торгового экономического сотрудничества и региональной безопасности." *Таджикистан и современный мир* 3(12).

Ховар. 2008. "ТАДЖИКСКО-КИТАЙСКАЯ ГРАНИЦА ДЕМАРКИРОВАНА." http://khovar.tj/rus/archive/1562-tadzhiksko-kitayskaya-granica-demarkirovana.html (검색일: 2014. 09. 10).

9장

투르크메니스탄의 경제발전과 대 중국 에너지 프로젝트

김영식

I. 서론

구소련연방시기에 투르크메니스탄은 모스크바에서 멀리 떨어진 지리적 특성으로 인해 다른 CIS국가 보다 국가의 경제적 정체성이 잘 보존되어 있다. 그러나 원유, 천연가스, 목화 등과 같이 천연자원의 공급지였음에도 불구하고, 구소련은 투르크멘의 산업기반 구축에 재투자하지 않았다. 그리고 소연방시기에 투르크메니스탄은 산업화보다는 농업생산이 장려되었던 지역으로 과도한 농업장려정책으로 인해 심각한 환경문제를 초래하기도 했다.

1991년 독립이후에는 개방원칙을 견지하면서 외국인 투자유치를 통한 안정적인 가스수출노선 확보와 대외무역활성화를 위한 개방정책을 추진하였으며, 급격한 개방정책 추진에 따른 불안을 최소화하기 위해 제한된 국제교류 및 경제협력을 추진하였

* 이 글은 『슬라브학보』 30-2 (2015)에 게재된 논문을 본서의 편집 취지에 맞도록 수정·보완한 것입니다.

다. 개방이후 투르크메니스탄의 경제는 급성장했으며, 성장의 원동력은 연료에너지 산업의 활성화에 있었다.

전환초기 투르크메니스탄이 독립하면서 가장 중요했던 것은 시장의 자유화와 탈소비에트주의였다. 투르크메니스탄은 경제개혁을 위해 시장경제로의 체제전환을 시도했으며, 체제전환의 핵심은 자격자유화정책과 사유화정책을 완성시키는 것이다. 그리고 사유화 정책의 핵심은 국유재산의 민영화였다.

투르크메니스탄의 지속적인 경제성장을 위해서 사유화는 반드시 필요한 것이었다. 따라서 1992년 2월 19일 국유재산의 민영화 및 사유화법을 제정하였다. 그러나 초기사유화는 중소기업과 서비스업분야로 한정되어 있었고, 토지의 사유화는 1992년부터 실시했으며, 소유지를 임대하거나 상속재산일 경우에만 소유가 가능하도록 했다. 그리고 1996년 12월부터는 농사짓는 농부들에게는 누구나 농지 소유가 가능하도록 했다. 제1차 사유화정책이 끝나면서 정부는 제2차 사유화정책을 실시했으며, 제2차 사유화정책은 농업, 공업, 전력, 교통·통신, 수송, 항공운송 등 광범위하게 추진되었다.

중앙아시아 국가들은 상대적으로 자원부국과 자원빈국으로 나뉜다. 투르크메니스탄과 카자흐스탄은 자원부국에 우즈베키스탄과 타지키스탄, 키르기스스탄은 자원빈국에 속한다. 투르크메니스탄은 다른 중앙아시아 국가들 보다 농업의 비중이 높게 나타나고 있으나 에너지자원 부국으로 중앙아시아 국가들 가운데 가장 많은 매장량과 생산량을 보유하고 있다. 특히 원유와 천연가스 매장량이 풍부하여 국가소득의 대부분을 차지하고 있어 전형적인 에너지자원의 부국이다.

그리고 투르크메니스탄은 2013년 5월 11~12일 나자르바에프 카자흐스탄대통령과의 정상회담을 통해 양국간 철도를 연결하기로 협력을 체결했으며, 투르크메니스탄과 아프가니스탄과 타지키스탄 등 세 나라 대통령도 삼국간 철도TAT Rail[1] 착공식과 정상회담을 통해 철도선 연결에 합의했다.

본 고는 투르크메니스탄의 경제발전과 에너지정책, 그리고 중국의 지속적인 경제발전과 경제성장을 위한 에너지 확보에 투르크메니스탄의 역할이 무엇인지 살펴보고

---

1   TAT Rail은 투르크메니스탄(Atamrat-Imamnazar)-아프가니스탄(Akina-Andkhoy-Mazar-e-Sharif-Kholm)-타지키스탄(Kaldar)을 연결하는 철도로 323km를 건설하는 노선이다. 2013년 3월 20일 삼국의 정상들이 모여 TAT Rail 연결 및 건설에 대한 양해각서를 체결했다.

자한다.

Ⅱ. 투르크메니스탄의 경제발전과 정체성

1. 투르크메니스탄의 경제발전과 전략

투르크메니스탄은 경제발전을 위해 1990년 후반에 공개된 「투르크메니스탄 사회-경제 전환전략 2010」은 투르크메니스탄의 국가형성과정의 경제발전전략을 내용으로 하고 있다. 이 프로그램은 2000년부터 2005년까지, 그리고 2006년부터 2010년까지 두 단계의 사회경제발전 전략을 담고 있다. 그리고 2007년에는 「경제부흥 및 개혁을 위한 국가전략 2030」이 발표되었다.[2]

베르디무하메도프대통령은 2012년에 2기 집권을 시작하면서 투르크메니스탄의 사회경제발전 5개년 계획(2012-2016)의 목표를 설정하고, 산업 및 경제의 현대화, 첨단기술 확보, 금융체계 개선, 시장경제 활성화, 주요 석유가스기업과의 협력강화, 외국인투자유치 등을 중심으로 경제발전과 성장을 추진하였다. 그리고 외자유치를 통한 에너지 및 연료단지의 현대화, 에너지기업 향상, 석유가스분야 산업 발전 및 투르크멘의 에너지자원 수송체계의 다양화, 석유기업들과의 협력 등 에너지 분야를 중점 지원분야로 선정하여 추진하였다.

투르크메니스탄은 1989년에 899억m^3의 가스를 수출하였으나 1997년에는 173억m^3로 가스수출이 감소하면서, GDP규모는 1989년보다 1997년에 40%나 감소하였다. 그러나 1998년이후 지속적인 에너지 수출 증가에 힘입어 2013년까지 연간 10% 내외의 경제성장을 기록하고 있다.

2000년 전반에는 GDP 가운데 민간부문의 비중은 GDP의 40%를 차지하고 있으며, 생산비용의 인상요인이 되는 이중환율 시스템과 국가의 금융부문의 간섭으로 인

---

2 김영식, 투르크메니스탄의 체제전환과 경제발전, 외국학연구 제 17집, 중앙대학교 외국학연구소, 2011, p.341에서 재인용

한 신용공여 제한 등의 국가 통제 강화에 따라 민간부문의 성장이 위축되었다.

〈표 1〉에서 보는 바와 같이, 소비자물가는 연간 10% 내외의 높은 경제성장률에 따라 민간분야의 임금상승, 재정지출 확대, 소비재 부족 현상 등으로 물가가 상승했다. 그리고 공식 환율은 고정환율제로 1달러 당 5,200바트를 유지하고 있으나 시장 환율은 달러 당 10,000바트로 거래 되고 있다.

표 1   2001-2006년 주요경제지표

구분＼년	2001	2002	2003	2004	2005	2006
GDP(억US$)	36	43	52	60	68	-
실질GDP성장률	20.4	12.0	13.0	9.0	6.0	13
인플레이션(%)	11.6	8.7	5.6	5.9	10.6	11.0
외환보유고(백만US$)	20.55	23.46	26.73	27.14	33.14	-
환율(US$)	5,200	5,200	5,200	5,200	5,200	5,200

자료 : http://www.cisstat.org/2014sus 2014년 11월 8일 검색,
http://stat.gov.tm/ru/content/info/ 2014년 11월 8일 검색

투르크메니스탄은 사회주의 경제방식을 고수하면서 가스전기 무료공급, 주택과 기본 식료품 제공, 보조금 지급 등의 재정수요가 증가하면서 만성적인 적자에 시달렸으며, 2006년에 세출의 70%를 사회적 비용으로 지출하였다. 정부는 세출 축소를 위해 2006년에 신연금법을 시행하였으나 2001-2006년 까지 평균 2%내외의 재정적자를 기록하였다.

표 2   2007-2013 주요경제지표

구분＼년	2007	2008	2009	2010	2011	2012	2013
GDP(억US$)	127	170	147	171	211	245	288
실질 GDP성장률	11.6	9.8	-8.0	6.0	10.0	7.0	8.0
인플레이션(%)	6.3	14.5	4.0	10.0	12.0	8.5	9.0
경상수지(백만US$)	3,589	2,698	-2,799	-1,337	411	1,069	1,727
외환보유고(백만US$)	13,768	15,233	17,034	17,509	18,873	20,106	21,148
환율(US$)	2.1	2.6	2.9	2.9	2.9	2.85	2.85

자료 : 1) EIU(Economist Intelligent Unit) Country Report, 2013.7
       2) http://www.cisstat.org/2014sus 2014년 11월 8일 검색,
       3) http://stat.gov.tm/ru/content/info/ 2014년 11월 8일 검색

투르크메니스탄은 2008년 미국 발 금융위기로 인해 수출이 감소했으나 폐쇄적 경제체제를 유지하고 있어 상대적으로 다른 중아아시아 국가들 보다 커다란 영향을 받지 않았다. 환율정책도 2006년까지는 5,200마나트였지만, 2007년 들어 화폐개혁과 동시에 1달러당 2.1바트로, 그리고 2012년부터는 2.85바트로 고정환율제도를 유지하고 있다.

2. 투르크메니스탄의 대외관계 전략

투르크메니스탄은 1991년 8월 소연방의 보수 공산주의자들의 쿠데타가 실패하면서, 1991년 10월 27일 소비에트연방으로부터 독립을 선언했다. 그러나 이후에도 러시아는 투르크메니스탄의 제1교역국이자 최대의 경협파트너로 그리고 정치적, 안보적으로도 매우 중요한 국가였다. 니야조프 전대통령과 베르디무하메도프정부도 이를 충분히 인식하고 대러시아와의 관계 증진에 가장 큰 외교적 비중을 두었다.

니야조프 전대통령은 대외적인 정치·경제적 변화를 거부하고, 내정을 주요시하는 폐쇄적인 정치성향과 고립정책을 추진하였다. 그러나 2007년 2월에 취임한 베르디무하메도프대통령은 1995년 12월에 UN총회에서 채택된 정책을 기반으로 주권보전과 무력충돌 불개입 정책 등을 유지하면서 중국, 러시아, 미국 등 서방국가들과 경제협력 확대와 실용주의 외교노선과 영구중립 기조를 추구하였다. 또한, 〈2030 국가 장기 발전계획〉을 제시하고, 에너지 분야를 포함한 정치·경제·교육·문화 분야의 개혁을 점진적으로 추진하였다. 그리고 집권 2기(2012-2016년)에는 5개년 사회경제 발전계획을 본격적으로 추진하였다. 투르크메니스탄은 중립적인 정책의 기조 하에 점진적 개방정책을 기본으로 에너지 수송로의 다변화 등 실용주의 외교 노선을 추구하고 있으며, 이란, 우즈베키스탄, 카자흐스탄, 아프가니스탄 등 인접국과의 협력 증진에 노력을 기울이고 있다.

투르크메니스탄의 대외정책기조는 이미 앞에서 언급한 바와 같이, 영구중립과 개방원칙을 지키는 것이며, 국제적으로 독립을 인정받고 국제적 분쟁에서 중립을 고수하는 것이다. 그리고 국가독립과 국익을 위한 안보확보, 국내경제 발전을 위한 유리한 대외환경조성을 위한 건설적인 대외협력 관계를 구축하는 것이다. 뿐만 아니라 1995년 12월에 UN결의안 채택을 계기로 역내 다자안보 및 경협기구외 일체 기구에 참여하지 않고 있다. 따라서 점진적 개혁과 경제적 개방의 추진으로 인해 신중하고 제한적인 국제교류를 추진해 왔다. 그러나 러시아, 우크라이나, 터키, 이란 등 주변 국가들과는 안정적인 가스수출 협력, 투자 유치 및 교역 활성화 등의 실질적인 협력을 추진하고 있다. 그리고 중앙아시아 국가들과의 관계도 중립과 내정불간섭 정책을 중심으로 어떠한 군사적 성격의 블록에도 가입하지 않고 지역 내의 평화와 번영을 추구한다는 기존 입장을 고수하고 있다.

투르크메니스탄은 CIS회원국이면서도 대러시아 예속화를 우려하여 투르크메니스탄에 거주하고 있는 러시아인들에 대한 차별화 정책을 추진하고 있어, 한 때는 러시아와의 관계가 악화되었으나 경제·군사 분야에서의 상호 협조가 필요함으로 양국관계는 다시 개선되었다. 특히 투르크메니스탄은 천연가스 수출을 위해서는 러시아 가스관을 거쳐야 하고, 러시아도 내수·수출용 가스를 투르크메니스탄에서 조달하고 있어 양국 간에 의존도가 점차 확대되고 있다. 군사문제에 있어서도 투르크메니스탄의 안보문제와 러시아와의 군사협력이 필요하므로 러시아에 의존하고 있는 실정이다.

러시아는 투르크메니스탄에서 생산되는 가스의 90%이상을 구매하여, 러시아 가스배관망을 통해 우크라이나와 유럽에 수출하고 있다. 러시아는 투르크멘산 천연가스를 국제시세에 비해 저렴한 가격에 구입하여 높은 가격에 판매함으로써 경제적 실익을 추구하였다. 그러나 2009년 4~12월 투르크메니스탄의 대러시아 공급 가스관의 폭발사고와 가스가격 분쟁으로 인해 대러시아 가스공급이 일시 중단되면서 양국관계가 소원해졌다. 그러나 2009년 12월에 메드베제프 러시아대통령이 투르크메니스탄을 방문하여 수입 가스가격에 대한 적정이윤을 보장하면서 양국관계는 다시 협력관계로 돌아섰다.

한편, 투르크메니스탄의 CIS국가들과 관계는 카스피 연안국인 아제르바이잔, 카자흐스탄 등과 3개의 카스피 해상광구 소유권을 놓고 대립적인 관계를 유지해왔으나, 러시아-우크라이나사태가 발생하면서 양국은 가스 에너지 부문의 파트너관계를 구축할 수 있었다. 그 동안 카스피해 3개 광구에 대한 소유권 대립과 아제르바이잔의 부채상환 지연, 그리고 카스피해 자원 개발을 둘러싼 갈등으로 인해 투르크메니스탄과 아제르바이잔 간의 불편한 관계가 지속되었다. 이에 따라 투르크메니스탄은 가스를 카스피해와 아제르바이잔을 경유하여 서유럽 시장에 공급하는 내용의 계약을 체결하지 못했다.[3] 따라서 카스피해에서 상호간 자국의 이해에 반하는 즉, 타국이 카스

---

3 http://russian.eurasianet.org 2014. 04.11일 보도 내용 참조

피해에서 가스를 개발하거나 가스관을 연결하는 행위가 이루어 질 경우, 러시아와 이란은 이를 저지하기 위해 군사력을 사용할 가능성도 배제하지 않을 수 없다. 이와 같이 카스피해에서 분쟁이 발생하는 이유는 아직 카스피해에 국가별 영역이 확정되지 않았기 때문이다. 그리고 카스피해의 이권을 위해서 러시아와 아르메니아는 투르크메니스탄과 아제르바이잔 간의 관계 정상화와 우호 협력관계를 원하지 않고 있다.

따라서 EU는 투르크메니스탄 가스를 카스피해 해저 가스관을 통해 아제르바이잔사라 데니스 가스를 그루지아-터키-불가리아-루마니아-헝가리-오스트리아까지 공급한다는 계획을 가지고 있었다. 그러나 카스피해 연안 5개국간의 미합의와 러시아의 반대로 인해 계획 추진은 불가능해졌다. 그리고 EU는 러시아가 크림반도를 병합하면서 가스 수입량의 1/3을 차지하는 러시아산가스를 이란산과 투르크멘산 가스로 대체하여 러시아산 가스의 수입의존도를 낮추기 위해 적극적으로 나서고 있다.[4]

투르크메니스탄과 터키는 역사, 문화, 언어 등 유사성을 가지고 있으며, 동일한 투르크계로 강한 유대감을 갖고 있다. 이에 따라 2013년 5월 29-31일 압둘라 굴 터키 대통령은 베르디무하메도프대통령과의 정상회담을 통해 투르크멘의 천연가스에 대한 터키 공급 협력 체계 협약과 농업분야, 그리고 경제협력 의정서, 청소년 및 스포츠 협력협약, 2013-2014 양국 외교부협력 프로그램, 정보통신 분야 협력 프로그램 등 12개 분야에서 MOU를 체결했다. 따라서 터키는 투르크메니스탄에 대해 주요 투자 및 교역 국으로 부상하고 있다.

한편, 중국과 투르크메니스탄과의 관계는 중국은 투르크메니스탄의 영구 중립을 지지하고, 투르크메니스탄도 중국과 대만, 티벳 문제에 대해 중국의 입장을 지지하는 것이다. 중국은 투르크메니스탄을 유럽으로 진출하는 지정학적 요충지로 삼고 있으며, 투르크메니스탄내의 대규모 유전개발과, 송유관 사업 등을 통하여 중국의 에너지 자원을 안정적으로 확보하기 위한 수단으로 활용하였다. 투르크메니스탄도 대러 의존도를 줄이기 위해 중국과의 에너지 분야 협력에 적극적으로 나서고 있다.

중국은 양국수교 21주년이 되는 2013년 9월 3~4일에 시진핑이 투르크메니스탄을 국빈 방문하면서 베르디무하메도프대통령과 정상회담을 가졌다. 그리고 에너지 분야 등 13개 분야에서 양국 간의 협력 관계를 '전략적 동반자적 관계'로 격상시켰다. 이번 협력 약정에는 투르크메니스탄 칼크니쉬 가스전의 2단계 개발과 가스관의 증설 등

---

4 http://russian.eurasianet.org/node/60554 2014.04.16일 보도 내용 참조

에너지 분야에서의 협력 방안이 논의 되었으며, 이와 함께 무역, 문화, 스포츠 등 광범위한 분야에서의 경제 및 기술협력 방화 방안 등이 포함되었다.

이와 같이 투르크메니스탄의 대외관계는 천연가스와 원유를 활용한 자국의 이익을 극대화할 수 있는 대외관계에 집중되어 있다고 할 수 있다.

Ⅲ. 투르크메니스탄의 대외 파이프라인 프로젝트

1996년 석유·가스자원법을 제정하였으며, 2008년에 개정하였다. 주요 내용은 외국기업이 광구를 취득할 때 투르크메니스탄 정부와 생산물분배계약^{PSA}를 체결토록 하는 것이다. 투르크메니스탄은 외국기업과 합작법인을 설립하거나 생물분배계약 체결, 로열티와 세금 양허계약, 리스크 협정 등 4가지 형태로 외국인투자를 유치했다. 투르크메니스탄에서는 라이선스계약을 통해 개발 및 탐사를 위한 광구 분양이 가능하다. 탐사개발에 성공한 회사는 매장지에 대한 생산 라이선스가 부여된다. 그리고 투르크메니스탄은 2007년 3월 에너지 프로젝트 평가, 라이센스 발급 현상 및 계약 체결 등을 담당하는 석유가스자원 관리청을 대통령 직속으로 신설하였다.

투르크메니스탄은 2020년까지 가스관 및 가공 인프라 건설과 석유·가스 산지의 종합적 개발을 통해 에너지 전반에 걸쳐 획기적인 발전을 추진하고 있다. 구체적으로 기존의 투르크멘바쉬Turkmenbashy, 세이디Seidi 등지의 대규모 석유화학공업단지는 증축 및 현대화 공사가 진흥중이다. 투르크멘바쉬 단지는 이미 이스라엘, 터키, 일본, 네덜란드 등의 참여 아래 부분적 현대화 공사를 마친 상태다. 세이디 단지는 5년내 6백만 톤 규모의 시설을 갖추도록 증축하고 현대화하고 있다.[5]

투르크메니스탄의 주요 수출노선은 CAC Ⅰ, Ⅱ, Ⅳ(데리알릭Deryalyk-유럽)를 통하여 러시아와 우크라이나로 가스를 수송하고 있으며, 수송능력은 연간 1,000억m³이다. 내수공급 배관 과 유럽으로 가스를 공급하는 CAC Ⅲ는 투르크멘트란스가스가 운영하고 있으며, 연간 수송능력은 130억m³이다.

5 '투르크메니스탄의 송유관·가스관 및 정제사업,' 투르크메니스탄 개황, 외교부, 2009.5

투르크메니스탄의 국외가스 공급 파이프라인은 투르크메니스탄-아프가니스탄-파키스탄-인도노선TAPI: Turkmenistan, Afghanistan, Pakistan, India, 트란스 카스피안노선TCP: Trans Caspian Pipeline, 투르크메니스탄-우즈베키스탄-카자흐스탄-중국노선 등이다.

투르크메니스탄-아프가니스탄-파키스탄-인도노선TAPI은 1990년대부터 추진했으나 아프가니스탄사태로 중단되었다. 그러나 2001년 이후 아시아개발은행ADB의 후원 아래 노선 재추진이 검토되었다. 그리고 2008년 4월 23일에 투르크메니스탄, 아프가니스탄, 파키스탄, 인도 석유장관회의에서 2010년 가스관 건설을 착공할 것과 2015년부터 가스를 공급하는 것에 원칙적으로 합의했다.[6]

트란스 카스피안노선TCP: Trans Caspian Pipeline은 투르크메니스탄-카스피해 해저 통과-아제르바이잔-터키를 연결하는 노선이다. 2007년 12월에 투르크메니스탄-카자흐스탄-러시아 3국이 카스피해 동안 가스관 건설사업에 합의하였으나 2008년 8월 조지아 전쟁으로 인해 조지아를 경유하는 가스관 안정성에 문제점이 제기 되었다.[7]

투르크메니스탄-우즈베키스탄-카자흐스탄-중국노선은 2006년 4월에 투르크메니스탄과 중국 정상간 2009년부터 천연가스를 연간 300억m^3를 30년간 공급하기로 협정을 체결하였으며, 이에 따라 2008년부터 가스관 건설이 추진 중이며, 2010년부터 중국으로 가스를 공급하고 있다.[8]

한편, 유럽은 안보에너지를 위해 러시아 에너지를 대체할 수 있는 대안이 필요하다고 주장해왔다. 대안으로 떠 오른 것은 투르크메니스탄을 기점으로 하는 파이프라인을 건설하는 것이다. 즉, 투르크메니스탄의 천연가스를 TAPI라인(투르크메니스탄-아프가니스탄-파키스탄-인도)을 이용한다면, 유럽의 이해관계를 해결할 수 있다. 그리고 투르크메니스탄에서 아프가니스탄의 헤라트Herat와 칸다하르Kandahar, 파키스탄의 퀘타Quetta를 지나 인도로 향하는 파이프라인을 건설해야한다. 이 라인은 4개국 모두에게 경제적 이익이 될 수 있으며, 특히 경제적 이익이 절실한 아프가니스탄에게 중요하다고 할 수 있다. 그리고 TAPI라인은 이란-파키스탄-인도-파이프라인을 효과적으로 견제 할 수 있다.

탈냉전이후 미국의 대 중앙아시아 전략, 특히 에너지 수입선의 다변화 차원 및 아

---

6   위의 글
7   위의 글
8   위의 글

프가니스탄 주둔 NATO군의 보급로 확보차원에서 미국의 대외정책에서 투르크메니스탄의 중요성이 높아지고 있으나, 미국 기업의 투자실적은 부진한 편이다.

표 3 투르크메니스탄의 주요 석유·가스 유전 현황(단위 : 백만m^3)

유전/광구명	운영사	부존매장량	비고
도블레타바트-돈메즈 (Dovletabad-Donmez)	투르크멘가스프롬	38,215,604	
구룩빌(Gurrukbil)	투르크멘게올로지야	3,300,000	탐사평가
샤틀릭(Shatlyk)	시노펙	3,078,642	
사만데페(Samandepe)	투르크멘가스프롬	2,902,855	일시 생산 중단
말라이(Malay)	투르크멘가스프롬	2,617,857	
제아글리-데르베체 (Zeagil-Derveze)	발카네비트가즈세나가트	2,359,500	개발 승인 중
베쉬지질(Beshgyzyl)	발카네비트가즈세나가트	2,309,418	
코르페제(Korpeje)	발카네비트가즈세나가트	2,211,077	
바르사겔메즈(Barsagelmez)	투르크멘네프트	1,615,929	
옐귀(Yelguyi)	투르크멘가스프롬	1,558,838	
고투르데페(Goturdepe)	투르크멘네프트	1,489,993	

자료 : 투르크메니스탄 개황, 외교부, 2009.5

IV. 투르크메니스탄의 대중국 에너지 협력 프로젝트

1. 투르크메니스탄과 중국의 에너지 협력

중국은 투르크메니스탄을 유럽과 중국을 연결하는 지정학적 요충지로 인식하고 있으며, 에너지자원의 안정적인 확보를 위해 투르크메니스탄 내에 대규모 유전개발, 송유관 사업 등에 국가차원에서 적극 참여하고 있다. 그리고 투르크메니스탄도 대러 의존도를 줄이기 위하여 중국과의 에너지 분야 협력 강화에 적극적이다. 따라서 CNPCChina National Petroleum Corporation는 2002년에 투르크메니스탄에 진출했으며, 지금까지 투르크메니스탄에서 천연가스와 석유가스전에 투자하고 있다.

투르크메니스탄은 2008년에 750억m^{3}의 천연가스를 생산하여, 그 중에 470억m^3

천연가스를 수출했다. 투르크메니스탄 천연가스의 주요 구입자는 러시아의 Gazprom 이고, 러시아는 매년 CIS 소속 국가들로부터 매년 500억m³의 천연가스를 수입했다.

투르크메니스탄과 중국과의 에너지·자원협력은 천연가스의 러시아 독점체제에서 벗어나는 계기를 마련하고, 러시아 등 주변국에 대한 수출단가를 인상할 수 있는 수단을 확보하게 되었을 뿐만 아니라, 중국이 가스대금 전액을 미화로 지불하기로 합의하여 투르크메니스탄의 부족한 외화 획득에 크게 기여하였다.

현재 중국은 천연가스의 수입은 러시아에 의존하고 있어 수입의 다변화가 필요한 상황이다.

이와 같은 상황에서 2006년 4월 26일 〈生意人报〉에 따르면, 중국의 전통적인 천연가스 파트너인 러시아의 천연가스 가격이 불안정하게 나타났고, 러시아의 천연가스회사는 유럽에 수출한 천연가스의 가격이 연말에 40% 나 급격히 상승했다. 그러나 상대적으로 천연가스를 생산하는 다른 국가들의 천연가스 수출가격은 1,000m³에 200달러 이하로 20% 정도 저렴했다. 따라서 중국은 장기적으로 천연가스의 안정적인 확보를 위해 투르크메니스탄 등 중앙아시아 국가 및 오스트레일리아 등의 국가들과 천연가스 생산을 위한 합작투자를 강화하고 있다.

그리고 2006년부터 중국은 천연가스 순수입국으로써 수입량이 점차 증가했으며, 투르크메니스탄은 2009년부터 30년간 연간 약 300억m³의 천연가스를 중국에 공급했으며, 2008년에는 연 400억m³로 증대하였다. 2009년 12월에는 투르크-우즈벡-카자흐-중국을 연결하는 총 7,000km 가스관 1단계 공사가 완료 되었고, 투르크메니스탄의 대 중국가스 공급은 2010년 1월부터 시작되었으며, 2010년 대중국 가스공급량은 50억m³ 수준에 머물 것으로 예상되나 점차 확대되어 2014년에는 연간 400억m³의 가스를 중국에 공급할 예정이다. 따라서 2015년에 중국에 수입된 천연가스는 소비된 천연가스의 30%를 차지할 것으로 예상된다. 그리고 2020년까지는 천연가스의 의존도가 50%에 도달할 것으로 예상된다.

중앙아시아에서 파이프라인을 통해 중국으로 공급되는 천연가스는 월말에 우르무치에 도착하고, 다음 달에 베이징에 도착할 수 있도록 되어 있다. 투르크메니스탄 정부는 중국, 한국, 아랍에미리트에서 온 회사들의 투자총액은 100억 달러이며, 투르크메니스탄 南伊洛坦 가스전 개발 계약서를 체결했다.[9]

9 2009-12-31 财经导读

파이프라인을 통해 국경을 통과한 천연가스는 파이프라인을 통해 투르크메니스탄의 천연가스를 중국으로 수송하고, 서부와 동부에도 운송이 가능했다. 그리고 처음 계약에 따르면, 투르크메니스탄 천연가스를 우리나라에 매년 300억m^{3}를 공급하게 되어 있었다. 그중에 2010년의 가스 수송량은 50억m^{3}에 달했다. CNPC는 투르크메니스탄, 우즈베키스탄과 카자흐스탄과 천연가스 생산 및 운송에 합의하고, 천연가스 수송량을 연간 450억m^{3}로 계약서를 체결했다.

또한, CNPC는 2007년 7월 17일 베이징에서 Turkmengaz와 천연가스 구매에 대한 협의를 하였고, 투르크메니스탄의 Amu Darya 우안에서 천연가스 생산물 분여 계약서에 서명했다. 2011년 투르크메니스탄에서 생산한 천연가스 가운데 중국으로 공급한 것은 누적 300억m^{3}를 넘어섰으며, 이는 2011년 중국의 천연가스 소비량의 5분 1에 해당되는 것이었다. 투르크메니스탄에서 수입된 천연가스는 서기동수 2선연선과 동해연해 15개성시자치구에 가스를 공급하였으며, 이 지역에 거주하는 약 4억 명의 사람들이 혜택을 받게 되었다. 중국에 공급된 300억m^{3}의 천연가스는 이산화탄소 1.3억 톤, 이산화황 144만 톤, 연기와 먼지 66만 톤과 질소산화물 36만 톤의 배출을 줄일 수 있어 환경보호에도 많은 영향을 미쳤다.[10]

CNPC$^{China\ National\ Petroleum\ Corporation}$는 2011년 12월 13일에 투르크메니스탄의 Amu-Darya에 80억m^{3}의 생산능력을 가진 제2의 LNG 공장을 건설하였으며, 이미 투르크메니스탄에서 연간 50억m^{3}를 생산하는 LNG 공장을 운영하고 있다.[11]

〈중국석유보〉에 따르면, CNPC는 투르크메니스탄으로부터 파이프라인을 통해 천연가스 57억m^3 수입을 추진하고 있다. 이 수입량은 중국내 천연가스 소비의 10%를 차지하고 있으며, 중국 총수입량의 절반을 차지하는 한다. 따라서 CNPC는 파이프라인에 29개의 대형천연가스 압축장치를 설치하고, 파이프라인의 천연가스 300억m^{3}를 운송할 능력을 향상시켰다. 이 파이프라인은 중국 서북부신장지역에서 카자흐스탄, 우즈베키스탄, 투르크메니스탄으로 이어지는 노선으로 전체 길이는 약 2,000km에 달한다.[12]

---

10   http://gas.sci99.com/ 2012년 09월 26일 기사. 2014년 11월 4일 검색

11   《中国石油报》, "CNPC는 5개월 동안 투르크메니스탄에서 천연가스 57억m^{3}를 수입," 2011년 12월 16일자 기사. 2014년 11월 5일 검색

12   http://newscenter.chemaii.com.cn/ 2011년 6월 14일 기사. 2014년 11월 6일 검색

2009년 투르크메니스탄은 남쪽 Mary Welayaty马雷州에서 가스전을 발견했다. 이 가스전은 세계에서 두 번째로 큰 가스전이고, 총 확인매장량은 약 6조m³였다. 그해 9월에 시진핑 주석이 투르크메니스탄을 방문하여, 가스전 1기공사 준공식을 참가했으며, 현재는 2기공사가 진행 중에 있으며, CNPC가 개발에 참여하고 있다. 중국은 2009년과 2011년에 각각 40억 달러, 41억 달러를 투자하여 이 가스전을 공동으로 개발하였고, 앞으로 매년 650억m³의 천연가스를 생산하게 될 것이다.

2011년 4월 28일 러시아신문보도에 따르면, 러시아는 국내시장의 수요 만족을 위해 5월부터는 러시아 석유회사의 석유제품 수출을 제한한다는 것이었다. 이에 따라 중국은 다른 국가에서의 석유제품 수입을 확대했으며, 4월 26일에는 중국과 투르크메니스탄 국유천연가스회사, 그리고 투르크메니스탄 천연가스회사Turkmengaz와 41억 달러 만큼의 천연가스를 교환하는 협의에 동의했다.

2014년 5월 투르크메니스탄의 베르디무하메도프대통령Gurbanguly Berdymukhamedov은 중국을 방문하여 중국과 투르크메니스탄을 연결하는 천연가스 파이프라인 D선을 건설하기로 결정했다. D선은 투르크메니스탄에서 우즈베키스탄 남쪽과 키르기스스탄을 거쳐 타지키스탄, 그리고 신장위구르를 통과하여 중국으로 들어오는 노선이다. 이 노선이 완공되면, 2016년 이후부터는 매년 중국으로 800억m³의 천연가스를 수출할 수 있다.[13]

투르크메니스탄은 전세계 천연가스 총생산량의 4위를 차지하고 있지만, 천연가스 파이프라인 등 설비 부족으로 인해 천연가스의 수출량은 전 세계의 2%만 차지하고 있다. 투르크메니스탄과 중국을 연결하는 천연가스 파이프라인이 개통하기 전에 투르크메니스탄의 천연가스 수출 국가는 러시아 와 이란 두 곳이었다. 그러나 2009년에 투르크메니스탄과 중국을 연결하는 천연가스 파이프라인을 성공적으로 건설함에 따라 투르크메니스탄의 천연가스 수출량은 해마다 지속적으로 상승하고 있다. 2013년 중국국무원이 발표한 자료에 의하면, 중국의 산업화가 진행됨에 따라 천연가스 소비가 급증하였고, 이로 인해 중국으로 수출되는 투르크메니스탄의 천연가스 수출량은 2012년에 40.6%나 증가하였다. 따라서 베르디무하메도프대통령은 중국매체와의 인터뷰에서 "투르크메니스탄과 중국의 천연가스 파이프라인 건설과 합작투자는 양국

13 http://gas.sci99.com/ 2014년 6월 6일 기사. 2014년 11월 6일 검색

의 경제적 이익과 경제발전을 위해 매우 중요하다"고 말했다.[14]

사실, 이 파이프라인은 투르크메니스탄과 우즈베키스탄, 그리고 카자흐스탄을 통과하여 마지막에 중국으로 연결 되어지는 약 7,000km에 달하는 세계에서 가장 긴 천연가스 파이프라인이다. 이 네 개 나라 중에 우즈베키스탄과 카자흐스탄은 천연가스 파이프라인의 운송비용을 받을 뿐만 아니라 이 파이프라인을 통해서 천연가스를 구매하고 사용할 수 있다. 따라서 투르크메니스탄의 베르디무하메도프대통령은 투르크메니스탄과 중국의 천연가스 합작 사업은 생산자와 운송자, 그리고 소비자까지 이익을 얻을 수 있는 노선이라 생각했다.

2013년 5월 31일에 Turkmengaz 회장은 투르크메니스탄의 가장 큰 응축 가스전의 천연가스는 '중국으로 수출할 것'이라고 말했다. 투르크메니스탄의 Galkynysh가스전은 중국으로 천연가스를 수출하기 위해 만들어진 것이다. 이 가스전에서 매년 250억m³의 천연가스를 생산하여, 매년 중국으로 수출된 총 천연가스가 650억m³를 수출할 것이다. Gaffney와 Cline& Associates에 따르면, 천연가스 매장량 26.2억m³를 가지고 있는 투르크메니스탄의 Galkynysh가스전은 세계에서 두 번째로 큰 가스 유전이다.[15]

2012년 7월 10일 베르디무하메도프대통령은 천연가스 매장량이 세계 4위인 투르크메니스탄이 2012년부터 2016년까지 5년 동안 천연가스 4,487억m³를 생산하겠다고 밝혔다.[16]

투르크메니스탄은 중국과 이란, 그리고 러시아로 천연가스를 수출하고 있다. 투르크메니스탄은 천연가스 수출을 증가하기 위해 두개의 천연가스 파이프라인을 건설했다. 하나는 카스피 해를 거쳐 가게 만든 천연가스 파이프라인이다. 투르크메니스탄으로부터 카스피해와 아제르바이잔The Republic of Azerbaijan을 거쳐서 유럽으로 도착하는 것이다. 다른 하나는 아프가니스탄 파이프라인을 거쳐서 마지막에 파키스탄과 인도로 도착하는 것이다.[17]

중국은 2007년부터 투르크메니스탄과 합작하여 자원 개발을 시작하였으며, 중국

---

14 http://gas.sci99.com/ 2014년 5월 9일자 기사. 2014년 11월 5일 검색

15 http://gas.sci99.com/ 2013년 5월 31일자 기사. 2014년 11월 5일 검색

16 http://gas.sci99.com/ 2012년 7월 10일자 기사. 2014년 11월 3일 검색

17 http://oil.chem99.com/ 2014년 9월 23일 기사. 2014년 11월 5일 검색

은 매년 투르크메니스탄에서 170억m³의 천연가스를 구매하는 계약을 체결했다. 이에 따라 중국은 투르크메니스탄의 제일 큰 천연가스 수입국이 되었다. 그리고 2013년 8월까지 투르크메니스탄이 중국으로 수출한 천연가스는 600.2억m³이다.

중국과 중아아시아를 연결하는 천연가스 운송 파이프라인 로드맵은 다음 3개 노선이다. 서기동수 1선은 신장 답리목塔里木 가스전 위주로 천연가스를 공급하는 것이다. 파이프라인은 신장서부로부터 시작하여 동쪽 상하이 백학진白鶴鎮까지 이며, 전체 길이는 3843.5미터에 달한다. 서기동수 2선은 중앙아시아에서 천연가스를 수입하는 노선이다. 연 수입량은 300억m³이고, 신장 구안霍尔果斯口岸 서쪽에서 시작하여 상하이 동쪽을 거쳐 광주 서쪽과 홍콩에 도착하게 된다. 그리고 전체 길이는 8,704미터이다. 서기동수 3선은 투르크메니스탄과 우즈베키스탄, 그리고 카자흐스탄 3국으로 연결되는 노선이며, 이 노선을 통해 중앙아시아로부터 천연가스를 수입한다. 계획 수송량은 년 간 300억m³이다. 간지선은 신장, 간쑤, 닝샤, 산시, 하남, 후베이, 호남, 강서, 푸진과 광동성을 거치고, 전체 길이는 7,378미터이다.[18]

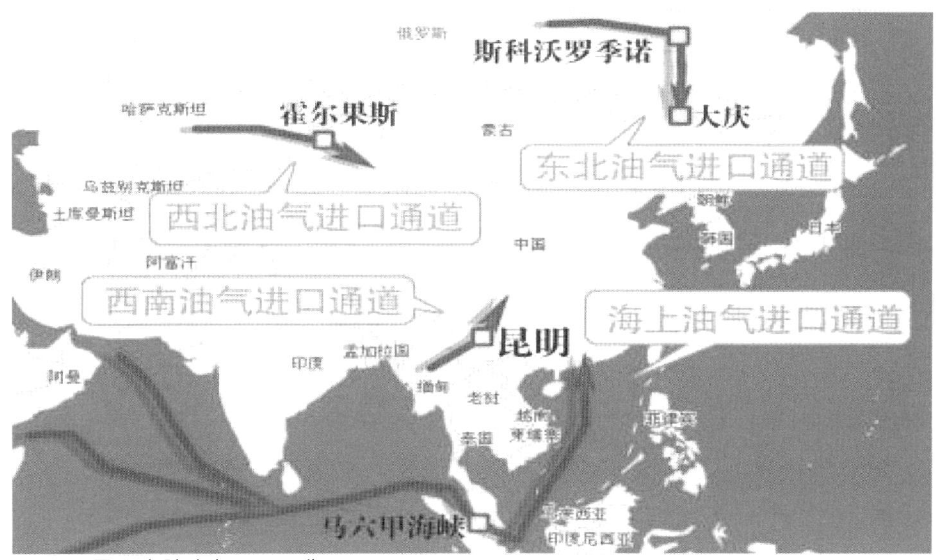

그림1   중국의 천연가스 로드 맵
자료 : http://bbs.tianya.cn/ 2010.02.02. 2014년 11월 5일 검색

18   http://baike.so.com 2014년 11월 3일 검색

2. 투르크메니스탄과 중국의 경제협력

〈표 4〉에서 보는 바와 같이, 2009년부터 지금까지 양국 간의 무역금액은 5년간 5배로 증가했다. 2013년의 무역금액은 2012년보다 5.4%나 증가했다. 그리고 베르디무하메도프대통령은 중국매체와의 인터뷰에서 '중국은 이미 투르크메니스탄의 제일 큰 무역 대상국이다'고 말했다. 또한, 베르디무하메도프대통령은 '우리나라는 이제 현대적인 공항과 탑승구, 기차역, 그리고 철도 등을 건설하고 있고, 중국에서 수입한 열차객실이 이미 완성되어 도착하였으므로 중국과 열차설비 관련 분야의 협조를 강화하겠다'고 말했다.

〈표 4〉에서 보는 바와 같이, 2012년에 중국과 투르크메니스탄과의 무역액은 103.7억 달러로 2011년보다 2배가 증가하였으며, 이에 따라 현재 중국은 투르크메니스탄의 제일 큰 무역상대국이 되었다. 2013년 6월까지 중국은 투르크메니스탄에 교통, 통신, 방직, 철도설비, 기초시설건설, 금융 등 영역에 33억 달러를 투자하였으며, 양국 간의 경제협력과 투자협력은 매년 큰 폭으로 증가하고 있다. 그리고 투르크메니스탄은 매년 250억m³의 천연가스를 추가로 중국에 수출하기로 했다.

그러나, 2013년에 중국과 투르크메니스탄 간의 무역총액은 100.3억 달러로 2012년 보다 3.3%를 하락하였으며, 이중에 중국 수출이 11.3억 달러로 32.9%를 하락했다. 수입은 88.9억 달러로 2.5%를 증가했다.

투르크메니스탄은 자원 수출의존도가 매우 높아 석유가스가 수출에서 차지하는 비중이 80%를 넘는다. 2013년도 투르크메니스탄의 주요 수출입국 중국이 차지하는 수출 비중은 62% 가장 높다. 중국의 경우 거래 품목은 주로 천연가스와 원유이다. 투르크메니스탄의 경우 중국의 천연가스 분야의 대규모 투자에 힘입어 2014년에도 10% 내의 경제성장을 지속할 것으로 보이며, 중국의 경제성장이 급격하게 둔화되지 않는 한 당분간 고 성장세를 유지할 것으로 보인다.

그리고, 중국이 투르크메니스탄에 투자한 회사들을 보면, 대부분 천연가스·원유 개발과 천연가스의 배급·설비와 관련된 분야에 투자가 집중되었다. 그리고 철로설비와 기관차, 차량부품시장에 대한 개발에도 관심을 가지고 있는 것으로 나타났다.

표 4　중국과 투르크메니스탄의 무역거래액 (단위: 달러, %)

년\	수출입총액	증가율	수출	수출증가율	수입	수입증가율
1992	450	-	409		41	
1993	465	3.3	385		80	
1994	1,126	142.3	366.9		759.1	
1995	1,759.5	56.2	1,126.7		632.8	
1996	1,146.7	-34.8	845.2		301.5	
1997	1,524	32.9	1,163		361	
1998	1,252	-17.8	1,029		222	
1999	949	-24.2	747		202	
2000	1,616	70.3	1,210		406	
2001	8,752	167.5	8,678		74	
2002	11,300	76.3	10,900		371	
2003	9,874	19.1	8,485		1,389	
2004	8,831	14.6	7,371	14.5	1,460	15.1
2005	11,000	11.6	9,088	7.5	1,899	36.7
2006	17,900	62.4	16,300	78.9	1,600	-16.1
2007	35,300	97.5	30,300	86.1	5,000	213.3
2008	38,000	25.8	64,055	172.2	2,809	-58
2009	95,400	14.9	91,600		3,800	
2010	157,000	2596.8	52,500		104,500	
2011	548,000	249	78,403		471,359	
2012	1,037,000	89.4	169,900		867,300	
2013	1,003,000		113,000		889,000	

자료 : http://www.bjwto.gov.cn 2014 ; 중국 무역해관통계청, 2014

표 5　2013년 투르크메니스탄의 주요 수출입 상대국(단위 : %)

국가명	수출비중	국가명	수입비중
중국	62.0	터키	24.0
우크라이나	10.0	러시아	13.0
터키	5.7	중국	13.0
이탈리아	5.1	이란	7.8
아프가니스탄	4.9	독일	6.7

자료 : CIA Facebook, 2014.4

투자회사	투자분야	투자시기
CNPC	석유수입 무역계약과 배급·재료·설비·부품 등의 문제 해결	2009-06-23
양광국제상무유한회사	무역, 관광, 화물수출입, 요식업관리	2009-08-03
중국석유집단공사설계회사	시장개발, 공사탐사설계, 서비스판매, 업무관리	2009-09-17
중국석유 아모하천연가스 개발유한회사	천연가스 개발(기술연구, 기술홍보, 기술자문), 화물수출입, 기술수출입, 대리수출입	2009-09-24
중국석유국제사업유한회사	천연가스 구입 및 수입무역	2009-08-14
중국공사주식유한회사	대외업무개발	2010-05-17
중국석유집단 천청공사 유한회사	석유공사작업담당, 석유공사 중에서 배급·설비·부품 조달	2007-12-06
중국석유 아모하천연가스 개발유한회사	천연가스 탐사개발, 천연가스 작업 및 서비스	2010-05-27
중국철로물자주식유한회사	철로설비와 기관차, 차량부품시장 개발	2010-12-14
베이징 수화건설경영 유한공사	공사도급	2008-05-26

자료 : http://www.ayass.cn/ 2012.10.25. 2014년 11월 3일 검색

V. 맺음말

투르크메니스탄은 견고한 성장세를 바탕으로 에너지, 건설, 인프라 등의 분야에 투자를 확대해 나갈 것으로 예상되며, 시장경제로의 이행을 위한 민간부문의 육성, 금융체제 개편, 투자환경 개선 등을 추진해 나갈 것이다. 시장경제로의 이행을 위해서는 각 분야에서 국제적인 기준에 맞도록 외국인투자법, 재산법, 예산체계법 등을 개정해야 하며, 시장경제에 맞는 법률에 대한 재정비도 필요하다. 뿐만 아니라 통화정책과 재정정책의 개혁을 통해 민간부문이 활성화 될 수 있도록 근본적이고 구조적인 문제를 해결해야 한다. 따라서 투르크메니스탄은 '2011-2030 투르크멘 사회경제 개발 프로그램'에 기반하여 기업환경을 개선하고, 민간부문을 확대하는 것이 주요한 과제이다. 그리고 산업분야에서의 다변화를 위해서는 기존기업의 혁신 및 현대화를 통한 산업발전, 신규산업 창출, 민간기업 제품 수출증대 지원 및 외국인 투자확대에 필

요한 조치를 취해야 한다. 특히 석유·가스의 수출다변화와 신규루트 수립, 신규광구 발굴로 석유·가스 산업의 효율성을 높이는 것이 필요하다.

투르크메니스탄은 천연가스의 대부분을 러시아로 수출을 해왔다. 그러나 2008년 미국발 금융위기로 인해 30억m³규모 수준에서 10억m³로 줄어들게 됨에 따라 재정상의 위기에 직면하게 되었다. 이에 따라 투르크메니스탄은 석유가스의 수출 다변화 정책을 실시하게 되었으며, 그 일환으로 2009년 12월 투르크메니스탄-카자흐스탄-우즈베키스탄-중국(우루무치)을 연결하는 연간 20억m³을 공급하는 제1 파이프라인을 준공한데 이어, 제2 파이프라인도 2010년 말 개통됨에 따라 연간 40억m³의 대 수출이 가능하게 되었다. 그리고 2012년에 연간 25억m³ 규모의 가스수송이 가능한 제3 파이프라인 건설을 시작하여 2014년 말에 완공할 예정이며, 2016년 9월까지 투르크메니스탄-우즈베키스탄-타지키스탄-키르기스스탄-중국(호르고스)를 연결하는 제4 파이프라인 건설을 추진하기로 합의했다.

결론적으로 투르크메니스탄의 지속적인 성장을 위해서는 투자재원의 확보가 필요하며, 이는 천연가스·원유를 필요로 하는 주변국들에게 수출을 다변화함으로서 외자를 유치하는 것이 필요하다. 중국이 러시아를 제치고 투르크메니스탄의 제1의 가스수출대상국이 됨으로써, 투르크메니스탄은 가스수출의 다변화를 중국은 가스수입의 안정화를 기할 수 있어 양국은 상호 경제발전과 경제성장에 도움이 될 것이다.

권원순. 2009. 「중앙아시아 경제발전전략과 석유·가스 부문-투르크메니스탄을 중심으로-」. 대외경제정책연구원. 『중앙아시아 경제·에너지·환경』. 서울: 대외경제정책연구원.

김영식. 2010. 「투르크메니스탄의 국가정체성과 형성에 대해」. 한양대학교 아태지역연구센터. 『유라시아지역의 국가·민족 정체성』. 서울: 도서출판 한울.

______. 2011. 투르크메니스탄의 체제전환과 경제발전. 외국학연구 제17집. 중앙대학교 외국학연구소.

______. 2011. 「유라시아 자본주의의 민영화 전개 과정」. 한양대학교 아태지역연구센터. 『유라시아 권위주의』. 서울: 도서출판 엠-애드.

김원회. 2009. 「투르크메니스탄 환경산업 현황과 한국기업 진출전략 연구」. 대외경제정책연구원. 『중앙아시아 경제·에너지·환경』. 서울: 대외경제정책연구원.

김학기·김계환. 2010. 『중앙아시아 산업구조와 한-중앙아시아 산업협력 전략』. 서울: 산업연구원.

산은조사월보. 2008. 『투르크메니스탄 지역연구(상), (하)』. 서울: 산은경제연구소.

성동기. 2004. 「현대 중앙아시아 지역연구와 러시아」. ≪슬라브학보≫, 제19권 1호, pp.270-283.

이종문. 2009. 「투르크메니스탄의 에너지개발 전략과 외국인 직접투자(FDI)」. ≪중소연구≫, 제33권 제1호, pp.189-221.

Блатов Игорь. 2006. "Отношения дружбы и тесного сотрудничества." turkmenistan.ru.

Вардомский, Л. Б. "Новые независимые государства: сравнительные итоги соц иально-экономического развития", Москва: Институт экономики РАН, 2012.

Годин ю. "Геополитическая роль внешнейторговли знергоресурсами для Росси и," *Мировая зкономика и международные отношения*, No. 2, 2006.

"Договор о дружве и сотрудничестве между Туркменистаном и Российской Федерациеи." 1992. Туркменская Искра.

Дударев К. П. 1998. *"Туркмения - Посткоммунистический авторитарный режим."* (в кн.)

Калиниченко Л. Н. Семенова Н. Н. 1998. *"Туркмения - развитие экономики в 90-е годы."* (в кн.)

Жуков, С. В. 『Резникова О.Б. Центральная Азия в социально-экономических структурах современного мира』, Москва: Московский общественный научный фонд, 2001. (Научные доклады, No. 134).

Станчин, И., Лерман, Ц., Седик, Д. 「Потенциал роста доходов сельского насел ения Туркменистана на основе альтернативных сельскохозяйственных куль тур」, ФАО Региональное бюро по Европе и Центральной Азии, Исследовани я по политике перехода сельского хозяйства, No.1. -M, 2011.

Указ Прездента Туркменистана "О создании Совета обороны и национальной бе зопасности Туркменистана." 1994. Туркменская искра.

ЧернявскийС. 2005. "Центральная Азия в зпоху перемен." *Россия в гловальной политике* No.6.

Edgar, Adrienne L. 2006. *Tribal Nation: The Making of Soviet Turkmenistan.* NJ: Princeton University Press.

Kathleen Collins. 2006. *Clan Politics and regime transition in Central Asia.* London: Cambridge.

Kurtov Azhdar. 2005. "*Turkmenistan - General Overview.*" Central Eurasia(Analytical Annual).

Kurtov Azhdar. 2005. "*Turkmenistan - International Affairs.*" Central Eurasia(Analytical Annual).

Laumulin Murat. 2006. "Gazprom as a Transnational Corporation and Central Asia." *Central Asia and the Caucasus,* No.6(42).

Proklov Igor. 2005. "*Turkmenistan - Economy.*" Central Eurasia (Analytical Annual).

SIR Jan. 2006. "The Russian Vector in Turkmenistan's Foreign Policy." *Central Asia and the Caucasus* 4(40).

"Turkmenistan: Recent Economic Developments." 2008. IMF Country Staff Report. No.99(140).

World Population Prospects, the 2010 Revision UN, http://esa.un.org/unpd/wpp(дат а последено поиска: 2013.02.25)

Russian Federation Goverment, http://www.stat.gov.tm(дата последнего поиска: 2013.02.25.)

중국-중앙아시아 관계의 주요 쟁점

간지 디자인 : 맑은샘

10장

카자흐스탄 엘리트와
대중의 대(對)중국 인식

김태연

I. 서론

카자흐스탄의 지리적 특성 가운데 하나는 동쪽에 위치한 중국과 1,800km에 가까운 국경을 마주하고 있다는 것인데, 이러한 점과 관련하여 카자흐스탄은 중앙아시아 국가들 가운데 중국과 가장 긴 국경을 공유하고 있는 나라이다. 카자흐스탄과 중국이 긴 국경을 함께하고 있는 만큼 그 경계를 넘나드는 사람의 이동도 활발하게 일어나고 있는데, 1993년부터 2007년까지 중국으로부터 카자흐스탄으로 노동이주가 14배나 증가했다는 점이 이를 단적으로 보여주는 사례이다(Sadovskaya, 2012: 115). 2010년에는 카자흐스탄 전체 외국인 노동자 가운데 중국인 노동자의 비중이 가장 커졌고(23.6%), 이후로도 중국인 노동자의 비율은 약 20-25% 수준에서 유지될 정도로 카자흐스탄으로 유입되는 중국인 노동이주는 비약적으로 증가했다(Садовская, 2015). 카자흐스탄과 중국 간에는 사람의 이동뿐만 아니라 특히 2000년대에 들어서는 물자의 교류 또한 큰 폭으로 확대되었다. 예를 들어 2011년 중국은 카자흐스탄 총수출의 약 18.5%가 향하는 카자흐스탄 최대 수출국이 되면서(Koch, 2013: 115) 양국의 교역량이 200억 달러에 이르렀는데, 이는 5년 전보다 2배 이상 늘어난 규모이자 카자흐스탄의 전통적인 최대 무역 파트너인 러시아와의 교역량을 크게 넘어서는 것이었다(Rousseau, 2013: 41).

이러한 카자흐스탄과 중국 사이의 지리적·인구적·경제적 상황과 그 역동적인 변화는 상호 협력과 교류의 필요성이 크게 증가한 현실이 반영된 결과다. 현실이 이러하다면 물리적 환경이나 객관적 조건뿐만이 아니라 카자흐스탄에서 중국의 경제적 영향력이 확대되거나 중국인이 증가하고 있는 현실의 변화를 바라보는 카자흐스탄인의 시각 같은 주관적 요인 또한 앞으로 카자흐스탄-중국 관계가 전개되는 과정에 일정 정도 영향을 미칠 것이라고 추론할 수 있다. 현실과 인식의 변화는 일방향적으로 이루어지기보다는 서로에 대한 영향을 주고받는 상호작용을 통해 양쪽 모두에서 발생하는 경우가 보다 일반적이기 때문이다. 이 글의 목적은 이처럼 종종 현실의 커다란 변화를 추동하기도 하는 인식의 문제, 즉 카자흐스탄 사람들은 이웃해 있는 중국(인)의 자국 내 존재 혹은 자국으로의 진출을 어떻게 이해하고 평가하는지의 문제를 엘리트와 대중 차원으로 나누어 살펴보는 것이다. 대체로 정권은 자신의 권력을 유지·강화하기 위한 기반으로서 전체 엘리트 집단은 아니라고 하더라도 적어도 그 상당 부분의 지지를 필요로 하는 경향을 갖기 때문에 엘리트 인식은 정권이 대내외 노선과 정책을 결정하고 실행해 나가는 과정에서 유의미한 변수가 될 수 있다. 그리고 대중의 인식은 정권이 자신의 정당성을 공고화하여 효과적인 통치와 지배를 실행·지속하기 위한 태도와 행동을 선택할 때 때로는 고려의 대상으로서, 때로는 조작의 대상으로서 도구적 유용성을 갖는다.

한편 포스트소비에트 체제전환과정이 진행되는 과정에서 나타난 대중의 배제 및 대중시위의 부재와 관련하여 카자흐스탄에서는 권위주의 정치체제가 형성되었다고 논의된다(이혜정 외, 2009: 182-184). 시간이 흐름에 따라 권위주의 정권은 더욱 강화되어 2014년 프리덤하우스(Freedom House, 2014) 민주화 지수 평가에서 카자흐스탄은 '공고화된 권위주의 체제'로 분류되기에 이른다. 카자흐스탄의 정치적 과정에서, 특히 공개성과 투명성이 제한적일 수밖에 없는 대외정책이 결정·시행되는 과정에서 국가 공식 노선과 다른 견해를 표출하는 엘리트 혹은 대중이 영향력을 행사할 수 있을지에 대한 의구심을 자아낼 만한 정치현실이 조성된 것이다. 이처럼 다양한 목소리의 발현이 어려워진 환경에도 불구하고 카자흐스탄에서 야당세력이 완전히 궤멸된 것은 아니고, 경제발전에 힘입어 많은 이들이 직간접적으로 서구 세계나 가치와 접촉할 기회와 경험을 갖게 되었다는 점에서 카자흐스탄은 2011년 '아랍의 봄' 유형의 시위 혹

은 혁명 발발 가능성이 가장 높은 중앙아시아 국가로 꼽힌다(Zubov, 2011). 2011-2012
년 러시아에서 표출되었던 반정부 여론과 시위도 정치적 권위주의화와 국가경제 및
중간계급의 성장이라는 조건에서 예기치 않게 폭발적으로 분출한 것이었는데, 카자
흐스탄의 정치·경제·사회구조는 구 소비에트 국가들 중에서는 러시아의 그것과 가
장 유사하다. 따라서 비록 제한적인 범위 내에서라고 할지라도 카자흐스탄 엘리트 및
대중이 중국의 존재 혹은 부상을 바라보는 시각에서 일정 정도 다양함이 나타난다면,
그 내용과 의미를 분석하는 작업은 카자흐스탄-중국 관계의 미래뿐만이 아니라 카자
흐스탄 내 다원주의의 발전 가능성을 가늠하는 데 있어서도 의미 있는 연구가 될 수
있을 것이다.

카자흐스탄인의 대중국 인식의 내용과 성격, 의미를 규명하는 것을 목적으로 하
는 이 글은 카자흐스탄 엘리트가 중국을 대하는 태도를 분석하기 위해서는 이들이 출
간·발표한 저서, 공식 문서, 언론 인터뷰, 이들의 인식이 반영된 법률 등을 살펴보고
해석하는 방법을 사용했다. 대중이 중국을 바라보는 시각을 논의하기 위해서는 2007
년과 2012년 중국인 이주자에 대한 태도를 연구한 설문조사 결과(Sadovskaya, 2007; Sa-
dovskaya, 2015)와 초점집단토론, 비공식 인터뷰, 참여관찰 등의 질적 조사와 함께 2010
년 실시된, 중국을 포함한 타국에 대한 카자흐스탄인의 인식을 연구한 설문조사 결과
(Koch, 2013)를 참조했다.

II. 카자흐스탄에 대한 중국의 안보적·경제적 중요성

카자흐스탄에게 중국은 단순히 물리적 거리가 가깝기 때문에 인적·물적 교류 및
관계 형성이 활발하고 폭넓게 일어나고 있는 국가 그 이상의 의미를 갖는다. 아래에
서 살펴보겠지만, 이미 독립국으로 출범하던 초기부터 카자흐스탄은 독자적인 존립
과 발전의 기반과 경험이 취약했던 자국에게 중국과의 우호적인 관계 수립은 절실하
다는 것을 인지하고 있었고, 이러한 방향으로 일관된 노력을 기울여오고 있다. 그러
던 가운데 21세기 들어 G2 혹은 중국의 부상이라는 용어는 더 이상 학술적·대중적
으로 생경한 혹은 과장된 수사가 아니라 이전과 달라진 혹은 달라지고 있는 국제정

치경제현실을 적절하게 묘사하는 표현이 되어가고 있다. 다양한 영역에서 중국의 활동과 영향력이 전 세계적으로 커져가고 있는 것인데, 이에 따라 카자흐스탄에 대한 중국의 가치와 의미 또한 더욱 중요해지고 있다. 이처럼 카자흐스탄-중국 관계가 성립·진행되는 과정에서 카자흐스탄에 대해 갖는 중국의 필요성이 중국에 대해 갖는 카자흐스탄의 유용성에 비해 상대적으로 비대칭적이었고 지금도 그러하다는 점에서[1] 카자흐스탄에 대한 중국의 중요성은 카자흐스탄인의 대중국 인식이 형성·결정되는 과정에서 그 배경 혹은 조건을 이루는 요인들 중 하나로 논의될 수 있다. 한편 포스트 소비에트 초기부터 지금까지도 카자흐스탄의 주요한 국가적 목표 및 과제는 주권과 영토 혹은 정권의 안정적인 유지, 그리고 이를 위해 필수적인 경제발전이라고 할 수 있다. 이러한 국가적 이해관계를 갖는 카자흐스탄에게 중국의 중요성은 특히 안보와 경제 영역에서 두드러지게 된다.

독립 초기였던 1992년 5월에 이미 나자르바예프(Назарбаев, 1992: 49-50) 대통령은 국가의 대외정책 목표를 정의하면서 바다로의 직접적인 출구가 없는 카자흐스탄에게 "세계적 교류의 문호가 되는 러시아 및 중국과의" "상호 유익하고 우호적인 관계의 유지는 각별한 의미를 갖는다"라고 강조한 바 있다. 또한 그는 "지리적·정치적·민족적 및 다른 역사적 요인으로 인해 우리에게 러시아와의 관계는 가장 중요한 문제"이지만, 동시에 카자흐스탄이 "두 강대국 러시아와 중국의 '접점에'на стыке 위치해 있다는 지전략적 상황"을 적절하게 고려할 때에야 비로소 국가안보가 확보될 수 있을 것이라고 역설했다.

이처럼 아직 중국의 세계적 부상이 본격적으로 가시화되기 이전이었던 포스트소비에트 초기에 카자흐스탄의 발전 방향을 제시한 국가 공식 문서에서 러시아와 대등하게 언급될 정도로 중국은 카자흐스탄이 대외정책을 결정하고 국가안보를 추구하는 데 있어서 우선적으로 주목한 국가였다. 역사적으로 현재의 카자흐스탄을 포함한 중앙아시아 지역은 19세기 후반부터 제정러시아의 지배를 받기 시작했고, 20세기 초

---

1 이러한 점을 보여주는 예로는 다음과 같은 사실들을 들 수 있다. 2006년 카자흐스탄이 중국의 대외무역에서 차지하는 비율은 불과 0.49%였던 데 비해 중국이 카자흐스탄의 대외무역에서 차지하는 비율은 15.5%였다. 또한 2005년 카자흐스탄이 중국 경제에 투자한 금액은 760만 달러였던 데 비해 중국의 카자흐스탄 투자액은 이보다 약 160배 정도 많은 12억 달러였다. 양국 경제관계에서 나타난 이러한 규모나 비중의 격차는 '세력 불균형'(imbalance of power)이라고 일컬어지기도 한다(Peyrouse, 2008: 34, 36).

카자흐스탄은 소비에트연방의 일부를 구성하는 연방공화국으로 편제되었다가 20세기 말 소비에트연방의 붕괴 이후에는 러시아와 7,500km가 넘는 국경을 맞대게 된 주권국가가 되었다. 그렇지만 독립 초기 카자흐스탄은 여전히 정치·경제·문화적으로 러시아에 크게 의존할 수밖에 없었고, 따라서 러시아와의 관세를 급격하게 단절할 수 없었다는 점에서 러시아는 카자흐스탄의 국가안전과 주권을 보장·후원해줄 수도, 반대로 이에 대한 우려와 불안을 낳을 수도 있는 국가였다. 예를 들어 소비에트연방 해체 이후 러시아 이외의 포스트소비에트 국가에 남겨진 약 2,530만 명의 러시아인ethnic Russian 디아스포라 가운데 약 1/4에 해당하는 620만 명 이상이 카자흐스탄에 거주했는데(Демоскоп Weekly, 2015), 당시 카자흐스탄 전체 인구의 37.8%, 북부 지역 인구의 70-80%를 이루던(Peyrouse, 2007: 482) 이들이 러시아와 연계하여 분리주의 운동을 전개할 잠재적 가능성은 카자흐스탄의 영토적 통일성을 크게 위협할 수 있는 요인이었다. 이처럼 어떠한 의미에서든 카자흐스탄에 대해 커다란 영향력을 행사할 수 있었던 러시아와 더불어 중국이 카자흐스탄 대외정책 및 국가안보 영역에서 비중 있는 위상을 차지하게 된 것은 러시아에 대한 의존 혹은 러시아에서 기인할 수 있는 위협을 줄이고 국가주권과 안보를 담보해줄 또 다른 주변 강대국을 확보하려는 카자흐스탄의 고민이 반영된 결과였다고 할 수 있다.

중국의 입장에서도 신생 독립국 카자흐스탄과 국경을 획정하고 카자흐스탄과 접해 있는 신장新疆 정책에 대한 카자흐스탄의 지지를 확보하는 등 주변 지역 안정의 유지는 주된 관심사이자 이해관계였기 때문에(International Crisis Group, 2013: 3, 6) 안보 영역에서의 협력을 포함한 양국 간 정치관계는 카자흐스탄 독립 초기부터 우호적으로 형성·진행되었다(Rousseau, 2013: 41). 이를테면 카자흐스탄과 중국은 1992년 1월에는 외교관계를 수립했고, 1995년 2월에는 안보조약을 체결했으며(이홍섭, 2007: 98), 1990년대 중반부터는 일련의 국경협정 체결을 통해 국경 문제를 마무리 지었다(김송죽, 2013: 153; 도윤주, 2010: 49). 그리고 1996년 4월 양국은 러시아, 키르기스스탄, 타지키스탄과 함께 '상하이 5개국' 정상회담이라는 다자간 협의체의 구성을 통해 국경·군사·안보 분야에서의 협력을 강화해 나갔고, 2001년 6월 이 회의가 회원국과 이슈 영역을 확대하고 조직을 정비한 상하이협력기구SCO로 전환됨에 따라(박병인, 2005: 521-524, 526-529) 카자흐스탄과 중국의 안보적 이해관계는 다자간 협력기구의 틀 내에서도 결합하게 되었다. 또한 양국은 2005년 7월 체결된 양국의 전략동반자관계를 2011년 6월 '전방위all-round' 전략동반자관계로 격상시키면서 "상대방이 자신의 국가주권, 안보, 영토적 통일성을 수호하려는 노력에 대해 지지"를 보낼 것을 천명했다(McDermott, 2011). 양국관계의 진전이 안보협력에 의해서만 추동되고 있는 것은 아니지만, 신장 지역 분리주의 및 이슬람주의 운동의 발흥에 촉각을 곤두세우고 있는 "중국의 중앙 아시아 전략에서 안보는 최우선 사항"이기 때문에 안보 문제는 카자흐스탄-중국 관계에서 여전히 혹은 더욱더 결정적인 요인이 되고 있다(Rousseau, 2013: 46).

카자흐스탄과 중국의 경제구조가 상당히 상호보완적인 성격을 가진다는 점에서 (Peyrouse, 2008: 36) 안보 이슈에서뿐만 아니라 경제 영역에서도 양국은 서로에 대해 다양한 기회와 가능성을 제공해줄 수 있기 때문에 경제 분야는 양국 간 협력관계의 발전이 매우 빠르고 폭넓게 일어나고 있는 영역이다. 에너지 산업이 국가경제에서 차지하는 비중이 대단히 높은 카자흐스탄은 내륙 국가로서 소비에트 시기에 건설된 송유관을 통한 한정된 자원 수출의 경로와 시장을 탈피·확대하고, 국내 석유·가스 개발을 위해 외자를 유치하며, 러시아에 대한 경제적 의존도를 낮출 필요성이 있었다. 이러한 카자흐스탄에게 중국은 에너지 산업 발전에 필요한 대규모 투자와 막대한 시장과 새로운 무역 루트를 제공해줄 수 있고, 따라서 러시아 및 서구에 대한 경제적 대안이 될 수 있다는 점에서, 서론에서 언급한 바와 같이, 현재 카자흐스탄의 가장 중요한 경제적 파트너가 되어가고 있다(조정원, 2010: 126-130; Shlapentokh, 2014: 13).

이처럼 중국이 카자흐스탄에게 경제적 중요성을 갖는 국가라는 점은 이미 독립 초기부터 노정되었고, 소비에트연방의 붕괴로 카자흐스탄이 독립한 1992년은 공교롭게도 중국이 석유 수입국이 되면서 에너지 문제를 전략적·지정학적 필요의 관점에서 사고하기 시작한 해였다(Shlapentokh, 2014: 11). 그럼에도 불구하고 포스트소비에트 초기 중국은 중앙아시아 국가들의 독립으로 인해 지역 정세의 불안정이 야기되고, 이러한 상황이 신장 지역에 악영향을 미칠 가능성을 염려했기 때문에 중앙아시아 지역을 경제적 우선순위로 여기지 않았다. 중앙아시아 국가들과 중국 간 경제관계의 발전은 중국이 이 지역에서의 경제적 기회에 주목하기 시작한 1990년대 중반 이후부터에야 비로소 본격적으로 이루어지게 된다(International Crisis Group, 2013: 3-4). 이 무렵부터 중국에서는 경제성장에 따른 에너지 수요 및 소비가 급증하기 시작하고, 에너지 안보 전략 및 정책이 수립·실행되며, 중앙아시아와 신장의 긴밀한 경제관계 수립이 국가 내부 통합 및 역내 안정을 보장해줄 수 있을 것이라고 인식되기 시작한 것이다. 이때 중앙아시아 국가들 중에서도 지리적 인접성, 풍부한 에너지 자원, 권위주의 정권이라는 체제의 유사성을 가진 카자흐스탄이 중국의 경제적 파트너로서 가장 적절하면서도 필요한 국가였기에 중국은 카자흐스탄과 이어지는 송유관 및 가스관 건설, 카자흐스탄 기업·유전·가스전 투자 및 인수 등 에너지 부문 협력을 활발하게 주도·진행하고 있다(조정원, 2010: 118-126, 130-133; International Crisis Group, 2013: 4; Peyrouse, 2008: 43-47).

이처럼 2000년대 들어 카자흐스탄-중국의 경제적 교류는 양국관계의 발전에서 중추적인 역할을 하고 있지만, 대외적 경제관계의 심화는 필연적으로 자국 내 경제적 이해관계의 변동 혹은 그 가능성과 결부되기 때문에 카자흐스탄은 일종의 딜레마에 처할 수밖에 없다. 한편으로 경제력 규모에서 수십 배 정도 차이가 나는 중국과의 경제적 관계의 진전은 지금까지 그러했던 것처럼 커다란 경제적 실적 및 혜택을 가져다줄 수도 있지만, 동시에 국가경제가 특정한 강대국과 그 경제적 변동에 의존하거나 취약해질 위험을 수반할 수도 있다. 다른 한편으로 카자흐스탄이 중국과의 경제적 교류의 문호를 닫으면 그 긴밀한 관계로부터 얻고 있는 혹은 얻을 수 있는 이익의 상당 부분을 손에 넣을 수 없게 된다(Peyrouse, 2008: 49; Rousseau, 2013: 47-48). 아래에서 살펴보겠지만, 중국과 관련된 카자흐스탄 국가 차원에서의 이러한 경제적 딜레마는 카자흐스탄인 개인 혹은 집단의 중국에 대한 인식에서도 일정 정도 반영된다.

Ⅲ. 카자흐스탄 엘리트의 대중국 인식

나자르바예프 대통령과 그의 측근들이 나타내는 대중국 인식은 공공연하고도 일관된 친중국적인Sinophile 태도의 견지로 특징지을 수 있다. 예를 들어 1995년 2월에 이미 나자르바예프는 "카자흐스탄의 대중국 정책은 카자흐스탄의 아시아 정책에서 결정적이다"라고 말하면서 카자흐스탄 대외관계에서 차지하는 중국의 중요성을 강조한 바 있다(Джусаев, 2006). 1990년대 나자르바예프의 주요한 대외적 관심사는 러시아-카자흐스탄 관계 및 러시아-카자흐스탄 양자 간 문제였지만, 이 시기에도 "그는 중국과의 관계에서 눈을 떼지 않았다"(Aitken, 2009: 179). 2013년 9월 시진핑Xi Jinping 주석의 카자흐스탄 공식 방문 전에도 나자르바예프는 "중국과의 관계 강화는 카자흐스탄 대외정책의 우선순위 중 하나이다"라는 발언을 통해 앞으로도 양국관계가 더욱 긴밀해지기를 바란다는 메시지를 전달했다(thenews.kz, 2013/09/16). 중국을 향한 나자르바예프의 이러한 우호적인 태도는 현재 주요 세계 강대국으로 부상하고 있는 중국과 인접한 내륙 국가 카자흐스탄의 대통령이라면 피할 수 없는 국가 차원의 전략적 필요성으로 인한 것이라고 할 수 있다.

대통령이 대외정책 결정과정에서 지배적인 권한을 보유하고 있는 카자흐스탄에서는(이지은, 2011: 108-114; Cummings, 2003: 140) 국가 고위 관료들 또한 그 지도자를 따라 중국 친화적인 수사를 사용하지 않을 수 없다. 예컨대 2007-2012년에 이어 2014년 이후로도 카자흐스탄 총리직을 맡고 있는 마시모프Karim Masimov는 2009년 파이낸셜타임즈The Financial Times와의 인터뷰에서 중국은 카자흐스탄의 독립에 위협이 되지 않으며, 따라서 중국과의 관계 강화는 전혀 문제될 것이 없다고 단언했다(Gorst, 2009). 총리직을 수행하기 시작한 이후로 그는 실제로 카자흐스탄 대외무역 및 경제협력 분야에서 대중국 지향성을 강화했다는 평가를 받는다(Sharip, 2011). 그리고 2007-2011년에 이어 2013년 이후로도 카자흐스탄 상원의장직을 맡고 있는 토카예프Kasym-Zhomart Tokaev 역시 2009년 언론보도를 통해 "카자흐스탄-중국 관계는 전망이 밝다. 양국은 모든 협력 분야에서 막대한 상호작용의 잠재력을 가지고 있으며, 이는 카자흐스탄의 전략적 국가이익에 전적으로 부합한다"는 발언을 했다(Kazakhstan Today, 2009/09/30). 한편 2003-2008년 국영석유가스기업 카즈무나이가스KazMunaiGas 사장을 지냈고 2013년 이후로는 석유가스부 장관으로 재직하고 있는 카라발린Uzakbai Karabalin은 해외 석유·가스 메이저 회사와 경쟁해야 하는 국영기업을 이끌던 시기에는 막대한 중국 자본의 카자흐스탄 진출을 '위협적인 현실'이라고 논의하면서 중국을 경계하는 태도를 취했지만, 중국의 기술력을 목도한 후에는 중국과의 협력을 '매우 중요하고 긍정적인 결정'이라고 생각한다는 환영의 뜻을 밝힘으로써 전향적인 입장으로 선회했다(황영삼, 2010: 145; Brown, 2011).

그러나 이처럼 대통령 및 그 주변의 엘리트들이 친중국적인 태도를 보인다고 해서 이들이 확고한 친중국주의 신념을 가진 것은 아니고, 직업적 교육이나 활동과 관련된 경제적 이해관계 때문에 친중국 성향을 나타낸다고 할 수 있다(Laruelle et al., 2012: 99-100). 예를 들어 마시모프는 위구르계 출신으로 베이징에서 수학했고 중국어에 능통하며 중국 관련 기관에서 직업적 경력을 쌓았고, 중국 전공자 토카예프 역시 베이징에서 일정 기간 유학 및 근무를 한 경험이 있다. 한편 세계 굴지의 천연자원 기업인 유라시아천연가스기업ENRC을 이끌고 있는 마슈케비치Alexander Mashkevich나 카자흐스탄에서 가장 부유한 인물로 알려진 블라디미르 김Vladimir Kim 같은 올리가르히는 중국과 관련된 경제적 이해관계를 갖기 때문에 우호적인 카자흐스탄-중국 관계의 유지에 관심을 가지며, 따라서 당국의 친중국 정책을 지지하는 입장을 취한다(Laruelle et al., 2012: 100).

그리고 대통령을 중심으로 하는 엘리트들의 우호적인 대중국 인식은 이들이 이해하는 국가안보 개념의 논리적 귀결이기도 하다. 이들은 1990년대 중후반 관련 문서의 작성 및 법률의 제정을 통해[2] 국가주의적인 성격을 강하게 띠는 국가안보 개념을 정립했다. 보다 구체적으로 말하면, 이러한 문건들은 명목적으로는 국가안보 개념을 광범위하게 정의하고 있지만, 실질적으로는 국가의 독점적 영향력이 강하게 작용하기 마련인 군사·정치·경제 같은 안보의 전통적인 측면을 강조하고 있고, 국가안보의 주요 지향점으로 정치적 현상現狀 및 현 통치 형태의 유지를 포함하고 있다(Kassenova, 2005: 153-154, 158-159). 또한 국가안보를 확보하기 위해서는 주변국 및 강대국들과의 우호적인 관계 수립에 전략적·절대적 우선순위가 두어져야 한다고 언급하고 있으며, 이와 관련하여 "상호이익에 기반하여 중국과 신뢰 및 선린 관계를 발전시킬 것"이라고 특별히 강조하기 있기도 하다(Назарбаев, 1997). 이처럼 대통령 및 그 주변의 엘리트들은 국가 중심적이고 국가의 대외정치활동을 중시하는 국가안보 개념을 지니고 있는데, 카자흐스탄에 대해 막대한 안보적 중요성을 갖는 중국과의 협력적 관계 수립은 현 정권 및 국가의 유지·강화에 도움이 될 수 있다는 점에서 이들의 친중국적인 태도는 이들의 국가 중심적 안보의식에서 비롯된 인식의 성격을 갖는다고 할 수 있다.

반면에 몇몇 야당 인사 및 집단은 카자흐스탄 사회에서 반중국 정서나 수사를 부추기는 데 매우 적극적으로 나서고 있다. 가장 강경하게 중국에 대한 경계의 목소리를 내는 인물로는 중국 전공자이자 초대 주중駐中 카자흐스탄 대사를 역임한 아우에조프Murat Auezov를 들 수 있는데, 그는 과거에 교육과 직업이 중국과 밀접하게 관련되어 있었는데도 지금은 반중 노선을 걷고 있다. 그는 1990년대 중반부터 당국이 소위 '중국 문제'를 다루는 방식을 신랄하게 비판하기 시작했고, 이러한 행동 등과 관련하여 2000년 초반에는 당국의 압력으로 정치활동을 그만두어야 했다. 그럼에도 불구하고 아우에조프는 그 이후로도 지속적으로 그리고 집요하게 카자흐스탄에서 중국의

---

2 나자르바예프(Назарбаев, 1997; Назарбаев, 2000)는 1997년 대(對)국민 교서 '카자흐스탄 – 2030'을 발표했고, 이듬해에는 '카자흐스탄공화국 국가안보에 관한' 법률을 승인했다.

존재로 인한 위협이 증가하고 있다고 역설하고 있으며, 야당세력 및 대중에게 이 문제에 보다 주의를 기울일 것을 촉구하고 있다(Laruelle et al., 2012: 104, 108; Azizian et al., 2012: 392). 예를 들어 2013년 언론 인터뷰에서 그는 중국이 '인구 과잉이라는 근본적인 문제'를 안고 있기 때문에 '카자흐스탄에 집중적으로 존재'하는 자국민을 합법화시키고 싶어 한다는 경고성 견해를 피력한 바 있다(Бациев et al., 2013). 아우에조프가 반중국적인 태도를 취하기 시작한 시기가 나자르바예프에 반대하는 노선을 표방하며 정계에 투신한 시기와 일치한다는 점에서 그의 반중주의는 현 정권에 대한 비판과 도전을 제기하기 위해 이용하는 정치적 도구의 성격을 지닌다고 할 수 있다.

아우에조프처럼 다분히 정치적인 목적에서 반중국적인 자세를 나타내는 엘리트 이외에 자신들의 경제적 이해관계 때문에 카자흐스탄에서 중국의 경제적 영향력이 강화되는 것에 불안 혹은 위협을 느껴 중국에 대해 부정적인 반응을 보이는 엘리트도 존재한다. 예를 들어 2000년대 말 카자흐스탄경공업기업연합 의장이나 카자흐상공회의소는 적어도 카자흐스탄의 몇몇 산업 부문은 중국과의 경쟁에서 이길 수 없을 것이라는 우려를 표시하면서 중국의 신장된 경제력을 달가워하지 않는 입장을 밝혔다(Laruelle et al., 2012: 106-107).

특히 석유 및 가스 부문은 카자흐스탄 GDP의 1/4, 예산 수입의 40%, 수출의 70% 이상을 차지할 정도로 비중이 큰 국가 기간산업인데(조영관, 2012: 33), 이 분야로 중국의 진출이 활발해지자 2006년 가을 이 문제를 둘러싸고 일부 엘리트들이 격렬한 논쟁을 벌이기에 이른다. 몇몇 의회Majilis 의원들이 카자흐스탄 '석유·가스 영역으로의 중국의 공격적인 팽창'에 주의해야 한다면서 이러한 현상과 관련하여 '카자흐스탄 국가이익의 수호'에 대해 의문을 제기하고 나선 것이다(Kazakhstan Today, 2006/11/01). 결국 2007년 9월 의회는 '국가 경제안보 이익'에 위협이 되는 자원 개발 계약은 변경이나 취소가 가능하도록 '지표 및 지하 이용에 관한' 법률을 개정했다(Rousseau, 2013: 45)

또한 정부와 가까운 관계에 있었던 엘리트 중에서도 중국을 경계하는 태도를 취하는 인물이 있다. 예를 들어 총리실과 외교부에서 오랫동안 근무했고 시사문제에 대해 활발하게 논평하고 있는 정치학자 쥬말리Rasul Zhumaly는 카자흐스탄-중국 국경을 가로지르는 하천 및 수자원 문제와 관련한 중국 측의 우호적인 성명을 액면 그대로 받아들여서는 안 된다거나(Радиоточка, 2013/08/22) "에너지 부문에서 25-40%의 자산이 이미 중국에 의해 통제되고 있"는 현실이 "국가의 경제적 자립뿐만 아니라 정치적 자립에도 중대한 위험"이 될 수 있다고 경고했다(Радиоточка, 2014/09/23). 그의 중국

에 대한 경각심은 자원이나 에너지 영역에서 중국의 영향력이 확대되어 카자흐스탄
의 국익이 침해될 가능성이 있다는 우려에 그치지 않는다. 그는, 동남아시아 국가에
서 화교의 인구 비율에 비해 경제력 장악률이 매우 높다는 점에서 알 수 있듯이, 중국
은 '싸우지 않고 이기는 不戰而勝 기술'을 보유하고 있으며, 중앙아시아에서 중국인 이
주가 아직까지는 크게 우려할 문제가 아니지만, 이는 시간문제일 수 있다면서 중국
인 이주가 사회적 문제를 야기할 가능성에 대해서까지 주의를 환기시켰다(Радиоточка,
2014/09/23).

뿐만 아니라 카자흐스탄에서는 친서구주의 진영, 카자흐 민족주의 진영, 러시아 디
아스포라 단체 등 다양한 정치적 색채의 재야 엘리트 세력이 정도의 차이는 있지만
반중 감정이라는 공감대를 형성하고 있기도 하다(Laruelle et al., 2012: 108).

이처럼 정권의 직접적인 영향력 외부에 위치한 일부 카자흐스탄 엘리트 개인이나
집단은 과감하게 중국혐오적인sinophobic 견해와 태도를 드러내고 있다. 즉, 제한된 범
위 내에서이긴 하지만 중국을 대하는 카자흐스탄 엘리트의 인식에는 일정 정도 다양
성이 존재하는 것이다. 이들 반중 성향의 엘리트들은 주로 중국 카드를 이용하여 정
권에 도전함으로써 자신들의 정치적 입지를 향상시키기를 원하거나(Azizian et al., 2012:
392; Beshimov et al., 2013: 16) 중국의 경제적 영향력 확대가 자신들의 경제적 이해관계
혹은 국가적·사회적 이익의 수호 및 증진에 반하는 것이라고 느끼기 때문에 중국을
경계하는 태도를 취한다.

카자흐스탄 엘리트의 대중국 인식이 친중 혹은 반중으로 양분되어 있기만 한 것은
아니다. '정복', '식민화' 등과 같은 자극적인 표현으로 중국의 팽창주의 야심을 암시
하면서 전체 중앙아시아에서나 특히 카자흐스탄에서 중국의 힘이 증가하고 있는 현
실의 위험을 과대평가하는 논의에 반대함과 동시에 지역적 행위자로서 중국의 중요
성이나 지역 차원의 문제 해결 과정에서 중국의 적극적인 역할의 필요성을 인정하는
균형 잡힌 시각과 실용적인 자세를 보이는 학자 및 전문가도 찾을 수 있다(Azizian et
al., 2012: 392). 카자흐스탄 엘리트의 대중국 인식이 찬성 혹은 반대의 입장으로 나누어
져 있기만 한 지형을 형성하고 있는 것은 아니어서 그 사이에서 중도적인 시각에서
문제를 바라보는 엘리트 집단도 존재하는 것이다.

한편 중앙아시아에서는 대통령과 지방 정치 엘리트 간의 권력 게임 혹은 세력 경
쟁이 국가 대외정책의 우선순위나 기조가 결정되는 과정에 영향을 미침으로써 상이
한 대외정책의 형성 및 결과를 야기한다고 논의된다. 이때 카자흐스탄에서는 독립 초

기에는 지방 엘리트의 영향력이 강했지만, 체제전환과 경제성장에 따른 엘리트 변동 과정을 거치면서 1990년대 중반부터는 나자르바예프가 지역과 민족으로 복잡하게 분할되어 경쟁한 지방 엘리트를 일정 정도 제압하여 자신의 통치력을 강화하는 데 성공했고, 따라서 자신의 의지대로 대외정책을 수립·추진할 수 있게 되었다(박상남, 2008: 150-151, 153-156). 혈연이나 지연 등에 의해 결합된 엘리트 집단이 완전히 소멸된 것은 아니고, 전통적인 연고가 여전히 엘리트 집단 간에 신뢰를 형성하거나 제휴를 맺을 때 주요 원천이 되기도 하지만, 대통령의 지방 엘리트 장악력이 신장된 카자흐스탄에서 현재 엘리트 집단 간 협력과 경쟁의 주요인은 정치권력과 경제적 이권으로 이전되었다(박상남, 2010/2011: 172-173).

이러한 카자흐스탄의 권력 구도에서 오늘날 엘리트 사이에서 나타나는 대중국 인식의 차이를 만들어내는 결정적인 요인으로 지역이나 민족, 지연이나 혈연 그 자체는 커다란 적실성을 가진다고 할 수 없을 것이다. 또한 엘리트가 중국을 접하거나 중국과 친숙해질 기회가 있는 삶의 궤적을 밟았는지의 여부도 중국을 대하는 엘리트의 태도에서 유의미한 변수가 되지 못한다. 예를 들어 토카예프와 아우에조프는 둘 다 중국을 전공했고 중국과 직접적으로 관련된 직업적 경력을 쌓았음에도 불구하고 대중국 인식에서는 정반대되는 입장을 보이고 있는 것이다. 그리고 아우에조프나 쥬말리의 경우처럼 엘리트가 고위 관료로 정부에 참여했던 경험이 있다고 해서 반드시 친정부적인, 따라서 친중국적인 입장을 취하는 것도 아니다. 즉, 엘리트가 과거에 정권과 긴밀한 관계에 있었다는 사실이 현재 그가 나타내고 있는 대중국 인식의 내용과 성격을 결정짓는 요인인 것은 아니다. 이러한 점들이 결론적으로 말해주는 바는, 지역적 연고나 민족적 소속, 직업적 경력이나 활동 같은 과거의 혹은 고정된 요인보다는 지금 엘리트 개개인이 가지고 있는 안보의식이나 정치적·경제적 위상 혹은 이해관계 같은 개별적·가변적·주관적 요인이 엘리트의 대중국 인식에서 나타나는 상이함 혹은 다양함을 설명해주는 주요인이라는 것이다.

Ⅳ. 카자흐스탄 대중의 대중국 인식

카자흐스탄 정부가 중국인에게 작물 재배를 위한 토지를 임대해줄 계획을 갖고 있다는 소문이 퍼진 직후인 2010년 초 수백 명의 카자흐인이 알마티에 모여 반중국 항의시위를 벌여 경찰과 충돌을 빚었다(RFE/RL, 2010/01/30). 또한 카자흐스탄 서부 아틔라우Atyrau 주에 위치한 중국 석유기업의 하청 정유소에서는 2012년과 2013년 연이어 카자흐인 노동자와 중국인 노동자 간에 다툼이 벌어졌다. 아틔라우 정유소에서 일어난 두 차례의 충돌의 원인이 명확하게 밝혀진 것은 아니지만, 이전에도 이곳에서는 카자흐인이 임금 인상과 노동·거주 조건 개선을 요구하면서 파업을 벌였고, 2012년 다툼 이후 회사가 카자흐인과 중국인의 기숙사 거주를 분리하는 조치를 취했다는 점을 통해 카자흐인과 중국인의 반목이 갈등의 기저를 이루었다고 유추할 수 있다(RFE/RL, 2012/08/15; NUR.KZ, 2013/11/29).

이러한 일련의 사건들이 보여주듯이, 카자흐스탄 대중과 언론 사이에서는 중국의 영향력 확대에 관한 단순한 우려와 불안을 넘어서 '중국화의 위험Sinicization danger'을 경고하는 신화 혹은 허구에 가까운 주장이나 혐오 혹은 공포의 정서가 증가하고 있고 (Boldurukova et al., 2013: 40), 때로는 이러한 태도가 집단행동으로 표출되기도 한다. 카자흐인의 반중 감정은 몇 가지 유형으로 구분될 수 있는데, 우선 카자흐스탄 혹은 중앙아시아에서 중국이 영토적 팽창을 의도·진행하고 있다는 주장이 카자흐인의 불안감을 자아내고 있다. 또 다른 중국 혐오 혹은 공포는 중국인이 대규모 이주를 통해 카자흐스탄 인구를 수적으로 장악하려 하고 있다는 논의에서 비롯되는 우려와 관련된다. 그리고 카자흐스탄에서 중국의 경제적 영향력이 확대되고 있는 현상에 대해 경계심과 두려움을 느끼는 카자흐인도 있다. 마지막으로 중국이 관개 프로젝트를 진행함에 따라 카자흐스탄이 환경 재난의 위협에 처할 수 있다는 의구심이 카자흐인 사이에서 반중국 정서를 야기하기도 한다(Syroezhkin, 2009: 36-45).

그렇지만 2010년 실시된 전국적 규모의 설문조사 결과에 따르면 카자흐스탄인이 중국을 대하는 태도는 혐오 혹은 공포라는 단순도식의 협소한 테두리 안에 갇히지 않는 양상으로 나타났다. 예를 들어 1,233명의 응답자 가운데 25.2%는 중국에 대해 긍정적인 태도를, 19%는 부정적인 태도를 표시했고, 55.8%는 대답을 하지 않으면서 '중립적'이라고 해석되는 태도를 취했다. 또한 중국은 카자흐스탄인이 가장 존경하는 국가 중에서도, 가장 존경하지 않는 국가 중에서도 4위를 차지했다. 이처럼 중국을 대하는 카자흐스탄 대중의 태도에서 호불호가 엇갈리기 때문에 이에 대해 어느 한쪽으로 치우친 해석을 내릴 수 없다는 점에서 설문조사를 실시한 연구자는 '양면성ambivalence'을 그 특징으로 꼽았다. 이때 중국을 대하는 카자흐스탄인의 인식에서 연령, 교육수준, 소득수준 등에 따른 유의미한 통계적 차이는 나타나지 않았다. 한편 중국석유천연가스공사CNPC가 85%의 지분을 보유하고 있는 석유회사 악토베무나이가즈AktobeMunaiGaz가 위치한 악토베Aktobe 주와 대부분의 석유 수입이 유입되는 수도 아스타나가 소재한 아크몰라Akmola 주에서는 중국에 대한 긍정적인 태도가 전국 평균보다 높았던 반면에, 석유·가스 산업과 크게 연관되지 않은 코스타나이Kostanai 주나 중국과 인접한 동東카자흐스탄 주에서는 오히려 반중 정서가 전국 평균보다 높았다. 대중국 인식의 지역적 차이에서도 양면성이 특징적으로 나타난 것이다(Koch, 2013: 118-119, 123-125).

유사한 경향이 중국으로부터 유입되는 이주자를 대하는 카자흐스탄 대중의 태도에서도 발견된다. 2000년대 들어 높은 경제성장을 기록하고 있는 것에 힘입어 카자흐스탄은 2004년부터 이주 유출보다 유입이 더 많은 국가가 되었고, 2010년에는 세계 10위의 이주 유입국이 되었다(Laruelle, 2013: 88-89). 이처럼 카자흐스탄으로 들어오는 이주자 수가 역동적으로 늘어나는 가운데, 서론에서 언급한 바와 같이, 중국인 노동자의 이주 유입 역시 증가하는 추세에 있다. 이러한 현실에서 중국인 이주 문제는 카자흐스탄-중국 관계에 커다란 영향을 미치는 이슈로 작용하게 되고, 중국인 이주자를 바라보는 카자흐스탄인의 시각은 이들의 대중국 인식을 상징적으로 보여주는 지표의 역할을 하게 된다.

2007년과 2012년 카자흐스탄 도시민 약 600명을 대상으로 하여 실시된 설문조사 결과에 따르면 응답자 가운데 23-26%는 중국인 이주자에 대해 (매우) 긍정적인 태도를, 18-33%는 (매우) 부정적인 태도를, 44-55%는 무관심한 태도를 취했다([그림 1]). 이러한 의견의 분포는, 이미 1990년대부터 중국 및 중국인의 팽창에 대한 우려와 반대가 꾸준하고 빈번하게 제기되었기 때문에[3] 반중 정서가 카자흐스탄인 사이에서 지배적일 것이라고 흔히 여겨지고 논의되던 바와 다르게 나타난 의외의 결과였다. 중국인 이주자를 바라보는 카자흐스탄인의 시각은 이들이 중국을 대하는 태도와 매우

---

3   2000년대 반중국적인 내용의 언론 기사에 대해서는 Syroezhkin(2009: 36-39) 참조.

유사한 비율로, 즉 찬반 어느 한쪽으로 크게 편중되지 않은 비율로 나누어졌다. 카자흐스탄에 인접해 있는 중국을 대하는 카자흐스탄인의 인식과 마찬가지로 카자흐스탄으로 유입된 중국인 이주자를 대하는 카자흐스탄인의 인식도 '양면성'으로 특징지을 수 있는 결과가 나타난 것이다.

그림 1　중국인 이주자에 대한 카자흐스탄인의 태도

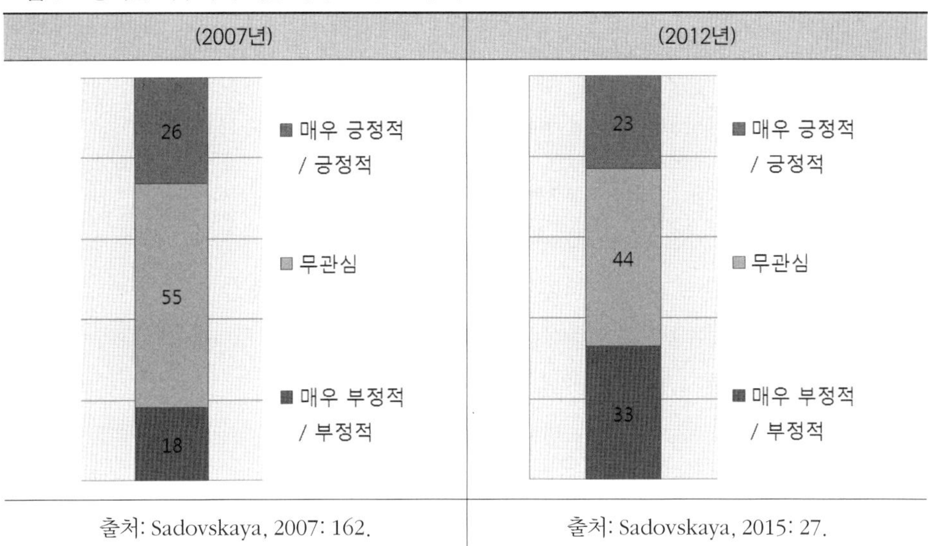

출처: Sadovskaya, 2007: 162.　　출처: Sadovskaya, 2015: 27.

　　중국인 이주자를 대하는 카자흐스탄인의 인식에서 아직까지 부정적인 견해가 압도적이지는 않지만, 2007년과 비교했을 때 2012년 조사 결과에서 가장 눈에 띄는 변화는 부정적인 태도의 비율이 상당히 높아졌다는 점이다. 2007-2012년 사이에 불안과 우려의 시선으로 중국인 이주자를 바라보는 카자흐스탄인이 많아진 것은 이들 사이에서 중국에 대한 지식 혹은 이해가 부족하다는 점과 관련된다. 두 차례의 설문조사에서 정치·경제·사회 등 중국 시사 문제를 잘 알고 있다고 응답한 카자흐스탄인은 39%에서 49%로 증가했지만, 중국 문화나 전통을 잘 알고 있다고 응답한 이들은 10.2%에서 9%로 오히려 감소했다. 깊이 있는 이해의 공백은 주관적인 이미지로 채워지기 마련이고, 언급한 바와 같이, 카자흐스탄 언론과 인터넷 등에서 재생산되고 있는 중국 및 중국인에 대한 이미지는 부정적인 것이 다수이다(Sadovskaya, 2015: 26).

　　이에 따라 중국인 이주자에 대한 카자흐스탄 대중의 인식은 정확한 사실에 입각한 판단에 따라 이루어지지 않는 경우가 많다. 예를 들어 2007년과 2012년 설문조사 결과에 따르면 중국인의 이주로 인해 노동시장에서의 경쟁이 치열해진다고 생각하여 이에 대해 부정적인 입장을 밝힌 카자흐스탄인이 24%에서 31%로 늘어났다. 그렇지만 실제로는 중국인 이주 노동자가 국가 전체 노동력에서 차지하는 비중 자체가 미미하기 때문에 이들이 노동시장에 미치는 영향 또한 그리 크지 않다. 또한 2012년 설문조사에서 응답자의 11%가 중국인 이주자는 카자흐스탄 시민권을 취득하거나 카자흐인과 결혼을 하기 위해 카자흐스탄으로 들어온다고 대답했다. 그렇지만 1995-2004년 동안에 한족漢族 중국인 중에서 카자흐스탄 시민권을 얻은 이들은 80명, 영주권을 얻은 이들은 393명에 불과하다는 내무부 자료에서 알 수 있듯이, 중국인의 대규모 귀화 혹은 영주에 대한 카자흐스탄인의 두려움은 과장된 혹은 '신화화된mythologized' 현실 인식에서 비롯된 것이다(Sadovskaya, 2015: 27).

위에서 살펴보았듯이, 객관적인 사실과 정보에 기반한 타자에 대한 지식과 이해가 충분하지 않을 때 이를 대신하는 것은 주관적인 이미지나 기존의 평가에 의존하는, 따라서 실제현실을 과장·왜곡하여 내리는 판단과 인식이 되기 쉽다. "사회적 과정·현상·집단에 관한 단순화된 그리고 도식적인 인식"을 뜻하는 사회적 "고정관념은 정보가 부재 혹은 부족한 상황에서 발생"하는 경향을 갖는데(Sadovskaya, 2007: 167), 중국인 이주자에 대한 카자흐스탄 대중의 부정적인 인식은 바로 이러한 '사회적 고정관념'의 한 유형인 '민족적 고정관념'의 전형적인 사례에 해당한다고 할 수 있다.

이러한 점과 관련하여 중국인 이주자를 대하는 카자흐스탄 사람들의 태도에 관한 2007년 설문조사에서 나타난 지역적 차이는 타자에 대한 인식 혹은 고정관념의 형성에 대해서 시사하는 바를 갖는다. 조사 결과에 따르면 대다수의 응답자가 자신들이 거주하는 도시에 중국인이 살고 있다고 대답한 알마티 및 북부 지역(각각 98%와 73%)에서 가장 관용적인 태도(각각 47%와 33%)가 표현된 반면에, 중국인 이주자 수가 적은 것으로 알려진 중부 지역에서 가장 비관용적인 반응(27%)이 나타났다(Sadovskaya, 2007: 161-163, 168). 이는 중국인 이주자 수가 적은 혹은 없는 환경에서도 이들에 대한 반감이나 혐오의 감정이 형성·표출될 수 있으며('이주자 없는 이주자 혐오증'), 중국인 이주자와 접촉·교류하거나 친밀해질 기회가 많을수록 이들을 호의적으로 인식할 가능성이 높을 수 있다는 것을 말해준다. 다시 말하면 타인과 직접 삶을 공유하고 소통하는 경험은 편견이나 선입견에 의해 매개되지 않는, 사회적·민족적 고정관념에 의해 주조되지 않는 타자에 대한 인식을 형성할 수 있게 한다.

위에서 논의한 일련의 설문조사 결과에서 도출되는 점은, 엘리트의 경우에서와 마찬가지로 카자흐스탄 대중도 중국 및 중국인에 대해 일정 정도 다양한 견해를 가지고 있으며, 일부 카자흐스탄인은 중국의 영토적 팽창이나 카자흐스탄에서의 중국인의 존재·증가를 문제적인 현상이라고 여기기도 한다는 것이다. 이때 부정적인 인식의 대상이 되는 현상을 보다 세밀하게 살펴보면 카자흐스탄인은 '카자흐스탄의 공간'에서 중국 상품이나 자본이 범람하는 것 같은 중국의 경제적 활동을 주된 위협의 근원으로 간주한다는 것이 드러난다. 이는, 중국의 위협에 대한 카자흐스탄 대중의 인식이 형성되는 과정에서 경제 문제가 중심적인 역할을 하고 있다는 것을 의미하는데, 그 이유는 이들이 경제적인 것과 정치적인 것이 분리될 수 없다고 생각하기 때문이다. 즉, 대중의 인식에서 카자흐스탄의 경제적 의존은 정치적 의존과 동일한 것으로, 카자흐스탄 경제의 미발전은 그 정치적 주권의 손상과 동일한 것으로 여겨지며, 이에 따라 중국 및 중국인의 경제적 진출이 카자흐스탄 국가의 존립과 발전을 저해하는 요인으로 자리매김되는 것이다. 이것이 의미하는 바는, 카자흐스탄인이 중국에서 유래하는 부정적인 현상에 대해 논의할 때 이들의 관심의 초점은 중국 그 자체라기보다는 중국으로부터 들어와 '카자흐스탄에 존재하는' 사람이나 사물이라는 점이다(Koch, 2013: 122, 128). 따라서 카자흐스탄 대중이 중국 및 중국인 이주자로부터 위협 요인 혹은 가능성을 가려내어 이에 대해 부정적인 태도를 나타낼 때 핵심적인 요인은 중국의 부상이라는 현실 및 그 영향에 대한 객관적인 평가라기보다는 이를 자신들의 국가에 대한 위험 요소로 판단하는지의 여부, 즉 국가 중심적인 사고라고 할 수 있다. 이러한 점과 관련하여 "중국인의 이주는 카자흐스탄에 존재하고 있는 문제의 거울이라고 할 수 있다"는 의견이 개진되기도 한다(Канафина, 2014).

물론 엘리트와 마찬가지로 카자흐스탄 대중도 국가 중심적 사고뿐만 아니라 개인적 이해관계에 따라서도 중국에 대해 호의적인 혹은 적대적인 태도를 취할 수 있다. 예를 들어 비슷한 연령·계층·교육수준·국가에 대한 관심을 가진 두 카자흐인이 직업적 소속 – 안보기관 혹은 삼룩-카지나Samruk-Kazyna[4] 산하 투자회사 – 에 따라 중국에 대해 상반된 태도를 보였다(Koch, 2013: 125). 엘리트뿐만 아니라 일반 대중에게도 혹은 이들에게는 더욱 직업적·경제적 이해관계가 삶의 사활적인 문제일 수 있기 때

---

4 국부펀드이자 일종의 지주회사인 삼룩-카지나는 중국과 밀접한 협력관계를 맺고 있어 합자회사 설립을 통한 에너지 및 비에너지 부문 투자를 계획하고 있다(조영관, 2012: 56, 100). 현재 삼룩-카지나의 이사회 의장직은 대표적인 친중파 엘리트인 총리 마시모프가 맡고 있다.

문에 중국에 대한 이들의 태도를 결정짓는 요인일 수 있는 것이다.

V. 결론

일부 카자흐스탄 야당 인사나 경제 엘리트가 '중국 문제'에 대해 우려 섞인 주장을 제기하고, 대중 사이에서도 카자흐스탄에 대한 중국의 영향력 확대를 불안 어린 시선으로 바라보는 여론이 존재하는 것은 사실이다. 그렇지만 이것이 카자흐스탄 내에서 반중국 집단이 카자흐스탄-중국 관계 혹은 카자흐스탄 정부의 대중국 정책에 변화를 일으킬 수 있는 사회정치적 세력 혹은 조직으로 형성되었다는 것을 의미하지는 않는다. 권위주의 국가 카자흐스탄에서 부정적인 대중국 인식을 가진 엘리트나 대중의 사회정치적 영향력은 아직 미미하다.

이처럼 비록 카자흐스탄에서 중국에 대해 국가 공식 노선과 다른 생각을 가진 엘리트 혹은 대중 집단이 시민사회의 온전한 구성원이라고 할 만한 수준으로 발달한 것은 아니라고 하더라도, 이러한 시민사회의 부재, 즉 이견 표출의 필요 혹은 통로의 부재가 곧 여론 혹은 대중 자체의 부재와 동일한 것은 아니다.[5] 일부 언론·출판 매체에 나타난 엘리트의 발언 및 논평이나 몇몇 설문조사를 통해 드러난 대중의 반응은 제한된 범위 내에서이긴 하지만 일정 정도 다양한 대중국 인식이 카자흐스탄에 존재한다는 점을 말해준다. 중국을 대하는 카자흐스탄 엘리트 및 대중의 인식에서는 부정적인 견해뿐만이 아니라 우호적인 의견도, 중립적인 혹은 유보적인 태도도 나타나고 있는 것이다.

카자흐스탄에서 '친중국 압력단체Chinese lobby'의 존재 혹은 반중 정서의 고조에 대한 논의는 끊이지 않고 있는데, 엘리트 및 대중의 대중국 인식에서 균열구조는 잠재적인 것으로서든 실재하는 것으로서든 반중국주의 혹은 친중국주의라는 이념적·관념적 요인에 의해 결정될 것 같지 않다. 엘리트 차원에서든 대중 차원에서든 대중국

---

5 이러한 점을 명료하게 지적해준 알마티 출신 서울대 인류학과 박사과정생 한 율리야(Khan Yuliya)에게 감사드린다.

인식은 정치적·경제적 이해관계의 추구, 국가안보·이익 개념에 입각한 판단 및 이에 대한 고려, 이러한 과정에 개입되는 국가 중심적 사고 같은 여러 유동적인 요인들이 만들어내는 조합에 의해 일정한 다양성을 나타내는 양상으로 형성되고 있다. 또한 대외적으로는 카자흐스탄에 대해 갖는 중국의 중요성이 커지고 있는 조건에서, 대내적으로는 정치적 권위주의 아래에서 제한된 범위 내에서 사회경제적 이해관계의 분화가 진행되고 있는 현실에서 이러한 인식 형성의 역동적인 경향은 지속될 것으로 보인다.

:::참고문헌

김송죽. 2013. "중국 국제송유관 건설의 정치경제: 중국-카자흐스탄 송유관(2006·2009) 건설
　　　을 중심으로."『세계지역연구논총』31집 1호.
도윤주. 2010. "중국의 對상하이협력기구 전략적 이해 추구."『현대중국연구』제11집 2호.
박병인. 2005. "상하이협력기구(SCO) 성립의 기원: '상하이 5국'에서 '상하이협력기구'로."
　　　『중국학연구』제33집.
박상남. 2008. "중앙아시아 국가의 지방정치세력과 대외정책."『중소연구』 제32권 제3호.
＿＿＿. 2010/2011. "권위주의 국가 엘리트 구조의 변화와 작동원리: 독립 이후 카자흐스탄
　　　"후견 네트워크"를 중심으로."『중소연구』제34권 제4호.
이지은. 2011. "카자흐스탄 정책결정과정에서의 대통령 요소."『슬라브학보』제26권 1호.
이혜정·박지범. 2009. "카자흐스탄 권위주의의 길."『중소연구』제33권 제2호.
이홍섭. 2007. "카자흐스탄의 대외정책: '전방위 외교정책'의 모색."『슬라브연구』제23권 2호.
조영관. 2012.『중앙아시아 에너지 수출국 국부펀드의 특징과 시사점: 카자흐스탄과 아제르바
　　　이잔을 중심으로』. 서울: 대외경제정책연구원.
조정원. 2010. "중국 – 카자흐스탄 석유 및 가스 협력 관계."『슬라브학보』제25권 2호.
황영삼. 2010. "카자흐스탄의 재계 현황과 재계 엘리트의 특징: 정치권력과의 관련성을 중심
　　　으로."『아태연구』제17권 제1호.

Aitken, Jonathan. 2009. *Nazarbayev and the Making of Kazakhstan*. London and New
　　　York: Continuum.
Azizian, Rouben and Elnara Bainazarova. 2012. "Eurasian Response to China's Rise:
　　　Russia and Kazakhstan in Search of Optimal China Policy." *Asian Politics &
　　　Policy* 4(3).
Beshimov, Baktybek and Ryskeldi Satke. 2013. "Mixed Views of China's "One Size Fits
　　　All" Trade Diplomacy in Central Asia." *China Brief* 13(22).
Boldurukova, Nazira Bolatovna and Ulbosyn Kamalbekovna Zhanataeva. 2013. "Impact
　　　of Chinese Migration on Society of Kazakhstan (Short Excorsus)." *World Ap-
　　　plied Sciences Journal* 27.
Brown, Tatiana. 2011. "Uzakbai Karabalin: Oil Has Become My Destiny." *Казахстанская
　　　правда* (November 17).
Cummings, Sally N. 2003. "Eurasian Bridge or Murky Waters between East and West?
　　　Ideas, Identity and Output Kazakhstan's Foreign Policy." *Journal of Commu-*

nist Studies and Transition Politics 19(3).

Freedom House. 2014. "Nations in Transition 2014: Kazakhstan." http://freedomhouse. org/report/nations-transit/2014/kazakhstan (검색일: 2014. 11. 2).

International Crisis Group. 2013. "China's Central Asia Problem." Asia Report No. 244.

Gorst, Isabel. 2009. "Kazakh PM Defends Growing Links with China." *The Financial Times* (December 28).

Kassenova, Nargis. 2005. "Kazakhstan's National Security: Conceptual and Operational Aspects." *Central Asian Survey* 24(2).

Koch, Natalie. 2013. "Kazakhstan's Changing Geopolitics: The Resource Economy and Popular Attitudes about China's Growing Regional Influence." *Eurasian Geography and Economics* 54(1).

Laruelle, Marlene. 2013. "Kazakhstan: Central Asia's New Migration Crossroads." in Marlene Laruelle, ed. *Migration and Social Upheaval as the Face of Globalization in Central Asia.* Leiden: Brill.

Laruelle, Marlène and Sébastien Peyrouse. 2012. *The Chinese Question in Central Asia: Domestic Orders, Social Change and the Chinese Factor.* New York: Columbia University Press.

McDermott, Roger. 2011. "Kazakhstan Looks East: Sino-Kazakh Strategic Partnership Deepens." *Eurasia Daily Monitor* 8(128).

Peyrouse, Sébastien. 2007. "Nationhood and the Minority Question in Central Asia. The Russians in Kazakhstan." *Europe-Asia Studies* 59(3).

___________. 2008. "Chinese Economic Presence in Kazakhstan: China's Resolve and Central Asia's Apprehension." *China Perspective* 3.

RFE/RL. 2010/01/30. "Kazakhs Protest Against China's Growing Influence."

______. 2012/08/15. "Chinese, Kazakh Workers Clash in Atyrau."

Rousseau, Richard. 2013. "Kazakhstan: Continuous Improvement or Stalemate in its Relations with China?" *Strategic Analysis* 37(1).

Sadovskaya, Elena Y. 2007. "Chinese Migration to Kazakhstan: a Silk Road for Cooperation or a Thorny Road of Prejudice?" *The China and Eurasia Forum Quarterly* 5(4).

___________. 2012. "Patterns of Comtemporary "Chinese" Migration into Kazakhstan." in Felix B. Chang and Sunnie T. Rucker-Chang, ed. *Chinese Migrants in Russia, Central Asia and Eastern Europe.* London and New York:

Routledge.

__________. 2015. "The Mythology of Chinese Migration in Kazakhstan." *Central Asia-Caucasus Analyst* 17(1).

Sharip, Farkhad. 2011. "Chinese Pawns on the Kazakh Political Chessboard: Masimov Versus Kulibayev?" *Eurasia Daily Monitor* 8(94).

Shlapentokh, Dmitry. 2014. "Kazakhstan Drifts to China Amid Tension with Russia." *Central Asia-Caucasus Analyst* 16(1).

Syroezhkin, Konstantin. 2009. "Social Perceptions of China and the Chinese: A View from Kazakhstan." *The China and Eurasia Forum Quarterly* 7(1).

Zubov, Andrei. 2011. "Could Central Asia See an Arab Spring?" http://valdaiclub.com/near_abroad/26880.html (검색일: 2014. 11. 2).

Бациев, Дмитрий and Анастасия Омельченко. 2013. "Мурат АУЭЗОВ: Китайцы в Казахстане присутствуют в гораздо большей степени, чем об этом говорится." *Мегаполис*(август 5).

Демоскоп Weekly. 2015. "Всесоюзная перепись населения 1989 года. Национальный состав населения по республикам СССР." http://demoscope.ru/weekly/ssp/sng_nac_89.php (검색일: 2015. 4. 24).

Джусаев, К. Д. 2006. "Перспективы сотрудничества стран Центральной Азии с КНР." http://www.analitika.org/ca/geopolitics/1175-2006110223505483.html (검색일: 2014. 10. 6).

Канафина, Жанар. 2014. "Китайская миграция в Казахстан: Мифы и реальность." Караван (сентябрь 29).

Назарбаев, Н. А. 1992. *Стратегия становления и развития Казахстана как суверенного государства.* Алма-Ата: Дәуір.

__________. 1997. "Казахстан - 2030: Процветание, безопасность и улучшение благосостояния всех казахстанцев." Послание Президента страны народу Казахстана. http://www.akorda.kz/ru/page/kazakhstan-2030_1336650228 (검색일: 2015. 5. 4).

__________. "Закон о национальной безопасности Республики Казахстан (1998, с изменениями от 2000)." http://www.legislationline.org/ru/documents/id/14939 (검색일: 2015. 5. 4).

Радиоточка. 2013/08/22. ""Нельзя удовлетворяться одними только декларациями о вечной дружбе" - Расул Жумалы о проблеме трансграничных с Китаем рек."

__________. 2014/09/23. "Расул Жумалы: "В энергетическом плане около 25-40% наших активов уже контролируются Китаем"."

Садовская, Елена. 2015. "Китайская миграция в Казахстане." *Демоскоп Weekly* 629-630. http://demoscope.ru/weekly/2015/0629/demoscope629.pdf (검색일: 2015. 4. 16).

Kazakhstan Today. 2006/11/01. "Депутаты парламента выразили озабоченность увеличением доли иностранного участия в нефтегазовом секторе Казахстана."

__________. 2009/09/30. "У Казахстана и Китая огромный потенциал взаимодействия во всех сферах сотрудничества - Токаев."

NUR.KZ. 2013/11/29. "В Атырау подрались китайские и казахстанские рабочие." http://news.nur.kz/292530.html (검색일: 2014. 11. 17).

thenews.kz. 2013/09/16. "Углубление сотрудничества с Китаем один из приоритетов казахстанской внешней политики - Назарбаев." http://thenews.kz/2013/09/16/1454745.html (검색일: 2014. 10. 6).

11장

중앙아시아와 중국의 에너지 협력의 특징과 유라시아 지역에 대한 영향

조영관

I. 서론

중앙아시아와 중국과의 경제적인 협력 관계가 매우 밀접해지고 있다. 교역, 투자를 비롯한 다양한 경제 영역에서 상호 필요에 따라 협력이 전개되고 있다. 이 가운데 에너지 부문의 협력은 중앙아시아와 중국의 경제협력의 핵심이라고 할 수 있다. 양 지역의 에너지 협력은 장기적이고 지속적인 협력 확대 가능성을 가지고 있다.

중앙아시아 국가들의 에너지 자원은 1990년대 초 독립 이후 수립된 신생정부들에 의해 적극적으로 개발되기 시작했으며 새로운 생산지역을 찾는 세계 주요국들의 관심의 대상이 되었다. 1990년대 초의 급격한 체제 변동으로 침체된 경제적 상황 하에서 중앙아시아 국가들은 석유, 가스 자원의 개발을 위해 외국으로부터 막대한 투자를 필요로 하였다. 적극적인 투자 유치를 위해 생산물분배협정이라는 형태로 계약이 체결되었다. 이는 막대한 비용이 드는 에너지 개발사업에서 투자자에게 비용회수가 가

---

* 이 글은『슬라브학보』30-2 (2015)에 게재된 논문을 본서의 편집 취지에 맞도록 수정·보완한 것입니다.

능하도록 하여 투자를 유도하는 계약이다. 러시아나 중앙아시아의 경우에는 에너지 정책의 변동, 비용회수, 정치적 상황의 변동에 따른 투자 위험 회피 등의 이유에서 이러한 방식의 협정이 체결되었다고 할 수 있다.

에너지 소비량이 점차 늘어나는 세계 주요 에너지 수입국들은 기존에 에너지 수입 선이 한정되어 있었으므로 새로운 지역에서의 에너지 수입을 통한 수입다변화가 필요했고, 중앙아시아는 이들의 관심을 끌기에 충분한 매력적인 투자 요건을 갖추고 있었다. 물론 중앙아시아 국가들도 새로운 에너지 수출지역이 필요했다. 당시 중앙아시아의 에너지 수출은 소련시기 건설된 송유관, 가스관을 이용한 러시아를 통한 EU로의 수출이 대부분을 차지했고 이로 인해 중앙아시아 지역의 에너지 시장은 여전히 러시아의 절대적인 영향력 아래에 있었기 때문이다.

중앙아시아 에너지에 관심을 가진 국가들은 기존에 러시아로부터 에너지를 수입하던 EU, 에너지 수요가 크게 늘어나고 있는 한국과 일본 등이었다. 그런데 무엇보다 중앙아시아 에너지 시장에 큰 관심을 가지게 된 국가는 중앙아시아와 이웃해 있으며, 급속한 경제 성장에 따라 에너지 수요가 빠른 속도로 늘어나고 있는 중국이었다.

이러한 이유로 중앙아시아 에너지 시장이 외국에 개방된 이후 다른 어느 나라보다도 중국은 중앙아시아 지역의 에너지 자원에 특별한 관심을 가지게 되었다. 국경을 접하고 있는 지리적인 위치로 인해 중앙아시아의 에너지 자원은 중국으로 육상을 통한 수송이 가능하였다. 따라서 중국은 중앙아시아 지역과 다른 어느 국가들보다 에너지 협력에 적절한 환경을 가지고 있다.

기존에 중앙아시아와 중국의 에너지 협력에 대해서는 주로 러시아, 중국, 유럽 등에서 연구가 추진되어 왔다. 국내에서는 주로 중앙아시아와 러시아, 중국과 러시아와 등과 같이 러시아와의 에너지 협력에 대해 다수의 연구결과물이 있으며, 중앙아시아나 중국의 에너지 부문에 대해서는 각각의 개별적인 연구가 이루어졌다. 이에 반해 두 지역 간의 에너지 협력에 대해서는 아직 본격적인 연구가 진행되지 못하였다.[1]

---

1 그동안 국내에서 유라시아 에너지 협력에 대한 연구는 주로 러시아와 주변 지역과의 관계를 다루는 논문이 많이 발표되었다. 김연규·유철종의 연구(김연규·유철종, 2009)와 조정원의 연구(조정원, 2011) 등이 대표적이다. 국외에서 중앙아시아와 중국의 에너지 협력이나 관계를 다룬 논문으로는 중앙아시아 에너지를 둘러싼 유럽과 중국의 관계를 다룬 Onur Cobanli의 연구(Onur Cobanli, 2014), 중국과 러시아의 에너지 협력에서 중앙아시아의 역할을 다룬 Xiaoqin Chen의 연구(Xiaoqin Chen, 2012), 중앙아시아와 중국의 에너지 협정의 성격과 특징을 다룬 Zhuwei Wang의 논문(Zhuwei Wang, 2015), 중앙아시아·러시아·중국 3개 지역 간의 에너지 협력을 다룬 Henrik Bergsager의 연구(Henrik Bergsager, 2012) 등이 대표적이다.

이 논문에서는 중앙아시아와 중국의 에너지 협력의 특징과 이 두 지역의 협력이 유라시아 에너지 부문에 끼치는 영향을 살펴보고자 한다. 또한 중앙아시아와 중국의 에너지 협력의 필요성은 무엇인지, 다른 지역이나 국가들과는 다른 에너지 협력의 특징은 무엇인지에 대해 논의하고자 한다. 이 글에서는 중앙아시아 다섯 국가 가운데 석유와 가스 수출국인 카자흐스탄, 우즈베키스탄, 투르크메니스탄의 에너지 정책과 이 국가들과 중국의 에너지 협력을 다루고자 한다.[2]

이 글의 2장에서는 중앙아시아의 에너지 정책과 중국과의 협력의 필요성을 분석할 것이다. 중앙아시아의 에너지 정책에서는 중앙아시아 주요국의 에너지 전략과 발전 방향, 대체에너지 개발 전략, 에너지 수출 소득의 경제 발전을 위한 이용 방법 등을 살펴보고자 한다. 3장에서는 중국의 에너지 정책과 중앙아시아와의 협력의 필요성을 고찰해 볼 것이다. 또한 중국의 에너지 수입선 다변화, 해외 투자 등을 살펴볼 것이다. 4장에서는 중앙아시아와 중국의 에너지 협력이 유라시아 지역의 에너지 관계에 미치는 영향을 논의해 볼 것이다.

II. 중앙아시아 국가들의 에너지 정책과 중국과의 에너지 협력의 필요성

1. 중앙아시아 에너지 정책의 특징

중앙아시아 다섯 국가가운데 석유나 가스를 생산하고 수출하는 국가는 카자흐스탄, 우즈베키스탄, 투르크메니스탄이다. 아래 〈표 1〉과 〈표 2〉에서와 같이 중앙아시아 국가들 가운데 카자흐스탄이 가장 많은 규모의 석유를 보유하고 있으며, 투르크메니스탄이 가스 자원을 많이 보유하고 있다. 특히, 투르크메니스탄의 가스 매장량은 세

2 본문에서 다른 설명이 없을 경우, 이 글에서 언급하는 중앙아시아는 에너지 자원의 수출국인 카자흐스탄, 우즈베키스탄, 투르크메니스탄을 지칭한다. 키르기즈, 타지키스탄은 광물 자원이 풍부하고 수출이 활발한 반면에 석유나 가스는 수출이 이루어지지 않고 있으므로 제외하기로 한다.

표 1　중앙아시아 국가들의 에너지 자원 보유현황[3]

	석유(십 억 배럴)	천연가스(조 m³)
카자흐스탄	30.0	1.5
우즈베키스탄	0.6	1.1
투르크메니스탄	0.6	17.5

자료: BP 2014. *Statistical review of world energy.*

표 2　중앙아시아 국가들의 에너지 자원 생산현황(2013년 기준)[4]

	석유(백 만톤)	천연가스(십억 m³)
카자흐스탄	83.8	18.5
우즈베키스탄	2.9	55.2
투르크메니스탄	11.4	62.3

자료: BP 2014. *Statistical review of world energy.*

계에서 4번째로 많은 규모이다.

이들 중앙아시아 에너지 생산국들은 에너지 부문에서 다른 지역과 구분되는 몇 가지 공통적인 특징을 가지고 있다.

첫째, 중앙아시아 국가들은 지역적 위치에 따른 에너지 부문에서의 특징을 공통적으로 보유하고 있다. 중앙아시아 지역은 풍부한 석유, 가스를 보유하고 있는 지역으로 유라시아 대륙의 가운데에 위치해있다. 이러한 지리적인 위치로 인해 다양한 지역으로 에너지 수출이 가능한 환경에 놓여 있다. 따라서 중앙아시아 국가들의 에너지 자원 개발과 도입에는 러시아, EU, 중국, 일본, 한국, 인도 등 주변의 에너지 도입 가능성을 가진 유라시아 대륙의 많은 나라들이 관심을 가지고 있다고 할 수 있다.

둘째, 짧은 국가 형성 기간과 관련된 에너지 자원 개발의 특징이다. 중앙아시아 지역은 소연방의 공화국이었으며, 1990년대 초반 소연방 해체로 독립된 국가가 되었기 때문에 비교적 개발과 생산의 기간이 길지 않다. 이에 따라 아직 탐사되지 않았거나 미개발된 매장지역들이 많이 있다.

소연방으로부터 독립이후, 어려운 경제적 환경에서 독자적인 에너지 정책을 시작

3　러시아는 930억 배럴의 석유와 31.3조 m³의 천연가스를 보유하고 있으며, 중국은 181억 배럴의 석유와 3.3조 m³의 천연가스를 보유하고 있다(BP 2014a).

4　러시아는 2013년 5억 3,140만 톤의 석유와 6,048억 배럴의 가스를 생산했으며, 중국은 2억 810만 톤의 석유와 1,171억 m³의 가스를 생산했다(BP 2014a).

한 이들 국가들은 에너지 개발을 위해 외국의 투자가 절대적으로 필요한 환경이었다. 더구나 중앙아시아 에너지 보유국들은 다른 산업이 발달되지 못한 상황에서 에너지 부문에 대한 투자를 통해 경제를 발전시키는 전략을 추진해야 했으므로 에너지 부문의 투자 유치는 국가적 차원에서 다른 경제 정책보다 우선하는 과제였다.

셋째, 러시아의 영향력과 관련된 특징이며, 중앙아시아의 역사적 흐름과 관련된다. 중앙아시아 국가들은 러시아를 중심으로 하는 소련의 구성공화국이었으며, 수출 운송로는 대부분 러시아를 통하여 유럽으로 향하는 것이었다. 따라서 독립 이후, 중앙아시아 국가들은 자체적인 운송로를 건설해야 하는 과제를 가지게 되었다. 러시아를 통한 수출은 경제적으로 뿐만 아니라 정치적으로도 중앙아시아의 러시아에 대한 의존을 의미하고 있으므로 새로운 운송로 건설은 국가 발전과 국가의 정체성 확보에 영향을 줄 수 있게 되기 때문이다. 예를 들어, 아제르바이잔은 독립 직후부터 러시아를 우회하여 유럽으로 향하는 에너지 수송로 건설을 추진하였고, 이것이 러시아의 영향력으로부터 벗어나는 큰 요인이 되었다고 할 수 있다.

물론 또 다른 특징들이 제기될 수도 있다. 예컨대 소련 시기의 사회주의적 유산들을 가진 이 국가들은 에너지 개발과 생산에 대한 정부의 영향력이 절대적인 특징을 가지고 있기도 하다. 더구나 소수에게 권력이 집중되었고 이들의 의사결정이 외국기업의 에너지 투자에 결정적인 역할을 하고 있기도 하다. 중동이나 중남미, 중국 등 대부분의 신흥국들에서도 정부가 에너지 시장에 강력한 영향력을 행사하고 있다는 점에서 이것은 중앙아시아만의 특징은 아니라고 할 수 있다.

현재 중앙아시아 국가들은 에너지 자원의 유한성을 극복하고자 대체 에너지 산업 육성 정책을 추진하고 있다. 에너지 자원의 유한성에 대해 점차로 중앙아시아 국가들이 공통의 인식을 하게 되었다. 카자흐스탄의 경우 석유생산이 향후 약 60여년 가능한 것으로 전망되고 있다. 따라서 대체 에너지 산업을 정부의 주요 산업으로 육성하고 있으며, 여기에는 국제기구들도 적극 참여하고 있다. 특히 아시아개발은행은 중앙아시아 지역에서 다양한 프로젝트를 추진하고 차관을 제공하고 있다. 아시아개발은행은 아시아 지역의 에너지 수요 급증에 따라 기후변화에 대응할 수 있는 적절한 가격의 청정에너지 공급이 필요하다는 판단 하에 아시아 지역의 태양에너지 이용을 확대하기 위한 '아시아 태양에너지 구상Asia Solar Energy Initiative'을 추진 중이다. '아시아 태양에너지 구상'에 따라 태양에너지 프로젝트 발굴 및 지원을 통해 총 3,000MW 규모의 태양에너지 발전소를 아시아 지역에 건설하는 계획을 추진하고 있다. 또한 2012

년 2월 말 이후 아시아개발은행은 우즈베키스탄의 태양력 발전 프로젝트에 2015년까지 2억 달러의 차관을 제공하고 있다(주진홍, 2012).

중앙아시아 국가들에서도 대체 에너지 산업에 대한 관심이 높아지며 이와 관련한 프로젝트들이 국제기구와 협력하여 추진되고 있다. 우즈베키스탄의 경우, 태양에너지 산업 개발여건이 양호한 편이나 최신 기술 및 재원 부족으로 어려움을 겪어왔다. 최근 우즈베키스탄은 아시아개발은행의 협력프로그램 지원과 차관 제공으로 태양에너지 산업 발전을 준비 중이며, 외국 기업들도 우즈베키스탄 태양에너지 산업 부문에 대한 진출을 계획하고 있다. 일사량이 풍부하고 전력요금이 저렴한 우즈베키스탄은 과거 태양에너지 연구 경험이 있을 뿐 아니라 태양전지의 기초소재인 금속실리콘 생산을 준비하고 있어 태양에너지 산업 발전여건이 양호한 편이다. 중앙아시아 국가들은 이를 통해 새로운 에너지원 확보 외에도 연관 산업의 발전을 기대하고 있다.

또한 중앙아시아 국가들은 에너지 자원의 유한성을 인식하고 이를 보완하기 위해 에너지 수출 소득을 통한 국부펀드를 운영하고 있다. 이 국부펀드는 거시 경제안정과 함께 에너지 수출 소득의 효율적 이용을 통한 에너지 이외의 산업 부문의 발전을 위한 목적으로 사용된다. 국부펀드를 통해 경제 안정을 위한 예비 자산, 사회 개발을 위한 투자 등이 이루어진다. 중앙아시아에서는 카자흐스탄에서 대규모 국부펀드가 운영되고 있다. 2015년 현재 카자흐스탄은 자산 규모에서 770억 달러로 세계 주요 국부펀드 19위에 있을 정도로 많은 자산을 보유하고 있다.[5]

카자흐스탄의 국부펀드는 2000년에 대통령령으로 설립되었다. 카자흐스탄에서 국부펀드의 설립은 1997년부터 논의되었으나, 1998년 세계 경제위기 상황에서 석유 가격이 하락하고, 석유 수출을 통한 외환수입이 크게 감소하면서 설립에 관한 논의가 중단되었다. 이후 국제 시장의 석유가격이 다시 상승하면서 논의가 재개되었고 설립이 추진되었다(조영관, 2012: 36).

보다 구체적으로 국부펀드의 설립 목적은 크게 두 가지로 구분된다. 첫째는 안정적인 사회·경제 발전과 다음 세대를 위한 저축의 목적이다. 둘째는 대외경제의 불안정으로 인한 급격한 경제 변동으로부터 국가경제의 위기 예방을 위한 안정의 목적이다. 이 두 가지의 설립 목적은 결국 국부펀드가 에너지 자원 중심의 경제가 갖는 문제점을 극복하기 위한 것이라는 점을 보여준다. 한편으로 대외 경제 환경에 취약하기

---

5 http://www.swfinstitute.org/fund-rankings/(검색일: 2015.4.27)

때문에 경제 위기 상황이 발생하는 것에 항상 대비해야 하며, 다른 한편으로 앞으로
에너지 자원이 고갈될 때를 대비해 현재의 에너지 부문 소득 가운데 일부분을 축적해
놓아야 한다는 것이다(조영관, 2012: 36-37).

한편 카자흐스탄은 또 다른 형태의 국부펀드인 삼룩카지나를 운영하고 있다. 여기
에는 카자흐스탄 대부분의 주요 에너지 국영기업이 포함되어 있으며, 주요 산업분야
의 국영기업들을 포함하고 있다. 따라서 삼룩카지나는 카자흐스탄 경제 발전의 핵심
적인 역할을 하고 있다.

우즈베키스탄에도 우즈베키스탄 재건개발기금UFRD: Fund for Reconstruction and Development of the Republic of Uzbekistan이라는 국부펀드를 2006년 5월 대통령령으로 설립하여 운
영하고 있다. 이 펀드는 경제발전, 산업발전, 고용창출, 선진적이고, 효율적인 에너지
기술 도입을 목적으로 한다. 이를 통해 궁극적으로 안정적인 경제 성장을 추구한다.
보다 구체적으로는 인플레이션 방지를 위해 과잉 유동성 흡수 및 통화 공급 억제, 주
요 수출제품의 국제가격 급락의 방지 등에 대한 거시경제 안정과 전략부문 현대화 및
경제 구조 조정 지원, 국영은행을 대신하여 대출, 외국 금융기관과의 협조금융co-financing을 통한 외국 자본 유치 등을 추진한다. 재건개발기금은 석유, 가스, 석유화학, 전력
이외에 광물, 철강, 운송, 통신, 지역 인프라 구축 등 다양한 부문에 자금 지원을 하고
있다.[6]

에너지 소득이 늘어남에 따라 이들 국가에서 국부펀드 자산 규모는 급격하게 늘어
났다. 앞에서 살펴본 것과 같이, 국부펀드는 국가에 따라 조금씩 다른 목적으로 운영
되지만, 대체로 거시경제 안정을 위한 목적으로 사용되며, 해외 부동산이나 채권 투
자를 위해 사용되거나 국내 산업 육성을 위해 투자된다.

위에서 살펴본 것과 같이 중앙아시아 자원보유국들은 몇 가지 요인에 따라 공통적
으로 유사한 에너지 정책들을 추진하고 있다. 대외 에너지 협력에서 중앙아시아 국
가들은 공통적으로 수출 다변화, 투자 유치 차원에서 중국과 에너지 협력을 활발하
게 추진하고 있다. 중국은 경제적 성장에 따른 에너지 수요 증가, 막대한 외환보유고

---

6   우즈베키스탄 재건개발기금(Fund for Reconstruction and Development of the Republic of
     Uzbekistan)은 2006년 국가전략산업 지원을 목적으로 우즈베키스탄 정부가 설립한 국부펀드이
     다. 자본금 150억 달러 규모이며, 에너지, 운송 등의 프로젝트를 지원하며, 주요 국영은행인 NBU,
     Asaka Bank, Uzpromstroy Bank, Ipoteka Bank, Agro Bank에 대한 대출을 통해 간접적으로 지
     원한다.

를 활용한 해외 자원 투자확대, 적극적인 대중앙아시아 정책 등으로 중앙아시아 국가들의 주요 에너지 협력 대상으로 부상하였다. 이 지역들 간의 에너지 협력의 초기에는 직접적인 에너지 개발이나 운송로 건설에 협력의 초점이 맞추어졌으나, 점차 신재생에너지 개발 분야나 국영 에너지 기업 간의 기술협력 등으로 협력 부문이 확대되고 있다.

2. 중앙아시아 국가들과 중국의 에너지 협력 필요성

공통된 정치, 경제, 지리적 특징들을 가진 중앙아시아 국가들의 에너지 정책은 다음의 방향으로 추진되고 있다. 그리고 이러한 정책은 중국과 밀접한 관련을 가지고 있다.

첫째, 중앙아시아는 독자적인 에너지 통로를 구축하고 있으며, 이는 중국과의 주요한 에너지 협력 요인이다.

러시아를 통과하지 않는 송유관, 가스관의 건설을 통해 러시아에 대한 에너지 의존, 더 나아가 경제 의존을 극복하고자 한다. 이러한 과정에서 중국으로의 에너지 수송로, 유럽으로 연결되는 에너지 수송로가 논의되고 건설된 것이다. 이를 통해 중앙아시아 국가들은 다양한 수출 통로를 개척함으로써 에너지 부문의 안보를 달성하고자 한다. 이러한 것은 결국 러시아의 중앙아시아 지역에 대한 정치적 영향력의 약화로 연결될 수 있을 것이다.

중국으로의 자원 수출이 늘어남에 따라 중앙아시아 국가들의 에너지 수출에서 중국이 차지하는 비중도 늘어났다. 카자흐스탄의 경우, 2012년 카자흐스탄의 석유 수출에서 중국으로의 수출이 차지하는 비중은 16%에 이르고 있으며, 이것은 이탈리아의 26% 다음으로 높은 비중이다(Alex Mannheimer, 2014; Резникова О. Б. 2014).

투르크메니스탄의 경우에는 2014년 전체 가스 수출에서 중국이 차지하는 비중이 60%를 넘었다. 투르크메니스탄은 2013년에는 전체 수출 401억 m³ 가운데 244억 m³를 중국으로 수출하였다(BP, 2014a: 28). 그리고 2014년에는 전체 가스 수출 416억 m³ 가운데 255억 m³를 중국으로 수출하였다(BP, 2015: 28).

둘째 중앙아시아 국가들은 에너지 부문에 적극적인 외국인 투자를 유치하고 있는데, 세계 경제대국으로 부상하며 해외 에너지 투자를 적극적으로 실시하고 있는 중국은 주요한 투자 유치상대국이다.

카자흐스탄, 우즈베키스탄, 투르크메니스탄은 국가별로 차이는 있으나 외국 투자

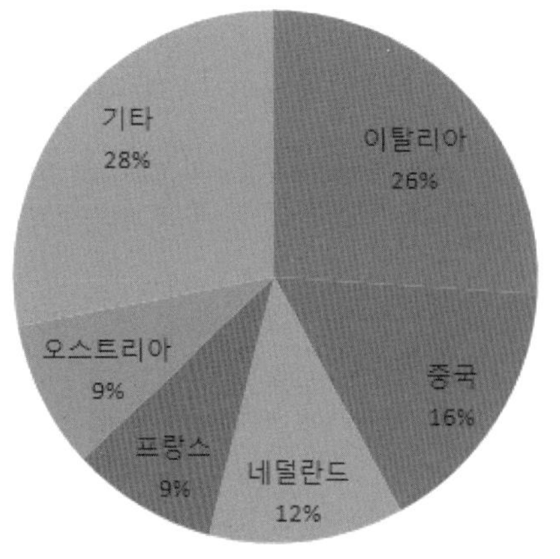

그림 1 카자흐스탄의 국가별 석유수출비중(2012)(단위: %)
자료: Alex Mannheimer, *Kazakhstan Energy Analysis*.
Kashagan Today. June 21 2014.
http://kashagan.today/?p=1705(검색일: 2015.5.28.)

유치에 매우 적극적인 태도를 보였다. 대체로 기존의 주요 투자 국가였던 러시아와 함께 EU, 미국 등 서구 국가나 한국, 중국, 일본 등 아시아 국가들이 투자를 하였다. 러시아, EU, 미국 국가들이 초기에 중앙아시아 지역에 투자를 하였으며, 한국, 중국은 이들 국가들보다는 다소 늦게 투자를 하였다. 국가별로 대외에너지 시장 개발에도 차이가 있었는데, 카자흐스탄이 에너지 개발초기부터 서구 국가들과 중국에 에너지 시장을 개방한 것에 비해 우즈베키스탄이나 투르크메니스탄은 서구 국가들보다 러시아나 아시아 국가들에 에너지 시장을 개방하는 정책을 추진하였다. 중국과의 에너지 협력은 카자흐스탄의 경우 1990년대 중반부터 추진하였으며, 우즈베키스탄과 투르크메니스탄은 2000년대 중반부터 협력을 추진하였다.

최근 중앙아시아 국가들은 에너지 정책의 주요 부문으로 대체에너지 개발을 통해 새로운 에너지 공급원을 획득하기 위한 정책을 추진하고 있으며, 이러한 대체에너지 부문에서도 중국으로부터의 기술 협력, 투자 유치 등 협력을 추진하고 있다.

III. 중국의 에너지 정책과 중앙아시아와의 에너지 협력 필요성

1. 중국의 에너지 부문의 특징

중국은 1990년대 이전에는 에너지 수출국이었으나, 1993년에 석유 순수입국이 된 이래 수입규모가 점차 늘고 있다. 이것은 1990년대 이후, 중국 경제성장률이 급격하

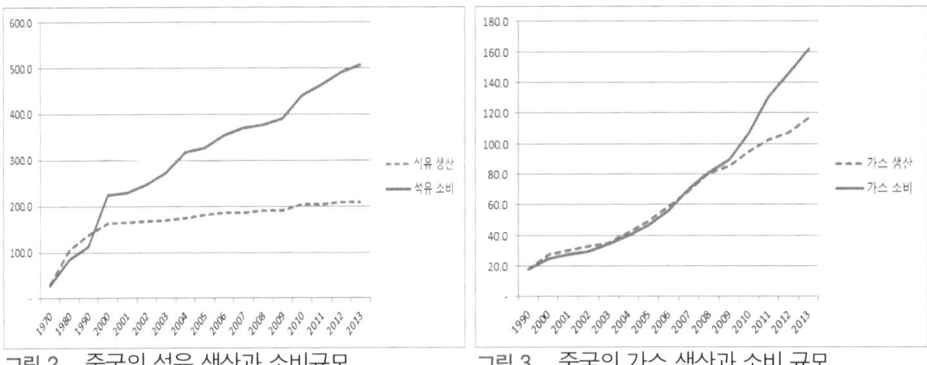

그림 2　중국의 석유 생산과 소비규모
(1970년~2013년, 단위: 백 만톤)
자료: BP *Statistical review of world energy* 2014.

그림 3　중국의 가스 생산과 소비 규모
(1990년~2013년, 단위: 십억 배럴)
자료: BP *Statistical review of world energy* 2014.

게 높아진 것과 관련된다. 1998년까지는 전체 석유 소비에서 차지하는 수입 비중이 20% 이하에 머물렀으나, 1998년 이후 급격히 늘어나 2005년에는 수입 비중이 45%에 달하게 되었다(Wu. K, 2014: 3). 가스의 경우는 아래 〈그림 3〉에서 나타나는 것과 같이 이보다 늦은 2000년대 중반이후 소비가 생산을 초과하여 수입을 하기 시작했다. 1986년부터 2000년까지 중국의 가스 소비량은 연평균 3.5%씩 증가하였다(Попов С.П., 2013). 이에 따라 2006년부터는 LNG를 수입하기 시작했다(Попов С.П., 2013: 2).

중국은 전체 LNG 수입 245억 m^3 가운데 카타르에서 92억 m^3, 예멘에서 15억 m^3, 호주에서 48억 m^3, 말레이시아에서 36억 m^3, 인도네시아에서 33억 m^3를 수입하고 있으며, 나머지는 아프리카 국가들에서 수입하고 있다(BP, 2014a: 28).

	2012		2013	
	가스관	LNG	가스관	LNG
중국	21.4	20.0	27.4	24.5
일본	-	118.8	-	119.0
한국	-	49.1	-	54.2
세계 전체	696.6	324.2	710.6	325.3

그림 4　한중일 천연가스 수입 규모(단위: 십억 m^3)
자료: BP 2014. *Statistical review of world energy*.

급속한 경제성장으로 세계 주요 에너지 소비국으로 부각되고 있는 중국은 현재 석유 소비에서 미국 다음으로 2번째, 가스 소비에서 미국, 러시아 다음으로 3번째 자리에 위치해 있다. EIA의 자료에 따르면, 2013년 중국의 일일 원유 생산 규모는 448만

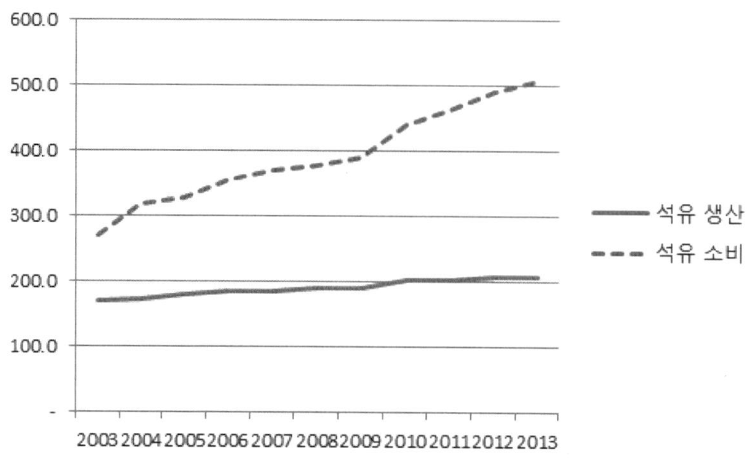

그림 5   중국의 원유 생산과 소비 전망(단위: 백만 톤)
자료: EIA. *Annual Energy Outlook* 2015.

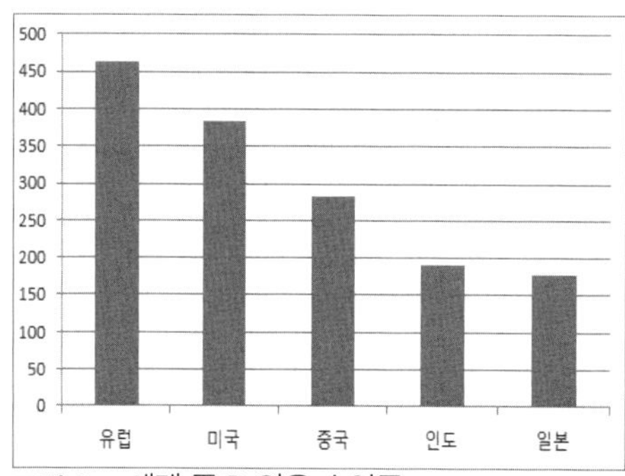

그림 6   세계 주요 원유 수입국
(단위: 백만 톤)(2013년)
자료: BP *Statistical review of world energy* 2014. p. 19.

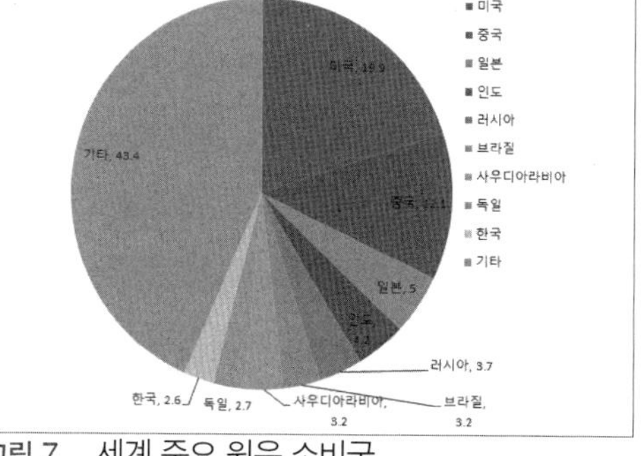

그림 7   세계 주요 원유 소비국
(단위: %(세계 전체 소비에서 차지하는 비중))(2013년)
자료: BP *Statistical review of world energy* 2014. p. 9.

배럴이며, 소비규모는 1,067만 배럴로 약 600만 배럴을 수입해야 한다(EIA, 2015). 이 생산과 소비의 격차는 점차로 확대될 것으로 예상된다.

BP의 평가에 따르면 2027년 중국은 미국을 추월하여 세계최대의 석유 소비국이 될 것으로 전망되며, 2025년에는 러시아를 제치고 미국 다음의 세계 두 번째 가스 소비국이 될 것으로 전망된다. 반면 중국은 현재 전체 에너지 소비의 약 85%를 자체적으로 생산하고 있으나, 2035년에는 이 비율이 80%로 감소할 것으로 예상된다. 이에 따라 중국의 석유 수입의존도는 2012년의 57%에서 2035년에는 76%로 늘어나고, 가스 수입의존도는 25%에서 41%로 늘어날 것으로 전망된다(BP, 2014b).

　이에 따라 중국은 안정적인 에너지 공급원을 확보하는 것이 매우 필요한 상황을 맞이하게 되었다. 에너지 문제는 1990년대 후반 중국의 주요 정책으로 대두되었고, 제 10차 5개년 계획(2001~2005)에서 주요 과제로 다루어졌다. 제 10차 5개년 계획에서는 처음으로 전략비축석유 개념이 언급되었다.

　제 11차 5개년 계획(2006~2010)에서는 늘어나는 에너지 수입을 계획하고 조정하는 것이 주요한 과제였다. 국내에너지 개발과 국제에너지 시장으로부터의 수입에서 균형을 맞추는 것에 정책의 초점을 두었다. 또한 비전통 에너지원, 셰일 석유, 셰일 가스 등에 대한 연구와 탐사가 추진되었다.

　제 12차 5개년 계획(2011~2015)에서는 에너지 안보가 더욱 주요한 이슈로 제기되고, 처음으로 셰일가스와 같은 비전통 가스 개발이 본격적으로 추진되었다. 또한 전통에너지 소비를 크게 줄여 2015년 비전통에너지 소비 비중을 전체 에너지 소비의 11.4%로 늘리는 것을 계획하였다(Wu. K.)

　중국은 안정적인 에너지 공급원 확보를 위해 수입선 다변화 정책과 해외 투자 정책을 동시에 추진하고 있다. 중국은 에너지 자원 확보를 위해 해외의 여러 지역들에서 적극적으로 투자를 하고 있다. 특히, 1997년부터 1998년 사이의 1년 동안 수단, 베네수엘라, 카자흐스탄 등에 80억 달러 이상을 투자하여 대규모 유전들을 확보하였다. 해외 에너지 투자는 초기에는 중국국영석유기업CNPC과 상장회사 페트로차이나, 중국석유화학기업Sinopec, 중국해외석유기업CNOOC 등 국영에너지 기업이 담당했으나, 점차로 두 개의 국부펀드State administration of foreign exchanges, China investment corporation와 국제투자신탁공사CITIC: China International Trust & Investment Company가 참여하고 있다(Wu. K.2014: 5).

　1990년대 후반부터 2012년까지 중국 국영에너지기업들이 해외에 투자한 규모는 1,000억 달러에 달하고 있다. 이를 통해 중국의 해외 석유 생산 규모는 일일 170만 배럴에 달하고 있으며, 이것은 중국이 해외에서 수입하는 석유의 약 30%에 이르는 규모이다(Wu. K. 2014: 5). 기존에는 중앙아시아, 아프리카, 중남미 등에서 개발 사업을 추진하는 것에 에너지정책의 우선순위를 두었으나, 최근에는 캐나다, 미국, EU 등에서 직접투자를 통해 에너지 기업들을 매입하고 있다.

2. 중국의 대중앙아시아 에너지 협력의 필요성

중국은 에너지 수출국인 카자흐스탄, 투르크메니스탄, 우즈베키스탄에 모두 적극적인 투자를 하고 있다. 다른 국가와 달리 파이프라인을 통한 운송과 철도를 통한 운송이 가능하다는 측면에서 중앙아시아에 대한 중국의 에너지 투자는 차별적인 특징을 가진다.

중앙아시아의 에너지 자원에 대해 중국이 부여하는 의미는 2013년 중국의 시진핑 주석이 중앙아시아 4개국을 9월 3일부터 11일까지 동안 모스크바의 G20 정상회담을 위해 이틀간 다녀온 것을 제외하고 장기적으로 방문한 것에서도 파악할 수 있다. 이 방문을 통해 중국은 카자흐스탄과 전략적 동반자 관계를 선언하는 등 정치적인 관계를 정립하는 동시에 정유공장 설립, 에너지 개발 프로젝트 계약, 에너지 플랜트 건설, 가스관 파이프 개통, 신규 가스관 합의 등 에너지와 관련된 다수의 계약을 체결하였다. 이를 통해 중국이 향후 에너지의 안정적인 수급을 위해 중앙아시아를 매우 중요한 대상국으로 평가하고 있음을 파악할 수 있다.

중국은 중앙아시아 국가들의 에너지 부문 투자에서 다른 국가들에 비해 두드러진 성과를 거두고 있다. 중국의 중앙아시아 투자에서 가장 규모가 큰 것은 2013년 9월 CNPC가 카자흐스탄의 카즈무나이가스로부터 카자흐스탄 최대 유전인 카샤간 유전의 지분 8.33%를 50억 달러에 매입한 것이다. 투르크메니스탄에서는 CNPC가 외국 기업 가운데 유일하게 육상가스전 개발에 참여하고 있으며, 매장량이 20조 m^3 이상으로 알려지고 있는 세계 두 번째 규모의 가스전인 갈키니쉬 가스전의 정제설비 부문에 약 80억 달러를 투자하였다.[7]

에너지 운송에서 중국은 2009년부터 카자흐스탄으로부터 송유관을 완공하여, 석유를 공급받고 있으며, 투르크메니스탄으로부터 우즈베키스탄, 카자흐스탄을 거쳐 중국 서부로 연결되는 가스관을 통해 가스를 공급받고 있다. 현재까지 3개의 가스관이 연결되어 있으며, 4번째 가스관 건설이 진행되고 있다. 이렇게 중국으로 수출된 가스는 중국의 내부 가스관을 통해 동부의 주요 도시들로 공급될 계획이다.

중국은 2009년부터 투르크메니스탄에서 파이프라인을 통해 가스를 수입하기 시

---

7 http://www.reuters.com/article/2013/09/07/us-oil-kashagan-china-idUSBRE9860662013 0907(검색일: 2015.6.12)

작했으며, 2013년의 경우 전체 가스관을 통해 수입하는 274억 m³ 가운데 대부분인 244억 m³를 투르크메니스탄에서 수입하고 있다. 나머지는 카자흐스탄이나 우즈베키스탄으로부터 수입하고 있다. 2013년 중국은 전체 수입 가스 539억 m³의 절반에 가까운 규모를 투르크메니스탄으로부터 수입하고 있다(BP, 2014a: 28).

중국의 대중앙아시아 에너지 정책에서 주목할 수 있는 것은 에너지 협력을 추진하는 과정에서 차관을 제공하는 것이며, 이를 위해 에너지 기업과 금융권이 적극적으로 협력하는 것이다. 2009년 투르크메니스탄의 남욜로탄 가스전 개발프로젝트에서 중국개발은행은 '투르크멘가스'사에 40억 달러에 달하는 차관을 제공하였다. 이와 함께 중국은 투르크메니스탄으로부터 연 400억 m³의 가스를 공급받는 계약을 체결하였다.[8]

이후 중국은 투르크메니스탄의 37개 기업에 투자를 하게 되었으며, 에너지, 통신, 운송, 농업, 섬유 등의 분야에 걸쳐 66개의 투자 프로젝트에 45억 달러를 투자를 하게 되었다(Henrik Bergsager, 2012: 16). 또한 중국의 차관 도입과 이후의 투자 활성화로 인해 2011년에는 독일이 제안한 차관 대신 중국과 41억 달러의 추가 차관 도입도 결정되었다. 이처럼 에너지 국영기업과 금융권이 협력하여 외국과의 에너지 협력을 위해 차관을 제공하는 방식은 다른 국가들에 비해 국가주도의 경제 운영이 가능한 중국 경제의 특수성을 반영한 것이라고 할 수 있다.[9]

이상에서 살펴본 바와 같이 중앙아시아와 중국의 에너지 협력은 중국의 중앙아시아 에너지 부문에 대한 투자와 운송로 연결을 통한 협력으로 크게 나눌 수 있다. 중국은 중앙아시아의 다양한 에너지 부문에 투자를 하는 동시에 자원을 수입하고 있다. 그동안 중국은 중동을 비롯한 다른 지역에서 에너지 자원을 수입해 왔으나, 보다 안정적인 공급처를 필요로 하였다. 〈그림 8〉과 〈그림 9〉에서와 같이 중국은 중앙아시아로부터 송유관과 가스관을 건설하여, 에너지를 안정적으로 공급받게 됨으로써 에너지 공급에 대한 불확실성이 크게 감소하게 되었다.

---

8 https://ca-news.info/2009/06/25/45(검색일: 2015.4.28)

9 이러한 예로 중국은 러시아와의 송유관 건설에서 트랜스네프트에게 100억 달러를 차관으로 제공했으며, 브라질, 베네주엘라, 에쿠아도르 등과의 에너지 협력에서도 차관을 제공했다.

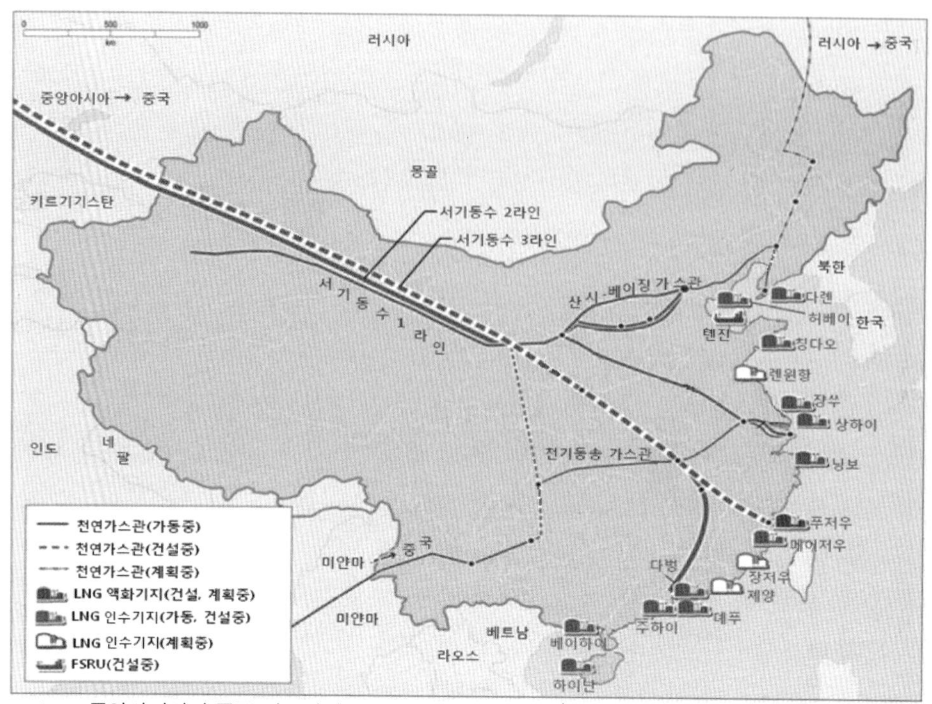

그림 8   중앙아시아와 중국 가스관과 중국 LNG 기지

자료: 에너지경제연구원, 세계에너지시장 인사이트(2013년 7월 26일), p. 15.

그림 9   중국의 송유관, 가스관

자료: http://www.eia.gov/countries/cab.cfm?fips=ch(2014년 2월 10일 검색)

Ⅳ. 중앙아시아와 중국의 에너지 협력의 유라시아 지역에 대한 영향

중앙아시아와 중국의 에너지 협력은 향후 두 지역을 포함한 유라시아 주요국의 대외 에너지 협력에 적지 않은 영향을 줄 것으로 예상된다.[10]

첫째, 중앙아시아 에너지 부문에 대한 영향이다. 중앙아시아와 중국의 에너지 협력은 중앙아시아 국가들의 에너지와 관련된 부문에 몇 가지 긍정적이고, 부정적인 영향을 주었다.

긍정적인 측면으로는 무엇보다 중앙아시아 에너지의 안정적인 수출이 가능하게 되었다는 것이다. 최대 경제대국으로 부상하고 있는 중국은 당분간 에너지 소비 규모가 확대될 전망이며, 이에 따라 중앙아시아 에너지 수출국들의 안정적인 경제 운용과 지속적인 경제성장을 가능하게 할 수 있을 것으로 전망된다. 부정적인 측면으로는 에너지 부문에서 시작된 중국과의 경제 관계 확대로 중앙아시아 정치, 경제의 취약성이 커질 수 있을 것이다. 이러한 두 지역의 에너지 협력은 중앙아시아 국내에서 에너지 안보 문제 제기와 자원 민족주의를 확대시킬 수 있을 것이다.

먼저, 중앙아시아의 에너지 안보 측면에서의 문제이며, 중국의 영향력 확대는 중앙아시아에 새로운 문제를 일으킨다. 무엇보다 에너지 수송로의 중국 의존이 발생할 수 있다. 중국으로의 에너지 수송로의 추가 건설을 통해 에너지 수출 규모가 점차 늘어날 것이며, 이것은 중앙아시아의 에너지 수출이 중국경제의 변동에 크게 영향을 받을 수 있다는 것을 의미한다.

이러한 중앙아시아 에너지 안보 문제는 중앙아시아내의 민족주의 발생과 확산으로 연결될 수 있다. 현재 중앙아시아 국가들에서 자국 에너지 산업 보호에 관한 논의와 정책들이 추진되고 있다. 더구나 에너지 개발 초기에 필요한 대규모 투자가 상당 부분 이루어졌으며, 에너지 수출 루트가 확보된 상황에서 이러한 에너지 보호 움직임은 각국의 에너지 정책에 크게 영향을 줄 수 있다. 이미 키르기즈 공화국에서는 중국이 광산을 개발하고 있는 지역에서 주민들의 시위가 여러 차례 일어나기도 했다. 중

---

10 이 글에서는 파이프라인을 통한 에너지 협력의 특성에 따라 '광의의 유라시아 지역' 개념을 적용하여, 유라시아 지역을 러시아, 중앙아시아에 EU, 중국을 포함하여 사용한다.

국기업들이 현지에 몇 개 광산의 개발권을 갖게 되었고, 이것은 인근 지역주민들의 시위로 이어졌다. 이러한 시위는 결국 정책에도 반영되어 중국의 에너지, 광물 기업의 투자에 반대하는 정책 추진으로 나타날 수 있을 것이다.

중앙아시아 민족주의는 중국 노동자의 중앙아시아 유입 확대와도 관련되어 있다. 중국의 에너지 개발, 송유관, 가스관 건설, 에너지 플랜트 건설 현장에 중국인들이 유입되고 있고 이것이 중앙아시아의 사회문제로 대두되고 있다. 이에 따라 중국인들의 불법 이주에 반대하는 '키르기즈 보호'라는 대중운동이 전개되기도 하였다. 에너지와 관련은 없으나 중국인의 유입이 많은 타지키스탄에서도 이슬람 부흥당과 같은 정당에서 중국인 유입에 반대하는 운동이 벌어지고 있다. 타지키스탄의 정부공식통계에 따르면 2007년부터 2010년까지 유입된 중국인 노동자 수가 약 8만 2,000명에 달하고 있다. 2011년에는 정부가 중국인들에게 2,000 ha에 달하는 농지를 임대하였고, 지역주민들이 이에 반발하기도 하였다(박지원, 2013). 이러한 움직임들은 그동안 지속적으로 협력이 확대되어온 중앙아시아와 중국의 에너지 협력에도 부정적인 영향을 미칠 가능성이 있을 것으로 예상된다.

둘째, EU의 에너지 부문에 대한 영향이다. 중앙아시아는 EU의 매우 중요한 에너지 협력 대상이다. 특히, 향후 카스피해를 통한 에너지 수입 가능성을 고려할 경우, 그 중요성은 더욱 커진다. EU의 대중앙아시아 지역과의 에너지 협력에서 중요한 비중을 차지하는 것은 카자흐스탄이다. 2012년 기준으로 카자흐스탄은 EU의 여섯 번째 석유 수입국이며, 그 비중은 5.1%에 이른다. 2013년의 자료에서는 수입 비중이 7%로 확대되었으며, 러시아, 노르웨이, 사우디아라비아, 나이지리아 다음으로 다섯 번째의 위치를 차지하였다.[11] 다음 〈그림 10〉에서와 같이 EU의 석유 수입에서 카자흐스탄의 석유 수입이 차지하는 비중은 점차로 증가해왔다. 마찬가지로 아제르바이잔의 비중도 급격하게 증가하고 있음을 알 수 있다.

그동안 EU는 카스피해의 가스를 도입하기 위해 나부코 프로젝트를 추진해 왔으나, 이 프로젝트는 재정적인 문제로 추진되지 못하고 있다. 현재는 카스피해의 아제르바이잔의 천연가스를 터키를 거쳐 유럽으로 수송하는 사업인 TANAP^{Trans-Anatolian}

---

11 http://ec.europa.eu/eurostat/statistics-explained/index.php/Trade_in_energy_products(검색일: 2015.4.27)

표 3   EU의 국가별 석유 수입 비중(단위: %)

	2002	2003	2004	2005	2006	2007	2008	2009	2010	2011	2012
러시아	29.5	31.2	32.5	32.9	33.8	33.7	31.8	33.5	34.7	34.8	33.7
노르웨이	19.3	19.1	18.7	16.8	15.4	14.9	15.0	15.1	13.7	12.5	11.1
사우디아라비아	10.1	11.2	11.3	10.5	9.0	7.2	6.8	5.7	5.9	8.0	8.8
나이지리아	3.5	4.2	2.6	3.2	3.6	2.7	4.0	4.5	4.1	6.1	8.2
리비아	7.4	8.4	8.8	8.7	9.1	9.7	9.9	8.9	10.1	2.8	8.2
카자흐스탄	2.4	2.7	3.3	4.4	4.6	4.6	4.8	5.3	5.5	5.7	5.1
이라크	3.0	1.5	2.2	2.1	2.9	3.4	3.3	3.8	3.2	3.6	4.1
아제르바이잔	1.0	1.0	0.9	1.3	2.2	3.0	3.2	4.0	4.4	4.9	3.9
알제리	2.7	3.0	3.3	3.5	2.5	1.9	2.5	1.6	1.2	2.6	2.9
기타	21.1	17.7	16.4	16.5	16.8	18.9	18.7	17.6	17.1	19.1	14.0

자료: EUROSTAT

Natural Gas Pipeline와 TAPTrans-Adriatic Pipeline가 추진되고 있다.[12] TANAP 프로젝트에는 BP가 참여하고 있다. 향후 이 가스관과 카스피해를 통해 투르크메니스탄의 가스관을 연결하는 카스피해 횡단가스관TCP:Trans Caspian Pipeline이 건설될 경우, EU와 중앙아시아간의 에너지 협력은 유라시아의 에너지 시장에 큰 영향을 줄 수 있을 것이다. 이를 통해 중앙아시아는 EU의 에너지 수입 다변화를 가능하게 하여 에너지 안보를 실현하게 하는 지역이 될 것이며, EU는 중앙아시아 지역과의 협력을 통해 러시아를 비롯한 다른 지역으로부터의 석유, 가스 수입을 줄일 수 있을 것이다. 또한 중앙아시아로서도 EU와의 협력을 통해 카스피해, 흑해, EU로 연결되는 새로운 안정적인 에너지 수송로의 개발이 가능하다는 점에서 의미가 있다(Yu Xichao, 2014).

그러나, 최근의 중앙아시아와 중국의 에너지 협력은 향후 중앙아시아와 EU의 에너지 협력, 특히 카스피해를 횡단하는 에너지 수송로의 건설에는 부정적인 영향을 줄 것으로 평가된다. 중앙아시아 최대 가스 생산국이며, 카스피해횡단가스관의 가스 공급대상국인 투르크메니스탄은 2014년 693억 m^3의 가스를 생산하여, 277억 m^3를 소비하고, 중국에 255억 m^3의 가스를 공급하였다(BP, 2015). 투르크메니스탄은 중국에 점차로 수출량을 늘려 400억 m^3에 달하는 가스를 공급할 계획이다. 따라서 향후 EU로 수출할 수 있는 가스량이 충분하지 않다고 할 수 있을 것이다. 더구나 투르크메니

---

12   TANAP은 아제르바이잔의 가스를 터키로 공급하는 프로젝트이며, TAP은 그리스, 이탈리아를 연결하는 가스 프로젝트.

스탄은 이란으로의 수출량을 확대하고 있는 추세이다. 이에 따라 카스피해를 거쳐 중앙아시아의 에너지 수입을 기대하는 EU의 중앙아시아와의 에너지 협력은 보다 장기적인 차원의 프로젝트로 미뤄질 가능성이 높은 것으로 평가된다.

셋째, 러시아 에너지 부문에 대한 영향이다. 중앙아시아와 중국의 에너지 협력은 러시아 에너지 부문에 영향을 줄 것이다. 러시아는 2000년대 후반까지 중앙아시아의 에너지 수출의 일방적인 통로로서 거의 독점적인 위치에 있었으며, 이를 통해 강력한 정치, 경제적 영향력을 가지고 있었으나, 향후 새로운 환경에 직면할 것으로 전망된다.

러시아는 중앙아시아로부터 석유나 가스를 수입하여 유럽에 공급하고 있다. 따라서 중앙아시아와 중국의 에너지 협력 강화는 러시아와 중앙아시아의 에너지 협력 감소로 연결될 수 있다. 이와 관련하여 2007년 12월 러시아, 카자흐스탄, 투르크메니스탄 정부가 카스피해 연안을 따라 3국을 연결하는 1,600 km에 달하는 가스관을 2012년까지 건설하기로 합의했으나, 건설되지 못한 사례가 있다.[13] 이 가스관은 러시아를 비롯한 참여국들의 투자 미비로 건설되지 못했으나, 중앙아시아와 중국의 가스관 건설에 영향에 받은 것으로 평가되기도 한다. 향후 TANAP, TAP가 추진될 경우, 유럽의 러시아로부터의 가스 수요는 점차 감소할 것으로 예상된다. 러시아는 2000년대 중반부터 우크라이나를 거치지 않고 흑해를 통해 남동부 유럽 지역으로 가스를 공급하는 사우스 스트림을 추진했으나, EU의 반대로 인한 불가리아의 불참 선언으로 2014년 말 프로젝트 중단을 선언하기에 이르렀다.

또한 최근 러시아와 중국의 에너지 협력의 진전은 중앙아시아와 중국의 에너지 협력 확대에 영향을 받은 측면이 있다고 할 수 있다. 러시아와 중국은 그동안 석유 도입, 가스 협상 등 협력을 진행해 왔는데, 최근 양국의 협력에 큰 진전이 있었다. 석유 부문에서 2013년 중국 CNPC는 러시아 로스네프트와 향후 25년간 2,700억 달러의 공급 계약을 맺고 200억 달러를 지급했다. 가스 부문에서 러시아와 중국은 10여 년 동안 에너지 협상을 진행해 왔으며, 2014년 5월에 협상을 마무리되었다. 중국은 러시아로부터 2018년부터 매년 380억 m³의 러시아 천연가스를 30년간 공급받게 된다.[14]

향후 미국으로부터의 에너지 수입을 비롯한 수입지역 다각화로 유럽으로의 러시

---

13 http://www.newsru.com/finance/13may2009/prikasryi.html(검색일: 2015.6.12)

14 http://www.vedomosti.ru/business/articles/2014/01/16/;
   http://www.vestifinance.ru/articles/43013 (검색일: 2015.4.27)

아 에너지 수출 감소가 예상되는 상황에서 러시아는 새로운 에너지 수출 지역이 절대적으로 필요한 상황이다. 이미 러시아의 전체 에너지 수출에서 유럽에 대한 수출 비중은 감소되어 왔다. 석유의 경우, 2005년의 80.5%에서 2012년에는 70.5%로 감소되었으며, 가스의 경우에도 2005년의 77.6%에서 2012년에는 70.9%로 비중이 줄어들었다.[15]

러시아는 중국과 동부 지역에서의 가스관 건설을 통한 가스 공급계약을 체결한데 이어, 서부 지역에서도 알타이 지역을 통해 중국으로 가스를 공급하는 계약을 추진할 계획이다. 이처럼 중앙아시아와 중국의 에너지 협력 확대는 러시아와 유럽의 에너지 협력 축소의 상황에서 러시아가 중국과의 에너지 협력을 급속하게 추진하는 계기가 되었다고 할 수 있을 것이다.

이상에서 살펴본 바와 같이 중앙아시아와 중국의 에너지 협력 확대는 중앙아시아, 러시아, EU의 에너지 협력 관계와 정치, 경제 관계에 영향을 주었다. 국제 에너지 협력 사업의 추진에 긴 시간과 막대한 비용이 들어가며, 더구나 여러 나라들 간의 정치, 경제 관계를 고려한 합의와 계약이 이루어져야 한다는 측면에서 당분간 앞에서 살펴본 국가들 간의 에너지 협력 구도에는 큰 변동이 없을 것으로 평가된다.

V. 맺음말

본문에서 살펴본 바와 같이 중앙아시아와 중국의 에너지 협력을 통해 중앙아시아 국가들은 안정적인 수출대상지역을 확보했으며, 중국은 안정적인 에너지 공급처를 확보했다. 이것은 러시아, EU와 같은 주변지역의 에너지 협력에도 큰 영향을 주고 있다. 중앙아시아 에너지 자원이 EU로 향하는 에너지 통로로서의 러시아의 역할은 점차 감소하게 되었고, 카스피해 횡단 가스관 건설과 같은 EU의 대중앙아시아 에너지 프로젝트를 추진하는 것은 당분간 어려워질 것으로 전망된다.

중앙아시아와 중국의 에너지 협력은 유라시아 정치, 경제적 역학구도에도 영향을

---

15 EUROSTAT(검색일: 2015.6.10)

주고 있다. 카자흐스탄, 투르크메니스탄, 우즈베키스탄이 각각 정도의 차이는 있으나
기존에 밀접한 에너지 협력을 맺고 있던 러시아로부터의 경제적 영향력이 약화되는
결과를 가져올 것이다. 이를 통해 정치, 사회적으로도 점차로 러시아의 중앙아시아에
대한 영향력이 줄어들 가능성이 높아졌다고 할 수 있다. 반면 중국과의 관계가 밀접
해지며, 중앙아시아 에너지 수출국에 대한 중국의 영향력이 확대될 가능성이 높아졌
다. 이미 중앙아시아에 대한 중국의 영향력은 경제적인 측면을 넘어서 정치, 사회적
인 영역으로까지 확대되고 있다. 또한 동북아시아 지역으로 LNG 공급 확대, 미국의
세일가스 수출, 극동러시아 지역의 에너지 생산 확대가 진행되어 구매자 주도의 에너
지 시장이 형성될 경우, 중국의 대중앙아시아 영향력은 보다 커질 것이다. 이에 따라
향후 중앙아시아 에너지 수출국들은 중국의 영향력 확대를 극복해야하는 과제를 갖
게 되었다고 할 것이다.

이상과 같이 중앙아시아와 중국의 에너지 공급, 에너지 개발에 대한 투자, 에너지
관련 금융협력 등을 포함한 에너지 협력의 확대는 중앙아시아를 둘러싼 국제 에너지
협력 구도에 큰 변화를 가져올 것으로 전망된다. 이러한 변화가 향후 중앙아시아 에
너지 수출국들의 정치, 경제, 사회 발전에 어떤 영향을 끼칠 것인지 여부가 주목된다
고 할 수 있다.

:::참고문헌

김연규·유철종. 2009. 「EU의 러시아 에너지 의존 탈피전략과 정책: EU 시각」, 『슬라브학보』. 제 24
　　권 4호.
박지원. 2013. 「중국과 중앙아시아의 경제협력강화와 반중국정서 대두」(11월 16일), 대외경제정책
　　연구원.
에너지경제연구원, 2013. 「세계에너지시장 인사이트」(7월 26일).
이권형·강부균·이시은, 2012. 「주요국의 셰일가스 개발동향과 시사점」, 오늘의 세계경제(6월 28
　　일). 대외경제정책연구원.
조영관. 2012. 『중앙아시아 에너지 수출국 국부펀드의 특징과 시사점』. 대외경제정책연구원.
조정원. 2011. 「러·중 에너지 관계의 변화」, 『슬라브학보』, 제 26권 3호.
주진홍. 2012. 「아시아개발은행과 우즈베키스탄의 태양에너지 산업 협력 현황과 시사점」(3월 16
　　일). 대외경제정책연구원.

Alex Mannheimer, 2014. *Kazakhstan Energy Analysis*. Kashagan Today. June 21. http://
　　kashagan.today/?p=1705(검색일: 2015.5.28).
BP. 2014a. *Statistical review of world energy*.
BP. 2015. *Statistical review of world energy*.
BP. 2013. *Energy Outlook 2030*.
BP. 2014b. *Energy Outlook 2035 China*.
David Kemme. 2012. "Sovereign Wealth Fund Issues and The National Fund(s) of Kazakh-
　　stan." 12 August. *William Davidson Institute Working Paper*. No1036.
EIA. *Annual Energy Outlook 2015*.
Henrik Bergsager. 2012. "China, Russia and Central Asia: the energy dilemma." *FNIreport-
　　16*FRIDTJOF NANSENS Institute.
Onur Cobanli. 2014. "Central asian gas in eurasian power game." *Energypolicy*.
Yu Xichao, 2014. "China's rise in central asia," March. European Institute for Asian Studies.
Wu. K.. 2014. "China's energy policy: oil and gas." *Energypolicy*.
Xiaoqin Chen. 2012. "Central asian factors in energy relationship between china and russia,"
　　Asiansocialscience. June.
Zhuwei Wang. 2015. "Securing energy flows from central asia to china and the relevance of
　　the energy charter treaty to china." Energy charter secretariat.
http://www.eia.gov/countries/cab.cfm?fips=ch(검색일: 2014.2.10)
Исследованиепримененияпередовыхтехнологийвобластиэнергоэффективностиивозобновляе
　　мыхисточниколэнергиивстранахцентральнойазии 2013. UN.

Попов С.П. 2013. "Газовая промышленность Китая: новый ресурс развития." No 2. *Пространственнаяэкономика*.

Резникова О. Б. 2014. "Нефть и газ центральной азии: разворот на рынок КНР." под ред. С. В. Жукова. *ЦентральнаяАзиярольвперестройкемировыхрынковнефтииприродногога за* М.: ИМЭМО.

http://www.swfinstitute.org/fund-rankings/(검색일: 2015.4.27)

http://www.newsru.com/finance/13may2009/prikasryi.html(검색일: 2015.6.12)

http://ca-news.info/2009/06/25/45(검색일: 2015.4.28)

http://www.vedomosti.ru/business/articles/2014/01/16(검색일: 2015.4.27)

http://www.vestifinance.ru/articles/43013(검색일: 2015.4.27)

EUROSTAT(검색일: 2015.6.10)

12장

중국인의 카자흐스탄 이주의
양상과 특성

고가영

I. 들어가는 말

오늘날 눈부신 경제 성장에 힘입어 놀랍게 부상하고 있는 중국은 이주의 측면에서
도 매우 중요한 나라이다. 중국인[1]들은 역사상 가장 활발한 이주자로서, 세계 최대 규
모의 대표적인 이주민이기도 하다.[2] 더구나 1978년부터 시행된 중국 정부의 개혁 개
방 정책과 2003년부터 시행된 '밖으로 달려 나가기' 정책으로 인해 중국인의 국외이
주 규모는 점점 확대되고 있다.

사람의 이동, 이주는 정치적·경제적·문화적·인구학적인 현상들이 복합적으로 얽
혀있는 주제로서, 21세기의 '메가트렌드'라 할 수 있다. 국제이주기구(IOM, International

---

* 이 글은 『서양사학연구』 33 (2014)에 게재된 논문을 본서의 편집 취지에 맞도록 수정·보완한 것입니다.

1 이글에서의 중국인은 한족만을 의미하는 것이 아니라, 중국 국적을 가진 사람들을 의미한다.

2 중국 정부는 중국인 디아스포라 숫자를 1950년대에는 1,300-1,500만으로, 1980-1990년대에는
   2,500-3,000만 명, 2000년대에는 4,000-5,000만 명으로 추정하고 있다(정신철, 주경홍, 2003:
   91).

Organization for Migration의 자료에 의하면, 현재 국제이주자는 2억 3천만 명이 넘는다.[3] 반기문 유엔 사무총장이 2015년 이후 개발의제Post-2015 Development Agenda[4]에 기아와 기후 문제와 더불어 '이주의 긍정적 효과 촉진'을 포함시킬 것을 제기한 것도 현대 사회에서 이주가 얼마나 중요한 문제인가를 보여준다고 할 수 있다.

이 글에서는 이러한 세계적인 이주의 흐름 속에서 중국인의 국외 이주의 한 부분을 형성하고 있는 카자흐스탄으로의 이주를, 중국의 부상에 따른 중앙아시아에서의 영향력 확대와 관련하여 살펴보고자 한다. 이 글에서 살펴볼 중국인의 이주 정착국, 혹은 경유국인 카자흐스탄은 이주사에서 매우 독특한 위치를 차지하고 있는 나라이다. 제정 러시아시기부터 중앙정부는 투르크 민족적 동질성을 갖고 있던 이 지역에 범투르크주의가 심화되는 것을 막기 위해 에스닉 러시아인인 '루스키Русский'를 비롯한 여러 민족들을 정책적으로 이주시켰다. 이후 스탈린 시기에는 국경지역의 다양한 민족들을 카자흐스탄을 비롯한 중앙아시아로 대규모로 강제이주 시켰다. 이러한 중앙정부의 이주정책으로 인해 카자흐스탄은 인위적으로 민족구성이 뒤얽힌 지역이 되었다.[5]

이와 같은 역사적 배경은 현재 카자흐스탄을 활발한 이주민 유입국이자 동시에 유출국인 특성을 지닌 국가로 만들었다. 또한 카자흐스탄은 지정학적 위치로 인해 이주 경유국으로 활용되기도 한다. 유입국이라는 측면에서 볼 때 카자흐스탄은, 해외의 자국민 디아스포라의 귀환이주를 국가적 정책차원에서 적극적으로 권장하는 나라이

---

3   IOM의 평가에 따르면, 국내 이주자까지 포함한다면 전 세계에서 10억 명 정도가 이주자이다. http://iom.or.kr/?page_id=2356

4   반기문 사무총장이 제안하는 beyond 2015 개발의제 1. Eradicate poverty in all its forms (빈곤 근절) 2. Tackle exclusion and inequality (불평등 해소) 3. Empower women and girls (여성 역량강화) 4. Provide quality education and lifelong learning (양질의 교육 제공) 5. Improve health (보건 증진) 6. Address climate change (기후변화 대응) 7. Address environmental challenges (환경 난제 대응) 8. Promote inclusive and sustainable growth and decent employment (지속가능한 성장과 양질의 일자리 증진) 9. End hunger and malnutrition (기아 근절) 10. Address demographic challenges (인구 문제 대응) 11. Enhance the positive contribution of migrants (이주의 긍정적 효과 촉진) 12. Meet the challenges of urbanization (도시화 문제 직면) 13. Build peace and effective governance based on the rule of law and sound institutions (효율적인 거버넌스 구축) 14. Foster a renewed global partnership (글로벌 파트너십 촉진) 15. Strengthen the international development cooperation framework (국제 개발협력체제 강화)

5   1897년 지금의 카자흐스탄 지역에 카자흐인들의 비율은 82%였으며, 1989년에 40%, 2001년에 53%였다(Anderson et al., 201: 469).

다. 오늘날 중국 신장-위구르 자치주 지역에 거주하고 있는 에스닉 카자흐인 오랄만 oralman들은 카자흐스탄 정부의 귀환 이주 정책의 주요한 대상자 중 하나이다. 아울러 독립 이후 중앙아시아의 다른 나라들과 비교해 볼 때 현저한 경제 성장을 이룩한 카자흐스탄으로 인근 국가들에서 노동 이주자들이 대거 유입되고 있기도 하다.

유출국으로서의 특징은 1992년 독립이후 카자흐 민족 문화와 언어 부활정책의 강화로 인해 루스키를 비롯한 비카자흐 계 민족들이 카자흐스탄을 떠나기 시작한 점이다. 독립 직후 대량으로 유출 이주가 발생하자, 정부는 인구 유출로 인한 공백을 메우기 위해 인구 유입 제약을 완화시키는 정책을 시행하기 시작했다. 이처럼 인구유출 현상이 인구 유입을 촉진시키는 원인으로 작동하기도 했다. 한편 경유국으로서 특징은 유럽과 아시아 사이에 위치한 카자흐스탄이 유럽으로 진출하는 통로로서 중국인에게 매력적인 장소로 활용된다는 점에서 비롯된 것이다.

국내에서 중앙아시아 지역의 이주문제에 대한 기존 연구는 주로 중앙아시아로 강제이주 되었던 고려인의 재이주 문제(성동기, 2009; 이채문, 박규택 2003; 전신욱, 2007)나 결혼이주 문제(오종진; 2009)가 다루어졌다. 최근 송금 문제를 중심(김성진, 2013/2014)으로 중앙아시아 지역의 노동 이주에 대한 연구(김영진, 2012)와 중앙아시아인의 러시아로의 이주(기계형, 2009)에 대한 연구가 시작되고 있다. 또한 중국, 몽골, 우즈베키스탄에 거주하던 카자흐 디아스포라 오랄만 oralman들의 카자흐스탄 귀환에 관한 글에서 부분적으로 중국국적의 에스닉 카자흐들의 귀환이주가 다루어지기도 했으나(김상철, 2012), 아직까지 중국인의 중앙아시아 이주는 본격적으로 연구되지는 않았다.

해외에서도 중국인의 카자흐스탄으로의 이주는, 중국인의 러시아로의 이주에 대한 연구와 비교해 볼 때, 상대적으로 연구 성과가 적은, 연구의 기초를 닦고 있는 단계라고 할 수 있다. 카자흐스탄에서는 이 주제에 관한 연구들이 코지로바С.Б. Кожирова, 사돕스카야Е.Ю. Садовская, 스로쉬킨К.Л. Сырожкин 등을 중심으로 진행되었다(Кожирова, 2008; Садовская, 2007 · 2012a · 2012b · 2012c · 2015; Сыроежкин, 2010). 그런데 이들 사돕스카야를 비롯한 카자흐스탄 연구자들은 대체로 중국의 위협이 그다지 크지 않다고 평가하고 있다. 이는 이에 대해 부정적인 시각을 드러내는 미디어를 비롯한 일반적인 여론과는 차이를 보이는 것이기도 하다. 카자흐스탄 당국이 중국 정부와의 협력을 공식적인 노선으로 채택하고 있는 현재 상황에서, 연구자들의 이러한 평가는 정부의 공식적인 입장과 대치되는 견해를 주장하는 것에 대한 부담이 작용한 것으로 보인다.

이 글은 카자흐스탄으로 어떤 중국인이 언제, 어떻게, 왜 이동했는가를 중국의 부상과의 연관 속에서 그 특성을 파악하고자 한다. 이를 위해 우선, 중국인의 카자흐스탄으로의 이주의 원인을 유출 요인과 유입 요인을 통해 살펴볼 것이다. 그 다음으로 이주의 구체적인 양상을 이주 흐름의 시기적 특성에 따라 네 단계로 구분하여 각 단계의 특징을 분석해 볼 것이다.[6] 시기 구분의 분류 기준은, 1992년 카자흐스탄의 독립과 1994년 비자제도의 도입, 2000년에 시행된 중국의 서부 대개발 전략이다. 이러한 기준에 따라 첫째, 소연방의 일원으로서의 카자흐스탄연방공화국시기, 둘째, 주권국가로서 독립국이 된 시기(1992 – 1993), 셋째, 비자제도 성립시기(1994-1999), 넷째, 중국의 서부 대개발 전략이 수립된 2000년 이후부터 지금까지로 분류할 것이다. 이와 같이 구분된 각 단계의 이주의 양상과 특성을 살펴볼 것이다.

II. 중국의 이주 유출 요인과 카자흐스탄의 유입 요인

카자흐스탄은 2007년 기준으로 볼 때 세계에서 유입국 순위 9위 국가이며, 유출국 순위 7위 국가이다(Laruelle, 2013: 87). 1990년대와 2000년대의 카자흐스탄의 공식적인 이주의 균형은 다음의 표와 같다.

이 표에 따르면, 카자흐스탄은 독립 직후 전형적인 인구 송출국이었으나, 2004년을 기점으로 그 이후부터 인구 유입국으로 전환된다. 카자흐스탄이 이렇게 인구유입국으로 전환된 주된 원인은 카자흐스탄의 경제성장이라 할 수 있지만, 중국인들의 카자흐스탄으로의 이주가 활발해진 것도 원인 중 하나라고 할 수 있다. 2003년 중국 정부의 '밖으로 달려 나가기走出去' 정책 수행 이후 중국인들의 카자흐스탄 이주가 가속화되었다. 이러한 중국인들의 이주를 본격적으로 살펴보기에 앞서 먼저 중국에서 사람들을 밀어내는 요소인 이주의 유출 요인과 카자흐스탄의 끌어당기는 유입 요인을

---

6 주장환(2014)은 중국의 대중앙아시아 정책의 시기를 1991-1997; 1997-2000; 2001-2012로 세 단계로 구분하고 있다. 기준은 1998년 국제기구 '상하이5' 출범과 SCO를 기준으로 구분하고 있다. Сыроежкин(2010)은 카자흐스탄과 중국을 국경무역 상대에서 전략적 파트너로 발전하는 단계를 첫째 1980년대 중반 – 말, 둘째 1992 –1995, 셋째 1996-2000년 전반, 넷째 2000년 후반 – 2005년으로 구분하고 있다. Садовская는 시기구분이 아닌 이주의 성격에 따라 상업이주, 노동이주, 귀환이주로 구분하고 있다.

연도	유입이주	유출이주	이주 균형
1991	170,887	228,473	- 57,686
1992	161,499	317,760	- 156,261
1993	111,082	331,007	- 219,025
1994	70,389	477,068	- 406,679
1995	71,137	309,632	- 238,495
1996	53,874	229,412	- 175,538
1997	38,067	299,455	- 261,338
1998	40,624	243,663	- 203,039
1999	37,102	165,457	- 128,355
2001	34,400	104,300	- 69,900
2002	58,200	120,200	- 62,000
2003	65,600	73,900	- 8,300
2004	68,300	65,500	+ 2,800
2005	74,300	52,200	+ 22,100
2006	67,400	33,900	+ 33,500
2007	53,300	42,400	+ 11,000
2008	47,600	45,200	+ 2,400
2009	33,900	41,400	+ 7,500
2011	32,700	38,100	+ 5,400

(Agency for statics, Kazakhstan; Laruelle, 2013: 90)

몇 가지 짚어볼 필요가 있다.

첫째로 인구학적인 요인을 들 수 있다. 약 13억 5천만 명의 인구를 가진 중국은 현재 세계에서 가장 인구가 많은 나라이다. UN의 예측에 따르면, 2050년에 중국인구는 13억 9,520만 명이 될 것이며, 이에 비해 카자흐스탄 인구는 1,390만 명에 불과할 것으로 예상된다. 중국 전문가에 따르면 매년 1,200만 명이 중국의 노동시장에 신규로 유입된다. 신규로 유입되는 중국의 노동인구만으로도 카자흐스탄 노동 가능 인구 전부의 약 1.5배에 이른다(Sadovskaya, 2007). 중국에서 진행되고 있는 경제 개혁은 노동시장 안정화에 기여하고 있지만, 새로운 일자리가 수요를 전부 채우지는 못한다. 일자리에 대한 수요가 공급에 비해 약 2.5배 높다. 중국의 높은 실업률은 중국 내에서 이주의 강력한 밀어내는 요소로 작동한다.

반면 카자흐스탄에서는 1990년대에 대규모 유출 이주가 발생했으며, 이는 노동 시장에 막대한 부정적인 영향을 미쳤다. 이는 1991년~2005년까지의 카자흐스탄의 인구 변동표에서도 잘 나타난다.

카자흐스탄이 독립한 1992년을 시작으로, 1990년대에 카자흐스탄을 떠난 이주민

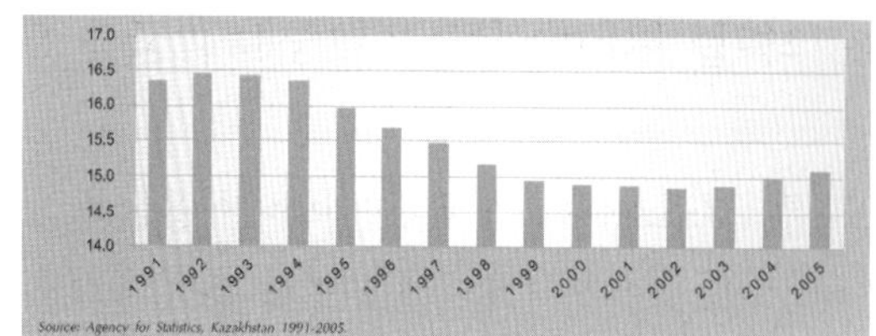

그림 1   1991~2005년까지 카자흐스탄 인구변동 표

은 약 240만 명 정도인데[7], 이들이 주로 떠난 곳은 러시아, 독일, 미국 그리고 이스라엘 등이었다(Anderson et al., 2011: 469; 김상철 2010: 154-155). 이 중 파악이 가능한 숫자는 200만 명 정도인데, 그 중 63-65%가 노동가능 연령층이었으며, 약 45%가 대학 학위를 가지고 있거나, 전문직 종사자였다(Sadovskaya, 2007: 150). 이러한 두뇌 유출로 인한 공백은 카자흐스탄의 경제가 회복되면서, 이후 강력한 이주민 유입요인으로 작용했다.

두 번째로는 민족적인 요인이다. 카자흐스탄의 해외 디아스포라가 가장 많이 거주하는 나라는 중국이다. 중국에 약 130만 여명이 거주하고 있고, 그 중 90% 이상이 신장-위구르 자치주에 거주하고 있다.[8] 이들은 소연방 해체이후 카자흐스탄이 독립국가가 되어 역사상 최초로 카자흐인들의 민족국가를 형성하게 됨에 따라 중국으로부터 카자흐스탄으로 귀환하기 시작했다. 이에 따라 카자흐스탄에서는 국외에 있는 '에스닉 카자흐'들의 귀환을 용이하게 할 수 있는 법적 근거가 1992년 6월 26일에 만들어졌다(Mendikulova, 2012: 18). 귀환이주가 활발하게 진행될 수 있었던 원인으로는 언어적 동질성과 문화적 친숙함이 크게 기여하였다. 그런데 중국으로부터의 귀환이주는 주로 유입 이주였으나, 위에서 언급한 바와 같이 카자흐스탄 내에 거주하던 소수민족들이 자신들의 역사적 고향인 이스라엘, 러시아, 우크라이나, 독일 등으로 떠나가는 귀환이주가 발생함으로써, 민족적인 요인 역시 이주 유입 원인이 된 것과 동시에 유출 원인으로도 작동했다.

세 번째로는 중간 경유지로서의 역할을 부각시키는 지경학적인 요인이다. 2013년을 기준으로 카자흐스탄을 거쳐 유럽으로 이동하는 중국 상품에 대한 중개무역으로 카자흐스탄은 연 1조 달러 이상의 수입을 얻고 있다.[9] 그런데, 카자흐스탄은 단순히

---

7   카자흐스탄 통계청 자료에 의하면 1992-1999년까지 카자흐스탄을 떠난 인구는 2,373,454명이지만, 사돕스카야와 같은 학자들은 약 310만 명으로 추산하고 있다.

8   2000년 인구조사에 의하면, 중국의 55개의 소수민족은 전체인구의 8.5%를 차지하고 있으며, 이들의 90%는 국경지역에 거주하고 있고, 이들의 거주면적은 중국 전체 영토의 64.3%이다(Clarke, 2007: 325). 일부 자료에는 중국에 거주하는 '에스닉 카자흐'를 4백만 명으로 명시하기도 한다. "Мигранты из Китая в Казахстане", *CHINA-TIMES. RU.* (2013. 10. 9) http://china-times.ru/migranty-iz-kitaya-v-kazaxstane/

9   Ibid.

상품이 거쳐 가는 중간 통로로 활용되는 것이 아니라, 이주의 중간 기착지로도 활용되고 있다. 통계에 의하면 중국에서 들어온 여행객의 1/4이 중국으로 돌아가지 않는다. 물론 이들 모두가 카자흐스탄에 남는 것은 아니다. 이들 중 일부는 카자흐스탄에 정착하고 나머지는 이곳을 통로로 활용하여 다른 나라들로 진출한다.[10] 중국인들에게 카자흐스탄은 이러한 중간 경유지로서 매우 매력 있는 이주지로 각광받고 있다.

네 번째로는 지정학적인 요인을 들 수 있다. 중국과 카자흐스탄은 1,782km의 국경을 공유하고 있는 인접 국가이다. 카자흐스탄의 독립 이후 두 나라는 경제 협력과 무역, 에너지와 투자, 국경과 세관 관리, 비자체계에 대해 제도적인 토대를 마련하기 위해 수많은 협정들을 체결해 왔다. 그런데 이제 막 러시아의 영향권으로부터 벗어나 독자적인 정책을 추진하고자 하는 신생 독립국가인 카자흐스탄과 개혁개방 정책의 성공으로 거대한 세력을 형성하고 있는 중국이 동등한 위치에서 지역적 협력 관계를 형성하는 것은 애초부터 한계가 있는 것이었다. 특히 경제성장에 자신감을 얻은 중국은 2000년대를 기점으로 더욱 적극적인 해외진출 정책을 추구하고 있다. 그 일환으로 카자흐스탄의 석유 회사 매입을 비롯한 에너지 분야에 대규모 투자를 하였으며, 파이프 라인 건설, 도로 건설 등의 인프라를 공격적으로 구축하고 있다. 중국의 적극적인 카자흐스탄 진출은 카자흐스탄으로 진출하는 중국인의 노동이주가 급격히 증가하는 추세를 통해서도 잘 드러난다.

이와 같은 양국의 인구 유입과 유출 요인들은 시기별 국가의 정책과 경제·사회적인 상황에 따라 다양한 특징들을 나타내고 있다.

Ⅲ. 중국인의 카자흐스탄 이주의 시기별 특징

1. 1992년 독립 이전: "보따리 무역"으로 인한 상업이주의 시작

중국과 카자흐스탄 두 나라는 밀물과 썰물의 흐름처럼 오랜 이주의 역사를 공유하

10　Ibid.

고 있다. 중앙아시아와 신장 지역은 목축 유목민들이 제국 러시아와 제국 중국의 변
방에서 두 나라의 국경을 넘나들면서 자유롭게 이동하던 지역이었다. 1917년 러시아
혁명이후, 그리고 스탈린의 강제적인 농업 집단화의 일환으로 카자흐 유목민에 대한
강압적인 정착 정책과 정치적인 박해를 피해 소련에서 중국으로 대규모 인구 이동을
감행했다. 이 시기 20만 명 정도의 카자흐인이 중국으로 유입되었다. 그 결과 1946년
에 신장에 거주하는 카자흐인은 약 44만 명이 되었다(Sadovskaya, 2012b: 87).[11]

그러나 1950년대와 1960년대에는 이주의 흐름이 역전되어 중국에서 발생한 기근
과 중국의 대약진운동을 피해서 위구르와 카자흐를 포함한 소수민족들이 카자흐스탄
을 비롯한 중앙아시아공화국들로 이주했다. 1961-1962년에 약 12만 명가량의 카자
흐인과 위구르 난민들이 카자흐스탄공화국 동부 지역으로 유입되어 정착하기도 했다.

그런데 이러한 두 나라 사이의 오랜 이주 흐름을 단절시킨 결정적인 충돌이 1969
년 3월에 발생했다. 이러한 충돌의 배경이 된 중소분쟁은 1956년에 소련 서기장 흐루
쇼프에 의해 시작된 스탈린 격하운동을 포함한 소련의 자유주의적인 개혁과 그로 인
한 미국과의 화해 무드에 대해 중국 공산당이 이를 수정주의로 맹비난하면서 촉발되
었다. 이러한 양국의 긴장관계는 흐루쇼프를 실각시키고 집권한 브레즈네프 시기에
더욱 첨예화되었다.

중소 분쟁의 절정은 1969년 3월 양국 간의 국경 분쟁 지역 중 하나인 다만스크 섬
Даманский остров, 진보도에서 무력충돌이 일어난 것이었다. 극동에 위치한 다만스크 섬에
서 1969년 3월 2일에서 16일까지 발생한 국경 분쟁으로 일어난 이 무력충돌로 인해
소련군은 58명이 사망했으며, 94명이 부상을 입었다.[12] 당시 다만스크 전투에서 중
국인의 인해전술로 수많은 중국인 희생자가 발생했다.[13] 이 사건 이후 양국의 국경
은 완전히 폐쇄되어 국경을 통한 지역민의 왕래는 완전히 단절되었다. 이 때 양국 간
에는 핵전쟁의 위협마저 감돌았다.[14] 당시 KGB장이었던 안드로포프는 "소연방이 동

---

11   현재는 앞에 언급한 것처럼 약 130만 명이 거주하고 있다.

12   http://www.opoccuu.com/damanskiy.htm

13   정확한 중국측 사상자는 알려지지 않았으나, 이 전투에 참가했던 한 러시아 병사는 몰려드는 중국
      인들을 향해 기관총을 발사하다가 총이 과열되어 불이 나기도 했다고 증언하고 있다. 2014년 10
      월 25일 안드레이 보리소비치 김 인터뷰 (우수리스크)

14   이는 미국에 의해 중재되었다. "СССР планировал ядерный удар по Китаю?" *Аргументы и
      факты*. 14/05/2010.

쪽에서 화약고 위에 놓여 있다"고 말할 정도로 중국의 위협에 대한 불안을 표명했었다. 1960년대 후반 소연방에서는 '황화'에 대한 두려움이 고조되고 있었고, 소비에트 시민들은 중국과의 국경분쟁이 전면적인 전쟁으로 확대되는 것을 두려워했다(나할일로 외, 2002: 246). 중소분쟁 당시인 1960년대 말 양국 국경에는 소련군 65만 8천 명과 중국군 81만 4천 명이 주둔했다(Аргументы и факты, 2010년 5월 4일). 양국의 전체 국경 4,380km 중 중국과 1,782km를 국경으로 마주한 카자흐스탄연방공화국에도 수많은 소련군이 주둔했으며, 핵무기를 포함한 군사시설이 배치되어 있었다. 카자흐스탄은 소련의 반중국 선전의 중심지였다. 이러한 무력충돌로 인한 양국의 긴장관계는 1980년대에 이르러서야 완화되었다.

1980년대 초반 중국 지도부는 정치적, 경제적, 문화적 문제들에 있어서 소련과 대화를 재개할 준비가 되어 있다고 선언했다. 중국이 소련과의 관계회복을 원했던 중요한 이유는 정치적인 측면 보다 경제적인 것이었다. 1950년대 소련의 도움으로 건설되었던 낙후한 중공업 시설물들을 재건할 필요가 있었다. 또한 소련과 중국 간의 무역은 주로 물물교환의 형태였기에, 외환거래 비용을 절감할 수 있으며, 운송비를 절감할 수 있는 것 등의 다양한 경제적인 이득이 있었다(Сыроежкин, 2010: 20). 중국 지도부의 선언은 성과를 거두어 안드로포프가 서기장으로 재임 중이던 1983년부터 양국의 국경무역이 재개되었다. 이때 국경무역을 위해 열린 두 개의 지역은 호르고스 Хоргос와 투르가트Тургат였다.[15] 1986년 1월에는 소련과 중국 신장위구르 자치주 사이에 무역 관계를 복원하는 조약을 체결했는데, 이는 중-소간 국경무역에 대한 첫 협정이었다. 이때 비록 양측의 거래량이 많은 것은 아니었으나, 협정을 체결한 자체는 지정학적으로 매우 커다란 의미를 갖는 것이었다. 소련과 중국의 국경지역이 전쟁을 촉발시킬 수 있는 긴장지역에서 벗어나게 된 것이다(Сыроежкин, 2010: 20, 22).

이후 양국 국민들의 상호 여행과 관련된 첫 번째 협정은 카자흐스탄이 아직까지

---

15 호르고스는 중국과 카자흐스탄 접경지역에 위치하고 있으며, 투르가트는 중국과 키르기즈 접경지역에 위치하고 있다. 호르고스는 세 가지 부문에서 중국에게 매우 중요한 지점이다. 첫째는 투르크메니스탄으로부터 중국으로 오는 파이프라인이 지나가는 중앙아시아의 거점이며, 둘째는 알마티, 아스타나, 카스피해 해안 그리고 러시아를 지나는 새로운 고속도로가 지나가는 지점이다. 그리고 세 번째는 2012년 11월에 완공된 중국과 카자흐스탄 사이의 철도가 지나가는 지점이다. 호르고스는 중국의 동쪽 해안과 러시아와 흑해-카스피해 지역을 통과해서 서유럽을 연결하는 주요한 연결고리 중 하나이다(Pantucci et al., 2013: 10).

소비에트 연방공화국 중 하나였던 1988년 7월, 모스크바에서 소련과 중화인민공화국 정부 사이에서 체결되었다. 이 협정의 결과로 중국 국민들에게 소련 여행의 문이 열리게 되었다. 1988년에는 기술-경제 협정이 체결되기도 했다(Сыроежкин, 2010: 24).

이를 기반으로 초기 이주의 물결을 형성한 것은 국경 지역의 보따리 상인들이 주도한 상업이주였다. 1988년에 소련과 중국 상호간에 비자 면제 제도를 체결한 이후 양국 국경지대에서 중국 소상인들의 이주 흐름이 대규모로 일어났다(Кожирова, :171). 1990년 초에 카자흐스탄으로 들어간 중국인 보따리 상인들은 중국 동쪽 지방의 소규모 수공업자들이 만든 의류와 양말을 팔았다. 비록 품질은 낮았지만, 이 상품들은 카자흐스탄의 독립 직후의 경제위기 상황과 1990년대의 낮은 생활수준과 생필품 부족으로 인해 수요가 매우 높았다. 이 기간의 상업이주는 '비합법적인' 속성을 갖는다. 보따리 상인들은 카자흐스탄 행정기구에 개인 사업가로서 등록되지 않았다.

보따리 무역의 초기 단계에는, 위구르인들이 결정적인 역할을 했다. 그들은 주로 카자흐스탄에 친척들이 있는 사람들이었다. 신장으로부터 1989년 이후 위구르인들은 카자흐스탄을 방문했을 때 러시아어의 중요성을 자각했다. 러시아어는 국경의 양쪽 지역에서 비즈니스와 개인적 소통에 매우 필요한 언어였다. 위구르인들은 러시아어를 습득했으며, 이후 이들은 중앙아시아에서 한족 중국인 상인들과 러시아어를 사용하는 상인들 사이에서 통역관과 중개인 역할을 했다. 카자흐스탄 국민이 된 위구르들은 다중언어 사용자가 되었다. 1991년에 국가가 시행한 인구 조사에 따르면 위구르의 81.3%는 위구르어를, 80.5%는 카자흐어 그리고 76.1%는 러시아어에 능통했다. 이는 그들의 중개자로서의 역할을 보여주는 척도이기도 하다(Sadovskaya, 2012c: 112).

양국 간의 관계는 점차 확대되어 1990년 11월 23일에 카자흐스탄소비에트 공화국 정부와 중국 신장위구르 자치주 인민 정부는 〈경제, 과학-기술 그리고 문화 협력 발전에 대한 협정 Соглашение о развитии экономического, научно-технического и культурного сотрудничества〉을 체결했다. 이처럼 두 나라의 관계가 문화 협력 분야로까지 확대되었으나 이 협정에는 협력 발전을 현실화시킬 구체적인 방안들은 결여되어 있었다. 보다 구체적인 협력 방안들은 1991년 7월 16일에 우루무치에서 당시 카자흐소비에트공화국의 대표 나자르바예프Н.А. Назарбаев와 신장-위구르 자치주 대표인 티무르 다바메트 Тимур Давамет가 조인한 〈카자흐스탄과 중국 신장위구르의 협력 원칙과 주된 발전 방향에 대한 협정Соглашение о принципах и основных направлениях развития сотрудничества между КазССР и СУАР КНР〉에서 마련되었다. 이 협정에서는 상품, 서비스, 자본의 이동을 위한 안정된 기반을 조성하는 것과 경제 협력을 강화할 것이 강조되었다. 1991년 8월에는 카자흐스탄 상업-여행단이 처음으로 신장을 방문했다(Сыроежкин, 2010: 26, 34).

이러한 협정들은 양국의 보따리 무역을 더욱 촉진시켰다. 중국인 보따리 무역 상인들이 카자흐스탄으로 지속적으로 들어왔을 뿐 아니라, 카자흐스탄인들이 중국에서 물건들을 들여와서 카자흐스탄에서 판매하기도 했다. 중국으로 건너간 초기 카자흐스탄인 보따리 무역상들은 주로 과거 소비에트 시기 국영 기관에서 근무했으나 소연방 해체 이후 실직된 사람들이었다. 이들은 주로 여성들이었으며, 보따리 무역만이 유일하게 돈을 버는 수단이었다. 이들의 목적은 가족들에게 음식, 옷, 병원비 등의 기본적인 것들을 제공하는 것이었다. 그러나 곧 이들 보따리 상인들 중 일부는 이를 통해 생활수준이 향상되었고, 그 결과 개인 사업들을 시작하기도 했다. 협정 체결 이듬해인 1992년에는 카자흐스탄인 보따리 무역상들이 대략 70만 명에 달했다(Sadovskaya, 2012c: 108).

이러한 초국경적인 보따리무역은 이후 규모가 감소되거나 형태가 전환되기는 했으나 소멸되지는 않았다. 중국 물품에 대한 수요가 지속되었고, 제도적인 규제가 엄격하지 않았기 때문에 중국인들은 값싼 소비재 상품들을 판매하기 위해 카자흐스탄으로 지속적으로 들어왔다. 심지어 중국인 보따리 상인들은 카자흐스탄을 중앙아시아의 다른 공화국들로 들어가는 거점으로 삼기도 했다(Сыроежкин, 2010: 26).

2. 카자흐스탄 독립 이후 (1992-1994): 귀환 이주

1991년 12월 16일 카자흐스탄이 독립을 선언하면서, 신생 독립국가가 된 것은 이주의 특성에도 커다란 영향을 미쳤다. 이 시기 이주의 특징은 독립을 기점으로 '에스닉 카자흐'인들의 귀환 이주가 본격화된 것이다. '에스닉 카자흐' 귀환자들을 카자흐스탄에서는 '오랄만oralman'이라고 부른다. 카자흐스탄 법률에서는 오랄만을 "외국 국적을 가지고 있거나 혹은 국적이 없는 영구히 해외에 거주하던 카자흐 후손들로서, 카자흐스탄 공화국이 주권국가가 되던 때에 카자흐스탄에 영주하기 위해 온 사람"이라고 규정하고 있다.[16]

16 December 1997 Law "On Migration"; and March 2002 Amendments to the Law "On Migration", accessed through 〈www.zakon.kz〉 in Sadovskaya(2007: 152).

소연방 해체 이전에는 외교관계 체결에 있어서 모스크바의 중앙정부가 규정한 범위 내에서 제한받았으나, 독립을 맞이한 신생 독립국인 카자흐스탄공화국은 이제 전권을 갖게 되었다. 자연스럽게 중국의 대 카자흐스탄 정책도 변해야만 했다. 중국은 1991년 12월에 카자흐스탄을 포함한 중앙아시아 국가들의 독립을 즉각 인정했고, 1992년 1월에 전격적으로 외교관계를 체결했다. 소연방의 와해로 중앙아시아 국가들이 러시아의 직접적인 영향권 하에서 벗어나게 됨으로써, 중국은 이 지역과 더욱 밀접한 관계를 맺을 수 있게 된 것이다. 아울러 중국은 중앙아시아의 독립으로 러시아와 중국 사이에 '완충지대'가 형성된 것을 환영했다(Сыроежкин, 2010: 29). 이러한 상황은 경제 개발 과정에서 점점 더 많은 에너지를 필요로 하게 된 중국에게 에너지 수급에 있어서도 러시아 의존도를 낮출 수 있는 좋은 기회를 제공했다.

중국과 카자흐스탄 두 나라는 세부적인 다수의 협정들을 체결했다. 그중에는 1992-1993년 사이에 체결한 국경 무역에 관련된 일련의 협정들도 포함되어 있었다. 여기에는 쇼핑 관광에 대한 협정과 중국과 카자흐스탄의 상호 방문에 대한 협정들도 포함되어 있었다. 1991-1993년 독립 직후 카자흐스탄은 심각한 경제위기를 겪었다. 이로 인해 물가는 폭등하고, 국민 대다수의 임금 수준은 하락했으며, 전반적으로 물자가 부족해진 상황과 부합하여 중국 상품들에 대한 수요가 더욱 증대되었다. 카자흐스탄의 대부분의 도시들에 중국 시장이 생겨났다. 이는 국경 지역에서의 다양한 이익을 허용하는 중국의 경제정책과도 일치했다. 이전 시기와 마찬가지로 중국 영토 내에 거주하는 위구르인이나 카자흐인들이 보따리 무역을 주도했다. 카자흐스탄 내에 친족들이 거주하고 있었던 이들의 상업 활동은 한족들과 비교해 볼 때 상대적으로 더 유리했다.

소연방의 와해는 중국에게 완전히 새로운 기회를 제공하기도 했지만, 중국은 이로 인해 새로운 위협에 직면하게 되었다. 중앙아시아 국가들이 신생 독립국이 됨에 따라 신장 위구르의 투르크계 민족의 독립에 대한 요구가 강화되었다. 중국은 자국 내 신장 위구르 자치주에서 범투르크주의, 정치적인 이슬람 세력에 의한 종족적인 분리주의 영향이 팽배하는 어려운 상황에 직면하게 되었다. 중국 내부에서는 이같은 중앙아시아 독립의 부정적인 영향이 신장 위구르 자치주로 흘러들어오는 것을 방지하기 위한 방책으로 신장-위구르의 경제 개발을 더욱 심화시켜야 한다는 주장이 제기되었다. 아울러 이러한 위기를 기회로 삼아 중앙아시아에서의 중국의 영향력을 더욱 확대시키는 계기로 만들어야 한다는 주장이 제기되기도 했다.

한편 독립국가가 된 카자흐스탄은 1993년부터 외국인 노동자를 고용하기 시작했다. 정부의 통계에 따르면 이때 2,100명의 외국인 노동자들이 고용되었는데, 이중

26.7%인 559명의 중국인 노동자들이 포함되어 있었다. 1990년대에 중국인 노동력의 비율은 미미한 것이었다. 1993-1995년에 매일 카자흐스탄으로 들어오는 중국인들은 150-200명(여행자로서 표시된)이고, 그 중 30-50명은 돌아가지 않았다. 즉 카자흐스탄에 정착했거나 CIS 혹은 서구 국가들로 떠났다(Sadovskaya, 2007: 152). 러시아 과학 아카데미 국민경제 예측 연구소Институт народнохозяйственного прогнозирования Российской академии наук의 전문가들에 따르면, 1993-1995년 3년 동안 13만-15만 명 이상의 중국인 이주자들이 카자흐스탄으로 들어왔다.[17]

또한 카자흐스탄 독립으로 촉발된 귀환이주는 소비에트 시기의 인구 정책으로 인해 '에스닉 카자흐'들의 비율이 현저히 낮아진 것[18]을 만회하기 위한 카자흐스탄 당국의 필요에 의해 더욱 활발해졌다. 아울러 소연방 시기 연방정부의 정책으로 문화적인 러시아화(소비에트화)가 진행되어 카자흐 언어를 비롯한 전통 문화의 기반이 약해져 있는 상황에서 카자흐스탄 당국은 귀환자들이 카자흐의 언어와 문화의 부흥에 기여해 줄 것을 기대했다(OKA, 2013: 1). 이들 귀환이주자들(오랄만)에 대한 연간 유입 이민 할당에 대한 제도가 1993년에 만들어졌으며, 중국인 카자흐들은 1994년부터 이 할당제를 통해 카자흐스탄으로 유입되었다(Sadovskaya, 2007: 158). 1991년부터 시작된 귀환이주는 2000년대 카자흐스탄의 경제성장 이후 더욱 가속화되었다(Mendikulova, 2012: 19). 1991년부터 2012년 초까지 86만 명 이상의 '에스닉 카자흐'들이 중국을 포함한 인근의 여러 나라들에서 그들의 역사적인 고향인 카자흐스탄으로 귀환했다.[19] 약 20여년간 카자흐스탄으로 귀환한 '에스닉 카자흐'의 수와 출신국가는 다음 표에서 알 수 있다.

표 2 1991년 상반기 – 2011년 10월까지 카자흐스탄으로 귀환한 '에스닉 카자흐'

출발국	가족	%	개인	%
우즈베키스탄	133,970	60.5	519,734	60.4
몽골	22,920	10.4	113,705	13.2
중국	28,000	12.6	90,881	10.6

17 "Китайская миграция в Казахстан: определено ли будущее этого феномена?" http://www.analitika.org/ca/national/1512-20060602031543867.html

18 카자흐스탄 내에 '에스닉 카자흐' 비율이 1959년에 30%, 1960년대 초에는 29%, 1970년에 32.6%, 1989년에는 36%였다(고재남, 1991: 372).

19 2009년 인구조사를 기준으로 카자흐스탄 전체 인구는 1,600만 명이며, 그 중 1,010만 명이 '에스닉 카자흐'인 상황에서 이들 귀환자들은 매우 중요한 비중을 차지하고 있다(OKA, 2013: 1).

출발국	가족	%	개인	%
투르크메니스탄	16,517	7.5	64,862	7.5
러시아	11,433	5.2	36,357	4.2
타지키스탄	2,760	1.2	11,684	1.4
키르기스스탄	2,559	1.2	9,248	1.1
이란	1,149	0.5	5,985	0.7
터키	906	0.4	3,511	0.4
다른 CIS 국가들	355	0.2	934	0.1
기타 외국	789	0.4	3,549	0.4
총계	221,358	100	860,450	100

(Agency on Statistics of the Republic of Kazakhstan)[20]

카자흐스탄 통계청 자료에 근거한 이 표에 따르면, 1991년 상반기부터 2011년 10월까지 가족 단위로 귀환 이주를 감행한 '에스닉 카자흐'들은 221,358가구였다.[21] 이들 중 중국으로부터 온 가정은 우즈베키스탄에 이어 두 번째로 많은 28,000가구였다. 중국에서 온 귀환이주자들은 가구 수로는 몽골의 귀환이주자들보다 많았으나, 중국의 산아제한 정책으로 인해 가구당 인원은 몽골보다 적었다.

3. 중국의 에너지 분야 투자 형성과 이주의 제도화 (1994-1999)

1994년 카자흐스탄과 중국 사이에 비자제도가 도입되었다. 이는 카자흐스탄이 독립국가로서 제도적인 정비를 시행할 역량을 갖추게 되었다는 것을 의미하는 것이었다. 카자흐스탄의 여권과 비자 관리부서의 자료에 따르면, 카자흐스탄과 중국 사이에 비자제도가 도입된 1994년에 4-5만 명의 중국인 상인들이 알마티에 거주했다 (Кожирова, 2008: 172).

그런데 1990년대 중반은 점차 에너지 수요가 증가하는 중국이 카자흐스탄의 에너지 산업분야로 진출을 시작하는 시기였다. 1994년 리펑李鵬 총리가 향후 중앙아시아

---

20 Agency on Statistics of the Republic of Kazakhstan, Collected Data 1991- 1st October 2008; // Kazakh Eli. 2009, Nauryz - 24th. - No.5-6. in Mendikulova(2012: 19).

21 이들 중 약 127,700가구가 이민법 쿼터에 의해 입국한 가구였으며, 약 94,200가구는 이민법 쿼터와 무관하게 입국했다(Kalshabayeva, Seisenbayeva, 2013).

와의 협력의 원칙으로 새로운 실크로드의 건설을 공식적으로 언급하면서, 두 나라는 무역, 투자, 에너지 및 자원 개발 관련 프로젝트, 교통 인프라 관련 프로젝트 부분에서 적극적으로 협력하기 시작했다(주장환, 2010: 227-228). 1994년은 중앙아시아 각국과 중국이 철도 연결에 관한 협정을 체결한 해이기도 하다.

1995년 초에는 카자흐스탄의 나자르바예프 대통령이 중국과의 관계가 외교정책의 중요한 핵심요소임을 주장했다(Laruelle et al., 2012: 97). 이러한 분위기 속에서 1995년에는 중국이 카자흐스탄의 해운을 따라 카자흐스탄 국경을 지날 수 있는 운수협정이 체결되었다. 1997년에는 에너지 개발 관련 프로젝트의 일환으로 중국 석유공사CNPC, China National Petroleum Corporation가 카자흐스탄 국영석유회사인 악토베무나이가즈Актобемунайгаз의 지분 60%를 매입했다. 이 시기 중국은 소연방시기 단절되었던 실크로드의 복원에 초점을 맞추면서 상호 이익을 강조하며 자국의 이익을 관철시키는 경제외교 전략을 구사했다.

이러한 중국의 무역과 에너지를 포함한 자원 개발협력 정책의 강화로 인해 중국인들의 이주의 경향은 다양해졌다. 1997년에 카자흐스탄 정부는 노동과 사회보장부the Ministry of Labor and Social Protection 산하에 이민국을 설치했다.[22] 이민국 자료에 의하면, 1997년 동-카자흐스탄 지역 이민국에 중국인 1,995명이 등록했다. 이들 이민국 등록자의 대부분은 공식적인 업무를 목적으로 온 사람들이었으며, 개인적인 여행, 사적업무로 온 사람은 매우 적었다. 반면 고용 이주의 규모는 증가했다. 중국이주자들의 지리적 분포 역시 카자흐스탄 국경지역에서 확대되어 알마티, 동 카자흐스탄 지역 등으로 점차 확산되었다. 또한 이 시기는 에너지를 중심으로 한 경제적 차원과 안보 영역에서의 협력을 시작하는 시기로서 다자협력관계를 제도화하려는 시도로써 1998년에 '상하이 5'라는 국제기구를 출범시키기도 했다(주장환, 2014: 56).

독립국가로서 제도적 정비를 마련한 이 시기 귀환이주와 관련된 정책 역시 발전했다. 특히 1996년에 유입이민법이 통과된 이후 이 법에 의해 모든 카자흐 귀환이주자들은 망명자와 동일한 신분을 취득할 수 있었다. 카자흐스탄은 이들 오랄만(귀환이주자)들을 위해 '누를르 코쉬Нурлы кош(светлый переезд)'라는 귀환 프로그램을 만들었다. 이 프로그램에 의해 10년 동안 중국으로부터 6만 5천명이 카자흐스탄으로 이주했다. 이

---

22 이 이민국(Migration Department, УПВР, Управление миграционной полиции)은 현재는 Agency of Migration and Demographic Policy로 부서명을 변경했다(Mendikulova, 2012: 19).

주자들은 이 프로그램에 따라 대출, 교통비 지급 등과 같은 혜택들을 받았다. 그런데 카자흐스탄 당국은 이들을 농촌지역에 이주시키려고 계획했으나, 이주자들은 대도시를 선호했다. 이들 귀환이주자들이 도시에서 값싼 노동력을 제공했으므로, 사회적인 갈등이 야기되기도 했다.[23] 2000년대 이후, 특히 2003년을 기점으로 중국의 국내 정치 변화에 힘입어 중국으로부터 귀환이주자들의 규모는 더욱 확대되었다(Mendikulova, 2012: 18).

4. 중국의 서부 대개발 전략에 따른 팽창과 이주 (2000-현재)

2000년대에 들어오면서 중국의 대 중앙아시아 전략은 보다 더 적극적인 방향으로 전환되었다. 이는 중국 공산당 지도부에 의해 1999년 후반에 채택되었으며, 2000년부터 시행된 '서부 개방전략Open up the West'에 의한 것이었다. 이 전략은 서부 대개발 정책을 의미하는 것으로서, 그 내용은 내수 시장의 확대와 지역 격차 완화를 위해 교통, 물류, 용수 등의 인프라 구축사업을 시행하는 것이었다. 이 정책의 초기 대상지역으로 2000년 12월에 신장 위구르 자치주를 비롯하여 12개 지역이 선정되었다. 그런데 2001년 9월에는 서부 대개발 정책 대상지역에 연변 조선족 자치주도 포함되었다.[24] 동북에 위치한 연변이 여기에 포함된 것으로 보아 이때 서부는 단지 지리적인 개념으로만 보기는 어렵다고 할 수 있다.

이와 연계하여 중국의 대외정책 역시 수동적이고 방어적인 것에서 적극적이고 공세적으로 변하기 시작했다.[25] 1978년 개혁개방 정책을 시행한 이후 중국 정부는 지속

23　"Мигранты из Китая в Казахстане" CHINA-TIMES. RU. 2013. 10. 9.
　　http://china-times.ru/migranty-iz-kitaya-v-kazaxstane/

24　서부 개발 대상 지역: the Xinjiang Uighur, Tibetan and Ningxia Hui Autonomous Regions, the provinces of Qinghai, Gansu, Shaanxi, Sichuan, Yunnan, Guizhou, the Inner Mongolia, Guangxi Zhuang Autonomous Regions, the Xiangxi Tujia-Miao Autonomous Prefecture, Hunan, the Enshi Tujia-Miao Autonomous Prefecture, Hubei and the Yanbian Korean Autonomous Prefecture, Jilin(Goodman, 2004: 320).

25　이는 덩샤오핑이 제시한 3단계 발전 전략에 따라 진행된 개혁 개방 정책이 경제성장을 바탕으로 형성된 자신감에서 나오는 것이라 할 수 있다(1단계 1981-1990, 2단계 1991-2000, 3단계 2001-2050).

적으로 외국 자본과 기술을 국내로 끌어들이는 전략을 펼쳐왔다. 그러나 이제 2003년 제16기 제4차 공산당 중앙위원회 전체회의에서 '밖으로 달려 나가기' 전략을 장려하기로 결정했다(주장환, 2010: 231-232). 중국은 이 전략을 특히 중앙아시아에서 적극적으로 펼쳤다. 2003년 봄에 카자흐스탄의 나자르바예프 대통령과 중국의 후진타오胡錦濤 주석은 2003-2008년까지 카자흐스탄과 중국의 협력 프로그램에 관한 일련의 협정을 체결했다. 특히 중국은 석유, 가스 분야의 협력을 전략적인 부문으로 여겨 매우 중시했다. 중국은 2003년에는 카자흐스탄의 석유회사인 악토베무나이가즈의 약 85%의 지분을 매입했고 부르자치Бузачи 유전의 지분 약 90%를 매입했다.

2005년에는 쿰콜Кумкол 유전을 보유하고 있는 페트로카자흐스탄ПетроКазахстан을 완전히 매입하기도 했다. 중국은 이처럼 자신들이 매입한 유전에서 자국으로 석유를 공급하기 위해 파이프 라인을 건설했다. 석유 파이프 라인 건설은 카자흐스탄과 중국 사이의 매우 큰 프로젝트였다. 아타수-알라샨코우Атасу-Алашанькоу 파이프 라인은 중국 정부의 자금으로 2005년 12월에 완성되었다. 그 결과 2011년에 중국은 카자흐스탄으로부터 1,090만 톤의 석유를 공급받을 수 있게 되었다(Попов, 2012).

이처럼 카자흐스탄에 대한 중국의 투자는 점차 확대되었고, 이로 인해 건설 부문도 활성화되었다. 그 중 대표적인 것이 2006-2008년 사이 아스타나에 건설된 중국 대사관과 베이징 팰리스 솔룩스 호텔Отель Пекин Палас Солюкс이다. 이 중 카자흐스탄 수도 아스타나 중심가에 2008년에 중국이 건설한 25층짜리 건축물인 베이징 팰리스 솔룩스 호텔의 상층부는 중국의 전통적인 건축양식인 기와로 장식되었다. 이 호텔 건물은 카자흐스탄 수도의 심장부에 중국의 진출을 보여주는 가시적인 거대한 상징물이 되었다.

이러한 대형 건축물의 건설 현장에는 중국인들이 엔지니어, 숙련된 기술자, 관리인 등 다양한 형태로 고용되었다. 이처럼 중국의 투자 확대는 중국인들의 노동 이주를 촉발시켰다. 실제로 아스타나에서 2007년에는 많은 중국인 노동자들이 고용되었다. 예를 들

그림 2　아스타나에 위치한 베이징 팰리스 솔룩스 호텔

어, 2006년에 카자흐스탄에 들어온 중국인 노동자는 5,008명(모든 외국인 노동자의 12.2%)이었으나, 2007년에는 8,095명으로 증가했다. 이는 중국인 노동자 수가 559명에 불과했던 1993년과 비교해 볼 때 14배나 증가한 것이다(Sadovskaya, 2012c: 115). 그러나 2009년에는 세계경제와 재정위기로 인해 잠시 주춤했으나, 대형 국가 프로젝트의 실행과 연결되어 중국에서 카자흐스탄으로의 노동이주는 이후 다시 증가하기 시작했다. 2010년에 중국이 매입한 악토베무나이가즈 회사 직원 7,670명 중 107명이 공식적으로 고용된 중국인 전문가와 노동자였다.

16년이 넘는 기간 동안 카자흐스탄의 외국인 고용에서 가장 커다란 비중을 차지한 나라는 터키였다. 그러나 2010년에는 중국이 그 자리를 차지했다. 중국인 노동자의 비율은 전체 외국인 노동력의 23.6%였다.[26] 이러한 중국인 노동력의 확대에는 중국의 서부지역과 서유럽을 연결하는 고속도로 건설이 크게 기여했다(Sadovskaya, 2012a: 6). 중국은 대규모 도로 건설 사업에 중국인 노동자들을 고용했으며, 이 때 주로 고용되는 중국인은 한족들이었다. 이처럼 대규모 건설사업 현장에서 노동의 효율성을 이유로 현지 카자흐인들이 아닌 중국인 노동자들을 고용하는 것은 현지 사회에 고용 창출의 효과로 이어지지 않는다는 불만을 야기시키는 원인이 되기도 했으며, 이는 반중국 정서들이 확산되는 원인을 제공하기도 했다.

이러한 합법적인 고용에 의한 노동자들의 이주의 증가는 비합법적인 노동자들의 유입과 병행하여 증가하는 경향이 있다.[27] 카자흐스탄의 공식 보고서에 따르면 2010년에 비합법적인 노동자는 약 백만 명 정도로 추산된다. 일부 전문가들은 보따리 상인들까지 포함하여 150-200만 명 정도로 추산하기도 한다(Laruelle, 2013: 90). 이와 같은 비합법적 고용 노동자들은 정식으로 계약서를 체결하지 않은 상황에서 일했으며, 이는 저임금 노동을 유발했다. 이처럼 비합법적인 중국인 노동자들의 저임금 노동은 카자흐스탄 노동자들의 불만을 야기시켰다.

중국 정부의 공격적인 해외진출 정책은 카자흐스탄에서 중국인들의 투자 규모와 분야를 확대시켰다. 중국인들은 다양한 분야의 소규모 기업들에도 투자하기 시작했다. 중국인들의 투자는 전통적으로 중국인들이 진출하고 있던 분야인 상업, 가전제

26 　터키로부터 온 노동자는 전체 노동자의 18.4%였다.

27 　일부 보도에 의하면, 2012년 약 5천명의 중국인들이 국적을 취득했으며, 비합법적인 이주자들은 이같은 공식적인 숫자보다 60배가 더 많다. "Мигранты из Китая в Казахстане", *CHINA-TIMES.RU*. 2013. 10. 9. http://china-times.ru/migranty-iz-kitaya-v-kazaxstane/

품, 음식점, 숙박업 뿐 만아니라, 식량생산, 도박사업, 건설, 벽돌 생산 분야들로 범주가 확대되었다. 중국 기업가들이 카자흐스탄의 부동산을 취득하고 자기 소유의 기업을 창립했으며, 건물 임대와 호텔 개업을 위한 투자와 세탁업에 관한 관심이 고조되기도 했다. 이처럼 중국의 진출 분야가 석유와 가스, 건설, 무역, 소규모 제조업과 서비스 분야(은행 포함, 호텔, 레스토랑, 의료 서비스 등)로 다변화 되면서 중국인 노동자들도 다양한 산업 분야로 확산되었다.[28] 보따리 상인들이 위구르를 중심으로 다양한 소수민족들로 구성되어 있었던 것과는 달리 허가받은 노동력은 주로 중국과 공동투자 회사에 고용된 한족들이었다.

중국인 노동자들이 진출한 산업의 다변화뿐만 아니라, 중국인 노동자가 거주하는 지역적 분포 역시 다양해졌다. 1990년대에는 대부분이 알마티 시와 알마티 주와 악토베 주에 한정되었으나 2000년대에는 남부에 해당하는 알마티 시와 알마티 주만이 아니라 악토베, 아티라우, 만기스타우 주 등의 카자흐스탄의 서부로 정착 지역이 확대되었다(Sadovskaya, 2007: 156).

또한 코지로바에 의해 26명의 아스타나와 알마티에 거주하는 중국인들에게 2004년과 2007년 두 차례에 걸쳐 동일한 질문으로 실시된 설문조사에 의하면, 2004년에는 응답자들의 100%가 돈을 번 이후 중국으로 돌아간다고 대답한 것에서도 나타나듯이 중국인들의 카자흐스탄으로의 이주는 일시적인 성격을 띠고 있었다. 그러나 2007년에 조사한 바에 의하면 중국으로 돌아갈 것을 희망하는 비율은 57.8%로 떨어졌으며, 국적 취득 혹은 영주권 취득을 희망하는 장기 이주자들의 비율이 현저하게 증가했다(Кожирова, 2008: 183).

코지로바의 이 조사에 의하면, 중국인 이주자의 대부분은 초기에는 중국에서 생산된, 중국으로부터 가져온 물건들을 판매하는 일을 했다. 이를 통해 중국인들은 짧은 기간에 보다 더 큰 규모의 업종에 투자할 만큼의 돈을 벌었다. 2004년에 상인이었던 응답자들 중 다수는 이미 2007년에 알마티 주의 벽돌공장의 소유주가 되어 있었으

---

28 카자흐스탄의 이전 수도인 알마티는 중국인 노동력 고용의 주요 중심지 중 하나이다. 알마티에서 커다란 중국 사무소들 혹은 합자 회사 중국 국영 석유 기업(China National Petroleum Corporation (CNPC)뿐 아니라, 은행들(예를 들면 Bank of China), 여행사 (예를 들면, Chinese Business Tour). 그리고 중국 음식은 알마티에서 매우 인기 있어서 "Pekin(Beijing)", "Velikaya stena(Great Wall)", "Lu Pin", "Printsessa(Princess)"와 같은 수많은 중국 레스토랑들이 진출해 있다. *Chinese Migrants in Russia, Central Asia and Eastern Europe*, p.116.

며, 건설 자재 공급의 도매업에도 종사하고 있었다(Кожирова, 2008: 178).

이와 같이 중국은 카자흐스탄의 에너지 분야로의 진출과 더불어, 파이프 라인, 운송로, 대형 건설 사업, 공업 생산 부문, 부동산 투자, 금융 부문을 포함한 서비스 분야 진출 등 카자흐스탄 산업 전반에 그 영향력을 확대하고 있다. 중국의 경제력으로 카자흐스탄으로 진출하고 있는 것을 잘 보여주는 것 중 하나는 2013년에 카스피해에 있는 카자흐스탄 최대유전인 카샤간Кашаган 유전 지분 8.33%를 50억 달러에 매입한 것에서도 잘 드러난다. 이 지분은 미국 기업 코코노 필립스cocono phillips가 소유하고 있던 것을 카즈무나이가스КазМунайГаз가 매입하여 중국에 되판 것이다. 카샤간 유전은 2000년에 발견된 중앙아시아 최대 유전으로서, 최근 50년간 전 세계에서 발견된 유전 가운데 최대 규모이다. 이러한 중앙아시아 공략에 대해 중국의 신화통신은 "미국이 필리핀 등 동남아시아 지역 국가들과 군사협력을 최근 강화하고 있어 중국은 중앙아시아를 협력 파트너로 만들어 동유럽 진출 확보를 위한 교두보를 마련하고 있다"고 보도하고 있다.[29] 신화통신의 보도에서 중국은 중앙아시아를 협력 파트너로 삼고 있는 것이 한편으로는 미국을 의식한 행동임을 드러내고 있다.

이러한 중국의 공격적인 자본 투자와 이에 따른 노동력의 적극적인 진출과 업종의 다변화와 다양한 지역으로의 확산, 그리고 중국인 스스로의 장기거주에 대한 희망 등은 카자흐스탄의 언론 매체로 하여금 '중국 팽창'에 대한 문제를 제기하는 원인이 되었다. 이러한 언론의 영향으로 '중국화의 위험'을 경고하는 중국에 대한 부정적인 인식들이 카자흐스탄 사회 내에서 점차 고조되기 시작했다(Boldurukova et al., 2013: 40). 중국인들에 대한 회의적인 인식들이 형성되는 데는 보따리 상인들이 들여온 중국산 값싼 물건들의 낮은 품질도 영향을 미쳤으며, 중국인들의 폐쇄적인 커뮤니티 형성도 일조했다. 이러한 부정적인 인식들은 "중국인들이 악토베 지역 인구의 절반을 구성하고 있다" 혹은 "카자흐스탄으로 도착하는 비행기가 한족들로 가득차 있다"와 같은 루머들을 확산시켰다(Sadovskaya, 2012b: 115).

실제로 카자흐스탄의 연구자, 사돕스카야에 의해 2007년에 588명을 대상으로 실시된 설문조사에서도 이러한 부정적인 인식들을 확인할 수 있었다. 이 설문조사에서 중국인의 이주가 카자흐스탄 노동 시장에 긍정적인 효과를 가져 온다는 평가를 내린

---

29 「중국 페트로차이나, 카자흐스탄 대형유전 지분인수 나서」, 『아주경제』 2013년 7월 3일; 「시진핑 야심작 '실크로드 경제벨트' 본격화」, 『이데일리』 2013년 9월 29일

비율은 7%에 불과했다(Sadovskaya, 2007: 166). 고용이주가 주가 되는 카자흐스탄 중부
와 서부지역에서 중국인들에 대한 부정적인 견해가 더 높게 나타나기도 했다. 이는
중국인들이 고용시장에서 경쟁을 강화시키기 때문이라고 생각하기 때문이었다(Sa-
dovskaya, 2007: 163). 이러한 부정적인 인식들은 최근 들어 더욱 심화되었다. 이는 2007
년 중국인들의 진출을 부정적으로 평가한 비율이 24%에서 2012년 동일한 설문조사
에서는 31%로 증가된 것으로 알 수 있다(Sadovskaya, 2015). 이러한 부정적인 시각들은
2013년 8월 카자흐스탄 당국이 2017년부터 중국인 여행객들에게 비자를 면제할 것
이라는 보도가 된 이후 더욱 고조되었다.[30]

IV. 나오는 말

중국은 대표적인 이주민 송출국이며, 카자흐스탄은 송출국이자 정착국이며, 경유
국의 성격을 동시에 가진 이주사에서 매우 독특한 위치를 차지하고 있는 나라이다.
두 나라의 이주의 양상은 인구학적, 민족적, 지경학적, 지정학적 요인들이 얽혀 있으
며, 상업이주, 귀환이주, 노동이주 등이 혼재하는 복잡한 양상을 띠고 있다.

역사적으로 상호간에 활발한 이주가 진행되었던 중국과 카자흐스탄은 중소분쟁으
로 인해 교류가 중단되어 두 나라의 국경은 견고한 장벽이 되었다. 이러한 단절이 야
기한 차이는 두 나라 사이에 접촉이 시작되었을 때 오히려 활발한 교류를 촉발하는
요인이 되었다. 양국 간의 교류와 이주는 1980년대 중반 이후부터 국경 지역에서 카
자흐스탄의 부족한 생필품을 채우는 보따리 무역으로 시작되었다. 이처럼 초기 보따
리 무역으로 비롯된 상업이주는 카자흐 디아스포라들을 중심으로 이루어져 귀환이주
의 형태를 보이기도 했다.

이후 카자흐스탄의 독립, 그리고 중국의 경제 성장에 따른 강대국으로의 부상으로
인한 변화는 보따리 무역으로 시작된 중국인의 카자흐스탄으로의 진출 특성을 변모

---

30 "Мигранты из Китая в Казахстане" *CHINA-TIMES. RU.* 2013. 10. 9. http://china-times.ru/
migranty-iz-kitaya-v-kazaxstane/

시켰으며, 이는 이주의 양상과 형태도 변화시켰다. 개혁 개방 정책의 성공을 발판으로 중국은 카자흐스탄의 석유 회사 매입을 비롯한 에너지 분야에 대규모 투자를 하였으며, 파이프 라인 건설, 도로 건설 등의 인프라를 공격적으로 구축하고 있다. 이러한 건설현장에 중국인 노동자들이 투입됨으로써, 카자흐스탄으로 진출하는 중국인의 노동이주가 급격히 증가하는 추세를 보이게 되었다.

중국인의 카자흐스탄으로의 이주는 오늘날의 일반적인 경제적 이주의 형태가 빈국에서 부국인 선진국으로의 이동이 주를 이루고 있는 것과는 다른 특징을 지니고 있다. 1992년 독립국가 건설에 따른 카자흐 디아스포라의 귀환이주와 국경지역의 상업이주, 그리고 중국의 경제 성장에 기반한 카자흐스탄으로의 투자 확대에 부수적으로 수반된 노동이주 등 다양한 형태의 이주 특징을 보이고 있다. 게다가 카자흐스탄을 유럽으로 가는 통로로서 경유국으로 활용하는 이주 형태까지 포함되어 있다.

또한 중국인 이주의 지역적 특징으로는 동부 국경지역에서 시작된 상업이주에서서, 남부로 확대되는 투자에 따른 고용이주의 형태를 띠고 있다. 아울러 시기적으로도 이주의 성격이 변해왔다. 초기에는 접경지역에서의 보따리 무역으로 야기된 상업이주를 중심으로 한 지역적 협력의 성격이 강했다. 그러나 석유, 가스 등의 원료 시장인 카자흐스탄으로 중국의 막대한 자본 투자가 공격적으로 가속화되면서, 단순한 지역적 협력의 차원을 넘어서 중국의 일방적인 팽창주의적인 확산에 대한 우려가 점차 제기되고 있다. 이처럼 중국인의 카자흐스탄으로의 이주는 그 규모가 확대되고 있고, 매우 다양하고 복잡한 형태를 나타내고 있다.

:::참고문헌

2014년 10월 25일 안드레이 보리소비치 김 인터뷰 (우수리스크).

고재남. 1991. "카자흐스탄 공화국."『미소연구』.
기계형. 2009. "유라시아 읽기: 소비에트, 포스트 소비에트 시기의 중앙아시아 이주민 문제."
　　　『e-Eurasia』15.
김상철. 2010. "소비에트 카자흐스탄 소수민족의 주류사회 문화 수용: 고려인, 체첸인, 독일인의 주
　　　류사회발전 참여과정과 기여를 중심으로."『中東研究』제29권 3호.
　　　. "카자흐스탄의 인구사회학적인 카자흐화 정책과 재외카자흐인(오랄만)의 카자흐스탄 이
　　　주."『민족연구』Vol. 52.
김성진. 2013/2014. "중앙아시아 국가들의 국제이주: 현황과 요인."『중소연구』제37권 제4호.
김영진. 2012. "중앙아시아의 노동 이주 현황과 사회·경제적 영향."『슬라브 연구』제28권 1호.
보흐단 나할일로, 빅토르 스보보다. 정옥경 역. 2002.『러시아 민족문제의 역사』. 서울: 신아사.
성동기. 2009. "중앙아시아 고려인 이주의 새로운 유형과 연구 과제: 우즈베키스탄과 카자흐스탄을
　　　중심으로."『민족학연구』제8집.
『아주경제』2013년 7월 3일.
오종진. 2009. "한국사회에서의 중앙아시아 이주 무슬림들의 혼인과 정착: 카자흐스탄, 우즈베키스
　　　탄, 키르기스스탄, 타지키스탄, 투르크메니스탄, 아제르바이잔 출신 무슬림들을 중심으
　　　로."『한국중동학회 논총』제30권 1호.
『이데일리』2013년 9월 29일.
이채문, 박규택. 2003. "중앙아시아 고려인의 러시아 극동 지역 귀환 이주."『한국지역지리학회지』
　　　제9권 4호.
전신욱. 2007. "중앙아시아 고려인의 재이주 요인과 정착 현황: 연해주 지역을 중심으로."『한국정
　　　책과학학회보』제11권 2호.
정신철, 주경홍. 2003. "중국의 화교, 화인정책 및 특징."『在外韓人研究』제13권 2호.
주장환. 2010. "중국의 대 중앙아시아 경제 전략의 변화: '실크로드의 복원'에서 'Greater China로
　　　의 편입'."『대한정치학회』18집 2호.
　　　. 2014. "중국의 대 중앙아시아 정책: 서진(西進) 전략의 배경·내용·전망."『韩中社会科学研
　　　究』제12권 제3호.

Anderson, Bridget and Blanka Hancilova. 2011. "Migrant Labour in Kazakhstan: A Cause for
　　　Concern?"*Journal of Ethnic and Migration Studies* 37(3).
Boldurukova, Nazira Bolatovna and Ulbosyn Kamalbekovna Zhanataeva. 2013. "Impact of
　　　Chinese Migration on Society of Kazakhstan (Short Excorsus)." *World Applied*

Sciences Journal 27.

Clarke, Michael. 2007. "China's Internal Security Dilemma and the "Great Western Development": The Dynamics of Integration, Ethnic Nationalism and Terrorism in Xinjiang", *Asian Studies Review* 31(3).

Goodman, David S. G. 2004. "China's Campaign to "Open Up the West": National, Provincial and Local Perspectives." *The China Quarterly* 178.

Kalshabayeva, B.K. and Seisenbayeva, A.S. 2013. "Repatriates in the Kazakhstan: The Problems of Migration and Adaptation to the Historic Homeland." *International Journal of Social, Management, Economics and Business Engineering* Vol: 7 No 6.

Kozhirova, Svetlana and Bakyt Ospanova. 2014. "CHINESE MIGRATION IN KAZAKHSTAN: IMPLICATIONS FOR NATIONAL SECURITY", *European Scientific Journal*.

Laruelle, Marlene. 2013. "Kazakhstan: Central Asia's New Migration Crossroads." in Marlene Laruelle, ed. *Migration and Social Upheaval as the Face of Globalization in Central Asia*. Leiden: Brill.

Laruelle, Marlène and Peyrouse, Sébastien. 2009. "Cross-border Minorities as Cultural and Economic Mediators between China and Central Asia", *China and Eurasia Forum Quarterly* 7(1).

___________________________________. 2012. *The Chinese Question in Central Asia: Domestic Orders, Social Change and the Chinese Factor*. New York: Columbia University Press.

Marat, Erica. 2009. *Labor Migration in Central Asia: Implications of the Global Economic Crisis*. Washington, D.C.

Mendikulova, Gulnara. 2012. "Some notes on the repatriation politics in the Republic of Kazakhstan." *HISTORY OF THE HOMELAND* 3(59)

Muhambetova L.K., Auezova K.T., Doshan A.S., Karkinbayeva Sh.I., 2015. *FEATURES OF MIGRATORY PROCESSES IN KAZAKHSTAN*.

OKA, Natsko. 2013. "A Note Ethnic Return Migration Policy in Kazakhstan: Changing Priorities and a Growing Dilemma." *Institute Developing Economics Discussion Paper* 394.

Pantucci, Raffaello and Alexandros, Petersen. 2013. "China and Central Asia in 2013." *China Brief* 13(2).

Ruget, Vanessa and Usmanalieva Burul. 2008. "Citizenship, migration and loyalty towards the state: a case study of the Kyrgyzstani migrants working in Russia and Kazakhstan." *Central Asian Survey* 27(2).

Sadovskaya, Elena Y. 2007. "Chinese Migration to Kazakhstan: a Silk Road for Cooperation or a Thorny Road of Prejudice?" *The China and Eurasia Forum Quarterly* 5(4).

___________. 2012a. "Chinese labour migration to Kazakhstan at the beginning of the 21st century." Regional Competence-Building for Think-Thanks in the South Caucasus and Central Asia.

___________. 2012b. "The dynamics of contemporary Chinese expansion into Central Asia" in Felix B. Chang and Sunnie T. Rucker-Chang, ed. *Chinese Migrants in Russia, Central Asia and Eastern Europe*. London and New York: Routledge.

___________. 2012c. "Patterns of Comtemporary "Chinese" Migration into Kazakhstan." in Felix B. Chang and Sunnie T. Rucker-Chang, ed. *Chinese Migrants in Russia, Central Asia and Eastern Europe*. London and New York: Routledge.

___________. 2015. "The Mythology of Chinese Migration in Kazakhstan." *Central Asia-Caucasus Analyst* 17(1).

Sheives, Kevin. 2006. "China Turns West: Beijing's Contemporary Strategy Towards Central Asia." *Pacific Affairs* 79(2).

Syroezkin, Konstantin. 2011. "China's Presence in Kazakhstan: Myths and Reality." *Central Asia and the Caucasus* 12(1).

Swanström, Nicolas. 2005. "China and Central Asia: a new Great Game or traditional vassel relations?" *Journal of Contemporary China*.

UNDP Kazakhstan. 2007. *Status of Oralmans in Kazakhstan*. Almaty.

Байжабагинова Г. Ускембаев К.С., "Казахская диаспора в Китае"
http://e-history.kz/media/upload/1299/2014/04/14/2b1738785792e-b6e80789406c6289445.pdf

"Китайская миграция в Казахстан: определено ли будущее этого феномена?" http://www.analitika.org/ca/national/1512-20060602031543867.html

Кожирова, С.Б., "Казахстанский вектор китайской миграции" http://www.pandia.ru/text/77/152/12417.php

___________. "Социологический портрет китайской миграции в Казахстане", *Материалы международной конференции ⟨Центральная Азия - Китай: состояние и перспективы сотрудничества⟩*, Алматы, КИСИ при Президенте РК, 4-5 июня 2008 г.

"Мигранты из Китая в Казахстане", CHINA-TIMES. RU. 09. 10. 2013. http://china-times.ru/migranty-iz-kitaya-v-kazaxstane/

Ларуэль, Марлен, Пейрус, Себастьен, "Особенности восприятия Китая в Центральной Азии", *Лента: Политика*, 04. 05. 2010.

http://www.rodon.org/polit-100504124111

Попов, Дмитрий. 2012. "Казахстан - ворота Китая в Центральную Азию,"
http://www.region.kg/index.php?option=com_content&view=article&id=579:201
2-08-16-10-53-47&catid=4:politika&Itemid=5.

Российский институт стратегических исследований, "Казахстан - ворота Китая в
Центральную Азию",
http://www.region.kg/index.php?option=com_content&view=article&id=579:201
2-08-16-10-53-47&catid=4:politika&Itemid=5

Садовская, Е.Ю. 2012. *Китайская Миграция в Цернтральной Азий в Начале XXI века.
Экономическое Наступление и Миграция из КНР: На примере республики
Казахстан Вызовы и возможности.* Lambert.

__________. 2015. "Китайская миграция в Казахстане." *Демоскоп Weekly* 629-630.
http://demoscope.ru/weekly/2015/0629/demoscope629.pdf

"СССР планировал ядерный удар по Китаю?" *Аргументы и факты.* 14. 05. 2010.

Сыроежкин, К.Л. 2010. *Казахстан - Китай: от приграничной торговли к стратегическому
партнерству. Книга 1.* Алматы: Казахстанский институт стратегических
исследований при Президенте РК.

13장

중앙아시아와 중국 신장, 그리고 위구르 문제
: 공영의 기회와 민족 문제의 대두

정재원

I. 서론

중국은 55개 민족으로 구성된 다민족 국가이지만, 전체 인구의 약 93%가 한족이며, 나머지 54개 민족이 7%를 차지하고 있는 한족 중심의 국가이다. 이들 소수민족은 저부와 동북 지역의 접경지대에 집중적으로 거주하고 있는 특징을 보이고 있는데, 이들 소수민족이 접경지역 면적은 전체 중국 국경 면적의 약 90%를 차지하고 있으며, 국경선 길이는 약 2만 km에 달한다(Mackerras, 2005). 서부 지역의 접경 지역 중 신장 위구르 자치주는 약 160만 평방 미터에 이르는 중국 내 최대 소수민족 자치 지역으로서 중국 전체 면적의 약 6분의 1를 차지하고 있다. 국경선 길이가 5,500 km에 달하는 신장 지역은 중국 대륙 전체 국경선의 약 4분의 1을 차지할 정도로 매우 중요한 지역이다. 구 소련 붕괴 이후 신장은 카자흐스탄, 키르기즈스탄, 타지키스탄 등 중앙아시아 3국과 아프가니스탄, 파키스탄, 인도, 몽골 등 총 8개 국가들과 국경을 접하고 있

* 이 글은 『슬라브학보』 30-2 (2015)에 게재된 논문을 본서의 편집 취지에 맞도록 수정·보완한 것입니다.

다(Bovingdon 2010).

이렇듯 신장 지역은 유라시아 대륙의 중심에 속하고, 중앙아시아와 코카서스, 그리고 유럽과 중동으로 나아가는 교통의 요지이자 완충지대의 역할을 하는 등 중국에게 있어서 지정학적으로 매우 중요한 지역이다. 또한 중국의 전체 광물 매장량의 38%, 중국 전체 석유와 가스 매장량의 25%가 이 지역에 매장되어 있는 등 경제적으로 매우 중요한 지역이다. 무엇보다 구舊 소련의 독립 이후 등장한 인근 중앙아시아 신생 독립 국가들의 대부분이 위구르족들과 유사한 역사, 언어, 문화적 전통을 갖고 있는 투르크계 민족국가라는 사실은 중국에게 있어서 신장은 매우 중요한 전략적 가치가 있는 지역이기도 하다.

그러나 신장의 주요 민족인 위구르족은 중국 내 55개 소수민족들 중 가운데 다섯 번째의 인구 규모를 가진 민족으로서 티베트족과 더불어 가장 한족의 지배에 저항적인 민족이라고 할 수 있다. 오랜 역사를 가진 투르크계 민족으로서 한족과는 인종적, 문화적으로 이질적인 위구르족은 구 소련 붕괴이후 독립 국가를 건설한 중앙아시아 제 민족들의 움직임에 자극받아 최근까지도 중국의 지배에 대한 저항을 지속하고 있다. 이 지역에서의 불안정한 정세는 서부대개발이라는 구호 아래 중앙아시아를 거쳐 유럽으로 영향력을 확산하려는 중국 정부에게 커다란 부담으로 작용하고 있다.

중국 측의 자료에 의하면, 1950년에서 1981년까지 약 30 여 년 동안 신장에서 위구르족에 의한 반反중국 운동은 약 194 건이 발생했으며, 19 건의 무장 투쟁이 일어난 바 있었다(Wang, 1998). 구 소련으로부터 인근 중앙아시아 민족들의 독립과 이슬람 운동, 범凡투르크주의 운동, 그리고 민족 독립 운동의 증가 등의 영향으로 1990년에서 2001년 사이에 신장에서 일어난 테러 사건은 최소 200 여 건에 달했으며, 2008년과 2009년에는 그 활동이 최고조에 달했다. 최근에도 위구르인들의 소요와 테러는 끊이지 않고 일어나고 있다.

과거 중국의 공식 이데올로기였던 사회주의 혹은 공산주의는 개혁개방 정책 이후 시장경제체제라는 토대의 변화에 따라 이제 더 이상 중국을 지도할 이데올로기적 지침이 되지 못 하고 있다. 그 대신 때로는 노골적으로, 때로는 매우 서서히 한족 중심주의적 민족주의가 새로운 지도이념으로 사실상 자리 잡게 되었다. 중국 경제의 도약과 활로를 모색할 수 있는 중요한 공간이자 통로이자 에너지원이라는 측면에서 중앙아시아로의 확산은 피할 수 없는 경로이다. 그러나 중앙아시아 제 민족들과 이슬람-투르크라는 공통의 요소를 갖고 있는 신장 위구르 문제는 중국에게 있어서 기회이자 위기의 시발이 될 수 있는 약한 고리이기도 하다.

본 논문은 중앙아시아와 중국 신장 간의, 그리고 이 지역의 주역인 위구르인들의 이주와 통합, 그리고 갈등의 역사와 현재를 살펴보고자 한다. 따라서 신장 위구르 자치주 자체 내에서의 경제 발전과 위구르인들의 적응과 저항, 그리고 이에 대한 중국 성부의 탄압 정책 자체에 대한 연구는 지양하고, 중앙아시아의 역사와 중앙아시아 국가들과의 정치경제적 연관성 속에서의 신장과 위구르인에 대한 연구에 집중하고자 한다.

Ⅱ. 디아스포라 집단과 정체성 정치: 중앙아시아와 신장 위구르 문제의 이론적 기초

유대인의 경험을 주로 연구하던 시기 이후 1990년대에 들어서면 추방의 경험을 가진 다양한 형태의 공동체에 대한 연구를 통해 디아스포라의 정의가 확대되어 왔다. 그런데 현대적 의미에서의 디아스포라는 이주 현상 뿐 아니라, 정체성 정치 등 다양한 현상을 설명하기 위한 용어로 사용되고 있으며, 단지 세계 곳곳으로 분산되는 과정 뿐 아니라, 분산된 이들 민족들이 거주하는 공간과 공동체를 의미하는 용어로 확대하여 사용되고 있다(Cohen, 1997).

자의에 의해서든 타의에 의해서든 모국을 떠나 세계 곳곳으로 산재되어 있는 이러한 디아스포라는 다문화적, 다언어적 특징들을 갖고 있어 세계화 과정에서 유리한 조건을 갖추고 있다고 할 수 있다. 특히 정보화 혁명으로 인해 이들이 서로 다양한 방식으로 맺는 전 지구적인 네트워크는 광범위한 영역에서 그 영향력을 확산시키고 있는 것이 사실이다. 그런데 이론적으로는 이러한 세계시장의 통합으로 상징되는 세계화 현상은 디아스포라 집단들의 민족국가와 민족주의, 그리고 민족정체성의 강화 현상과 함께 동시에 나타나고 있는 모순적인 현실을 보여 주고 있다.

즉 세계화 과정 속에서 더 이상 국경에 얽매이지 않는 자본과 기술, 상품, 노동력 등의 이동이 확대되면서 근대 국민 국가적 질서가 약화되어 많은 전문가들은 국민 국가 자체는 물론 이에 바탕을 둔 정체성이나 민족주의적 감정 등도 약해지는 반면,

새로운 형태의 세계 공동체가 만들어질 것이라 예측해 왔다. 즉 민족주의는 세계화에 반하는 현상으로 인식되어 왔으며, 특히 현실사회주의 체제의 붕괴로 국가 간, 민족 간 갈등과 분쟁은 크게 약화될 것이라는 낙관론이 우세했었다. 그러나 오히려 자본주의체제로 단일화된, 동시에 그 불평등한 위계와 종속의 질서는 한층 더 강화된 현실에서는 경제적 통합 과정이 강화되면 될수록, 인간들 간의 '구별 짓기'가 강조되고, 민족적, 종교적 전통, 정체성, 차이의 정치가 강조되면서 오히려 분열이 심화되어 민족주의나 종교적 근본주의와 같은 현상들이 강화되어 온 것이 사실이다(Halliday, 2001).

다시 말해 세계화 현상과 동시에 그 이면에서는 민족주의와 정체성에 기반한 충돌과 분쟁이 격화되고 있는 등 '정체성의 정치politics of identity'가 대두하고 있는 것이다.[1] 세계화 시대에는 정체성의 추구는 사회적인 측면에서 근본적인 것이 되고 있으며, '민족적인 것'과 민족주의는 오히려 더 강하게 나타나고 있다(Castells, 2000). 세계화 과정이 정체성의 분화와 증가를 촉진시켜 오히려 국지적, 일상적 문화로의 회귀라는 모순적인 현상이 일어나고 있는 것인데, 탈영토화, 탈경계화 현상 속에서 일어나는 국지적, 일상적 문화로의 복귀라는 근대화 현상의 강화라는 모순적인 현상은 특히 이산민족들, 즉 디아스포라 집단들에서 나타나고 있다.

디아스포라는 이 과정 속에서 매우 중요한 역할을 한다. 디아스포라는 고향 혹은 모국에 대해서도 일정정도의 소속감을 갖고 있지만, 타향 혹은 타국에 거주하고 있다는 점에서 양 공간의 중간 지대, 즉 경계에 머무르고 있는 경계인 집단이라고 할 수 있다. 따라서 디아스포라는 이중적인 민족 정체성을 갖는 것처럼 볼 수도 있지만, 동시에 어느 한쪽에 전적으로 소속되지 못 한다는 점에서 민족 국가적 정체성이 없는 존재이기도 하다. 이러한 경계인의 정체성 문제라는 측면에서 볼 때, 민족국가에 대

---

1   본래 서구에서 발전한 이론인 '정체성 정치(politics of identity)'는 1980년대까지는 주로 '이익 정치(interest politics)'로 해석되는 구 사회운동, 즉 노동운동이나 민족주의 운동과는 다른 특성을 보이며 등장한 신 사회운동의 성격을 규정하는 개념이었다. 보다 일반적으로는 사회운동 영역을 넘어서 특정 집단이나 민족이 지닌 정체성에 대한 인정을 요구하고 자신들에 고유한 가치를 적극적으로 주창하는 다양한 실천들을 지칭한다. 이러한 정체성의 정치가 갖는 의미는 억압과 배제의 타파를 목표로 한다는 점에서 진보적 성격을 보여준다. 정체성의 정치는 서구를 중심으로 지금까지 사회에서 억압되고 배제되었던 집단들이 자신들의 권리와 정당성 인정 등을 내세우며 등장한 '신 사회운동'을 지칭하는 것이다. 그러나 정체성의 정치가 이해의 정치와 완전히 대비되는 것은 아니다. 정체성 정치에 관해서는 Hobsbaum E. "Identity Politics and the Left," *New Left Review*, No. 217, 1996 참조.

한 논쟁이 촉발된 초민족, 초국가, 그리고 세계화 담론에서 디아스포라 집단의 문제는 가장 핵심적인 문제라고 할 수 있다.

일반적으로 이러한 디아스포라 집단에 대한 논의는 이들과 같은 탈영토화된de-territorialized 존재들은 지배적 민족 국가 체제를 적극적으로 탈영토화시키는 존재들이며, 이러한 탈영토화는 궁극적으로 민족국가 체제 하에서의 정체성에 변화를 강제하여 새로운 정체성을 만들어 내고 재영토화reterritorialized 과정을 촉진시킨다는 주장으로 이어진다. 특히 세계화와 초超국가주의적 세계질서를 상정하고, 이러한 질서가 만들어 내는 디아스포라의 기회구조에 집중하면서 전 지구적 세계경제 촉진, 국제적 이주 증가, 다문화, 다민족, 다언어적 글로벌 도시 발달, 양면적 정체성 형성, 그리고 정체성의 탈영토화 촉진 등을 들면서 긍정적인 측면을 부각시킨다(Cohen, 1997).

그러나 위구르의 경우 일반적인 디아스포라론으로 설명하기 어려운 점이 많은 것이 사실이다. 무엇보다도 고향 혹은 모국이 특정 국가의 일부분으로 편입되어 독립국가로 존재하고 있지 않다는 점과 이러한 이유로 인한 민족분리독립운동과 국민국가 건설과 같은 근대적 과제의 미수행, 그리고 양 진영 국가들의 강력한 억압 및 인구 이동 견제 등의 조건은 여타의 디아스포라들과의 차이점이 더 많이 있음을 보여 주고 있다. 또한 전형적인 세계화 이후의 현상이 아닌 전근대와 근대시기에 해결하지 못한 민족 국가 건설 문제의 연장 선상에서의 특징도 많이 갖고 있다.

서구에서의 인종차별적 극우주의는 물론 전 세계적으로 분출하고 있는 소수민족의 분리 독립운동과 각종 종교근본주의 혹은 종교민족주의(기독교, 이슬람, 유대교, 힌두교 근본주의) 등 다양한 현상 역시 넓은 의미에서의 정체성 정치라고 할 수 있다.[2] 세계화와 정체성 운동의 연관성은 민족의 재발명, 민족적 정체성의 재구성 등에서 더욱 확연하게 나타나는데, 전 세계적으로 나타나고 있는 지역적, 민족적 정체성에 대한 추구, 자치권 확대, 분리독립운동, 민족분쟁 등은 특히 사회주의권의 붕괴 및 사실상

---

2 세계화로 상징되는 전 지구적 차원에서의 변동은 사회마다 다른 정도와 방식으로 종교변동과 연관되고, 또 종교에 따라서는 다원주의적 혹은 정반대로 배타적인 방식으로 고유의 정체성을 재구성하는 등 다양한 양태로 나타나고 있다. 특히 최근의 종교변동은 세계화에 의해 용이해진 현상들이라는 점에서 세계화는 민족독립운동을 포함한 정치사회운동에서의 문화적, 민족적 차원의 부상과 관련되어 있다고 할 수 있다. 그러나 엄밀히 말해 위구르인들의 경우, 종교적 정체성 문제는 세계화와 별도로 존재해 온 혹은 그 이전부터의 문제이며, 민족 분리 독립 운동에서 종교적 요인은 부차적인 것이라고 할 수 있다.

의 사회주의 체제 포기로 인한 단일한 세계시장이 형성되는 과정의 부산물로 볼 수 있다.

그러나 정체성 개념으로 설명할 수 있는 사회현상이 전 지구적으로 많아지고 있기는 하지만, 이러한 현상은 서구에서조차 제한적일 수도 있으며, 특히 서구 중심적인 탈 근대적 현상 혹은 설명이라는 점에서 사실상의 체제전환기에 있는 국가들이나 세계자본주의 체제의 비 중심부에 위치한 국가들에서는 더더욱 제한적일 수 있다. 또한 굳이 포스트주의적인 방식으로 정체성을 새롭게 논의하지 않더라도 민족주의나 민족분리주의와 같은 현상들은 설명될 수 있으며, 비서구 지역에서의 민족분리주의운동은 서구에서의 그것과 질적인 차이가 있는 경우도 많다.

특히 대부분의 비서구, (반)주변부 지역 국가에서는 서구에서와 같은 정체성의 정치의 의미와 다를 수 있고, 정체성의 정치와 이해의 정치의 구분은 불필요한 경우가 많다. 신장과 같은 식민지와 유사한 상황에 놓인 지역들의 경우, 정체성의 정치는 민족성에 바탕을 둔 민족주의적 성향, 민족을 중심으로 한 담론이 강하게 뿌리내려 있기도 하다. 그럼에도 불구하고 정체성은 이해, 연대의식, 집합행동의 필요조건으로 기능할 수 있기 때문에 중요한 개념이 될 수 있으며, 정체성과 관련된 개념들이 실질적으로 존재하고 있는 것은 사실이기 때문에 정체성의 획득과정에 대한 이해가 의식이나 행동을 이해하는 데에 도움을 줄 수 있다(Wright and Shin, 1988).

정치권력, 사회적 지위, 그리고 경제적 상황 등의 측면에서 우위를 점하고 있는 집단들에 의해 자신의 권리가 위협받고 불평등한 대우를 받고 있다고 생각하는 집단들의 경우 불만이 커지면 커질수록 민족 문화적 정체성은 더욱 공고해질 수 있다. 특히 인종, 민족, 문화, 관습, 종교, 언어 등이 차별과 불평등의 원인으로 작용할 경우에 이러한 집단정체성은 한층 더 강하게 나타나게 된다. 특히 주요 지배 집단의 이익을 대변하는 정부 혹은 서로 경쟁관계에 있는 상대 집단 및 유사 집단들과의 갈등이 커질 경우 집단정체성은 강화되면서 집단 내 구성원들의 결속력도 강화된다(Anthony and Fan, 2011).

현대의 민족분리운동에서는 협상과 동맹은 부차적인 투쟁방향이 되고 있는 반면, 정치현실주의에 기반을 둔 힘을 바탕으로 하는 무력투쟁이 주된 투쟁방향이 되고 있다. 외부적 혹은 국제정치경제적 요인과 내부적 혹은 국가 내 민족적 요인이 서로 영향을 주고받다가 이러한 요인들이 서로 맞물려 일치되는 시점에 분리 독립운동이 일어난다고 할 수 있다. 민족적 혹은 이러한 공동체적 정체성에 근거한 주장은 1980년대 이후 새로운 형태의 민족분쟁들을 낳은 원인으로 작용하고 있으며, 신장의 사회경제적 토대 분석에도 적용이 가능하다.

Ⅲ. 중앙아시아와 신장 간 인구의 이동: 위구르인들의 이주와 정착, 그리고 통합

1. 러시아 제국과 소련령 중앙아시아와 신장: 위구르인들의 이주와 정착

러시아 제국 시대인 1881년에서 1884년 동안 청 제국군의 추격을 피해 러시아와 중국 국경을 넘는 최초의 대규모의 인구 이동이 일어났다. 청나라 말기 중앙권력이 크게 약화된 신장을 포함한 북서지역에서는 무슬림들의 반란이 끊이지 않았는데, 1864년에서 1877년 동안 존재했던 야쿱 벡 주도 하의 무슬림 왕국 건설은 이러한 반란들 중 가장 강력한 것이었다. 이러한 혼란기를 틈 타 러시아 제국은 1871년 당시 청나라의 영토였던 일리 계곡에 있었던 타란치위구르 술탄국Taranchi Sultanate을 점령한 이후 신장에서의 정치적 영향력을 확대하는데 성공했다. 러시아 제국은 또한 이 지역 점령 이후 술탄 아빌-오굴리와 수많은 그의 친척, 신하들을 당시 러시아의 요새였던 베르니, 즉 현재의 알마티로 이주시키는 등 영향력 확대를 노렸으나 뻬쩨르부르크 조약에 따라 1881년에 다시 일리 계곡 일대의 영토를 다시 청나라에게 돌려주지 않을 수 없었고, 이후 1885년에 청의 한 주인 신장 주Province of Xinjiang가 되었다(Clark et al., 2004: 168).

조약에 따라 중국으로 재편입된 영토 중 그 이전에 청이 러시아에게 할양했던 서부 일리 계곡 지역Kuldja은 위구르인은 물론 회족과 카자흐인 등 중국 내 무슬림 난민들이 거주하던 지역이었는데 청으로의 귀속으로 인해 발생할 수 있는 탄압에 대한 두려움에 이들은 반발했다(Hsu, 1965). 결국 4만 4천 여 명이 넘는 위구르 농민들은 러시아 제국의 통제 하에 1881-1884년 동안 쿨자 지역에서 러시아령 일리 계곡 지역으로 집단적으로 이주하게 되었다. 이 지역에서 위구르인들은 야르켄트를 비롯해 악수, 카라수 등 위구르인 집단 거주 구역들을 만들어 카자흐, 러시아인들과 더불어 이 지역의 주요 민족 집단으로 성장하게 되었다(Baratova, 1994: 16).

한편 1918년에는 반대로 중국으로의 대규모 이주가 일어났다. 한 해 전인 1917년 러시아 볼셰비키 혁명 이후 후에 적군이 될 일부 친 볼셰비키 무장 세력들에 의해 위구르 거주 지역에서 상당수의 위구르인들이 반 소비에트 선동죄로 처형당하는 사건이 발생했다. 카자흐인에 대해서는 유사한 처형이 없었기 때문에특히 많은 위구르인들이 중국 국경을 넘어 이주하는 사태가 일어났다(Clark et al, 2004: 168 -169). 그 후 1920년대 후반에서 1930년대 초반에는 또다시 소련으로부터 중국으로 위구르인과 카자흐인들의 대규모 이주가 일어났다. 이들은 중앙아시아 곳곳에서 일어나고 있던 스탈린 정권에 의한 지주와 부농, 그리고 투르크-무슬림 소수민족에 대한 대규모 숙청을 피해 중국으로 이주했다. 특히 1930년에서 그 다음 해인 1931년까지 위구르인들의 중국령 일리 계곡으로 이주는 절정을 이루었다(Clark et al, 2004: 169).

이 시기 러시아 혁명 이후 체결된 조약에 따라 소련은 신장에 대한 경제적 지배권을 획득하게 되었다. 그러나 본격적인 진출에 따른 직접적인 경제적 지배 혹은 개발에까지는 이르지는 못하고, 대신 무역과 금융에 있어서 소련의 주도적 역할의 강화 속에서 여전히 신장은 여전히 농생산물의 수출과 산업생산물의 수입을 특징으로 하는 경제 구조를 유지하고 있었다. 그러나 1930년대 성 스차이 치하에서 신장 지역의 경제 발전은 소련과의 밀접한 관계 하에서 이루어진 것이라고 할 수 있는데, 그가 천명한 8개 개혁 조항들 중 민족 평등, 농업생산물의 공정 분배, 교육 대중화 등의 조항은 소련의 영향이 컸다는 것을 보여 준다. 특히 농업 근대화를 위해 신장 정부는 소련의 원조를 통해 신기술 도입, 종자 다양화, 농민에 대한 차관 대여, 수자원 개발, 가축 병원 확충, 군대의 토지 개간 사업 투입 자금 확보 등에 막대한 투자를 하였다. 한편 목화, 실크, 가죽, 양모 등의 생산도 크게 늘어 이와 관련한 다양한 산업들이 크게 발달하게 되었다. 인쇄 산업도 크게 발달하여 소수민족들의 언어로 된 출판업의 발전으로 이어지게 되었다.

그러나 가장 크게 발전한 분야는 소련 차관으로 이룬 각종 산업 인프라 토목건설 사업이었다. 특히 유명한 것은 Horgos로부터 우루무치를 지나 하미, 그리고 더 나아가 동쪽의 Gansu 고속도로로 이어지는 도로의 건설이었다. 이 도로의 완공은 신장과 내륙 중국 간의 연결이 낙타에 의해 이어져 왔던 시대의 종언을 의미하는 것이었다. 소련은 훗날 몽골 지방으로 영향력을 확대하고 있던 일본과의 전쟁을 대비한 모든 군사 장비와 물자들을 바로 이 길을 통해 이동시키기도 했다(Wang, 1999: 89). 또한 소련은 두샨지Dushanzi 유전 재개발 사업에도 관여했는데, 그 결과 1942년까지 수천명의 노동자들이 33개의 유정을 통해 연간 7,300 톤의 원유를 생산하게 된 이곳에서 고용되어 있었다. 석탄 산업도 급속하게 발전하여 연간 백 8십만 톤을 생산하게 되었고, 이에 따라 많은 도시에 파워 플랜트들이 건설되어 광범위하게 전력 보급이 이루어지게 되었다(Wang, 1999: 89-90).

전술했듯이 1932년에 소련 군대의 도움으로 우루무치를 포위하고 있었던 무슬림 연합 군대를 격퇴할 수 있었던 성 스차이 치하의 신장은 사실상 소련의 일부라고 할 수 있을 정도로 소련의 영향력이 극대화되고 있었다(Barmine, 1945: 231-232). 소련 정부는 신장의 거의 모든 영역에 고문관과 교육자들을 파견하였고, 마침내 1944년 소련의 강력한 영향 하에서 '동 투르키스탄 공화국'이 선포되었다(Benson, 1990). 그러나 이로 인해 신장 지역까지 영향을 미치게 된 국민당 정부 및 중국 민족주의자들과 소련 간의 관계가 악화되어, 그 결과 두샨지Dushanzi 석유 단지로부터 러시아 기술진들이 장비와 더불어 철수하기 시작했다. 소련과의 무역량도 감소했는데, 이로 인해 농업 생산물 가격이 하락하게 되었고, 산업생산품의 가격은 상승하게 되었으며 모든 경제적 지표가 악화되었다.

한편 국민당과의 내전에서 승리한 1949년 이후 중국 공산당 정부에게 있어서 해외로부터의 원조는 절실한 것이었다. 이에 따라 마오 쩌둥은 모스크바로까지 가서 스탈린으로부터 원조를 약속받아 3억 불에 달하는 금액 원조 외에도 군사, 산업, 건설, 교육 등 거의 모든 분야에서 소련으로부터 파견된 전문가들의 직접적인 지원을 받았다. 이들 소련 전문가들은 초기 국가 건설 과정에서 막대한 영향을 미쳤다고 할 수 있는데, 특히 신장에서의 영향력은 그 어느 지역에서보다 컸다고 할 수 있다. 무엇보다 이들 소련 전문가들은 '신장생산건설병단'과 매우 긴밀한 협조 체계를 갖추고 있었다 (Kerr et al, 2008: 120).

특히 신장생산건설병단 내 거의 모든 단위에서 소련 전문가들의 영향은 막대해서 가령, 1952년에서 1957년에 이르는 기간 동안 신장 내 생산량이 6배나 증가하게 되는데 결정적인 역할을 했다. 1949년 당시 인구 6만에 단지 4 개의 작은 규모의 제조업 공장 외에는 아무 것도 없었던 우루무치를 1950년대에 인구 50만 여 명에 중공업 단지로 가득한 신장의 주도로 변모하게 만든 대규모 산업화는 중국 중앙 정부와 소련 전문가들의 합작품이라고 할 수 있다. 계획적으로 조성되었던 우루무치의 중공업 단지에는 각 단지마다 약 15,000여 명의 위구르인들을 포함한 현지 소수민족 무슬림 노동자들이 고용되어 있었다(McMillen, 1979).

이후 1957년에는 소련 공산당 서기장 흐루시쵸프에 의해 카자흐스탄 북부, 서 시베리아, 그리고 알타이 등지의 스텝 지대를 곡창 지대로 개간하려고 했던 '처녀지 프로그램'이 실행이 선언되었다. 이에 따라 1954년에서 1959년 사이에 무려 60,000여

가구가 이들 지역으로 이주하게 되었는데, 특히 전후 노업 노동력이 부족했던 카자흐스탄 북부로 중국 북부 거주 카자흐, 위구르인의 이주를 적극 장려하였다.[3] 마침 중국 정부도 신장 지역 내 위구르인 등 무슬림 민족들의 반중국적 경향을 약화시키고 한족의 이주 공간을 확보하기 위해 일리 계곡 지역에 거주하는 친소련/반중국적 경향의 카자흐인과 위구르인들의 소련령 중앙아시아로의 이주를 적극 장려하고 있었다. 이에 따라 신장 거주 카자흐인들과 위구르인들은 특별한 절차에 따라 소련 여권(국적)을 부여 받았고, 1955년에서 1956년 동안 수천 명의 무슬림들이 소련으로 이주하게 되었다.

이 시기(1957-1958년)는 중국에서는 대약진 운동, 도시와 농촌 모든 지역에서의 집단화, 그리고 반우파 운동 과정에서의 대대적 투옥 사태 등으로 인해 많은 이들이 소련으로의 이주를 바라고 있었던 해이기도 하다. 특히 다른 지역에서와는 달리, 신장에서의 이 모든 과정은 소수민족들에게는 한층 더 큰 시련을 안겨 주었는데, 수많은 카자흐, 위구르 지식인들과 민족 지도자들이 우파 혹은 부르조아, 민족주의적 반동으로 몰려 처형, 투옥, 추방당하는 등 극심한 고통을 겪었다(McMillen, 1979: 117). 뿐만 아니라, 신장 지역의 학교, 공장, 정부 청사 등도 민족주의적인 것으로 규정되어 모조리 폐쇄되었다(Clark 1999). 또한 대약진 운동의 결과 발생한 끔찍한 기근과 그로 인한 사망의 증가는 많은 카자흐인들과 위구르인들로 하여금 소련으로의 이주를 촉진하는 게기가 되었다. 중국의 '문화 혁명' 시기 종교적, 민족적 차이로 인해 한층 더 억압적 분위기 속에서 '인민의 적'으로 낙인이 찍힌 무슬림-위구르인들은 소련으로 이주하지 않을 수 없었다.

1959년-1962년에는 이러한 분위기 속에서 당시 신장 주재 소련 영사관에는 연 1만 여 명의 농업 이주민 쿼터 정책에 대한 업무지시가 내려져 있어 많은 위구르인을 포함한 무슬림들이 쉽게 소련 국적을 획득할 수 있었다(McMillen, 1979: 117). 소련과 중국 간의 관계가 악화된 1950-1962년에 이르는 기간 동안에도 중국으로부터 소련령 중앙아시아 제 국가들로의 위구르인들의 대규모 이주가 일어나 약 6만에서 10만여 명에 이르는 위구르인들과 카자흐인들이 소련으로 이주했는데, 이들 중 약 3만 5천 명에서 4만여 명 정도가 위구르인으로 추정된다. 또한 1960년 여름 소련은 중국 내에

3　그러나 노동력 문제가 해결이 되어 일부 위구르인들만 북부로 보냈을 뿐 대부분 위구르인들은 알마티에 정착하게 되었고, 카자흐스탄 북부로 보내어진 위구르인들도 적응에 실패하여 대부분 다시 세미레체 지역으로 귀환했다.

서 활동하던 엔지니어, 기술자, 과학자, 교사 등 모든 영역의 전문가들 1,390명 전원을 소련으로 소환하였는데, 이들의 가족까지 합치면 무려 4,000여 명이 일거에 철수하게 되었다(Clubb, 1971: 446).

결국 중국 공산당의 승리와 신장 장악 이후 1950년대 소련의 원조로 잠시 발전했던 신장 경제는 이후 대약진 운동과 중소 관계 악화로 악화되었다. 신장 지역에 있었던 3개의 소련 영사관도 폐쇄되었고, 친 소련적 성향으로 의심을 받고 있던 약 8만명의 위구르인들 등 소수민족들이 소련령 중앙아시아로 대거 이주했다. 1960년대 초 대약진 운동으로 경제 상황은 한층 악화되었고, 기근까지 발생하게 되었다. 이후 잠깐의 회복 기간이 있었지만, 1960년대 말 문화 혁명으로 인해 다시 경제적 침체로 이어졌다. 1970년대 중반 1인당 GDP는 1950년대 중반 수준에 불과했다.

한편 이 시기 신장으로의 한족 이주가 증가하기 시작해 1955년 신장 내 한족의 수는 약 50만여 명, 신장 인구의 약 10%에 불과했으나, 1962년 2백만명, 인구의 30%를 차지할 정도로 증가했으며, 1971년에는 4백만명, 인구의 40%를 차지하게 되는 등 증가일로에 있었다. 이 기간 자연적 이주 외에도 신장 경제 발전을 목표로 중앙 정부의 통제 강화의 일환으로 조직된 신장생산병단은 한족의 이주 뿐 아니라, 경제에 있어서 한족의 역할 및 비중을 확대시켰다.[4] 다음 해인 1963년 중-소 양국의 국경이 완전히 폐쇄되었고, 이후 1980년대까지 양국 간 인적 이동은 일어나지 않았다.

2. 소련령 중앙아시아에서의 위구르인 공동체들의 조직화와 발전

초창기 중앙아시아 지역의 주요 위구르 공동체는 페르가나 계곡 지역에 형성되어 있었는데, 이들은 수년 동안에 걸쳐 이주해 와서 형성된 일리 계곡, 세미레체 지역의 위구르인들과는 달리, 카쉬가르와 야르켄트 등지로부터 소규모 단위로 이주해 온 위구르인들이었다. 이들은 중국 정부의 탄압과 같은 정치적 이유 뿐 아니라, 토지 부족

---

4   그러나 1975년 문화 혁명 말기에 신장 생산 병단은 쇠락하기 시작했는데. 이들이 생산하는 양은 1971년 7억 5백만 위안에서 1975년 3억 5천 6백만 위안으로 감소되었다(National Bureau of Statistics, 2001: 52). 신장생산병단이 창출하는 고용율 역시 1967년에 22.5%로 절정을 이루었다가 1977년 15.9%로 하락했다(50 years of New China, 1999: 328-329).

과 무역 등 경제적 이유에서 이주해 온 집단이었다. 이들은 19세기 중반까지 페르가나 동쪽 계곡의 카라 다리아와 나린 강변을 따라 정착촌을 형성했는데, 세미레체 지역으로부터 소수의 위구르인들이 현재의 투르크메니스탄의 마리^{Mary} 지역으로 재이주하기도 했다(Isiev et al, 1976).

소련에 우호적인 체제와 국가를 수립하려는 정책에 따라 성스차이 독재 시기 소련은 신장 지역에서 막대한 영향을 미치고 있었다. 이 시기 소련은 반 중국 무슬림 반란을 진압하고 1931년에서 그 다음 해까지 신장 남부 지역에 성립했던 투르크-이슬람 동 투르키스탄 공화국을 멸망시키는 등 중국의 주권을 존중하는 것처럼 행동했다. 그러나 동시에 다른 한 편으로는 신장 지방 정부로 하여금 위구르 민족의 발전을 위한 모델로서 소련 모델을 받아들이도록 강제하고, 이를 위해 특별히 소련령 중앙아시아의 위구르 공동체에 대해 적극적인 지원을 하는 등 이중적인 모습을 보였다.

이러한 정책 기조 하에서 1930년대는 소련의 위구르인들에게는 위구르 문화와 교육의 발전이 최고 절정에 달했던 시기라고 할 수 있다. 이 시기 소련의 학자들은 신장의 학생들을 위한 위구르어 교과서 등을 발행하는 출판사들과 신장을 위한 위구르인 전문가들을 양성하는 중앙아시아 국립대학과 같은 대학교 등을 설립하는 데에 노력을 기울였다. 그 외에도 위구르 민족 문화시설들도 많이 설립되었는데, 가령, 후에 알마티로 옮겨지게 된 위구르 민족 극장이 우즈베키스탄에 지어지기도 했다. 또한 공산주의 사상을 신장 지역의 위구르인들에게 선전하기 위한 목적 하에 수많은 신문과 잡지들이 창간되기도 했다. 1937년에는 중국 신장과의 접경 지역에 위구르 구역^{district}가 조성되기도 했다. 이렇듯, 위구르 문화에 대한 소련의 광범위한 지원 속에서 바로 '동 투르키스탄 공화국'이 수립될 수 있었다고 할 수 있다.

1949년에 신장 지역이 중국 공산당에 의해 점령된 이후 소련은 신장 지역에 대한 특별한 정책을 채택하였다. 중소 관계가 우호적이었던 초기에 이 정책은 신생 공산 중국 내 위구르 민족의 발전을 지원하기 위한 것이었지만, 양국 간 관계가 악화되기 시작한 이후 소련의 대 위구르 정책은 소련의 소수민족 정책이 중국의 소수민족 정책보다 우월하다는 것을 보여주는 데에 더 큰 목적이 있었다. 이렇듯 소련에게 있어서 위구르 문제는 매우 중요한 문제였다.

소련의 위구르인들은 소련 정부의 교육과 문화에 대한 지원 덕분에 광범위한 위구르 문화 기관 네트워크가 알마티를 중심으로 중앙아시아 곳곳에 형성되었고, 특히 카자흐스탄에서는 고등교육 기관을 포함한 위구르어로 수업이 진행되는 위구르 민족학교들이 설립되었다. 이는 명칭 민족이 아닌 역내 소수민족들 중에서는 유일한 경우라는 데에서 보듯, 소련 정부에게 위구르 문제는 중요한 것이었다고 할 수 있다. 이외에도 위구르어로 제작되는 신문, 잡지, 라디오 및 텔레비전 방송국 등이 설립되었고, 위구르 극장, 음악 및 무용 공연장 등이 건립되었다. 일부 대학교와 고등교육기관 등에는 위구르 학과가 개설되었고, 출판사 내에도 위구르 담당 부서가 설치되어 있었다. 또한 카자흐스탄 작가 동맹, 교육부, 교육 연구소 등등 거의 모든 사회 공공 기관들에는 위구르 그룹이 존재했다. 카자흐스탄 과학 아카데미 산하에서도 위구르 집단이 있었는데, 이는 후에 '위구르학 연구소'로 확대 개편하게 되었다(Kamalov, 2009: 18).

우즈베키스탄에도 위구르 문화기관들이 상당히 많이 조직되어 있었는데, 이러한 기관들 중 대표적인 것은 위구르 방송국, 위구르 음악 및 무용 그룹 등이 있고, 타쉬켄트 대학교 아시아 아프리카학 대학 내 위구르학과가 설립되어 있었다. 특기할만한 것은 1961년에서 1964년 동안 카자흐스탄 공산당 제 1 서기장으로 카자흐인이 아닌 위구르인 이스마일 유수포프Ismail Yusupov가 선출되어 통치했다는 사실이다(Ganiev, 1997). 그러나 이러한 예외적인 시기는 흐루시쵸프 사후 중소 관계가 개선되어 유수포프가 사임하게 됨으로써 종언을 고했다(Rakowska-Harmstone, 1983).

그러나 이러한 특별한 지원에도 불구하고 소련정부는 위구르인들을 소련령 중앙아시아의 원주민으로 간주하지 않았고, 이에 따라 위구르인들에게는 독자적 영토 단위를 허락하지 않았다.[5] 잠시 동안 카자흐스탄 공산당 내에서 카자흐스탄 내 위구르 자치주 설립에 대한 논의가 활발하게 일어난 적도 있었다. 1947년 2월 카자흐스탄 공산당 중앙위원회는 전 연방 공산당 중앙위원회에 보낸 위구르 자치주 건설 제안서에서 중국 내 무슬림 민족해방운동을 벌이고 있는 신장 지역과 국경을 맞대고 있는 위구르 지역의 경제적 발전을 가속화하고 그를 통해 소비에트 연방으로의 가입으로 이어질 수 있는 신장 위구르 민족 해방운동을 활성화시킬 수 있기 위해서 자치주 건설이 필요함을 역설하고 있다. 이러한 구상에 따르면, 야르켄트를 주도로 하는 해당 지역의 전체 인구 중 약 20%인 약 2만 3,000여 명이 위구르인이었다(Khlyupin, 1999: 116). 비록 이러한 구상은 소련 중앙 정부에 의해 좌절되었지만, 위구르 자치주의 필

---

5   소련 학계에서는 위구르인들의 역사적 영역과 원 거주지는 동 투르키스탄, 즉 신장을 중심으로 하는 중국 내 지역이기 때문에 위구르인들은 토착 민족이 아니라 외부로부터 이주한 민족일 따름이었다. 그러나 바로 이러한 것이 오히려 소련 정부로 하여금 위구르인들에 대한 광범위한 지원을 가능케 한 이유가 되었을 수도 있다.

요성을 주장하는 소련 학자들의 주장은 계속 이어졌고, 이러한 주장을 담은 저서들이 위구르어로 번역되어 신장의 위구르인들에게까지 영향을 미치게 되었다.[6]

그러나 신장 지역이 중국 공산당에 의해 점령되고 난 이후부터는 위구르 자치주에 대한 논의 자체가 금기시되었고, 위구르 민족의 기원이나 역사, 영토에 관한 논쟁도 사라져 버렸다. 이러한 주제를 논한 말릭 카비로프Malik Kabirov를 비롯한 위구르 학자들에 대해 카자흐스탄 공산당 당국은 민족주의자라고 비난했지만, 모순적이게도 중국으로부터 러시아 제국으로 이주한 위구르인들의 역사에 대한 연구를 바로 이들 위구르 민족주의 지식인들에게 부과하기도 했다. 이후 문화 연구를 중심으로 하는 수많은 위구르 관련 연구물들이 쏟아져 나왔는데, 이는 위구르 문화는 중국이 아니라 소련에서만 발전이 보장될 수 있다는 것을 과시하려는 데에도 그 목적이 있었다(Ruziev, 1982).

소련 시기 중앙아시아 지역은 공화국간의 경제적 발전 정도나 문화적 차이가 크지 않았고, 따라서 어느 공화국에 거주하든 위구르인들의 동질성은 잘 유지되었다. 그러나 각 국가들의 독립 이후 경제적 어려움까지 더해지면서 교류와 소통의 위기 속에서 위구르인들은 점차로 고립화되어 왔다. 세관을 통과해야 하는 국경이 생기고, 각 국가 별로 국적이 다양해졌으며, 서로 다른 화폐들이 만들어지고, 이주가 어려워지면서 위구르 공동체들은 급격히 위축되었다. 그러나 이보다 더 심각한 문제는 신장의 위구르인들과 소련령 중앙아시아의 위구르인들 간의 이질성의 증대였는데, 페레스트로이카 이후 급격히 개선된 중-소 관계로 인해 국경이 개방되면서 양 지역 위구르인들, 그리고 제 투르크 민족들 간의 물적, 인적 교류가 크게 증가하면서 새로운 국면을 맞게 되었다.

1950년에서 1960년대 중앙아시아로 이주한 위구르인들 중에는 지식인들의 비중이 매우 높았는데, 이들 중에는 상당히 유명한 학자, 작가, 음악가, 화가, 교사, 언론인 등이 있었다. 1950년대 신장 정부의 교육부 장관을 지냈던 작가 지야 사마디Ziya Samadi는 대표적 인사이다(Uigurskiye Pisateli Kazakhstana, 1982: 38, 89). 그 외 국가 총서기 압두라우프 마흐숨Abdurauf Makhsum, 주눔 테이포프Zunum Teipov 장군 등 옛 '동 투르키스

---

6   특히 베른슈땀(A. N. Bernshtam)의 책은 위구르 민족주의자들에게 막대한 영향을 미쳤는데, 출간 직후 급변한 정치적 조건으로 인해 신장 당국은 물론 소련 내에서도 금서로 분류되어 이미 출간된 책들은 회수되었고, 더 이상 발간되지 못 했다.

탄 공화국'을 이끌었던 수많은 고위 관료들도 대거 이주했는데, 중소 관계가 악화되면서 소련 당국은 이들 사이에 만연했던 반 중국 정서를 활용하기도 했다. 가령, 소련 당국은 반 중국 활동가인 유수프벡 무흘리시Yusufbek Mukhlisi가 '동 투르키스탄'이라는 반 중국 신문을 발간하고, 국제기구들에 중국 내 위구르 문제에 대한 관심을 호소하는 활동을 허용하기도 했다. 그 외에도 위구르 지식인들은 이러한 분위기를 활용하여 동 투르키스탄 독립을 지원하는 정치 조직을 결성하기에 이르렀다. 1980년대에 이르러서는 카자흐스탄과 키르기즈스탄에 주로 거주하던 옛 동 투르키스탄 관료들은 물론, 우즈베키스탄의 위구르 라디오 방송국의 언론인, 학자에 이르기까지 독립을 지원하는 인적 범위가 크게 확대되었다(Syroyejkin, 2003: 451).

이러한 분위기 속에서 1984년 카자흐스탄에서 무흘리시에 의해 '동 투르키스탄 연합 민족 혁명 전선the United National Revolutionary Front of East Turkestan, UNRFET' 이라는 조직이 비밀리에 결성되었다. 이 조직은 중국 내 신장 위구르 지치주의 완전한 독립을 목적으로 하는 급진적 조직이었는데, 이러한 조직의 결성은 소련 당국의 방조 없이는 불가능한 매우 놀라운 사건이라고 할 수 있다. 그러나 이들은 소수의 지식인들과 옛 동 투르키스탄 공화국 참여 인사들 외의 지식인이나 엘리트들은 물론 일반 대중의 적극적 지지를 받을 수 있을 만큼 세를 확장하지 못 했다.

한편 이 시기부터 점차로 카자흐스탄과 키르기즈스탄의 위구르 신문들에서 신장의 독립과 위구르 민족 독립에 관한 논의가 공개적으로 이루어지기 시작했는데, 대중적 여론의 확산이라는 측면에서 이는 소수의 비밀 결사 활동에 비해 파급력이 큰 활동이었다. 이들 위구르 언론들에서는 공히 신장이라는 명칭을 거부했지만, 위구르 민족의 독자성을 강조하는 '위구르스탄'을 옹호하는 집단과 여타의 중앙아시아 제 투르크 형제 민족들과의 연대를 강조하는 '동 투르키스탄' 용어를 옹호하는 집단 간의 논쟁이 이어졌는데, 양 진영 공히 '신장'이라는 용어에 대해서는 거부했다.

이후 1989년에서 1991년에 이르는 기간 동안 공산당 중앙 위원회의 주도로 모든 중앙아시아 공화국들에 위구르 문화 센터가 건립되었고, 1991년까지 거의 모든 중앙아시아 국가들에 민간이 주도하는 다양한 위구르 문화 단체들이 결성되었는데, 종종 후자는 문화 단체의 형식을 빈 위구르 독립 지원 정치 조직인 경우가 많았다. 가령, 위구르인들이 가장 많이 거주하는 카자흐스탄의 경우에도 합법적인 문화 교육 센터와 동 투르키스탄 독립을 선전하는 미등록 정치 조직들이 병존했다.

3. 현대 중앙아시아 제 국가들에서의 위구르 조직들의 활동

소련이 붕괴하고 중앙아시아 국가들이 독립하면서 위구르 정치 운동은 완전히 새로운 국면을 맞게 되었다. 전술했다시피 국가별 독립으로 인한 환경과 조건의 변화로 인해 각 국가에 흩어져 있는 위구르인 조직들 간의 정치적 연대와 소통을 위한 협의체 구성이 절실하게 되었다. 이러한 목적 하에서 '공화국 간 위구르 기구The Inter-Republican Organization of Uyghurs, IROU'가 1992년 카자흐스탄 알마티에서 각 공화국에서 온 다양한 위구르 문화 조직들을 대표하는 300여 명의 인사들이 참가한 가운데 설립되었다. 이 단체는 신장 지역의 독립이라는 정치적 목적이 아닌 위구르 민족의 문화 계몽에 우선적 목적이 있음을 천명하였는데, 이로 인해 옛 동 투르키스탄 공화국 인사들을 비롯한 지식인들 중 상당수는 지지를 하지 않았으며, 곧 위구르 독립을 목적으로 하는 별도의 정치 조직 건설을 도모하기도 했다(Kamalov, 2009: 126-127).

한편 1992년 알마티에서는 바히디Hashir Vahidi의 주도 하에 '위구르스탄 해방 기구Organization for the Freedom of Uyghurstan, UAT'가 조직되어 첫 대회가 중앙아시아 각 공화국뿐 아니라, 터키, 독일, 그리고 심지어 중국 등지로부터 온 약 700여 명의 대표들이 참가한 가운데 성황리에 개최되었다. 그리고 대회에는 카자흐스탄 관료들도 참가하였다. 이 단체는 목표를 모든 정치적 수단을 동원하여 위구르스탄의 독립을 추구하는 데에 있음을 명확히 명시하고 있었는데, 이는 비폭력 투쟁을 원칙으로 하는 유수프벡 무흘리시가 주도하는 단체인 '동 투르키스탄 연합 민족 혁명 전선'과 구별되는 것이었다(Kamalov, 2009: 127).

세 단체들 중 가장 합법적으로 활동할 수 있었던 단체는 정치적 지향이 없는 위구르인들까지 포괄이 가능한 IROU였지만, 1995, 1996년 카자흐스탄 정부의 일련의 법률 제정에 따라 이 단체의 국가 간 혹은 국제적 목적은 일국 내로 한정되도록 강제되었다(Khojamberdi, 2001: 233-234). 그러나 이 단체의 활동력은 약화되지 않았고, 구 소련 외의 지역에 거주하는 위구르인들의 국제 조직에 적극적인 일원으로 활약하게 되었다. 이들은 처음부터 1992년 터어키에서 열린 '세계 위구르인 대회World Congress(Kurultai) of Uyghurs', 1994년 독일에서 열린 '국제 위구르 청년 기구International Organization of the Uyghur Youth' 그리고 헤이그에서 있었던 'Unrepresented Nations and Peoples Organization, UNPO' 등의 대회에도 적극적으로 참가했다. 그러나 1995년 IROU은 분열되어 새로운 조직인 '카자흐스탄 위구르 협회Association of Culture of Uyghurs of the

Republic Kazakhstan'이 창설되었는데, 이 조직은 추후 '위구르 지역 공공협회Regional Public Association of Uyghurs'로 재편되었다.

1997년의 쿨자(Khulja) 사건을 계기로 세 위구르 단체는 통합 조직 건설에 합의, 모든 형태의 위구르 단체의 활동을 지원하고 세계 공동체에 위구르 독립과 신상에서의 중국 정부에 의한 위구르 인권 문제 등 소위 '위구르 문제'를 지속적으로 제기하는 것을 목적으로 하는 '통합 정치 회의United Political Council'를 구성했다. 이러한 움직임은 해외 거주 위구르 이주민들에게도 커다란 영향을 미쳐서 1998년 터키에서 'National Center of East Turkestan', 1999년에는 독일에서 'East Turkestan National Congress'가 조직되기도 했다. 카자흐스탄에서도 많은 단체들이 '위구르협회Association of Uyghur'로 통합되면서 점차로 광범위한 지지를 받았는데, 신장의 독립을 추구하는 정치 조직이 확대되는 것에 대한 카자흐스탄 정부의 우려로 세력이 크게 약화되었다.

2003년 이 단체의 지도자인 카하르만 호잠베르디Kaharman Khojamberdi 주도로 알마티에서 '위구르스탄 당Uyghurstan Party'이 창당 선언을 했지만, 정부의 탄압으로 카하르만에게는 불법 단체 조직 혐의로 벌금형이 내려졌고, 이러한 종류의 정치 조직화의 실험은 실패로 끝났다(Kamalov, 2009: 128). 이후 중앙아시아 국가들에 대한 중국의 압박과 로비로 위구르 정치 조직과 그 지도자들에 대한 탄압이 이어졌다. 특히 영향력있는 지도자인 바히디H. Vahidi, 보사코프N. Bosakov, 삼사코바D. Samsakova 등이 의문의 사고로 살해되는 등 수많은 위구르인들이 탄압을 받았다(Bekturghanova, 2002).

현재 카자흐스탄에는 IROU를 계승한 대표적 조직인 '카자흐스탄 공화국 위구르 문화회Society of Culture of Uyghurs of the Republic of Kazakhstan', '위구르 사업가, 기업인, 농업 노동자 협회Association of Uyghur Businessmen, Entrepreneurs and Agriculture Workers', '나주굼 기금 The Nazughum Foundation', '카자흐스탄 청년 위구르 연합Union of Uyghur Youth of Kazakhstan', '위구르 문화협회Uyghur Cultural Association' 등 다양한 단체들이 있지만, 이들은 대부분 카자흐스탄 공화국 내에서의 위구르인들의 경제적, 사회적, 문화적 삶 증진에 목적을 둔 활동에 주력하고 있다(Kamalov, 2009: 128-129).

카자흐스탄 외의 중앙아시아 국가들 중에는 상대적으로 덜 억압적인 권력이 통치해 왔던 키르기즈스탄에 주로 위구르 단체들이 활동하고 있지만 카자흐스탄 소재 단체들만큼 급진적인 의제 하에 활동한 적은 거의 없다. 키르기즈스탄에는 '위구르 협회 이티팍Uyghur Association 'Ittipaq'', '중앙아시아 위구르 정보 프로젝트Uyghur Information-project Center on Central Asia', '비쉬켁 시 인권 단체 〈민주주의〉Human Rights Organization

'Democracy' of the city of Bishkek'와 같은 단체들이 활동하고 있다.[7]

현재 카자흐스탄의 가장 큰 위구르 단체인 'Society of Culture of the Uyghurs of the Republic of Kazakhstan'의 대표인 하사노프Hasanov나 키르기즈스탄의 'Uyghur Information-project Center on Central Asia'의 대표인 켄지예프Kenjiev와 같은 상당수의 위구르 지도자들은 위구르인들의 문화 보존 및 발전 등 소위 '위구르 문제'를 해결할 수 있는 현실적 대안은 중국과의 긴밀한 협조에 있다는 타협론을 주장하고 있다. 반 중국적 노선을 견지하던 주요 위구르 지도자들의 사망 이후 이러한 타협주의자들의 목소리는 한층 더 커졌다. 이러한 경향 외에도 자본주의 시장경제의 발전으로 크게 성장하고 있는 위구르 기업인들의 위구르 사회와 문화에 대한 영향력 강화로 인한 문제들도 발생하고 있다(Kamalov, 2009; 129).

IV. 중앙아시아와 신장의 통합성 증대와 위구르 문제의 증폭

중앙아시아와 신장 간에는 경제적 통합 뿐 아니라, 국경을 통해 문화적 교류도 활발해지고 있는데, 파키스탄과 아프가니스탄으로부터는 주로 종교적 혹은 정치적 이슬람의 영향이 강하게 전파된 반면, 이와 대조적으로 중앙아시아로부터는 소련식 근대화의 유산으로 인하여 상대적으로 서구적, 세속주의적, 민족주의적인 가치와 경향들이 영향을 주었다.[8] 파키스탄과는 달리, 중앙아시아 국가들의 경우 20세기에 소련식 서구화 및 근대화 과정을 겪었는데, 바로 이러한 세속주의적 발전 모델은 위구르 민족주의 엘리트들에게 강한 영향을 주었다(Roberts, 2003).

특히 신장과 소련 간 국경이 폐쇄되기 전인 1963년 이전 소련으로 망명한 위구르 엘리트들은 여전히 신장 지역, 특히 북부 지역의 많은 사안들에 대해 강력한 영향력

---

7 그러나 위구르 이주민 수가 미미한 타지키스탄이나 투르크메니스탄, 그리고 이에 더해 자율적 단체 조직에 대해 억압적인 정책을 견지하고 있는 우즈베키스탄 등지에는 의미 있는 위구르인 단체들은 거의 없는 것으로 알려져 있다.

8 신장 북부 지역은 카자흐스탄, 키르기즈스탄, 그리고 그와 이어지는 주변 중앙아시아 국가들로부터 영향을 받는다고 한다면, 남부 지역은 파키스탄으로부터의 영향도 큰 편이다.

을 행사해 왔다. 다시 국경이 열리게 된 후 많은 신장 무슬림들, 특히 위구르인들은
이들 중앙아시아 거주 옛 위구르 엘리트들과의 유대 관계를 다시 강화하기 시작했다.
카자흐스탄, 키르기즈스탄, 우즈베키스탄 등지에 거주하는 위구르인들과의 관계를
한층 더 강화하면서 동시에 이들 중앙아시아 형제 민족들과의 관계도 강화되기 시작
했다. 그 무엇보다도 국경의 개방으로 인한 중앙아시아 투르크 신생 독립 국가들과의
교류 확대는 위구르인들에게 위구르 독립 국가 혹은 동 투르키스탄 국민 국가의 수립
을 향한 열망을 한층 강화시켰다.[9]

소련 붕괴 이후에는 미국과 유럽의 영향 하에서 중앙아시아를 거쳐 자유주의나 민
주주의 사상이 강력한 영향력을 행사해 왔다. 그런데 이러한 영향의 확산과 사상의
교류는 중앙아시아 제 국가들에서 일정 기간 이상 체류하는 신장 상인들에 의해 이루
어지고 있다. 신장 상인들은 체제 전환 이후 중앙아시아 국가들에서 확산된 각종 서
구식 자유주의적 제도들, 특히 각종 비정부 기구들, 국제개발협력기구들, (심하게 왜
곡되어 있기는 하지만) 복수 정당제 및 선거 제도 등으로부터 강한 영향을 받아 왔다.

특히 특정 민족의 지배가 관철되고 있는 중국의 신장 지역과는 달리, 상대적으로
다양하고 자유로운 중앙아시아의 다민족 사회의 존재는 강한 영향을 주고 있다. 또한
중앙아시아 국가들의 유럽 및 미국과의 급격한 교류 확대로 인한 전 지구적인 신자유
주의에 입각한 문화적 흐름으로부터도 강한 영향을 받고 있다. 미국과 유럽의 비디오
테이프, 영화 DVD, 음악 CD, 컴퓨터 프로그램 등은 신장의 문화에 큰 영향을 주고
있는데, 이로 인해 신장 위구르인들은 서구식 발전 모델을 선호하고, 그 반대로 중국
식 발전 모델에 대한 반감으로 이어지고 있으며, 신장 내 분리 독립 운동에 강한 영향
을 미치고 있다(Roberts, 1998).

1990년대 초 파키스탄과 아프가니스탄과의 교류 속에서 이슬람 사원이나 학교 등
이 건설되고 탈레반 등의 영향으로 반공주의와 범이슬람주의에 대한 관심이 커진 시
기가 있었지만, 이들 국가의 정치 운동이 위구르 민족주의 단체들에게 직접적인 자금
지원이나 인적 원조를 했다는 증거는 발견되지 않았다. 일부 소수 위구르인들이 이러
한 영향 하에서 아프가니스탄 등지에서 탈레반과 함께 훈련을 받곤 했지만, 이는 세

---

9   물론 동시에 중국 정부는 리스크가 큰 국경 개방을 통해 오히려 국경을 맞대고 있는 인근 중앙아시
    아 국가들과의 정치안보적, 경제적 동맹체를 구성하려는 노력을 아끼지 않고 있다. 이러한 중국의
    의도가 관철되어, 중앙아시아 국가들은 최소한 국가 차원에서는 신장 내 위구르 분리주의 운동에
    대한 지지를 표명하지 않고 있다.

속주의적인 위구르 민족분리주의 주류와는 거리가 먼 것이었다(Fuller et al., 2004). 또한 카자흐스탄과 키르기즈스탄에 근거지를 두고 있는 위구르 독립 지원 조직들은 다양한 민족 해방과 민족 국가 수립 원칙들을 갖고 있지만, 거의 예외 없이 미래의 위구르 독립 국가는 종교 혹은 샤리아 법에 기반한 국가가 되어서는 안 된다는 원칙에 동의하고 있다. 이들은 인권과 역사적 주권 등 자유민주주의적 원칙 외에도 식민지적 착취에 대항하는 사회주의적 민족 해방론도 차용하는 등 기본적으로 세속주의-위구르 민족주의에 입각하여 운동을 전개하고 있다.

한편 카자흐스탄과 키르기즈스탄 등 중앙아시아 거주 위구르인들은 구 소련 내 국가의 위구르 디아스포라 뿐 아니라, 터어키와 유럽, 미국 등지에 흩어져 활동하고 있는 위구르인들에 대한 정보들을 다양한 매체를 통해 출판하고 있고, 이들 해외 위구르인들의 활동과 삶이 담겨 있는 서적들을 신장 상인들에게 제공하고 있다. 반대로 신장 위구르 상인들도 이와 유사한 출판물들을 카자흐스탄과 키르기즈스탄에 판매하고 있는데, 그 주요 소비자들은 바로 이들 국가 거주 위구르인들이다(Azimat, 1997). 이러한 출판물들은 신장 위구르인들에게 강한 영향을 미치고 있는데, 이러한 출판물들을 통해 신장의 위구르인들은 자신의 조상들이 어떤 이유로 어떻게 해외로 추방되었고, 전 세계로 흩어지게 되었으며, 고향을 잊지 않고 중국으로부터의 신장의 해방, 위구르 민족의 독립을 위해 투쟁해 오고 있는지에 대해 알 수 있게 되는 것이다.

이러한 과정 속에서 중앙아시아의 위구르인들은 신장 상인들을 매개로 하여 신장의 위구르인들과의 협력 속에서 중국 정부의 거짓 선동과 인권 침해 등에 맞서고 있다(Roberts, 2003). 이러한 위구르 상인들의 역할이 위구르 민족주의와 민족국가 건설에 대한 열망 부활에 크게 작용하고 있는 점을 정확히 알고 있는 중국 정부와 그 통제를 받고 있는 신장 정부는 대중매체들을 통해 위구르 대중들에게 상인으로 가장한 해외 이슬람 근본주의자들이 신장으로 침투하고 있다는 식의 선전선동도 강화하고 있다(Roberts, 2004).

경제적 이유 외에도 중앙아시아와의 접경지대의 통합성과 안보를 확고히 하기 위해 중국은 중앙아시아 국가들을 상대로 적극적인 외교를 펼쳐 왔다. 중국은 구소련으로부터 중앙아시아 국가들이 독립을 선언하자 곧바로 이를 승인하는 등 중앙아시아 국가들과의 우호적 관계를 일찍부터 적극적으로 추구해 왔다. 이에 따라 1992년 12월에는 중국의 주도로 국경 획정과 국경수비대 숫자 감축 등을 주제로 중국과 국경을 새로 맞대게 된 카자흐스탄, 키르기즈스탄, 타지키스탄은 물론 러시아의 외무부 장관까지 아우르는 회담이 개최되었다. 이렇듯, 양자 회담을 통한 중국의 적극적 접근과 동시에 이루어졌던 다자적 접근을 통해 중국은 마침내 1993년에 이들 국가들과 갈등의 핵이 될 수도 있는 국경선 분쟁을 빠르게 해결하는 모습을 보였다.

또한 1994년 리 펑 총리의 중앙아시아 국가 방문 당시 선린관계 유지와 평화공존, 호혜협력 촉진과 공동의 경제적 번영, 내정불간섭, 독립과 주권 존중 등의 4원칙을 제시하면서 민족 문제에 대한 공동 노력과 협조를 요청한 바 있었는데, 이러한 공동대처 기조는 이슬람 세력을 비롯한 야당의 활동을 억압하는 데 도움이 되는 중앙아시아의 세속주의 권위주의 정권의 유지에도 도움이 되는 기조이기 때문에 지금까지 커다란 변화 없이 지속되고 있다. 특히 중국 정부는 중앙아시아 국가들과의 외교수립 직후부터 곧바로 이들 국가들에게 경제적 원조를 대가로 자국 내 위구르 단체들의 활동에 제약을 가할 것을 요구하는 등 압박을 가해 왔다.

그러나 일찍이 신장 지역을 발전시키기고 중국 내지와 중앙아시아를 연결시키기 위한 중국 정부의 다양한 노력에도 불구하고 신장 내에서의 저항은 중단되지 않았고, 동시에 소련의 통제가 약화되고 중앙아시아 제 국가들이 독립하면서 중앙아시아, 특히 카자흐스탄 내 위구르 정치 조직들의 활동이 활발하게 일어나기 시작했다. 그 결과 소련 붕괴 이전인 1991년 4월에는 '위구르 해방 기구Uyghur liberation Organization'라는 조직이 카자흐스탄 내 합법적 정치 정당으로 등록되어 활동하기 시작했다. 그 후 같은 해 6월에 키르기즈스탄 내 위구르인들도 '자유 위구르스탄을 위하여For a Free Uyghurstan'라는 정치 정당을 창당하였고, 1992년 1월에는 알마티에서 5개 중앙아시아 공화국을 대표하는 위구르 대표들이 모여 '국제 위구르 연합International Uyghur Union' 창설 회담을 개최하기에 이르렀다(Dilton 1997). 신장 위구르인들의 민주주의와 인권, 그리고 민족 자결을 위해 투쟁할 것이라는 이들의 선언은 중국에게는 심각한 위협으로 다가왔다.

한편 1992년 2월 우루무치에서 버스 폭발 사고가 일어나 6명이 사망하고 20여명이 부상을 입는 사고가 일어났는데, 유사한 폭발 사고가 이닝, 호탄, 카쉬가르, 쿠차, 코를라, 보르탈라 등 곳곳에서 일어났다(Kohut, 1992: 67). 어떤 집단도 이러한 테러가 자신의 소행임을 선언하지 않았지만, 중국 당국은 이는 신장 내외에서 암약하는 '분리주의자'들의 소행으로 규정하면서 위구르인들을 압박했다. 그 후 카자흐스탄을 근거지로 하는 '위구르스탄 해방전선Front for the Liberation of Uyghurstan'은 신장 내 게릴라식 투쟁을 선언한 가운데, 1993년 6월에 카쉬가르의 정부 청사에 대한 폭탄 공격이 일어나는 등 남부 곳곳에서 유사한 공격이 이어졌다. 뿐만 아니라, '롭 노르Lop Nor' 지역에 있는 원자력 시설에 대한 공격도 있었는데, 이로 인해 수백 명의 위구르인들이 체포되는 일이 있었다(Dilton, 1997: 139-142). 1992-1993년의 사태는 위구르인들의 정치적 행동이 고양되는 계기로 작용하여 중국의 리펑 총리의 중앙아시아 순방에 반대하고 신장에서의 중국정부에 의한 핵실험에 대한 카자흐스탄 정부의 입장을 묻는 위구르인들의 시위가 알마티 주재 중국 대사관 앞에서 수천 명이 모인 가운데 일어나기도 했다(East Turkistan Information Bulletin, 1993).

이에 중국은 중앙아시아 국가들에게 경제적 원조를 약속하여 경제 위기를 맞고 있었던 카자흐스탄과 키르기즈스탄으로 하여금 중국의 요구를 받아들이지 않을 수 없게 만들었다. 가령, 1993년 키르기즈스탄 외교부 장관인 카라바예프Karabayev는 중국을 방문한 자리에서 키르기즈스탄은 중국과 더불어 종교적 광신주의와 분파주의에 반대한다는 성명을 내었고, 그 결과 5백만 달러에 이르는 차관이 추가로 지원되었다. 또한 무역 지대로 신장의 악수 지역의 개방이 이루어지자 망명한 위구르 단체들은 키르기즈스탄 정부가 국가 차원에서 뇌물을 받은 것이라며 강력히 비난하기도 했다(East Turkistan Information Bulletin, 1993). 그러나 1998년 키르기즈스탄에서는 8월 민족분열주의와 종교적 극단주의에 대한 실질적 협력을 위한 공동 계획을 수립하자는 비슈케크 성명이 채택되기도 했다

곧바로 타지키스탄을 제외한 4개국 순방에 나선 리펑 총리는 안정적인 정치적 관계, 경제 협력, 그리고 내정 불간섭 등을 원칙으로 하는 중국과 중앙아시아 간의 신시대를 만들어 나가자고 제안했다(Martin, 1994). 그리고 우즈베키스탄의 카리모프 대통령과의 회담에서 그는 중국과 중앙아시아 간의 '신 실크로드' 구상의 실현을 제안하였고, 양국은 다양한 분야에서의 경제 협력에 합의했다. 그러나 공식적으로는 중국 내 위구르 분리 독립 운동에 대한 지지를 하지 않고 있음에도 불구하고, 중아아시아 국가들은 항상적으로 중국의 요구에 따라 조치를 취하는 것은 아니었다. 위구르 문제는 이들 국가들이 중국의 지지나 지원을 요구할 때, 협상 카드로 사용하기 위해 남겨놓아 이용하는 영역이 되었다.

가령, 위구르 디아스포라가 가장 많이 거주하며 활동이 활발한 카자흐스탄 정부는 항상 공식적으로는 카자흐스탄 내 위구르 분리주의 운동에 맞서 싸우는 중국을 도울 것이라고 천명해 왔다. 1993년 중앙아시아를 순방 중이던 신장 정부 수장 토무르 다바마트Tomur Davamat는 자신의 회고록에서 카자흐스탄 대통령인 누르술탄 나자르바예프가 만일 중국이 위구르 분리주의에 맞서 싸운다면, 카자흐스탄도 함께 맞서 싸울 것이라고 약속했다고 말한 바 있다(Davamat, 1996: 196). 1995년에도 중국과 카자흐스탄은 어떠한 형태의 민족 분리주의에도 반대하며, 상대편에 대한 분리주의에 가담하는 어떤 조직이나 세력들도 허용하지 않을 것이라는 중국의 장쩌민 주석과 카자흐스

탄의 나자르바예프 대통령 간의 공동성명을 채택하였다.

실제로 카자흐스탄 정부는 지방 곳곳에서 벌어지는 위구르인들의 민족주의 운동을 철저하게 제약하지는 않았다. 물론 카자흐스탄 정부는 위구르 민족주의 단체들이 반 중국적 무장 투쟁으로 발전하지 못하도록 감시와 통제를 가하기도 했지만, 중국 측의 요청에도 불구하고, 카자흐스탄 정부는 위구르인들의 언론 매체를 통한 민족주의 운동은 허용하기도 했다. 중국 정부로서는 카자흐스탄 정부가 위구르인들에게 제한적이나마 표현의 자유를 허용한 것 자체가 신경을 거슬리게 하는 것이었다. 이와 유사한 정책은 키르기즈스탄에서도 시행되어 중국의 고민은 한층 더 깊어졌다.

오히려 1997-1998년 사이에 정부 인사 살해 등을 포함한 다양한 형태의 저항은 더욱 확산되었는데, 가령 타림 분지 지역의 몇몇 도시들에 있는 군사 시설들에 대한 소위 '동 투르키스탄 인민 해방 전선East Turkestan People's Liberaion Front'의 공격이 감행된 바 있었다(Fogden, 2003). 또한 쿨자Kulja 지역 내 몇 군데에서 경찰과 군부 인사들에 대한 살해 사건도 일어났는데, 중국과 신장 당국은 이러한 공격을 가능케 한 무기가 중앙아시아 등 외부로부터 유입된 것이라고 주장하였다(Lawrence, 2000: 22-24).

이러한 분위기 속에서 채택된 중국 정부의 '강력한 타격Strike Hard' 정책으로 1997년에서 1999년 동안의 2년 동안 약 210여 명의 위구르인들이 처형되는 일이 있었다. 중요한 것은 이 정책으로 위구르 분리 독립 운동의 본질을 은폐할 수 있는 도구로서 이슬람주의라는 것이 덧씌워지게 되었다는 사실이다(Rudelson, 2004; Smith, 2002). 사실 이슬람주의의 확산은 주로 파키스탄이나 아프가니스탄 등지로부터의 영향이 압도적이었지만, 중국과 신장 당국의 전략은 위구르인들도 참가하고 있으며 체첸 분리독립 운동과도 연계되어 있는 '우즈베키스탄 이슬람 운동Islamic Movement of Uzbekistan: IMU', '이슬람 해방당Hizb-ut-Tahrir: HT' 등의 중앙아시아 이슬람 운동과 연계성을 강조함으로써 민족운동적 성격을 가리려는 목적에서 수립된 것이라고 할 수 있다(Ahrari, 2000; Weisbrode, 2001).[10]

1999년 우즈베키스탄 대통령 암살 기도, 1,000여 명에 이르는 무장 전사들의 키르기즈스탄 남동부 지역 침투, 그리고 우즈베키스탄 령 페르가나 지역 공격 등 IMU에

---

10 물론 IMU로부터 충원되어 탈레반에 소속된 위구르인들이 상당수에 이를 것이라는 주장이 있는 것이 사실이며, IMU도 2001년 이후에는 '투르키스탄 이슬람당(Islamic Party of Turkestan)'으로 명칭을 바꾼 데에서도 보이듯, 이는 HT와도 연결됨과 동시에 조직의 성격이 위구르를 포함한 범 투르크적-범중앙아시아적인 것으로 바뀌었음을 의미한다고 할 수 있어 이슬람주의의 영향력이 강화되고 있는 면도 존재한다.

의한 일련의 무장 행동은 중앙아시아 국가들 뿐 아니라, 중국도 자신의 강압 정책의 정당성을 확인하는 계기로 삼았고, 초국적 저항 세력 저지라는 공통의 이해관계가 형성되는 시발점이 되었다. 이에 이 지역 국가들은 갈등의 시발이 되어 문제가 발생할 수 있는 국경 분쟁부터 해결하고자 했는데, 그 결과 카자흐스탄과 키르기즈스탄 모두 중국과의 국경을 최종적으로 획정하는데 성공하였다.

그 후 중앙아시아 국가들은 중국의 경제적 지원 약속에 따라 중국의 요구에 호응하는 모습을 보여 주었다. 가령, 중국의 석유 파이프라인 건설 추가 투자 약속에 따라, 카자흐스탄 정부는 위구르 '분리주의자들'에게 피난처를 제공하지 않을 것임을 천명했다(Shichor, 2004). 이어서 4명의 소위 '위구르 게릴라'들을 중국 당국으로 넘겼고, 2000년에도 3명의 위구르인들을 추가로 넘겼다. 이와 유사한 협약이 키르기즈스탄 정부와도 맺어졌는데, 중국 정부의 키르기즈-신장 간 철도 건설 지원 협약 이후 키르기즈스탄 정부는 중국과의 국경 문제를 매듭지었고, 위구르 분리주의자들의 활동을 금지시킬 것을 약속하고, 테러 혐의로 중국 국적 위구르인에게 사형이 선고, 집행되는 일이 있었다.[11] 2000년도 장쩌민의 타지키스탄 방문 시에도 타지키스탄 정부는 역내 위구르 분리주의자들의 활동을 금지할 것이라고 발표하였는데, 마찬가지로 파미르 산악지대의 국경 문제를 최종 해결하는데 성공하였고, 중국은 군사 시설 개혁 등에 5백만 위안의 원조를 약속했다(Blua, 2004).

V. 상하이협력기구를 통한 중국의 중앙아시아 위구르 운동 억압과 딜레마

전술했듯이, 신장 내의 위구르인들의 저항 뿐 아니라, 중앙아시아 제 국가들 내 위

---

11 중국 정부로 넘겨지지 않더라도 많은 활동가들이 중앙아시아 국가 내에서 반 중국 운동 혐의로 체포되어 장기간 징역에 처해지는 일도 잦아졌다. 또한 소련 시기 보장받아 왔던 많은 수의 위구르 학교, 극장, 신문 및 잡지사, 라디오 및 TV 방송국 등이 폐쇄되거나 다른 민족의 그것과 합병되는 사태가 일어났다. 카자흐스탄에 있는 유명한 위구르 연구 센터 역시 기능별로 분화되거나 규모가 축소되었다.

구르인들의 활동, 그리고 위구르인과 동질적인 중앙아시아의 투르크계 제 민족들과 국가들의 존재는 중국 정부에게 커다란 위기의식을 느끼게 하는 것이었다. 이러한 상황은 중국 정부로 하여금 국경을 맞대고 있는 중앙아시아 국가들과 일련의 안보 조약을 체결하도록 강제하였다. 그러한 전략의 정점은 중국, 러시아, 카자흐스탄, 키르기즈스탄, 타지키스탄 등 중국 서부, 즉 신장과 국경을 맞대고 있는 '상하이 5'에서 출발하여 지금의 '상하이 협력 기구'로 확대된 다자기구였다(Vidaillet, 2002).

'상하이 5'는 회원국들 간에 서로의 목표가 확연히 달랐고, 위구르 문제에 대한 동의 정도가 크게 달랐기 때문에 동력이 약했다. 그러나 1999년 우즈베키스탄 대통령 이슬람 카리모프를 노린 폭탄 테러가 수도인 타쉬켄트에서 발생한 이후 상황은 급격하게 변했다. 카리모프 정권과 유사한 독재 체제를 유지하고 있던 중앙아시아 국가의 지도자들은 반정부 세력들 중 가장 전투적일 수 있는 이슬람 세력의 대두를 두려워하기 시작했다. 결국 2000년에 안보에 위기를 느낀 우즈베키스탄도 이 기구에 참가하게 됨으로써 회원국이 6개국으로 증가하게 되었다. 이와 동시에 느슨한 협의체였던 상하이 5는 조금 더 공고한 상시적 기구로 변화, 상하이 협력 기구로 개칭하였다. 중앙아시아의 독재를 비판하는 유럽의 OSCE에 대한 대항마적 기구로의 발전을 도모하는 이 기구는 역내 이슬람 급진 정치 세력의 확산을 두려워하는 회원국들의 공통의 관심사를 반영하기도 한 결과이기도 했는데, 특히 2001년 9 · 11 테러는 이들의 결속을 한층 더 강화하는 계기로 작용하였다(Sands, 2002).

중국은 이전에도 다자안보협력 기구를 이용해 국제적인 차원에서 분리주의 운동에 대응해 오고 있었는데, 그 결실이 바로 상하이협력기구 결성이었다. 2003년 모스크바에서 열린 제 3차 정상회담에서는 반테러 센터의 기능과 과제 등에 대해서도 일련의 문서 조인이 이루어졌는데, 2004년 6월 우즈베키스탄의 타슈켄트에서 개최된 제 4차 회담에서는 역내 대 테러센터의 신설을 결의하는 등의 조치로 이어졌다. 2005년부터는 상하이협력기구 회원국들의 무장 합동 반테러 훈련이 시행되고 있는데, 2007년의 경우 이러한 국제적 군사 훈련이 상징적으로 신장의 우루무치에서 실시되기도 했다. 이렇듯 중국 정부는 상하이 협력 기구를 주도하면서 각 국가 내 이슬람 세력 혹은 분리 독립운동 세력의 척결에 있어서 이해관계를 같이 하는 중앙아시아 4개 국가의 군사적 협력관계를 구축하여 자국의 신장 분리주의 운동의 분쇄에 총력을 기울이고 있다.

한편 9 · 11 테러 이후 아프가니스탄의 탈레반과 알 카에다를 격멸하기 위해 미군이 우즈베키스탄과 키르기즈스탄에 기지를 건설하거나 주둔하게 되었는데, 미군의 주둔은 러시아 뿐 아니라 중국에게도 서부 국경 지대에서의 안보 문제에 위협이 되는 것이었다. 비록 이러한 기회를 이용하여 '동 투르키스탄 이슬람 운동'을 테러단체로 국제적 승인을 얻는 데에는 성공했으나, 곧바로 미국이 2004년 4월에 위구르 독립을 위해 싸우는 '미국 위구르 협회'에 민주주의 촉진 기금으로 7,5000 달러를 제공하자 중국은 다시 날카롭게 반응하지 않을 수 없었다.

이에 중국은 상하이협력기구를 통해 러시아와 더불어 중앙아시아 국가들을 압박하기 시작했다. 2005년 아프가니스탄에서 탈레반 세력의 영향력이 다시 확대되는 와중에 중국과 러시아의 요구에 따라, 키르기즈스탄과 우즈베키스탄 정부는 미국에게 각각 마나스 공군 기지 사용료를 크게 상향하거나, 아예 미군의 완전한 철수를 요구했다. 같은 해 3월에 키르기즈스탄에서 소위 '색깔 혁명'이 일어나 아카예프 대통령이 물러나고, 우즈베키스탄에서도 소요가 일어나자 중국은 민주화 요구의 확산의 저지라는 의미에서뿐 아니라, 이로 인한 신장에서의 소요 발생 가능성이 높아질 수 있다는 판단에 긴장하지 않을 수 없었다.

게다가 중국과 에너지 부문을 중심으로 돈독한 관계를 유지해 오던 투르크메니스탄의 독재자 니야조프의 갑작스러운 사망 또한 중국의 대 중앙아시아 정책의 재조정 여부를 결정하게 하는 원인이 되었다. 또한 미국과 중국 및 러시아 사이에서 균형적인 외교 정책을 구사해 오던 카자흐스탄도 나자르바예프 대통령의 2006년 중국 방문 직전에 중국과 카자흐스탄 간의 국경 문제가 완전히 해결되었음을 선포한 바 있었으며, 다음 해인 2007년에는 총리로 중국어를 완벽하게 구사하는 위구르족인 카림 마시모프를 임명하는 등의 상징적 제스처를 통해 중국에 대한 우호적 태도를 견지해 왔다.

이러한 상황 속에서 중국 정부는 중앙아시아 국가들을 이용하여 위구르 분리 독립 운동에 타격을 주기 위해 자신들의 위구르 문제와 관련된 사안들(테러리즘, 분리주의, 이슬람 급진주의) 등을 회의의 주요 아젠다로 상정해 왔다. 중앙아시아 국가 권위주의 정권에게는 아직은 이러한 아젠다를 주요 의제로 채택할 만큼 심각한 상황은 아니었지만, 중국으로부터의 경제적 원조가 절실했을 뿐 아니라, 민주주의와 인권 등에 대한 서구의 요구가 강화되는 등 서구의 영향력이 확대되는 상황에서 서구에 대응할 수 있는 대안적 연대 세력으로서 중국은 매우 중요한 국가였다. 이러한 상황을 이용하여 중앙아시아 회원국들은 역내 안보 문제에 있어서 위구르 카드를 더욱 자주 사용하기 시작했다. 이러한 맥락 속에서 1999년부터 중앙아시아 국가들은 위구르 분리 독립 운동을 다루고자 하는 중국 정부와의 협상을 강화하기 시작했다(Shichor, 2008: 57-58).

이렇듯 1996년에 '상하이 5', 2001년에 '상하이 협력 기구'를 적극적으로 조직하려 했던 중국의 의도는 명확히 신장 지역의 위구르 독립 운동에 맞춰져 있었다. 이 기구가 맞서 싸워야 할 '3가지 악'으로 규정한 소위 '테러리즘', '분리주의', 그리고 '종교적 극단주의'는 모두 신장과 위구르 독립 운동에 맞추어진 것이었다. 여기에 더해 공식적인 것은 아니지만 '중앙아시아 지역에서의 헤게모니즘에 대한 반대'라는 목표, 즉 현재로서는 주로 미국 헤게모니를 의미하는 이 목표 역시 일정 정도는 신장-위구르 문제와 깊은 관련을 가지고 있다.

1980년대와 1990년대 동 투르키스탄 재건과 위구르 독립 국가 건설 문제는 이제 실현 가능성이 사라진 것으로 여겨지고 있었다. 이 시기 포스트 마오 시대 중국의 개혁 개방과 소련의 해체, 그리고 서구의 인권 강조를 통한 중국 정부 비판 전략 등은 위구르인들의 민족주의에 새로운 지평을 열어 주는 역할을 하게 되었다. 위구르 문제를 중국 내부의 문제로 한정하려는 중국의 노력이 강화되면서도 동시에 중앙아시아를 포함한 외부로부터의 위구르 '분리주의'에 대한 관심 고양과 지원 확대로 인해 위구르 민족주의도 한층 강화되어 신장을 둘러싼 긴장과 갈등은 최고조에 이르고 있다. 따라서 '분리주의'에 반대하는 주장에 대한 중앙아시아의 지지를 얻기 위한 협력 도모는 중국의 이익과 직결되는 것이라고 할 수 있다. 국경 분쟁이나 영토 분쟁이 전혀 없다고는 할 수 없지만, 중앙아시아 국가들에게 있어서 분리주의 문제는 사실 중요한 문제는 아니었다. 이는 철저하게 중국 측의 요구를 반영한 것이었다고 할 수 있다.

또한 중국과 SCO는 '종교적 극단주의'라는 용어를 중앙아시아에서 사용되고 있는 '이슬람 근본주의'나 '이슬람 급진주의', 그리고 '와하비즘'과 같은 용어대신 사용하고 있다. 그러나 1990년대 이전 위구르 분리주의나 테러리즘 등과 직접적으로 연관성이 있는 이러한 용어를 거의 사용하지 않았다. 실질적으로 중앙아시아나 중국 내부에서 이슬람 근본주의 운동으로 인한 위협은 크지 않음에도 불구하고, 의도적으로 위구르 민족 독립 운동과 이슬람 근본주의와 테러리즘을 연결시키기 위해 이러한 용어를 자주 사용하고 있으며, SCO에도 강요하고 있다(Tazmini, 2001: 81-82).

모스크, 종교 학교 및 수학 학생, 그리고 메카로의 성지 순례자 등의 수가 증가하는 데에서 보이듯, 분명 신장에서 이슬람이 부흥하고 있는 것은 사실이며, 이러한 과정이 중앙아시아 국가들 뿐 아니라, 중동의 제 국가들, 그리고 파키스탄과 아프가니스탄 등 인근 국가들과의 접촉이 활발해지면서 활성화된 것도 사실이다. 그러나 많은 학자들은 신장에서 이슬람 근본주의가 증대되고 있다는 중국 정부의 주장을 증명할 수 있는 증거가 부족하다고 주장하고 있다(Finley, 2007).

반면 중국 정부와 중국인들은 이러한 외부, 특히 중앙아시아 무슬림 세계와의 접촉으로 인해 '동 투르키스탄 신의 정당Eastern Turkestan Party of God: Hizbullah', '동 투르키스탄 이슬람당Eastern Turkestan Islamic Movement(ETIM)', 그리고 '이슬람 운동당The Party of Islamic Movement' 와 같은 '극단주의 조직'들이 만들어졌다고 주장하고 있다. 2008년에는 특별한 증거도 없이 중국 정부는 신장남부 호탄 지역에서 중앙아시아로부터 들어 온 이슬람 해방당의 활동을 적발했다며 이 조직에 대해 공개적으로 비난하는 일이 있었다(U.S. Congressional-Executive Commission on China, 2008).

그러나 실제로는 이슬람 과격 근본주의는 SCO 회원국으로부터 전파되는 것이 아니라 중국의 동맹국인 아프가니스탄, 파키스탄 등지로부터 유입되고 있다. 중국 정부는 정확하게 현재 중국을 위협하는 것은 종교적 극단주의가 아니라, 위구르 민족의 분리주의라는 것을 인지하고 있다. 해외의 위구르 조직들은 명확하게 세속주의를 지향하고 있다는 것을 잘 알고 있음에도 불구하고 종교적 극단주의에 대한 반대는 중국의 전략으로 채택되어 있다(Shichor 2005, 2006).

VI. 결론

최근 중국은 중앙아시아를 유럽으로의 진출을 위한 교두보로 활용한다는 계획 하에서 2012년 9월 중국과 중앙아시아 인구 30 억 명을 하나로 묶는 경제공동체(실크로드 경제벨트) 구상을 발표했다. 중동지역에 50% 이상 석유를 의존하고 있는 중국은 엄청난 지하자원을 보유하고 있는 중앙아시아와 함께 실크로드 경제벨트를 '에너지 로드Energy Road'로 만들 계획이다. 최근 중국은 투르크메니스탄에 가스수송관 2개를 추가 건설하고 천연가스 수입량을 늘리기로 하고 카자흐스탄에 1100여 km에 이르는 가스수송관 공동개발 협약을 맺었다. 또한 이러한 구상 하에서 현대적 인프라 구축을 위해 2012년 11월에는 시안에서 출발, 시안-로테르담, 시안-모스크바, 시안-

카자흐스탄 등 3개 노선으로 구성된 '시안-중앙아시아 장안호長安號 국제화물열차'가
개통되었다.

　중국은 중앙아시아 국가들에게 광범위한 투자와 원조를 시행하고 있기도 하다. 공
개된 자료로만 봐도 2010년 현재까지 중앙아시아 제 국가들에게 무려 약 9,500만 위
안 정도의 무상원조가 제공되었으며, 같은 시기 약 1.2억 달러에 이르는 무이자 차관
을 제공하였다. 일반 대외 원조 차관도 약 2억 달러가 제공되었으며, 우대신용 차관도
약 150억 달러가 제공되었다. 중국의 대 중앙아시아 투자도 급격히 증가해 왔는데 직
접투자액의 경우 2008년에 19억 4천만 달러에 이르렀다. 2003년도에 약 4천 4백만
달러였던 것과 비교하면 말 그래도 비약적인 발전이라고 할 수 있다. 경제기술투자액
역시 동 년도에 20억 달러를 초과해 2000년도에 불과 4천 3백만 달러에 비해 급격한
증가세를 보였다.

　이렇듯 중앙아시아와 중국은 단순한 교역량 증대를 넘어 급격하게 경제적 통합성
이 강화되고 있다. 이렇게 급격하게 증대된 교역과 통합의 중간 매개 지역이 바로 신
장 지역이다. 그러나 신장 지역은 기회의 땅이자, 동시에 불안정성이 극대화된 지역
이기도 하다. 중앙아시아와의 통합성 증대는 중국 내부의 통합성 약화로도 이어질 수
있을 정도로 위구르 문제는 급격한 경제성장과 그에 따른 양대 강대국의 지위를 누리
고 있는 중국에게 있어서 약한 고리의 역할을 하고 있다.

　'서부 대개발' 정책을 비롯한 중국 정부의 서부 지역 개발 정책은 신장을 비롯한
서부 국경지대 소수민족들의 경제적 번영을 목표로 한 것이었지만, 개발로 인해 증대
된 부의 분배 정책의 미비 혹은 실패로 인하여 성장의 혜택은 한족 이주민들에게만
집중되어 민족 간 불평등이 증대되어 역내 갈등의 근본 원인이 되고 있다. 1990년대
가장 규모가 컸던 일련의 위구르인 폭동이 일어난 지역은 우루무치를 제외하면 주로
서부와 남부 신장 지역이었는데, 이들 지역은 높은 실업율과 그 외의 여러 경제적 문
제들이 심각한 지역이라는 공통점이 있었다.

　무엇보다도 평등주의적 원칙 하에서 국가의 보호를 받아 온 시스템은 이제 사라졌
고, 그 대신 일부에게는 성공과 번영의 기회가 주어진 반면, 대부분의 사람들에게는
한층 더 노동 시장에서의 불안정성이나 차별이 확대되면서 갈등은 더욱 확대되어 왔
다. 특히 오랜 기간 동안 중국정부가 실행해 왔던 소수민족에 대한 일부 영역에서의
우대 정책들은 '경쟁력 있는' 시장 체제 건설 논리에 밀려서 축소되어 왔고, 이러한
장치가 약화되면서 민족 차별 현상은 한층 더 강화되고 있다.

　본문에서 살펴보았듯, 옛 소련 지역의 중앙아시아 국가, 투르크계 민족들과 중국 신장, 위구르인 간의 통합성 증대는 중앙아시아 국가들과 중국 양자 모두에게 피할 수 없는 역사성 깊은 발전 방향이다. 동쪽과 남쪽으로의 영향력 확대가 여의치 않은 중국 정부는 경제적 측면 외에도 중앙아시아와의 교류와 교역의 확대는 필연적으로 발전시켜야 할 과제로 인식하고 있고, 그에 따라 '신 실크로드' 구상 등으로 구체화하고 있는 것이 현실이다.

　그러나 현재의 불평등한 사회 구조를 방치한 채, 공정한 분배 시스템과 사회복지의 확충 없는 신장의 경제 발전과 중앙아시아와의 통합성 증대 노력은 오히려 위구르 민족분리운동에 자양분을 심어 주고, 초국적화된 이슬람 운동에 직접적으로 노출되는 결과를 가져 올 수 있다. 중국 정부의 다양한 전략으로 위구르 문제는 적절히 통제되고 있지만, 향후 중국은 물론 중앙아시아 국가들의 민주화의 성공과 실패 여부에 따라 상황은 급변할 수 있다는 점에서 중앙아시아와 중국 신장, 그리고 위구르 문제는 더욱 심도 있는 다양한 학문 분야 혹은 학제간 연구가 요구되고 있다고 판단된다.

:::참고문헌

Ahrari, M. E. 2000. "China, Pakistan and the 'Taliban Syndrome.'" *Asian Survey* 40(4).

Anthony H. and C. C. Fan. 2011. "Migration and Inequality in Xinjiang: A Survey of Han and Uighur Migrants in Urumqi," *Eurasian Geography and Economy*, 52(1), pp. 119-139.

Authorities Block Uighur Protest in Xinjiang, Detain Protesters, 2008. U.S. Congressional-Executive Commission on China, April 8.

Azimat, M. K. 1997. *The Struggle for Independence*. Istanbul: Kasim.

Baratova, G. 1994. "Uighurs in Kazakhstan and Central Asia in XIX-XX cc." *Izvest. NAN RK, Ser. obshestvennikh nauk* 6.

Barmine, A. 1945. *One Who Survived*. New York: Putnam.

Bekturghanova, B. 2002. *Uigurskiy ekstremizm v Tsentralnoi Azii: Mif ili realnost'?* Almaty: Kompleks.

Benson, L. 1990. *The Ili Rebellion*. Armonk, N.Y.: M.E. Sharpe.

Bovingdon, G. 2010. *The Uyghurs: Strangers in Their Own Land*. New York: Columbia University Press.

Clark, W. 1999. "Convergence or Divergence: Uighur Family Change in Urumchi." Ph.D. diss., Seattle: University of Washington.

Clark, W. and A. Kamalov, 2004. "Uighur Migration across Central Asian frontiers." *Central Asian Survey* 23(2).

Clubb, E. O. 1971. *China and Russia: The 'Great Game'*. New York: Columbia University Press.

Cristofferson, G. 1993. "Xinjiang and the Great Islamic Circle: the impact of transnational forces on Chinese regional economic planning." *The China Quarterly* 133.

Dautcher, J. 2000. "Down a Narrow Road: The Poetics and Politics of Uyghur Identity." Ph.D. diss., University of California, Berkeley.

Davamat, T. 1996. *Friendship Journey: A Trip to Central Asia's Five States*. Beijing: Millatlar Nashiriyati.

Dilton, M. 1997. "Central Asia: The View from Beijing, Urumqi and Kashgar." in Mehdi Mozzafari, ed. *Security Politics in the Commonwealth of Independent States: The Southern Belt*. London: Macmillan.

Dorian, J., B. Wigdortz and D. Gladney. 1997. "Central Asia and Xinjiang, China: Emerging Energy, Economic Relations." *Central Asian Survey* 16(4).

Finley, J. S. 2007. "Chinese Oppression in Xinjiang, Middle Eastern Conflicts and Global Islamic Solidarity among the Uyghurs." *Journal of Contemporary China* 16(53).

Fogden, S. 2003. "Writing Insecurity: The PRC's Push to Modernize China and the Politics of Uyghur Identity." *Issues & Studies* 39(3).

Fuller, G. E. and J. N. Lipman. 2004. "Islam in Xinjiang." in F. Starr, ed. *Xinjiang: China's Muslim Borderland*. Armonk, NY: M.E. Sharpe.

Ganiev, A. 1997. *Ismail Yusupov: with Purity of Intentions*. Almaty: Kazakhstan.

Gladney, D. 1992. "Transnational Islam and Uighur National Identity." *Central Asian Survey* 11(3).

Hsu, I. 1965. *The Ili Crisis: A Study of Sino-Russian Diplomacy 1871-1881*. Oxford: Clarendon Press.

Isiev, D. and M. Mamatov. 1976. *Past and Present Life of the Uyghurs of Bairam-Ali*. Alma-Ata.

Kamalov, A. 2009. "Uighurs in the Central Asian Republics: Past and Present." in Clark M. and C. Makerras, eds. *China, Xinjiang, and Central Asia: History, Transition, and Crossborder Interaction into the 21n Century*. Routledge: N.Y.

Kerr, D. and L. Swinton. 2008. "China, Xinjiang, and the Transnational Security of Central Asia." *Central Asian Studies* 40(1).

Khlyupin, V. 1999. *Geopolitical Triangle: Kazakhstan-China-Russia, past and present border problems*. Washington D.C.: International Eurasian Institute for Economic and Political Research.

Khojamberdi, K. 2001. *Uyguri v rakurse istorii*. Almaty: Quazaqstan joghary mektebi.

Kohut, J. 1992. "Xinjiang Separatist Organization's Extent Examined." Hong Kong South China Sunday Morning Post, 23 February in China Daily Report, FBIS-CHI-92-036, 24 February.

Lawrence, S. V. 2000. "Where Beijing Fears Kosovo." *Far Eastern Economic Review* (September 7).

Mackerras, C. 2005. "China's Ethnic Minorities and the Middle Classes: an Overview." *International Journal of Social Economies* 32(9).

Martin, K. 1994. "China and Central Asia: Between Seduction and Suspicion," *RFE/RL Research Report* 3(25).

McMillen, D. H. 1979. *Chinese Communist Power and Policy in Xinjiang, 1949-1977*. Boulder, Co: Westview Press.

National Bureau of Statistics, 2001. *China Statistical Yearbook*. Beijing: China Statistics Press.

O'Neill, M. 1998. "Pressure Rises in Xinjiang's Melting Pot." *South China Morning Post* (May 23).

Raczka, W. 1998. "Xinjiang and its Central Asian Borderlands." *Central Asian Survey* 17(3).

Rakowska-Harmstone. 1983. "Islam and Nationalism: Central Asia and Kazakhstan under Soviet Rule." *Central Asian Survey* 2(2).

Rashid, A. 2000. "Afghanistan: Epicentre of Terror," *FEER* (11 May).

Roberts, S. R. 2004. "A 'Land of Borderlands': Implications of Xinjiang's Trans-Border Interactions." in S. F. Starr, ed. *Xinjiang: China's Muslim Borderland*. Armonk, NY: M.E. Sharpe.

Roberts, S. R. 1998, "Locality, Islam, and National Culture in a Changing Borderlands: The Revival of the Mashrap Ritual among Young Uighur Men in the Ili Valley." *Central Asian Survey* 17(4).

Roberts, S. R. 2003. "Uyghur Neighborhood and Nationalisms in the Former Soviet Borderland: An Historical Ethnography of a Stateless Nation on the Margins of Modernity." Ph.D. diss., University of Southern California.

Rudelson, J. and W. Jankowiak 2004. "Acculturation and Resistance: Xinjiang Identities in Flux." in S. F. Starr, ed. *Xinjiang: China's Muslim Borderland*. Armonk, NY: M.E. Sharpe.

Ruziev, M. 1982. *The Revived Uyghur People*. Alma-Ata: Kazakhstan.

Sands, D. R. 2002. "China Counters U.S. Influence." Washington Times, 11 January.

Shichor, Y. 2005. "Blow-Up: Internal and External Challenges of Uyghur Separatism and Islamic Radicalism to Chinese Rule in Xinjiang." *Asian Affairs* 32(2).

Shichor, Y. 2008, "China's Central Asian Strategy and the Xinjiang Connection: Predicaments and Medicaments in a contemporary Perspective." *China and Eurasian Forum Quarterly* 6(2).

Shichor, Y. 2006. "Fact and Fiction: A Chinese Documentary on 'Eastern Turkestan Terrorism'." *China and Eurasia Forum Quarterly* 4(2).

Shichor, Y. 2004. "The Great Wall of Steel: Military and Strategy in Xinjiang." in F. Starr, ed. *Xinjiang: China's Muslim Borderlands*. Armonk, NY: M. E. Sharpe.

Smith, J. N. 2002. "Making Culture Matter: Symbolic, Spatial and Social Boundaries between Uyghurs and Han Chinese." *Asian Ethnicity* 3(2).

Syroyejkin, K. L. 2003. *Mifi i Realnost' Etnicheskogo Separatisma v Kitae i Bezopasnosti Tsentralnoi Azii*. Almaty: Daik-Press.

Tazmini, G. 2001. "The Islamic Revival in Central Asia: a Potent Force or a Misconception?" *Central Asian Survey* 20(1).

Toops, S. W. 2004. "The Ecology of Xinjiang: A Focus on Water." in F. Starr, ed. *Xinjiang: China's Muslim Borderland*. Armonk, N.Y.: M.E. Sharpe.

Uigurskiye Pisateli Kazakhstana, 1982. Alma-Ata.

Vidaillet, T. 2002. "Central Asian Grouping to Seek Revival in China." Rueters (6 January).

Wang, D. 1998. "East Turkestan movement in Xinjiang." *Journal of Chinese Political Science* 4(1).

Wang, D. 1999. *Under the Soviet Shadow. the Ining Incident, Ethnic Conflicts and International Rivarly in Xinjiang 1944-1949.* Hong Kong: The Chinese University Press.

Weisbrode, K. 2001. "Central Eurasia, Prize or Quicksand? Contending Views of Instability in Karabakh, Ferghana and Afghanistan." *Aldelphi Papers* 338.

Wu, H. and C. Chen. 2004. "The Prospects for Regional Economic Integration between China and the Five Central Asian Countries." *Europe-Asia Studies* 56(7).

Xinjiang Production and Construction Group. 2001. *Xinjiang Production and Construction Group Statistical Yearbook.* Beijing: China Statistics Press.

Xinjiang yearbook, 1999. Urumchi: Shinjiang Khalq Nashiriyati.

Yom, S. L. 2001. "Conflict Profile: Uighur Muslims in Xinjiang." *The Self-Determination Organization* (14 December).

Zhao, Y. 2001. "Pivot or Periphery? Xinjiang's Regional Development." *Asian Ethnicity* 2(2).

50 years of New China: The Volume of Xinjiang Production and Construction Group, 1999. Beijing: China Statistics Press.

Blua A. 2004. "Kyrgyz Rights Activists Call for End to Deportation of Uighurs to China." *Eurasianet* (24 January). http://www.eurasianet.org/departments/rights/articles/pp012504.shtml (검색일: 2015년 4월 11일).

East Turkistan Information Bulletin, 1993, 'Chinese Bribes to Kyrgyzstan?', Vol. 3, no. 5. Online: http://caccp.freedomsherald. org/et/etib/etib3_5.html#4 (검색일: 2015년 3월 17일).

East Turkistan Information Bulletin, 1993, 'Uyghur Warns Kyrgyzstan', Vol. 3, no. 5. Online: http://caccp.freedomsherald.org/et/etib/etib3_5.html#4 (검색일: 2015년 3월 17일).

Ibraimov, B. 2004. "Uyghurs: Beijing to Blame for Kyrgyz Crackdown." Eurasianet (27 January). http://www.eurasianet.org/departments/rights/articles/eav012804. shtml (검색일: 2015년 2월 25일).

14장

중국의 문화외교와
중앙아시아 국가들의 대응

최소영

I. 들어가는 말

중앙아시아의 국가들과 중국 사이의 교류는 매우 오랜 역사적 전통을 가지고 있다. 고고학적 발굴 증거를 보면, 양 지역 사이에 놓인 사막이나 험준한 산맥 등에도 불구하고 이미 실크로드가 활성화되기 이전에도 중앙아시아와 중국 사이에는 문화의 교류가 이루어지고 있었음을 알 수 있다. 물론 경제나 외교, 군사 등의 직접적인 목적성을 띠고 의식적인 교류가 이루어진 것은 실크로드가 연결된 이후의 일이지만 말이다.

역사적으로 살펴보면 현시대를 제외했을 때 가장 활발한 교류가 이루어졌던 시기는 중세까지인데, 실크로드를 통해서 양 지역의 사절들과 물건을 가득 실은 카라반들이 왕래하던 때일 것이다. 실크로드가 연결된 이후 중앙아시아와 중국에서는 많은 유목국가들과 정착국가들이 탄생하고 사라졌지만, 두 지역 간의 교역에는 거의 영향을 미치지 못했다. 고대부터 현대에 이르기까지 실크로드를 통해 많은 물건들이 교류되었는데, 변함이 없는 것은 현재까지도 여전히 양 지역에 가장 필요한 전략적인 상품이 맞교환되고 있다는 사실일 것이다.

기원전 2세기 무렵, 후에 '실크로드'라고 명명되는 무역로를 통해 중국에서 지중해까지의 길이 열리고, 중앙아시아 지역과 중국 사이에도 본격적인 외교관계가 이루어졌다. 중국과 첫 외교관계를 수립한 중앙아시아의 국가는 페르가나 지역에 있었던 다반Давань, 대완국이었다. 중국은 기원전 104년에 이광리李廣利 장군을 파견하여 페르가나를 정복한 후 조공국의 관계를 맺은 것이다. 이후 중국과 중앙아시아 지역 사이에는 통상 무역이 강화되었고, 다양한 물품들이 교류되었다. 실크로드가 시작되면서 중국은 말 뿐만 아니라 사료로 쓰일 알팔파alfalfa의 씨앗과 포도 작물도 얻을 수 있었다. 또한 중앙아시아의 사신단은 중국에 중앙아시아의 공예품뿐만 아니라 석류, 복숭아, 참깨, 강낭콩, 양파, 오이, 당근, 녹두 등을 처음으로 소개해 주었다(Ходжаев, 2004: 14). 이 때 중국에서 중앙아시아로 주로 유입된 물품은 비단과 도자기, 다양한 장식품 등이었다.

당시 중앙아시아와 중국의 접촉은 단지 외교 관계나 통상 무역의 수립에서만 이루어진 것이 아니라, 학문과 문화, 새로운 사상과 기술의 교환 등 문화 교류도 함께 이루어졌다. 중앙아시아는 중국에 조로아스터교부터 시작하여 불교와 이슬람교를 전파하였으며, 중앙아시아는 중국으로부터 종이제조 기술을 얻을 수 있었다.

두 지역 사이의 교류는 751년 중앙아시아에서 중국의 원정대가 아랍의 군대에 패배한 이후 약화되었다. 오랜 시기 소원했던 양 지역의 외교 관계는 중앙아시아에서 티무르가 국가를 형성하고, 중국에서는 명나라가 건설되면서 새로운 국면을 맞이하게 되었다. 티무르 제국과 명나라 사이의 정규적인 외교 관계는 1409년 샤흐루흐Shohruh 한의 통치시기에 명나라가 파견한 티무르의 조문 사절단이 수도 헤라트에 도착하면서 이루어지게 되었고, 이후 양 지역의 무역, 외교 관계는 매우 활발해졌다(Тулибаев, 2006: 39).

당시 중국과 중앙아시아 사이에 교류된 물품은 양국 정상들의 선물 목록을 통해 알 수 있다. 샤흐루흐 한이 중국의 황제에게 보낸 선물 목록은 말, 사자, 재규어, 호라산과 마베란나흐르 지역의 옷감 등이었고, 중국의 황제가 보낸 선물은 매, 중국의 전통 옷감, 의상, 도자기류, 다양한 기념품, 대나무 화살 및 여러 종류의 화살, 은과 주석 등이었다. 하지만, 오랜 시간이 흘러도 헤라트나 사마르칸드, 기타 중앙아시아의 다른 도시들에서 중국에 보내는 가장 전통적인 선물은 순종의 말이었다(Тулибаев, 2006: 39).

티무르의 사후 중앙아시아는 여러 개의 한국汗國으로 나뉘어졌고, 이 때 중앙아시아의 힘의 분열을 이용해 러시아가 중앙아시아 지역을 향해 남하하기 시작하였다. 중앙아시아 지역에 대한 러시아의 지배권이 강화될 무렵 중앙아시아와 중국 사이의 무역로의 중요한 지점인 동투르케스탄 지역에서 위구르민족의 반청운동이 발생하였다. 1759년 청나라의 점령 이후 신장 지역에서는 지속적으로 독립 운동이 발생하였고, 결과적으로 중앙아시아와의 무역로도 단절되었다.

러시아가 점령한 중앙아시아와 중국의 무역이 다시 복구된 것은 1881년 페테르부르그 조약이 성사되면서부터였다. 하지만 1917년 러시아 혁명이 발생한 이후 중앙아시아 국가들이 구소련 체제로 편입되면서, 중앙아시아의 공화국들은 '철의 장막' 속에서 구소련의 다른 공화국들과만 정치, 경제적 교류를 할 수 있었다. 이러한 상황은 1980년대 말까지 계속되어 중국과 중앙아시아의 공화국들은 소련 중앙정부의 통제로 정규적인 관계를 맺을 수가 없었다.

양 지역에 새로운 변화를 가져온 것은 1989년 신장위구르 자치구와 카자흐 공화국 사이에 체결한 '1989년부터 1995년까지의 경제, 기술, 무역 협력에 대한 조약'이었다. 1980년대에 들어서면서 카자흐 공화국은 중앙정부의 통제에서 벗어나 독자적인 경제 교류를 맺으려는 시도를 하였고, 이미 신장위구르 자치구와 카자흐스탄 공화국 사이의 무역 규모는 1986년 3백만 불, 1987년 천백 8십만 불, 1989년 4천 5백 6십만 불로 급속하게 증가하고 있었다(Каукунов, 2009: 17). 그리고 1991년 중앙아시아의 국가들이 독립하면서 중국과 중앙아시아는 역사상 가장 활발한 교류의 시대를 맞게 되었다.

오랜 단절 끝에 새로운 교류의 시대가 열렸지만, 양 지역간 교류의 주요 목적은 여전히 과거와 마찬가지로 상대방의 전략적인 상품을 얻어서 경제적인 이득을 취하기 위한 것이다. 즉, 과거에 중앙아시아가 비단, 면직물, 차, 은제품, 종이, 장식품 등을 수입하고, 중국은 말을 수입하였다면, 현대에 들어오면서는 중앙아시아는 중국의 재정적인 지원으로 가스관과 도로교통망을 연결하고, 중국은 석유, 가스, 희귀금속 등을 얻는 것으로 그 종목만 바뀌게 되었다.

이러한 경제적 교류와 더불어 양 지역 간에는 문화 교류 또한 그 어느 시기보다 활발하게 이루어지고 있다. 하지만, 과거와는 큰 차이점이 존재하는데 과거의 문화교류가 경제교류의 결과물로서 자연발생적이고 소규모로 대등하게 이루어진 것이라면, 현대의 문화교류는 자국의 이익을 향상시키기 위해 정책적이고 불균등하게 이루어지고 있다는 것이다. 즉, 중국은 강력한 경제력을 바탕으로 하여 매우 공격적인 對중앙아시아 문화외교정책을 수행하고 있는 반면, 아직 경제적인 안정이 이루어지지 못한 대부분의 중앙아시아 국가들은 중국에 대한 문화외교정책을 수립하기는 커녕 중국의 문화정책에 대해 수동적이고 소극적인 대응을 할 수 밖에 없는 상황인 것이다.

　21세기에 접어들면서 중국 뿐 아니라 많은 국가의 외교 정책에서 자국의 소프트파워를 향상시키는 것은 매우 중요한 부분을 차지하고 있다. '한 사회의 행동 양식이나 상징체계'를 의미했던 문화가 20세기 말에 들어서면서 국가 이익의 창출 대상이자 외교 정책의 주요 목표 중 하나로 부상하게 된 것이다. 이미 남아프리카나 동남아시아를 통해 다양한 외교 경험을 축적했던 중국은, 중앙아시아 지역에서는 경제외교와 문화외교 정책을 결합하여 자국의 영향력을 넓히고자 조심스러우면서도 적극적인 소프트파워 강화 활동을 펼치고 있다.

　본 연구는 21세기 이후 중앙아시아에서 실행되고 있는 중국의 문화외교 정책과 이에 대한 중앙아시아 국가들의 대응을 살펴보는 것에 있다. 중앙아시아에서 진행 중인 중국의 문화외교 정책을 살펴보는 것은 중국의 대외문화정책의 목표와 실현 과정을 매우 명확하게 관찰할 수 있는 기회이며, 21세기 이후 경제력에 기반을 둔 강대국의 문화 침략에 대한 경제적 약소국의 대응방안을 알아볼 수 있는 기회도 될 것이다. 이를 위해 중앙아시아의 패권다툼 속에 중국이 대두하는 과정과 문화외교정책의 필요성이 요구되었던 상황들을 먼저 살펴본 후, 중국이 중앙아시아에서 실행하고 있는 문화외교정책의 직접적인 사례를 조사하고, 이에 대한 중앙아시아 국가들의 대응을 살펴볼 예정이다.

II. 독립 이후 중국의 對중앙아시아 외교의 변화

　구소련의 붕괴 이후 새롭게 세계 역사에 등장한 중앙아시아의 신생독립국가 5개국은 탈냉전이 시작되면서 가장 극심한 사회변동을 겪은 지역 중 하나일 것이다. 독립 이후의 불안정한 정치 상황과 취약한 경제기반, 사회주의 체제의 붕괴로 인해 발생한 사회혼란과 이슬람 원리주의자들의 대두, 중앙통제력의 약화 등은 지구상에 또 다른 화약고를 만들게 되는 것이 아닌가 하는 우려의 시선을 모으기도 하였다.

　구소련의 해체 직후인 1991년 12월에 구소련을 구성했던 15개 공화국 중에서 11개의 공화국이 다시 독립국가연합CIS을 형성하기는 했으나, 러시아 또한 정치, 외교, 경제, 안보, 민족문제 등 다방면에서 대내외적인 압력을 받고 있던 시기였기 때문에 중앙아시아의 국가들을 지원하고 국가발전을 위한 가이드라인을 제시할만한 여력을 지니고 있지 못하였다. 따라서 중앙아시아의 국가들은 다른 개발도상국들의 경험을 토대로 삼아 자체적으로 국가발전 모델을 만들면서 대내외적인 문제를 해결해야만 했다. 이러한 힘의 공백을 이용해 러시아를 견제하려는 미국과 국경과 안보문제를 해결하려는 중국이 접근하게 되었다.

미국은 중앙아시아 지역을 위해 1992년 "자유지원법안Freedom Support Act"과 "실크로드 전략법안Silk Road Strategy Act"을 마련하여 중앙아시아의 경제발전 및 민주주의 촉진 지원, 인도적 지원, 시민사회세력의 육성, 지역분쟁 방지, 러시아의 영향력 감소 등을 위한 지원을 시작하였다. 비록 인도적인 지원을 앞세우고 있지만, 미국의 중앙아시아 지역에 대한 가장 큰 관심과 업적은 안보분야에서 나타났다. 1993년 12월 미국은 카자흐스탄과 체결한 "협력적 위협감소 기본합의CTR: Cooperative Threat Reduction umbrella agreement"를 통해 1995년에는 1,040개의 핵탄두를 제거하여 카자흐스탄을 비핵국가로 탈바꿈시켜서 구소련지역에 존재했던 잠재적인 위협의 한 축을 제거할 수 있었다(김지용, 2012: 3-5).

중국은 국경을 접하고 있는 이웃 국가로서 중앙아시아의 신생독립국에게 지정학적으로 많은 관심을 보일 수밖에 없었다. 중국은 카자흐스탄, 키르기스스탄, 타지키스탄과 3,000여 km의 국경을 접하고 있었는데, 특히 국경문제는 이미 구소련 시절부터 양 지역 간의 분쟁거리였다. 이에 국경선을 확정하고, 국경 주둔 병력을 감축하기 위해서 1996년 국경 분쟁과 관련된 5개국이 모여 중국 상하이上海에서 '상하이 5개국' 회의를 개최하였고, 1997년 4월 5개국 간에 "국경지역 군사력 상호감축협정"을 맺어 중국과 중앙아시아 지역 사이의 영토분쟁을 해결할 수 있었다.

이 '상하이 5개국' 회의에 우즈베키스탄이 합류하며 2001년 6월 15일 '상하이협력기구SCO'가 정식으로 출범하게 되었다. 상하이협력기구는 공용어를 중국어와 러시아어로 지정함으로써 이 지역에서의 중국의 위상을 인정하였으며, 1990년대 중반 이래 중앙아시아 지역의 이권을 두고 벌어진 패권경쟁에서 미국에게 뒤지는 양상을 보이던 러시아와 중국이 다시 대두하는 계기가 되었다.

한편, 중국이 보다 적극적으로 중앙아시아에 관심을 보이게 된 것은 1990년대 중반 이후 중앙아시아가 에너지 자원의 보고로써 그 지경학적 가치가 더욱 부각되었기 때문이다. 1979년 개혁개방 이후 진행된 빠른 경제 성장으로 인해 1993년 원유수입국으로 전락하면서, 중국은 에너지를 중요한 안보정책 중 하나로 삼게 되었다. 1994년 당시 국무원 총리였던 리펑李鵬이 중앙아시아를 방문하고, 1996년 중국 주석으로

는 처음으로 장쩌민江澤民이 중앙아시아를 공식 방문한 것은 중국이 중앙아시아와의
외교에 많은 주의를 기울였다는 것을 보여준다. 이에 대해 중앙아시아 전문가인 올코
트M.Olcott는 중국의 이러한 적극적인 행보에 비해 미국은 중앙아시아를 방문한 대통
령이 한 명도 없었다며, 중앙아시아에 대한 양국의 접근 차이가 현재 이 지역에서의
양국에 대한 우호도의 차이를 만든 원인 중 하나라고 분석하고 있다(Олкотт, 2013).

21세기 초반까지 중앙아시아의 국가들은 미국과 러시아, 중국 사이에서 균형을 잡
으며 자국의 이익을 지키려고 노력했다. 그런데, 9·11테러 이후 미국이 중앙아시아
에 대해 적극적으로 개입하게 되면서 아이러니하게도 오히려 중앙아시아에서 미국이
러시아와 중국에게 주도권을 빼앗기게 되는 상황이 벌어지게 되었다. 9.11 테러가 발
생하자 미국은 아프가니스탄에 대한 전쟁을 수행하기 위해 우즈베키스탄과 키르기스
스탄, 타지키스탄에 군사기지를 설치하고, 중앙아시아 5개국에 대한 원조도 늘렸다.
또한 중앙아시아와 이웃한 러시아와 중국도 이 지역이 이슬람 원리주의자들에게 지
배되어 자국 내 분리주의자들에게 영향을 미칠 것을 우려하여 중앙아시아에 대해 보
다 많은 관심을 기울이게 되었고, 중앙아시아에 대한 외교 전략과 정책들을 조절하였
다.

하지만 아프가니스탄과의 전쟁 이후 미국의 對중앙아시아 지원은 다시 줄어들었
고, 9.11 이후 중앙아시아에 대한 장악력을 높이기 위해 강요된 신자유주의 경제정책
은 중앙아시아 국가의 지도부들에게는 미국이라는 존재가 점차 체제의 위협으로 다
가오는 계기가 되었다. 미국은 겉으로는 신자유주의를 표명하면서도, 실제로는 아직
경쟁 준비가 갖추어지지 못한 중앙아시아의 국가들에게 국영기업의 민영화나 자유경
쟁을 위한 민주화의 보장을 요구하였기 때문에 장기집권을 유지하고 있는 중앙아시
아 지도자들에게는 매우 부담스러운 일일 수밖에 없었다.

이러한 상황 속에서 그렇지 않아도 구소련 지역에서 발생하고 있던 색채혁명의 지
원 배후가 미국이라는 우려가 커져가고 있던 중 2005년 우즈베키스탄에서 '안디잔
사태'가 발생한다. '안디잔 사태'에 대해 미국과 EU는 '자발적인 비무장 시위에 대해
정부가 무력으로 강경진압 하였다'고 정부의 대책을 비판한 반면, 러시아와 중국은
'이슬람 원리주의자들의 책동에 의한 반정부시위'로 판단하여 우즈베키스탄 정부를
지지하는 성명을 발표하였다. '안디잔 사태'가 진정된 후 우즈베키스탄의 대통령은
텔레비전을 통한 연설에서 각국 정부의 반응을 직접 언급하면서 미국을 맹렬히 비난
하였고, 지지를 해준 러시아, 중국 등에는 감사를 표하였다. 이후 우즈베키스탄의 하

나바드에 있던 미군 기지가 철수되었고, '안디잔 사태'에서 새로운 교훈을 얻은 중앙아시아 각국의 정부들은 미국을 견제하며 러시아 및 중국과 급속하게 가까워지는 계기가 되었다.

한편, '안디잔 사태'에 대한 미국과 중국의 대조적인 태도에 대해 정치학자들은 '워싱턴 컨센서스Washington consensus'와 '베이징 컨센서스Beijing Consensus'라는 용어를 사용하여 설명하고 있다.

'워싱턴 컨센서스'는 1989년 미국 국제경제 연구소의 연구원이었던 존 윌리엄슨John Williamson이 중남미 국가들의 경제난을 극복하기 위해 제안한 개념으로, 1990년대 초 국제통화기금IMF과 세계은행IBRD, 미국 내의 정치학자들과 경제 관료들의 논의를 통해 개발도상국에 대한 경제정책으로 정착되었다. 워싱턴 컨센서스는 금융자유화, 무역 자유화, 경제규제 철폐, 조세개혁 등 10가지 정책을 포함하고 있으며, 미국식 시장경제 정책인 신자유주의를 국제적으로 확산시키는데 목적이 있었다.

'워싱턴 컨센서스'는 국제 체제의 안정 및 경제 호황에 큰 기여를 했다고 평가 받았으나, 금융 위기를 지나치게 시장 기능에 의존하는 점, 정치·경제적으로 취약한 개발도상국에서는 이행하기 힘들다는 점 등이 문제점으로 드러났다. 더군다나 경제적 환경이 다른 남아메리카나 아프리카, 동아시아 국가들에게도 일괄적으로 적용하여 1997년 이후의 동아시아의 경제위기를 오히려 악화시켰다고 비판 받았으며, 대상 국가가 원하는 만큼의 경제조치를 취하지 않으면 민주나 인권, 자유의 기치를 내세우며 지배정권을 무력화시키고, 외환위기가 발생하면 오히려 이를 방치한 후에 구조조정 프로그램을 진행하여 자국의 이익을 극대화시킨다는 비난도 받고 있었다. 하지만, 중국은 당시 미국과는 다르게 금융위기에 처한 국가들에게 자금 지원을 하였고, 이러한 태도가 개발도상국들 사이에서 중국의 이미지를 변화시키는데 큰 영향을 미치게 되었다.

미국의 대외전략과 경제 전략의 실패는 당시 국제무대에서 영향력을 늘려가던 중국이 부상할 수 있는 기회가 되었다. 급속한 경제 발전을 바탕으로 중국은 대량의 에너지 자원이 존재하지만 상대적으로 개발이 이루어지지 않고 있던 동남아시아, 아프리카, 중앙아시아 지역에 경제적인 원조를 강화하면서 이 지역에서의 정치적, 경제적 지배력을 확장시켜 나갔다. 중국의 이러한 경제발전의 속도와 국제세계에서의 지위 향상은 경제학자들의 논의를 불러일으켰고, 2004년 조슈아 쿠퍼 라모Joshua Cooper Ramo는 중국의 경제성장방식을 특정 짓는 개념을 '베이징 컨센서스'라고 명명하였다. 그리고 중국식 경제 발전은 중앙아시아를 포함한 여러 개발도상 국가들에게 '워싱턴 컨센서스'를 대체할만한 이상적인 경제 발전 모델로 제시가 되었다.

중국식 경제 발전은 서방세계와는 다른 중국만의 경험과 방식으로 이루어진 것으로, 사회주의 체제와 당의 영도라는 원칙 아래에서 실시된 강력한 중앙주도의 경제성장 방식이었다. 이는 워싱턴 컨센서스와는 달리 정부 주도로 점진적이고 단계적인 경제개혁을 추진하는 것으로, 당시 극심한 빈곤문제와 불안정한 내정, 인권 탄압과 자유 억제 등 많은 문제점을 지니고 있던 아프리카나 동남아시아 및 중앙아시아 지역의 국가들에게는 신자유주의적인 경제발전 모델보다는 매력적인 것이었다. 더욱이 미국과 개발도상국들의 갈등을 지켜봤던 중국은 경제원조를 하면서도 화평굴기和平屈起라고 하여 타국의 주권을 존중하고 내정에 불간섭한다는 외교원칙을 내세웠기 때문에 이들 국가들에게 보다 환영을 받을 수밖에 없었다.

한편, 베이징 컨센서스는 단지 경제에만 국한된 정책이 아니라 중국식 소프트파워 정책과 결합되었는데, 이는 강력한 군사력을 지닌 사회주의 국가인 중국이 국제사회에 대두되는 것을 우려하고 경계하던 시선을 약화시키고, 보다 부드러운 방법으로 중국의 영향력을 확대시키기 위한 수단이었다.[1] 소프트 파워soft power 또는 연성 권력軟性權力은 조지프 나이Joseph Samuel Nye. Jr.[2]가 고안한 개념으로, 설득의 수단으로서 돈이나 권력 등의 강요가 아닌 매력을 통해 얻을 수 있는 능력을 말한다. 이는 군사력이나 경제제재 등 물리적으로 표현되는 힘인 하드 파워hard power에 대응하는 개념으로, 강제력이 아닌 매력을 통해, 명령이 아닌 자발적 동의에 의해 얻어지는 능력을 말하는 것이다. 즉, 소프트파워는 문화외교의 핵심으로 다양한 문화, 즉 의식형태나 사회적 가치, 대중문화, 예술 등의 창조적인 분야뿐만 아니라 국제정치에 있어서의 동맹체결 능력과 국제기구와 조직에 참여하는 능력 등도 포함된다.

20세기 말 문화는 중요한 국가이익으로 변화하게 되었다. 상품으로서의 문화는 과학과 기술 같은 하드웨어와 결합될 중요한 소프트웨어가 되기도 하며, 대외정책으로서의 문화는 인식변화를 통해 상대국가에 자국의 긍정적인 이미지를 심어줌으로써 저항력을 줄이는 수단이 된 것이다. 앞에서 살펴본 바와 같이 독립 이후 중앙아시아 지역에서 중국은 초기에는 경제, 안보 외교에 집중하였었다. 하지만, 워싱턴 컨센

---

1 중국의 소프트파워에 대한 선행연구는 신종호(2008), 김애경(2008)을 참조할 것.

2 하버드 대학 케네드스쿨의 교수였던 조지프 나이는 1990년에 출간한 『주도국일 수 밖에 없는 미국: 미국 국력의 변화하는 본질』(Bound to Lead: The Changing Nature of American Power)에서 이 용어를 만들어냈다. 그는 더 나아가 2004년에 출판한 『소프트파워』(Soft Power: The Means to Success in World Politics)에서 이 개념을 발전시켰다.

서스에 기반을 둔 미국의 외교정책이 중앙아시아나 개발도상국의 국가들에게 저항을 받는 상황을 목격하면서, 중국은 베이징 컨센서스에 기반을 두어 소프트 파워를 통해 중국의 영향력을 향상시키는 문화외교정책을 시행하게 되었다. 이것이 21세기에 접어들면서 중앙아시아 지역에서의 중국의 문화외교가 활발해지는 계기가 된 것이다.

Ⅲ. 중국의 對중앙아시아 문화외교의 현황

앞서 언급하였듯이 중국의 문화외교의 등장은 20세기 말 국제위상의 변화 속에서 사회주의 국가라는 경색된 이미지를 벗어나는 데 목적이 있었고, 또한 소프트파워를 강화하려는 21세기 문화외교의 세계적인 흐름에 맞춘 것이었다. 하지만, 오래 전부터 자국 문화의 세계화에 노력해 왔기 때문에 이미 강력한 소프트파워를 지닌 서구 국가들에 비하면, 중국의 문화외교는 아직 기초를 닦아나가는 과정이라고 볼 수 있을 것이다.

중국의 중앙아시아에 대한 외교 정책 중에서 문화외교만을 분리하여 살펴본다는 것은 쉽지 않은 일이다. 우선은 중국이 문화 외교 정책을 본격적으로 시도하기 시작한 것도 그리 오래된 것이 아니고, 중국이나 중앙아시아나 모두 정보에 대한 통제가 많은 나라이며, 문화 외교 자체가 독립적으로 사용되기 보다는 경제 외교 등과 혼합하여 나타나기 때문이다. 더구나 원래 외교라는 것이 자국의 이익을 최대화하려는 본심을 숨기고 상호호혜의 조건을 제시하는 것처럼 보여야 하기 때문에 문서에 쓰여진 모습을 그대로 받아들이는 것은 무리가 있는 행동일 것이다.

그럼에도 불구하고, 중국 정부의 주도로 중앙아시아 지역에서 중국의 소프트파워를 향상시키기 위한 일련의 정책들이 목격되고 있는데, 본 장에서는 이를 중심으로 기술하고, 분석해 보고자 한다.

1. 공자학원

양 지역이 교류하기 위해서 가장 필수적인 것 중의 하나가 상대방의 언어의 습득

일 것이다. 언어는 소프트 파워의 핵심적인 요소 중의 하나로 경제 교류의 수단일 뿐
만 아니라 문화의 운반체이며, 타문화의 이해에 중요한 역할을 한다. 언어 학습을 통
해 다른 나라의 역사와 전통, 행동양식이나 사고방식을 배우기 때문에, 한 국가가 자
국의 문화를 외부로 전파하기 위해서 실시할 수 있는 가장 빠르고 효율적인 방법 중
하나일 것이다. 이미 프랑스는 'Alliance Francaise', 독일은 'Goethe Institute', 영국
은 'The British Council' 등을 세계 각국에 설립하여 긍정적인 효과를 보고 있다.

중국의 문화외교에서 가장 주목 받고 있는 활동 또한 전 세계에 산재해 있고 지속
적으로 확대되고 있는 '공자학원'이다. 중국은 2004년 11월 21일 한국에 처음으로 공
자학원을 설립한 이래 2014년 10월까지 세계 각 국에 443개의 공자학원과 648개의
공자교실을 설립하는 등 총 1,339개의 공자학원과 공자강당을 설립하였다.[3] 공자학
원은 중국 교육부 산하의 기관인 '한판漢辦, Hanban'이 관리운영하고 있는데, 해외에 설
립된 공자학원의 대부분은 중국 대학과의 협정을 통해 이뤄지고 있다.

구소련 시기 타지키스탄에는 중국어나 중국사를 가르치는 곳이 하나도 없었고, 카
자흐스탄에서도 국제학교 한 곳에서만 중국어를 가르쳤었다. 하지만, 2005년 우즈베
키스탄의 동방대학교에 공자학원이 중앙아시아에서 최초로 설립된 이후 2014년 말
까지 11개의 공자학원과 12개의 공자교실이 만들어졌다(표 1 참조[4])

중앙아시아의 공자학원 설립의 특징은 정상회담의 결과 이루어진 '우호협력조약'[5]
에 의해 국가의 주도로 이루어진다는 것이다. 예를 들어 2013년 9월 9일 중국과 우
즈베키스탄의 우호협력조약의 내용을 살펴보면 '상호투자확대, 에너지협력확대, 철
도 및 도로 건설, 공업특구 및 농업시범단지 건설' 등과 같은 경제 관련 조항이 나오

표 1　중앙아시아 지역의 공자학원 및 공자교실의 수

국가	공자학원의 수	공자교실의 수	계
우즈베키스탄	2	0	2
카자흐스탄	5	0	5
키르기스스탄	3	12	15
타지키스탄	1(+234)	0	1(+2)
투르크메니스탄	0	0	0
총계	11	12	23(+2)

3　http://english.hanban.org/node_10971.htm(검색일:2014.11.10).

4　Ibid. 앞의 자료를 바탕으로 작성함.

5　http://kr.people.com.cn/203072/8395090.html 2014년 11월 14일 검색

는데, 마지막으로 '인문교류행사의 상호진행 및 공자학원설립' 등과 같이 문화교류의 조항으로 공자학원의 설립이 포함된다는 것이다. 이는 공자학원의 설립이 중국 정부의 외교정책에 매우 중요한 부분을 차지하고 있다는 것을 보여주는 것이다.

중국이 다른 지역과는 달리 중앙아시아와의 외교 조약에 '공자학원 설립'의 조건을 넣는 것은 아마도 중앙아시아의 대학이 모두 국립대이기 때문일 것이다. 중앙아시아의 대학은 학과의 설치나 외국 대학과의 교류 등의 활동은 교육부의 허가를 받아야 하기 때문에, 중국의 대학이 주체가 되어 접근하기 어려운 구조로 되어 있다. 그런데, 특이한 사항은 국가간 외교 조약으로 인해 공자학원이 설립되면서도, 〈표 2〉를 살펴보면 알 수 있듯이 형태는 외국의 공자학원과 마찬가지로 중국의 대학과의 협정을 통해 이루어진 것처럼 표시되고 있다는 것이다. 이는 공자학원의 설립이 국가 주도로 이루어지고 있다는 것을 감추기 위한 정책으로 보인다.

공자학원의 표면적인 목표는 '한판'의 설명대로 중국어 강의와 중국문화의 소개일 것이다. 하지만, 강의 대상과 장소를 살펴보면 중국정부의 소프트파워 정책이 고등교

표 2　공자학원 설립 대학과 설립 연도

국가	중앙아시아대학명	설립연도 및 기타
우즈베키스탄	The Confucius Institute in Tashkent	난중대학과 2004/6/15 협약, 2005/5/7강의시작
	Confucius Institute at Samarkand State Institute of Foreign Languages	상해외국어대학과 2013/9/9 협약
카자흐스탄	Confucius Institute at Eurasian University	서안외국어대학과 2007/8/19 협약, 2007/12/5 강의시작
	Confucius Institute at Aktobe State Pedagogical Institute	신장재경대학과 2010/10/24 협약, 2011/3/24 강의시작
	Confucius Institute at National Technical University of Karaganda of Kazakhstan	신장스허쯔대학과 2010/10/25 협약, 2011/11/1 강의시작
	Confucius Institute at Kazakh National University	난주대학과 2007/12/11협약, 2009/2/23 강의시작
키르기스스탄	Confucius Institute at Bishkek Humanities University	신장대학과 2007/10/26 협약, 2008/6/15 강의 시작
	Confucius Institute at Kyrgyz National University	신장사범대학과 2007/10/26 협약, 2007/11/6 강의시작
	Confucius Institute at Osh State University	신장사범대학과 2013/1/23 협약, 2013/1/24 강의시작
타지키스탄	Confucius Institute at Tajikistan Nationality University	중국신장사범대학과 2008/8/27 협약, 2009/2/26 강의시작

육을 받는 미래의 사회지도층들을 첫 번째 목표로 삼았다는 것을 알 수 있을 것이다. 이는 무엇보다 정치 엘리트를 중요시하는 중국 문화의 특성이 반영된 것으로 보인다.

한 가지 흥미로운 점은 중앙아시아 지역에서 그 동안 대학에만 집중되었었던 공자학원이 이제는 초중등학교에서도 설립되기 시작했다는 점이다. 키르기스스탄에서는 2012년 10월 26일의 협정으로 초중등학교에서도 중국어를 가르치는 공자교실이 준비되고 있는데, 공자교실은 예비대학생들에게 중국에 대한 관심을 불러 일으켜서 보다 우수한 학생을 유인하기 위한 정책으로도 생각된다. 뿐만 아니라 저항력이 적은 이른 시기부터 중국 문화에 노출시키는 기회를 만들면 소프트파워 정책이 더욱 효과를 얻을 수 있을 것으로 판단된다.

2. 유학

유학 기회의 제공은 공자학원보다 더욱 좋은 소프트파워를 얻을 수 있는 방법인데, 중국 문화를 직접 체험한 인재를 양성할 수 있기 때문이다. 최근 중국 정부의 장학지원으로 중국의 대학으로 유학을 가는 중앙아시아 학생의 수가 매우 급격하게 늘고 있다. 외국 유학생들은 본국으로 돌아가게 되면 각 분야에서 지도적인 역할을 할 수 있을 것이라고 예상되기 때문에, 이들에 대한 지원은 사회의 엘리트층에 대한 중국의 소프트파워를 향상시키기 위한 또 하나의 방법인 것이다.

현재 중앙아시아 유학생 중의 상당수가 신장 지구에서 유학을 하고 있는데, 예를 들어 신장 사범대학은 이미 중국 학생들이 아니라 중앙아시아 학생들이 더 많을 정도이다. 신장 지역에서는 고등교육기관 이외에도 초중등생 나이의 외국인들을 위한 교육프로그램도 있어서 일정 정도의 언어교육을 이수한 후에는 중국어로 된 교육을 받고 있다. 신장의 외국인 학생들을 위한 고등교육기관이나 초중등교육기관에서는 교육비가 무료이고, 기숙사와 2회의 식사가 무료로 제공되고 있다.[6]

신장지역은 중앙아시아와 인접한 지역으로 이미 경제적으로도 많은 교류가 이루어져 왔었고, 중국의 중앙아시아 진출에 교두보 역할을 하는 곳이다. 그래서 중앙아시아 사람들이 신장 지역 사람들에게 지니는 이미지가 중국의 이미지에 많은 영향을

---

6 http://radiotochka.kz/1592-.html (검색일: 2014.11.14).

미칠 것임은 당연한 일일 것이다. 중국과 국경이 인접한 카자흐스탄과 키르기스스탄, 타지키스탄에서는 공자학원 설립을 위해 신장지역의 대학이 주체로 나선 것도 이러한 이유 때문일 것이다. 따라서 신장 지역에 집중된 교육이나 문화 교류 프로그램은 장기적으로 지속될 것으로 보인다.

한편, 신장 지역뿐만 아니라 중국 각지의 교육 기관에서 유학을 하는 중앙아시아 학생들의 수도 급성장하고 있다. 중국 교육부의 통계를 살펴보면 카자흐스탄 유학생은 2007년까지는 중국의 전체 외국인 유학생 수에서 10위권 내에 들지 못하다가 2008년 이후부터 10위권 내에 진입하여 5년 만인 2013년에는 유학생 수가 두 배로 증가하였다(표 3 참조[7]).

표 3 　카자흐스탄 유학생 숫자 및 비율

연도	카자흐스탄 유학생 수	중국내 유학생 중 비율	중국내 유학생 순위
2008	5,666	2.5%	9위
2009	6,497	2.7%	9위
2010	7,874	3.0%	9위
2011	8,287	2.8%	10위
2012	9,522	2.9%	9위
2013	11,165	3.1%	9위

특히 카자흐스탄 학생들의 유학국가를 살펴보면 현재 중앙아시아 내에서 중국의 인기를 짐작할 수 있는데, 카자흐스탄 교육부의 통계에 의하면 2012년 총 45,000여 명의 유학생 중 26,600명이 러시아로, 9,670명[8]이 중국으로 유학을 가서 중국이 2위의 유학대상국으로 부상했다.[9]

중국으로의 유학생이 증가하는 것은 카자흐스탄뿐만 아니라 중앙아시아 각국에

7　http://www.iie.org/Services/Project-Atlas/China/International-Students-In-China를 참조로 작성함. (검색일:2015.4.10).

8　중국과 카자흐스탄 측의 통계 차이는 유학 목적으로 중국을 방문한 학생들 중 일부가 등록을 하지 않아 발생한 것으로 보인다.

9　http://tengrinews.kz/kazakhstan_news/45-tyisyach-kazahstanskih-studentov-obuchayutsya-rubejom-259529/. (검색일:2015.4.10.). 기타로 카자흐스탄에서 인기 있는 유학국은 영국(4,000여 명), 말레이시아(1,500여 명), 터키(783명), 아랍에미리트(715명), 미국과 체코(1,000여 명), 폴란드(300여 명) 등이다.

서 벌어지고 있는 현상으로, 중앙아시아 내에서 그만큼 중국의 중요성과 인기가 상승하고 있다는 것을 보여주고 있다. 특히 중앙아시아의 각국 정부는 유학생들의 증가를 긍정적으로 생각하면서 고위회담 때 장학지원을 더 늘려줄 것을 요청하고 있기 때문에 향후 각 분야의 유학 엘리트들 사이에서 중국의 소프트파워가 증가하리라는 것을 쉽게 예측할 수 있다.

3. 매스미디어

소프트파워의 강화에 있어서 미디어매체의 영향은 다른 어떤 매체보다 중요할 것이다. 중국의 CCTV 국제방송은 미디어 분야에서 중국의 소프트파워 전략을 대표하는 사례 중 하나이다. CCTV 국제방송은 대부분 중국을 주제로 한 프로그램으로 구성되어 있고, 중국적인 관점에서 세계 뉴스를 보도하고 있다.

2009년 9월 10일 중국 정부가 66억 달러를 출자해 만든 'CCTV 러시아어(CCTV Русский)' 채널의 첫 방송이 시작되었다. 이는 CCTV 중국어 채널(CCTV 4 Europe), 영어 채널(CCTV 9), 프랑스어 채널 (CCTV F), 스페인어 채널(CCTV E), 아랍어 채널(CCTV Arabic)에 이어 여섯번째 개국이었다. 'CCTV 러시아어'는 러시아와 CIS 국가뿐만 아니라 그 밖에 러시아어를 사용하는 여러 지역의 시청자들에게도 중국의 역사와 문화를 이해하는데 도움을 주고, 또한 양 지역간의 우호와 협력, 상호이해를 증진시키고, 현대화된 중국의 모습을 세계에 알리기 위한 목적으로 만들어졌음을 밝히고 있다(Теле-Спутник, 2010/06).

2010년 6월 'CCTV 러시아어' 채널의 대표이사 류지안Liu Jian은 러시아의 〈텔레-스푸트닉Теле-Спутник〉지와의 인터뷰에서 중국 주변의 이웃국가들도 있는데도 불구하고 '먼' 나라의 언어들로 방송을 하는 이유에 대해 질문을 받았다. 이에 대해 그는 '이 언어들은 유엔의 공식 언어이기 때문에 우리에게는 이 언어들이 첫 번째로 중요했다. 세계의 상당수의 사람들이 이 언어들로 대화한다. 그리고 우리의 이웃인 중앙아시아의 국가들이 러시아어로 대화하고, 이해한다(Теле-Спутник, 2010/06).'고 답하여 'CCTV 러시아어' 채널은 초기부터 중앙아시아 국가들도 중요한 대상으로 인식하고 있다는 것을 보여줬다.

하지만 'CCTV 러시아어' 채널은 중앙아시아 지역에서 목표를 세운 것만큼 방송을 할 수 없었는데, 중앙아시아 각국이 전파 방해를 통해 외국의 방송을 차단하였기 때문이다. 일부 도시에 사는 사람들은 케이블방송을 통해 CCTV를 접할 수는 있었지만, 이는 중앙아시아 전체 인구에 비하면 매우 적은 비율을 차지하고 있다. 따라서 CCTV 측에서는 중앙아시아 각국의 방송국과 계약을 맺어서 고정적인 현지 채널을 확보하려 하고 있으며, 그 중에서 우즈베키스탄의 방송국과 'CCTV 러시아어'방송을 협의 중에 있음이 중국을 방문한 중앙아시아 기자들을 통해 2014년 5월 15일자 북경발 뉴스로 보도되기도 하였다.[10]

이제 우즈베키스탄을 시작으로 중앙아시아에서는 지방에서도 〈CCTV 러시아어〉 방송을 쉽게 접할 수 있을 것으로 예상된다. 채널이 많지 않은 중앙아시아 지역에서 중국의 방송은 다양한 프로그램으로 인기를 끌 것이 예상되며, 한국과 일본의 드라마가 TV에서 방송된 후 양국의 이미지와 선호도가 좋아진 것처럼 중국의 소프트파워가 일반인들에게도 높아질 것이라는 것은 쉽게 예상된다.

중국의 대중앙아시아 문화외교정책에서 CCTV가 대중문화 공략의 선봉장이라면, 중국 입장을 대변하는 창구 역할을 하는 것은 중국의 인민일보人民日報가 창설한 인민망人民網, people.cn일 것이다. 인민망은 2001년 6월 5일 Жэньминь Жибао라는 이름으로 러시아어 인터넷 신문을 공식적으로 발간하기 시작하였다.

인민일보는 중국 공산당 중앙일간지로서 1997년 1월 1일부터 인터넷 신문을 공급하기 시작하였고, 현재는 유엔의 공식 언어와 자국 내 소수민족어, 한국어 및 일본어 등 15가지 언어로 뉴스를 제공하고 있다.[11] 인민일보는 중국공산당과 중국 정부를 대표하는 목소리로써 중국대외문화교류의 주요 창구이고, 중국을 해외에 알리는 무대의 역할을 수행하고 있으며 중국의 정책/주장 등을 홍보하고 있다.

인민망은 아직 인터넷과 컴퓨터 보급률이 낮은 중앙아시아 지역에서 일반인들이 접하기에는 어려운 뉴스자료이지만, 중앙아시아의 언론들이 세계의 뉴스를 보도할 때 인민망 러시아어판의 뉴스를 자주 인용하고 있어서 대중들에게 간접영향을 미치고 있다고 볼 수 있다.

이외에도 중국의 삶과 문화, 예술을 소개하기 위해 중국의 경제적 지원으로 카자

---

10 http://podrobno.uz/cat/tehnp/telekanal-kitaya/ (검색일: 2014.11.10.).

11 인민망은 중국어, 몽골어, 위구르어, 카자흐어, 한국어, 이족어, 장족어, 영어, 일본어, 프랑스어, 스페인어, 러시아어, 아랍어 등으로 제공되고 있다.

흐-중국어 잡지인 〈코르쉬Корші〉와 러시아어-중국어 잡지인 〈콘티모스트Контимост〉가
출판되고 있다.

4. 문화교류

중국과 중앙아시아의 국가들은 상대 지역에서 '문화의 날'을 개최하여 서로의 문
화를 소개하고 있다. '문화의 날' 행사는 보통 각국의 전통무용이나 음악을 소개하는
콘서트와 예술 작품 등을 소개하는 전시회를 진행하는 방식으로 이루어지는데, 내용
상으로는 많은 국가들이 자신들의 문화를 소개하기 위해 개최했던 전통적인 '문화의
날' 행사와 큰 차이점을 보여주지는 않고 있다.

중국과 중앙아시아 국가들의 '문화의 날' 행사 교류는 2007년부터 공식적으로 나
타나는데, 유럽이나 아시아의 많은 국가들이 대사관의 자체 행사로 진행하는 것과
는 달리 중국과 중앙아시아 각국의 '문화의 날' 행사는 '우호협력조약'에 의해 진행되
고 있으며, 또한 일 년의 기간을 두고 서로 상대방의 국가를 방문하는 형식을 띠고 있
다. 이와 같은 상호 방문은 중국의 재정지원으로 이루어지고 있는데, 이는 중국이 상
대 국가의 문화에 많은 관심을 보여주고 있다는 우호적인 제스처로 보일 수 있다. 특
히 대부분의 유럽이나 아시아 국가들이 중앙아시아 지역에서 자국의 문화를 홍보하
고 있지만, 경제적인 사정으로 인해 상대국에서 문화행사를 개최하기 힘든 중앙아시
아의 여러 국가들에게 이런 정책은 중국이 문화패권을 지향한다는 우려도 없앨 수 있
는 좋은 방안으로 보인다.

최근 개최된 '문화의 날'은 다음과 같다:
2007년 8월 키르기스스탄에서 '중국 문화의 날'이 개최됨.
2008년 9월 중국에서 '키르기스스탄 문화의 날'이 개최됨.
2007년 5월 중국에서 '타지키스탄 문화의 날'이 개최됨.
2008년 8월 타지키스탄에서 '중국 문화의 날'이 개최됨.
2011년 중국에서 '우즈베키스탄 문화의 날'이 개최됨.
2012년 10월 우즈베키스탄에서 '중국 문화의 날'이 개최됨.
2013년 9월 타지키스탄에서 '중국 문화의 날'이 개최됨.

2014년 5월 중국에서 '타지키스탄 문화의 날'이 개최됨.

2013년 9월 투르크메니스탄에서 '중국 문화의 날'이 개최됨.

2014년 9월 중국에서 '투르크메니스탄 문화의 날'이 개최됨.

2013년 11월 중국에서 '카자흐스탄 문화의 날'이 개최됨.

2014년 9월 카자흐스탄에서 '중국문화의 날'이 개최됨.

Ⅳ. 중앙아시아 국가들의 대응

이상에서 살펴본 바와 같이 2005년 우즈베키스탄에 공자학원이 세워진 이후 중국은 적극적으로 자국 문화의 영향력 확산을 위한 정책을 펼치고 있다. 문화적으로 거의 단절이 되었었던 지난 20세기와 비교하면 중앙아시아에 소개되고 있는 중국 문화의 규모가 매우 커진 것은 사실이지만, 아직까지 그 영향력이 미치고 있는 것은 수도를 중심으로 한 일부 주요 도시의 소수 계층이기 때문에 중앙아시아 국가들의 정부 차원에서 특별한 대응 방안이 나오지는 않고 있는 상황이다.

중앙아시아 지역에서 중국의 소프트파워 확산에 대한 대응만을 떼어놓고 살펴보기에는 여러 가지 어려움이 존재하는데, 그 중 하나는 중앙아시아에서 소프트파워 전략을 펼치고 있는 국가가 중국 하나만이 아니라는 점이다. 현재 중앙아시아 지역에서는 러시아, 미국, 영국, 프랑스, 독일, 한국, 일본 등 다양한 국가들이 소프트파워 정책을 실현하고 있고, 아직까지는 중국보다는 타국가들의 문화적인 영향력이 더 크다고 볼 수 있기 때문이다. 따라서 본 장에서는 중국의 문화정책에 대한 단일 대응을 살펴보기 보다는 중앙아시아 각국별로 현재 실시되고 있는 국내 문화정책을 살펴보고 이를 통해 타국의 문화 확산에 대한 대응방안을 살펴보고자 한다.

먼저 우즈베키스탄은 문화체육부Министерство по делам культуры и спорта에서 국내 문화정책을 담당하고 있다(이하 문화체육부 조례 참조). 2005년 4월 5일 제정되어 2014년 5월 6일까지 여러 번에 걸쳐 수정된 이 조례에 따르면 문화체육부는 문화와 대중 스포츠 분야의 국가정책을 수행하고, 풍부한 민족 문화 유산을 부흥시키며, 민족 전통과 풍속, 정신문화를 발전시키고, 신체건강하고, 정신적으로도 건강한 조화롭게 발전한 개인으로 교육하기 위한 목적으로 설립되었다.

문화체육부가 담당한 분야 중 문화에 관련된 사항만 살펴보면 극장, 음악, 무용, 조형예술, 서커스, 응용예술, 만담 등의 수준을 높이는 활동을 수행하며, 이와 관련된 각종 문화 행사 및 문화 기관을 지원하고 있다. 또한 우즈베크 민족의 문화유산 등을 전시하고, 인류 보편적 가치와 풍부한 민족문화 유산을 인지하고 존중할 수 있도록 교육하며, 문화유산을 보호, 유지, 홍보, 활용하는 프로그램을 만들며, 외국에서 예술가를 초청하거나 외국에서 이루어지는 예술 활동에 참여하는 자국의 예술가들을 지원하는 활동을 하고 있다.

우즈베키스탄의 문화체육부 관련 조례는 최근인 2014년에 덧붙여졌음에도 불구하고, 21세기에 들어서 각국의 정부에서 추진하는 소프트파워나 혹은 국가브랜드 향상을 위한 문화 정책 등에 대한 언급이 전혀 되지 않고 있다. 또한 주요 활동도 20세기에 많은 국가에서 실시되었던 예술문화라 일컬어지는 분야의 육성과 문화유산의 보호와 관련된 정책에만 집중되고 있어서 아직까지 세계화 시대의 각국의 문화정책에 대한 특별한 대응방안을 준비하지 못하고 있는 것으로 보인다.

카자흐스탄의 문화정책은 2020-30년대에 유라시아 문화 중심지로 자리잡고, 2050년대에는 세계 예술의 중심지가 되기 위한 것을 목표로 삼고 있다. 카자흐스탄의 문화 발전에 대한 기본 정책은 카자흐스탄 문화체육부^{Министерство культуры и спорта}의 문화정책 구상 백서에서 살펴볼 수 있다(이하 문화 정책 백서 참조). 이 문화 정책 백서는 카자흐스탄의 문화 관련 법령(2006년 12월 15일)과 '카자흐스탄-2050 전략: 국가의 새로운 정치 방침'에 대한 대통령 교서, '카자흐스탄-2050 전략: 단일 목표, 단일 이해, 단일 미래'에 대한 대통령 교서(2014년 1월 17일) 등을 통해서 만들어졌음을 밝히고 있다.

'Мәңгілік Ел^{영원한 나라}'을 국가 전략의 목표로 삼은 카자흐스탄은 이 '문화 정책 백서'에서 문화유산 뿐 아니라 연극, 영화, 음악, 박물관 등 문화와 관련된 전반적인 현황을 검토한 후 향후 발전 방향을 논의하였다. 이 구상안에서는 '현존하는 카자흐스탄의 문화 관련 법률적, 표준적 기반이 국제기준과 일치하지 않는 부분이 있음'을 인정하면서, 카자흐스탄의 문화 지위를 세계 속에서 강화하기 위한 방법으로 이미지 제고를 위한 프로젝트를 만들어 나갈 여러 가지 계획들을 세웠다. 그 중 대표적인 계획들을 살펴보면 모스크바의 차이코프스키 콩쿠르나 칸느, 베니스, 베를린 국제 영화제 혹은 베니스 축제와 같은 국제 콩쿠르와 페스티발, 관광축제를 개발할 것을 기획하였다. 또한 카자흐스탄의 문화유산을 적극적으로 유네스코에 등재함으로써 세계에 카자흐스탄의 문화 가치를 높일 것을 주장하였다. 또한 각 나라별 문화 정책의 재정 지원 방안도 살펴봄으로써 문화정책의 실현을 구체화할 계획도 마련하고 있다.

뿐만 아니라 민족문화 유산의 보존 및 향상, 카자흐스탄 국민들의 경쟁력 있는 정신문화 형성, 현대적인 문화 공간 형성 등을 통해 문화가 경제발전에 성공적으로 이바지하고, 긍정적인 국제 이미지 형성을 하는 데 도움이 되도록 하는 것을 목적으로 삼았다. 이러한 목적을 현실화하기 위해 문화정책만을 별도로 담당할 문화, 예술 국가위원회Национальный совет по делам культуры и искусства도 만들었다.

카자흐스탄의 문화 정책은 중앙아시아의 여러 국가 중 가장 미래지향적이고 현대화되어 있다고 볼 수 있다. 아직까지 대외 정책에서 문화를 활용한 소프트파워 정책을 펼칠 계획은 세우지 못하고 있지만, 카자흐스탄의 문화를 세계화시키기 위한 구체적인 계획이 진행되고 있는 것을 보았을 때 문화외교를 위한 방안도 머지않아 수립되리라 예상된다.

키르기스스탄은 교육, 과학, 문화부Министерство образования, науки и культуры에서 문화 정책을 담당하고 있다(이하 교육,과학,문화부 조례 참조). 이 기관은 키르기스스탄의 교육, 과학, 문화 분야와 관련된 정책을 담당하고 있는데, 문화, 예술, 아카이브, 초,중,고등 교육기관, 연구기관, 도서관, 극장, 박물관, 필하모니 등의 정책을 관할하는 유일한 기관으로 관련 분야의 수준을 향상, 발전시키기 위한 국가 프로그램을 수행하며, 관련 분야의 전문가 양성, 외국 국가 기관 및 민간 기관과의 협력 활동 수행, 아카이브 자료 보존 등의 업무를 맡고 있다.

보다 구체적으로 살펴보면, 극장, 음악, 조형, 무용, 서커스, 응용예술 등과 관련한 프로젝트를 수행하고, 여가 문화 활동, 도서관 및 박물관, 역사·문화·고고학·다양한 민족문화 등을 보호, 복구, 활용하는 활동을 하고 있으며, 문화·예술 분야의 국가 프로그램 수행을 조직하고, 산하 기관의 여러 활동과 관련된 업무를 수행하고 있다.

키르기스스탄의 문화 정책 또한 20세기의 고전적인 문화 정책에서 벗어나지 못하고 있음을 알 수 있다. 그 결과 아직까지 세계화 시대에 대한 대응 방안이나 혹은 자국 문화의 세계화에 대한 정책 수립이 이루어지지 못하고 있다.

타지키스탄은 문화부Министерство культуры에서 문화 정책을 담당하고 있다(이하 문화부 조례 참조). 타지키스탄의 문화부는 문화, 예술, 문화 관련 여가활동, 인쇄, 출판, 역사 및 문화 유적의 보존과 복구, 저작권 보호 분야 등에서 단일의 정책을 관장하는 중앙국가기관이다. 구체적인 활동을 살펴보면 문화, 예술, 인쇄, 저작권 보호 분야의 국가 정책을 작성하고 실현하며, 관련 분야의 외국 국가 기관이나 국제기구 등과 상호 협력하고, 타지키스탄에 거주하는 모든 민족의 문화 보존 및 발전을 위한 제반 활동에 참여하고 있다. 또한 도서관 관련 업무 관장, 극장 및 전문 창작 집단의 다양한 활동 지원, 역사-문화 유적의 보존 및 대중화, 활용 등과 관련된 업무, 관련 분야의 전문가를 발굴, 양성하는 것과 관련된 업무, 저작권 보호의 국가 지원과 관련된 업무 등을 하고 있다.

살펴본 바와 같이 타지키스탄도 20세기에 실시되었던 문화 정책들을 그대로 실시하고 있어서, 글로벌 시대의 문화 정책에 대한 대책을 수립하지 못하고 있음을 알 수 있다.

투르크메니스탄은 문화부Министерство культуры에서 문화정책을 담당하고 있는데, 관련 부서의 조례를 인터넷상으로 찾을 수가 없었다. 하지만, 문화와 관련된 법률[12]과 문화부의 활동과 관련된 신문 기사를 통해 그 활동 범위를 추측할 수 있었는데, 중앙아시아의 여러 국가들과 마찬가지로 자국 내의 다양한 창작 예술 활동과 박물관, 도서관, 아카이브, 문화 유적과 관련된 활동을 수행하고 있었다.

투르크메니스탄의 향후 문화정책의 향방은 2013년 정부 대변인을 통해 발표된 문화 정책과 관련된 발표문[13]을 통해 추측해 볼 수 있을 것이다. 이 발표문에서 투르크메니스탄은 글로벌 시대에 맞춰 자국 문화의 영향력을 향상시키기 위한 목적으로 단순히 문화 정책을 세우는 것이 아니라 재정 문제부터 외교 채널에 이르기까지 보다 적극적으로 문화 발전을 실현할 것이라고 밝히고 있다. 정부의 입장은 이런 지원 속에서 보다 국제적인 형태를 지니게 된 민족 문화와 유산은 타국의 문화와 대화하고, 접촉, 교류할 수 있게 될 것이라고 기대하면서, 이를 위해 국내의 문화 인프라 발전을 지원하겠다고 밝혔다. 또한 창작문화의 발전을 지원하기 위해 매년 문화 주간을 개최하여 투르크메니스탄의 문화와 사회 발전에 기여하는 새로운 전통을 탄생시킬 예정이라고 하였다. 또한 다양한 예술 분야 뿐 아니라 민족 문화의 정신적인 독창성을 함양하기 위한 정책도 실시될 것을 예고했다.

중앙아시아의 다른 국가들과 비교하였을 때도 상대적으로 문화나 정보에서 폐쇄

12　http://alpagama.org/p_b_t/yurist/14kultvvoz.html

13　http://turkmenistan.gov.tm/?id=4220

적이었던 투르크메니스탄은 2013년 문화 정책에서는 자국의 문화적 역량을 키우고, 영향력을 확대하는 정책으로 방향을 잡고 있다. 이미 진행된 문화 주간을 통해 살펴보면 창작 대회, 전시회, 컨퍼런스, 민요 등을 비롯한 다양한 분야에 전문가들이 참여했고, 외국의 유명 아티스트들도 참여하는 콘서트도 개최한 것을 보았을 때, 투르크메니스탄에서 앞서 언급한 문화 정책에 대한 투자가 지속적으로 이루어질 가능성이 보여진다. 이러한 정책이 즉각적인 문화 개방으로 이루어지지는 않겠지만, 자국 문화의 영향력을 확대시키기 위해서는 타국과의 접촉이 불가피하고, 문화의 상호교환이 이루어지지 않을 수가 없을 것이다.

이상에서 살펴본 바와 같이 중앙아시아의 국가들은 카자흐스탄을 제외하고는 예술문화의 발전과 민족문화의 보존이라는 전통적인 문화정책을 시행하고 있다. 하지만, 이들 국가들이 중국이나 혹은 기타 외국의 문화 외교 정책에 대한 구체적인 대응 방안을 마련하지 못했다고 해서 외국의 문화적 영향력이 그들의 계획만큼 크게 확대되기는 어려울 것으로 보인다.

중앙아시아는 수천 년 동안 다양한 민족들과 정치적, 경제적, 문화적, 언어적 접촉을 맺으며 발전한 지역이다. 현재 내부에도 백여 개가 넘는 민족이 살고 있으며, 이들 민족의 문화적인 배경은 모두 다르다. 한편에서는 혼전 순결이 강조되지만, 다른 한편에서는 동거에 대해 개방적이며, 또 다른 한편에서는 약탈혼이 아직도 인정되고 있는 지역인 것이다. 무슬림들이 대다수지만, 러시아 정교나 기독교도들도 함께 공존하는 데 어려움이 없는 지역이다. 중앙아시아의 국가들은 상대적으로 뒤늦게 세계화의 시대에 접어들었지만, 타문화의 접촉에 대한 내성이 이미 내재되어 있다. 게다가 소프트파워가 그 정책을 시행하는 국가의 의도대로 상대방에게 받아들여지는 것도 아니다. 타국의 문화에 접촉한다고 하여 모든 것을 그대로 수용하는 것도 아니고, 자신들의 취향에 맞게 취사선택하는 경우가 많기 때문이다.

중국의 문화외교정책의 또 다른 변수로는 현재 중국의 문화정책 수행에 도움을 주고 있는 각국의 정부가 될 것이다. 중앙아시아의 국가들은 장기 독점적인 중앙집권체제를 유지하고 있는데, 이는 양 지역의 관계가 악화된다면 오히려 악재로 작용하게 될 확률이 훨씬 높은 것이다. 이미 많은 나라에서 보았듯이 중국의 문화가 자신들의 전통이나 이득을 침해한다고 평가되면, 중앙아시아의 정부들도 갖가지 규제를 통해 문화의 전파를 차단할 것이다. 이는 기독교 선교단체들이 중앙아시아 정부의 규제들로 인해 활동에 제한을 받아 특별한 성과를 내지 못하고 있는 것에서도 충분히 짐작

할 수 있다.

　물질생활과 관련된 문화는 단기간의 유행의 흐름을 타지만, 정신생활과 관련된 문화는 오랜 시간의 흐름 속에서 변화를 가져온다. 중국의 對중앙아시아 문화외교정책은 앞으로도 많은 투자와 시간을 요구하는 것이며, 그 사이 많은 변수도 발생할 것이다. 따라서 중국의 문화외교정책이 소프트파워 향상에 영향을 미쳤는지에 대한 평가는 보다 후일로 남겨두어야 할 것 같다.

V. 맺음말

　이상으로 간략하게 중앙아시아 지역에서 중국의 문화외교의 대두과정과 정책들을 살펴보았다. 중국 정부는 중앙아시아 지역에서 초기에는 안보와 경제를 중심으로 외교 정책을 수행했지만, 21세기에 접어들며 자국의 경제, 정치적 이익을 높이기 위한 수단으로 소프트파워의 활용을 인식하게 되면서 국제무대에서 본격적으로 문화외교정책을 실시하게 되었다.

　중국의 對중앙아시아 문화외교정책은 크게 공자학당을 통한 언어 교육, 국비유학생을 통한 고등교육 시행, CCTV나 인민망 등의 매스미디어 활용, 예술 문화 교류 등으로 구분될 수 있다. 이 중에서 교육 분야를 제외하고는 아직은 초기 단계이기 때문에 본격적인 활동을 못하고 있지만, 최근 그 영향력을 일반인들에게까지 확대시켜 나가기 위해 노력하고 있음을 알 수 있다. 이러한 문화외교정책의 특징을 살펴보자면, 우선 타 지역과 마찬가지로 중국의 정부 기관이 주체가 되어서 진행된다는 것이고, 두 번째로는 아직 중앙정부의 통제가 강력한 중앙아시아의 특성상 '우호협력조약'을 통해 각국의 중앙정부의 허가를 받아 문화교류의 일환으로 시행되고 있다는 것이다.

　중국의 문화외교는 중앙아시아 지역에 일방적인 문화개방을 강요한 것이 아니라 언어교육기관을 세운 후에 자국으로의 유학생을 늘리고, 그 후 매스미디어를 통한 이미지 메이킹을 시도하는 방식으로 한 단계씩 조심스럽게 진행해 나가고 있다. 이 모든 과정을 중앙아시아 정부의 허가를 얻어서 진행하기 때문에, 중앙아시아 국가들은 중국의 이러한 문화정책에 대해 아직까지는 별다른 위협을 느끼지 못하고 있는 실정이다. 오히려 공자학당의 설립이나 국비유학 등은 자국에 이익이 된다고 생각하여 중앙아시아 정부가 적극적으로 나서서 지원을 하고 있으며, 세계화 시대에 다양한 문화를 접하는 방법이라고 여기고 있다. 결국 지난 10년간의 중국의 문화외교정책에 대한 단기적인 성과를 보았을 때 중국의 경제적인 지원이 계속된다는 조건이 충족된다면 중국 문화의 영향력도 계속 늘어날 것이라는 것은 확실한 사실일 것이다.

하지만, 중국 문화의 영향력이 늘어난다고 해서 그것이 곧 중국 정부의 의도대로 자국의 소프트파워 향상이라는 결과를 가져올 수 있을지는 장기적으로 관찰해야 할 주제이다. 중국의 대對중앙아시아 문화외교정책은 시행된 지 얼마 되지 않았기 때문에 현 상태에서 그 성과를 평가하기도 어렵고, 한 국가의 소프트파워의 형성 과정에는 많은 변수가 있으며, 또한 다른 국가들도 중앙아시아에서 적극적인 문화외교를 펼치고 있기 때문에 상호작용을 살펴봐야 할 필요도 있기 때문이다. 결과적으로 비록 현재는 중국의 문화외교의 장에서는 수동적인 입장처럼 보이지만, 결국 선택은 중앙아시아 국가들과 국민들이 하게 될 것이다.

:::참고문헌

김애경. 2008. "중국의 부상과 소프트파워 전략."『국가전략』14권 2호.
김지용. 2012. "미국의 대중앙아시아 안보정책."『주요국제문제분석』외교안보연구원, №2012-11.
신종호. 2008. "중국의 소프트파워 외교의 전개와 국제정치적 함의."『국가전략』15권 1호.

Байдаров, Е. У. 2009. "Культурно-цивилизационный аспект развития государств центральной азии в эпоху глобализации." *Известия НАН РК. Серия общественных наук* 5.
Каукенов Адиль. 2009. "Казахтанско-китайские экономические отношения: механизмы и принципы." *Энергия Единства* 2(26-27).
Олкотт, М. Б. 2013/09/13. "Китайский сценарий для центральной азии." http://carneg-ieendowment.org/2013/09/23/китайский-сценарий-для-центральной-азии/gnys?reloadFlag=1(검색일: 2014. 11. 01)
Тулибаев Т. Е. 2006. "Изучение историко-культурных взаимоотношений Центральной азии и Китая в Узбекистане." *Известия НАН РК. Серия общественных наук* 4.
Ходжаев А. А. 2004. *Китайский фактор в Центральной Азии.* Ташкент: Фан.

『Теле-Спутник』 2010, 06. http://www.telesputnik.ru/archive/pdf/176/84.pdf (검색일: 2014.11.10.).
우즈베키스탄 문화체육부 조례. http://www.lex.uz/pages/GetAct.aspx?lact_id=537171(검색일:2015.04.16.).
카자흐스탄 문화정책 백서. http://www.karkultura.gov.kz/files/KPK.doc(검색일:2015.04. 16.).
키르기스스탄 교육,과학,문화부 조례. http://cbd.minjust.gov.kg/act/view/ru-ru/35040(검색일:2015.04.16.).
타지키스탄 문화부 조례. http://base.spinform.ru/show_doc.fwx?rgn=28369(검색일:2015.04.16.).
투르크메니스탄 문화 관련 법률. http://alpagama.org/p_b_t/yurist/14kultvvoz.html(검색일:2015.04.16.).
투크크메니스탄 문화 정책에 대한 대변인의 발표문. http://turkmenistan.gov.tm/?id=4220(검색일:2015. 04.16.).